普通高等教育"十一五"国家级规划教材

热　学

（第二版）

常树人　编著

南开大学出版社

天　津

图书在版编目(CIP)数据

热学 / 常树人编著. —2版. —天津：南开大学出版社，2009.12（2018.7重印）
 ISBN 978-7-310-03312-6

Ⅰ. 热…　Ⅱ. 常…　Ⅲ. 热学－高等学校－教材　Ⅳ. O551

中国版本图书馆 CIP 数据核字（2009）第 214272 号

版权所有　侵权必究

南开大学出版社出版发行
出版人：刘运峰
地址：天津市南开区卫津路 94 号　　邮政编码：300071
营销部电话：(022)23508339　23500755
营销部传真：(022)23508542　邮购部电话：(022)23502200

*

天津泰宇印务有限公司印刷
全国各地新华书店经销

*

2009 年 12 月第 2 版　2018 年 7 月第 5 次印刷
260×185 毫米　16 开本　18.75 印张　472 千字
定价：39.00元

如遇图书印装质量问题，请与本社营销部联系调换，电话：(022)23507125

内 容 提 要

本书是普通高等教育"十一五"国家级规划教材。

本书包括概率及概率密度分布函数、气体分子动理论、热力学基础和相变四部分，共八章。

本书对惯用的热学教学体系作了较大的改革。特别是在宏观描述与微观描述的相互配合、强调统计规律的特点以及突出熵的重要地位方面，都作了较新的处理。

本教材特别注重基本概念和物理图像的明晰。书中解释了热学教学中常遇到的一些疑难问题，也适当融入了一些与热学相关的科学前沿和交叉学科领域的内容。全书每章均附有思考题和习题(含答案)，便于学生练习和自测。

本书在内容安排上，便于不同任课教师作不同的取舍。因此，本书不仅可作为各高等学校物理专业的教材或参考书，也可供其他相关专业师生参考。

前 言

本书是在编者在南开大学多年讲授热学的基础上编写成的。

近年来,普通物理的教学改革成果丰硕,有多部面向 21 世纪的教材问世,其中,就有优秀的热学教材。本人认真学习了这些范本,在教育思想、学术观点以及教学方法等方面都受到很多启发。编写这本教材时,我想把力气下在理顺教学体系、讲清基本概念和引起学生对科学技术前沿问题的关注上。

本书在内容安排上与传统的热学教材有所不同。概率论的入门知识专门安排为一章;分布函数和麦克斯韦速度分布律被分为三步讲述(第 1 章引入概率密度分布函数的概念、第 3 章利用速度空间描述分子按速度的分布、第 4 章给出麦克斯韦速度分布的具体函数形式);在第 2 章讨论热力学系统的状态时就讲微观描述,作好铺垫,后边讲热力学第二定律时,便径直引入玻耳兹曼熵;突出热力学第二定律的熵表述,淡化其经典表述;把关于分子碰撞的内容从输运过程一章剥离出来,将其作为分子动理论的基本概念放到第 3 章一并学习。

本人基本按如上变更了的教学体系,在南开大学物理科学学院 95 级热学课上作了首次实践,效果是好的。

我国高等教育历来重视基本概念、基本规律和基本方法的明晰、扎实,本人力求在这部书中体现这一好传统。

本书写进了"对原子和分子的观察及操纵"、"能源与能源新技术简介"、"负温度"、"熵与信息"、"时间箭头"、"耗散结构"等专题,也在一些例题中反映了现代工程技术问题。这些内容在教学实践中是颇受学生欢迎的。

在各校的教学计划中,热学课的学分和学时数向来不多,现今又大幅度缩减了学时。我以为,课上教学时数的减少并不意味着鼓励学生在大学里多多玩乐,学生手中的教材应该能引导他们以自学的方式来充实和训练自己;还要考虑到许多学校设有"基础科学研究和教学人才培养基地",基地班的教学内容是要比普通班多一些、深一些的。为了满足上述不同需要,一个办法是编写不同的教材;另一个办法是以一本内容取舍灵活的教材来解决问题,我想尝试后者。当把本书作为少学时热学课的教材时,除了打星号的小节之外,像第 1 章中的"二项式分布"和"无规行走",第 2 章中的"国际实用温标",第 3 章涉及球极坐标的内容,第 5 章的"对流和辐射传热"、"互扩散",也都可以不讲。特别是第 7 章,实际上是预备了两种讲法。教师会发现,还可以用这本教材按传统讲法教授热力学第二定律。对于那些必讲的内容,本书力图给不同的任课教师留有或从简处理、或引申发挥的余地。

在本书的思考题和习题之中,有的是对正文内容的补充。对待思考题,重要的不在于讨得一个答案,而是它的思考过程。至今还没有明确答案的问题不是更值得思考吗?书中打星号的习题难度较大,作为学生,若一时解不出来,不必沮丧或焦急,因为那并不表明你没有达到教学的基本要求,多半只是某个技巧问题蒙住了你。

我非常感谢北京大学的李椿、章立源、钱尚武教授,是他们在 1978 年编写的热学教材引导着我走上热学讲台,并逐步展开热学的教学研究的。我也非常感谢南京大学的秦允豪教授、复旦大学的李洪芳教授,从他们惠赠的著作中,本人获益匪浅。北京大学赵凯华教授和中山大学罗蔚茵教授的新概念物理教程大作,更是有开辟教改新路之功,本人从中深得启示,铭谢在心。我还感谢北京大学包科达教授在编写热学试题库时所给予的有力帮助,以及他对于这本教材的关心。

作为一名基础课教师,能无怨无悔地投入工作,他的最大动力,是为了学生,也来自学生。在我写这本书时,脑海里常常回映着上课和答疑的情景。书中记述了我所讲的和我们所讨论的,里面包含着我历届学生的热情和智慧,我感谢他们。我尤其要提到南开大学物理学院95级的仇伟红同学,他不但一直关心本书的进度,而且在繁忙的学习中,还为我打印了部分书稿;94级的施可彬同学也给予我同样的帮助,在此向他们致谢。

我向南开大学物理科学学院的领导以及共事多年的同事们所给予的关心、支持表示诚挚的谢意。

在对于㶲和烌的了解上,我得到天津大学吕灿仁教授的指教;在制冷技术上,我得到南开大学王荣起高级工程师的指教,在此一并致谢。

还要向认真审阅书稿的白金骙教授表示感谢。

编写教材在我看来是一件十分郑重的事,我在规定给我的时间内尽力了;但是,愧于学识和能力所限,本书定有许多疏漏或不妥之处,敬请读者批评指正。

常树人

2000年岁暮于南开园

再版前言

借本书再版之机,编者对第一版的全书做了仔细的订正;将一些起充实或扩展作用的内容标注了 * 号或改成一章后的附录;重新写了关于能源和保护环境的章节或段落;另外还有一些内容的删或增。

在目前热学课程一般只有很少授课时数的情况下,如果教师选定本书为主要教学参考书,必须在讲授时舍去书中许多内容。取舍的弹性很大,您讲课,您做主。编者只建议您事先想定如何讲授热力学第二定律,因为这关乎到课程的全局性结构。若是要突出热力学概率的概念,依照玻尔兹曼关系式从微观角度引出态函数熵,并强化热力学第二定律的熵表述,那么在前面的章节中就要适当保留对热力学系统的微观描述;若是采用一般传统讲法,本书也有足够详尽的叙述,只需要您在讲授中将有关章节串接好就是了。

编者也想对学生读者提些建议:书中老师不讲的那些章节请不妨翻阅浏览一下。虽然这对你应付考试也许没有多大帮助,但会使你眼界开阔些、思路开放些、兴趣更广些、对重要概念或定律的理解更准确透彻些。编者热切期望本书介绍的科技前沿动态和涉及世界经济及社会发展的话题能有助于激起同学们科学探索的欲望,生发强烈的社会责任感。要想成为社会所欢迎、所需要的创新人才,必须有创新的精神和创新的本领。一个对科学的未知和社会的情形漠不关心的人,会有创新的动力吗?另外,学习热学的乐趣绝不在于记住许多结论和公式,而是在于学习过程中的思辨。从我们无法用肉眼看到的微观分子热运动,到五花八门的宏观热现象,当要找出其中的规律时,是怎样凝炼出有研究价值的问题的,接着是怎样分析、解决它们的,这都值得你品味和吸收。不要认为书本写的和老师讲的都无懈可击,多些质疑,多些争论,这无论为了眼前提高学业成绩还是长远培养创新思维,都是十分必要的。

常树人

2009 年仲夏于南开园

目 录

前言 ··· (1)
再版前言 ·· (1)
第 1 章　概率及概率密度分布函数 ··· (1)
　§1.1　概率的基本概念 ··· (1)
　　1.1.1　随机现象与随机事件 ··· (1)
　　1.1.2　统计规律性 ·· (2)
　　1.1.3　随机事件发生的可能性——概率的定义 ·· (3)
　　1.1.4　概率的基本性质 ·· (3)
　　1.1.5　概率的简单计算 ·· (4)
　§1.2　随机变量与概率分布 ··· (5)
　　1.2.1　随机变量 ··· (5)
　　1.2.2　离散型随机变量的概率分布 ·· (6)
　　1.2.3　连续型随机变量的概率密度分布函数 ·· (8)
　§1.3　统计平均值及涨落 ·· (10)
　　1.3.1　统计平均值 ·· (10)
　　1.3.2　围绕统计平均值的涨落 ·· (12)
　思考题 ··· (13)
　习　题 ··· (14)

第 2 章　热力学系统的状态 ·· (16)
　§2.1　热力学系统的宏观描述 ··· (16)
　　2.1.1　热力学系统及其状态参量 ··· (16)
　　2.1.2　平衡态 ·· (17)
　　2.1.3　非平衡态 ··· (18)
　§2.2　温度 ·· (19)
　　2.2.1　热力学第零定律 ··· (19)
　　2.2.2　温度的定义 ·· (20)
　§2.3　温标 ·· (20)
　　2.3.1　经验温标 ··· (20)
　　2.3.2　热力学温标 ·· (25)
　*2.3.3　国际实用温标 ·· (26)
　§2.4　状态方程 ·· (27)

2.4.1　状态方程……………………………………………………………(27)
　　2.4.2　理想气体状态方程…………………………………………………(28)
　　2.4.3　混合理想气体状态方程……………………………………………(32)
*　2.4.4　概观实际气体状态方程……………………………………………(33)
§2.5　热力学系统状态的微观描述………………………………………………(35)
　　2.5.1　微观状态……………………………………………………………(35)
　　2.5.2　微观配容与宏观分布………………………………………………(36)
　　2.5.3　等概率原理…………………………………………………………(37)
　　2.5.4　热力学概率——一种可能的分布出现的概率……………………(37)
　　2.5.5　宏观量是相应微观量的统计平均值………………………………(37)
　　2.5.6　热动平衡态的统计解说……………………………………………(38)
思考题………………………………………………………………………………(41)
习　题………………………………………………………………………………(42)

第3章　气体平衡态的分子动理论基本概念……………………………………(47)
§3.1　气体分子热运动的通性……………………………………………………(47)
　　3.1.1　布朗运动……………………………………………………………(47)
　　3.1.2　分子运动方向的统计描述…………………………………………(51)
　　3.1.3　分子按速度分布及按速率分布的统计描述………………………(53)
§3.2　分子间的相互作用力………………………………………………………(55)
§3.3　气体的微观模型……………………………………………………………(57)
　　3.3.1　气体分子的力心点模型……………………………………………(58)
　　3.3.2　苏则朗分子力模型…………………………………………………(59)
　　3.3.3　气体分子的无吸引力刚性球模型…………………………………(59)
　　3.3.4　理想气体模型………………………………………………………(60)
§3.4　理想气体的压强……………………………………………………………(61)
　　3.4.1　对气体压强的定性解释……………………………………………(61)
　　3.4.2　气体分子对器壁的平均碰撞次数…………………………………(62)
　　3.4.3　理想气体压强公式…………………………………………………(64)
§3.5　温度的微观解释……………………………………………………………(67)
§3.6　范德瓦尔斯方程……………………………………………………………(68)
　　3.6.1　分子固有体积所引起的修正………………………………………(68)
　　3.6.2　分子间吸引力所引起的修正………………………………………(69)
§3.7　分子间的碰撞………………………………………………………………(73)
　　3.7.1　气体分子的平均自由程和碰撞频率………………………………(73)
　　3.7.2　分子碰撞(散射)截面…………………………………………………(76)
　　3.7.3　气体分子按自由程的分布…………………………………………(77)
附3.1　对原子和分子的观察及操纵……………………………………………(78)
思考题………………………………………………………………………………(80)
习　题………………………………………………………………………………(81)

目 录

第4章 弱耦合系统玻耳兹曼分布律的简单应用 (84)

- §4.1 弱耦合系统的玻耳兹曼分布律 (84)
- §4.2 重力场中微粒按高度的分布 (85)
  - 4.2.1 等温大气压公式 (86)
  - 4.2.2 悬浮微粒按高度的分布 (87)
- §4.3 麦克斯韦速度分布律 (88)
  - 4.3.1 麦克斯韦速度分布函数 (88)
  - 4.3.2 麦克斯韦速度分量分布函数 (89)
  - 4.3.3 麦克斯韦速率分布律 (89)
  - *4.3.4 误差函数 (92)
  - 4.3.5 应用举例 (93)
  - 4.3.6 麦克斯韦速度分布律的实验验证 (98)
- §4.4 能量按自由度均分定理 (100)
  - 4.4.1 气体的内能和定容热容量 (100)
  - 4.4.2 自由度和动能函数 (101)
  - 4.4.3 分子热运动平均能量的计算 (103)
  - 4.4.4 理想气体的摩尔内能和定容摩尔热容量 (104)
  - 4.4.5 能量按自由度均分定理 (105)
  - 4.4.6 由能量按自由度均分定理看经典物理的困难 (106)
- 思考题 (107)
- 习 题 (108)

第5章 气体的输运过程 (114)

- §5.1 输运过程的宏观规律 (115)
  - 5.1.1 牛顿黏滞定律 (115)
  - 5.1.2 傅里叶热传导定律 (116)
  - 5.1.3 对流和辐射传热 (117)
  - 5.1.4 菲克扩散定律 (125)
- §5.2 输运过程的微观解释 (127)
  - 5.2.1 思路与准备 (127)
  - 5.2.2 黏滞现象的微观解释 (129)
  - 5.2.3 热传导现象的微观解释 (130)
  - 5.2.4 扩散现象的微观解释 (131)
  - 5.2.5 输运过程简单微观理论与实验的比较 (131)
  - 5.2.6 对简单理论的改进 (132)
- §5.3 超稀薄气体的热传导及黏滞现象 (134)
- 思考题 (135)
- 习 题 (136)

第6章 热力学第一定律 .... (139)

§6.1 功、内能和热量 .... (139)
6.1.1 热力学的广义功 .... (139)
6.1.2 内能 .... (140)
6.1.3 热量 .... (141)

§6.2 热力学第一定律 .... (142)
6.2.1 热力学第一定律的建立 .... (142)
6.2.2 热力学第一定律的数学表述 .... (143)

§6.3 准静态过程与可逆过程 .... (144)
6.3.1 准静态过程 .... (144)
6.3.2 可逆过程 .... (145)

§6.4 可逆过程中功的计算 .... (146)
6.4.1 体积功的计算 .... (147)
6.4.2 其他形式的功 .... (148)
6.4.3 可逆过程做功的一般表达式 .... (150)

§6.5 热容量与热量的计算及焓 .... (150)
6.5.1 等容过程热容量与内能的变化 .... (150)
6.5.2 等压过程热容量与焓的变化 .... (151)
6.5.3 由热容量计算热量、内能和焓 .... (152)
6.5.4 对热容量的进一步认识 .... (153)

§6.6 气体的内能 .... (154)
6.6.1 焦耳实验 .... (154)
6.6.2 焦耳定律 .... (155)
6.6.3 焦耳—汤姆逊实验 .... (155)
6.6.4 理想气体的定义 .... (158)
6.6.5 对焦耳—汤姆逊效应的初步解释 .... (159)

§6.7 理想气体典型热力学过程的分析 .... (160)
6.7.1 等温过程 .... (161)
6.7.2 等容过程 .... (161)
6.7.3 等压过程 .... (161)
6.7.4 绝热过程 .... (162)
6.7.5 多方过程 .... (165)

§6.8 循环过程 .... (166)
6.8.1 热力循环及其效率 .... (166)
6.8.2 制冷循环和制冷系数 .... (167)
6.8.3 热泵及热泵效能 .... (172)
6.8.4 卡诺循环 .... (172)
*6.8.5 常用的理想动力循环简述 .... (174)

附6.1 能源与能源新技术简述 .... (175)
思考题 .... (183)

习　题 ··· (185)

第7章　热力学第二定律 ·· (193)
§7.1　问题的提出 ··· (193)
§7.2　热现象的不可逆性 ·· (193)
　7.2.1　热现象的进行方向 ··· (193)
　7.2.2　各种不可逆过程都是互相关联的 ·· (194)
　7.2.3　自发过程初末态的差别 ··· (195)
§7.3　态函数熵 ·· (197)
　7.3.1　热力学概率与熵的定义——玻耳兹曼公式 ··· (197)
　7.3.2　理想气体熵的表达式 ·· (197)
　7.3.3　熵的变化与热交换 ··· (199)
§7.4　热力学第二定律 ··· (201)
　7.4.1　熵增加原理——热力学第二定律的熵表述 ·· (201)
　7.4.2　热力学第二定律的经典表述 ··· (201)
　7.4.3　热力学第二定律的实质 ··· (203)
　7.4.4　热力学第二定律的统计意义 ··· (203)
§7.5　卡诺定理及其应用 ·· (204)
　7.5.1　卡诺定理在热力学发展中的重要地位 ·· (204)
　7.5.2　卡诺定理及其证明 ··· (205)
*　7.5.3　历史上对卡诺定理的证明和态函数熵的引进 ·· (207)
　7.5.4　热力学温标的建立 ··· (210)
　7.5.5　物质的内能与状态方程的关系 ·· (211)
§7.6　熵差的计算 ··· (212)
§7.7　熵及熵增加原理的实际应用 ··· (218)
*§7.8　熵及热力学第二定律的拓展 ·· (221)
　7.8.1　负温度 ·· (221)
　7.8.2　熵与信息 ··· (225)
　7.8.3　时间箭头 ··· (229)
　7.8.4　非平衡的定常态 ·· (232)
　7.8.5　耗散结构 ··· (234)
　7.8.6　从平衡态走向混沌 ··· (241)
　7.8.7　热寂说 ·· (242)
　思考题 ··· (244)
　习　题 ··· (245)

第8章　相变 ·· (249)
§8.1　气-液相变 ··· (250)
　8.1.1　汽化和凝结 ·· (250)
　8.1.2　蒸发与饱和蒸气压 ··· (250)

8.1.3 沸腾 ··· (251)
  8.1.4 汽化热和凝结热 ··· (252)
  8.1.5 过饱和蒸气与过热液体 ·· (253)
  8.1.6 气液等温转变 临界点 ·· (255)
  8.1.7 范德瓦尔斯等温线 临界参量 ·· (257)
  8.1.8 物态对比方程 对应态定律 ··· (258)
  8.1.9 汽化曲线 ·· (259)
  8.1.10 热管 ·· (259)
 §8.2 固—液相变和固—气相变 三相图 ··· (260)
  8.2.1 固—液相变 ·· (260)
  8.2.2 固—气相变 ·· (262)
  8.2.3 三相图 ··· (262)
 §8.3 一级相变的普遍特征 克拉珀龙方程 ······································ (263)
  8.3.1 气—液、固—液、固—气相变的共同特征 一级相变 ············ (263)
  8.3.2 克拉珀龙方程 ··· (264)
*§8.4 连续相变简介 ·· (266)
  8.4.1 一级相变以外的一些相变现象 ·· (266)
  8.4.2 连续相变 ·· (269)
 思考题 ·· (271)
 习 题 ·· (272)

附录 ··· (274)
 习题参考答案 ·· (274)
 附表1 基本物理常量(1986年的推荐值) ·· (281)
 附表2 保留单位和标准值 ·· (281)
 索引 ·· (282)
 主要参考书目 ·· (285)

第1章 概率及概率密度分布函数

热现象微观理论的关键方法是统计方法,在描述系统状态的宏观量与相应的微观量之间,是靠统计方法建立联系的。统计理论中最基础的概念——概率及其有关的重要知识是我们学习热学时首先应当掌握的。

§1.1 概率的基本概念

1.1.1 随机现象与随机事件

自然界中许多事情是可以被预言的。例如,作简谐振动的单摆,只要知道其固有频率及初始条件,我们就能计算出摆球在任何时刻的位置和速度。又如,一年里四季的更替,一月间月亮的圆缺,都是可以预知的。这类事件称为确定性事件。

然而,还有一类现象,我们只能确定影响它们演化的一部分因素,另外一部分因素是无法确定,或无法控制的,所以,现象发展的结局不是唯一的,到底如何,事先不能预言。这类现象称为随机现象。例如,容器中的气体,尽管我们可以控制容器的容积、气体的压强乃至其温度,但我们无法控制气体分子在热运动中怎样和其他分子、又怎样和容器壁去碰撞,因而无从预言各个分子每一时刻的空间位置与速度。我们说,气体中一个分子所在的空间位置及其运动状态如何,是一种随机现象。在一定条件下,一个随机现象可以出现的多种结果中的每一个,就叫做一个随机事件。

对随机现象进行实验观测,在单次实验中所出现的不能再"分解"的事件,叫做基本随机事件。例如掷骰子可能出现不同点数这一随机现象,在单次实验中分别出现1点、2点、3点、4点、5点、6点,就是它的六个基本随机事件。一随机现象的所有基本随机事件构成一基本事件组,掷骰子的基本事件组就由上述六个基本事件组成。

把基本随机事件按不同方式复合起来,则成为不同的复杂随机事件。仍以掷骰子为例。我们可以取"掷出的点数等于或大于5"为一随机事件,记为 B。显然,不论掷出的点数是5还是6,都算做事件 B 发生了。我们称 B 事件是由"掷出的点数为5"这一基本随机事件与另一"掷出的点数为6"的基本随机事件而构成的,B 就属于复杂随机事件了。

一般说,所谓"随机事件 B 是由随机事件 $A_1, A_2, \cdots, A_m$ 所构成",是指:当且仅当这 m 个事件中有一个发生时,事件 B 才发生。换句话说,在单次实验中若上述事件 B 发生了,也就是 $A_1, A_2, \cdots, A_m$ 中的任何一个发生了,而 $A_1, A_2, \cdots, A_m$ 中的任两个事件却绝不可能在单次实验中同时发生,我们称它们是互不相容的。基本随机事件组内的事件都是互不相容的。一般地,凡不可能在单次实验中同时发生的两个随机事件,就是互不相容的随机事件。

人们还注意到,有时,对于选定的随机事件 A 与 B,其中之一是否发生并不受另一个是否发生所影响,则称 A 与 B 是互相独立的。例如,同时掷两只骰子,其一是否出现5点与另一个是否出现3点毫无联系,两骰子分别出现5点与3点这两个随机事件尽管可以同时发生,却互相独立。即便拿一只骰子来说,"这次投掷是否出现5点"与"下次投掷是否出现3点"也是不相干的,尽管是两次相继的投掷,这两个随机事件仍是各自独立的。再以我们在本课程中将特别关注的气体分子的速度为例,一分子速度的 x 分量介于怎样的大小区间与它的 y 分量介于怎样的大小区间,z 分量又介于怎样的大小区间,是互不相关的。

1.1.2 统计规律性

通过观察一个演示实验可知,对大量随机事件的整体是有统计规律可循的。如图1.1.1所示,一个带有玻璃面板的大盒内用竖直隔板分成许多等宽的小格,另有一斜放着的、底板面钉有许多小铁钉的木槽,其开口处与大盒口的一边相接。通常称这种装置为伽尔顿板。令小球从钉板上方滚下,它要与板上铁钉进行无规则的碰撞。小球在下滚途中受力的复杂细节是失去人为控制的,尤其在把不止一个小球乃至大量小球同时或连续沿钉板撒下时,我们不可能一一控制它们落下的初始状态;而且它们除与铁钉碰撞外还要彼此碰撞,更使得每个小球的运动呈现随机状态。尽管各个小球的运动都遵从牛顿力学定律,但它们离开钉槽时的速度无论大小还是方向都具有偶然性,以

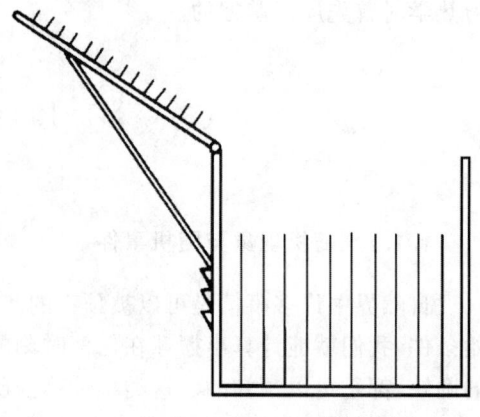

图 1.1.1 伽尔顿板

致就单个小球来说,它滚下后究竟会落在大木盒中的哪一个格子里,是不能预知的。

现保持木槽的倾斜度不变,先把少量小球从钉板上撒下,它们将滚落在盒中各格里而有一分布。以尽量相同的方式将同样数量的小球再撒下一次,又一次,……我们发现:每次小球在各格中的分布是有明显差异的。

现改撒大量小球,盒中各格里接到小球的数目是不相等的,越靠两边格里的小球数目越少,中间有一格中落入小球数目最多。究竟是哪一格中最多,这与木槽的倾斜度有关。用同样多的小球再撒一次,按上面所说单个小球运动轨迹不可控制,以致落入盒中哪一格完全具有偶然性来推想,或许仍会像少量小球撒下时那样,出现明显不同于前次的分布。但事实上,只要木槽倾斜度固定,球的数目足够多,且总数保持不变,撒球的方式也尽量相同,那么多次实验得出的结果彼此都非常接近。

如上伽尔顿板实验中,大数量小球落在大盒各格中的分布不再具有偶然性,它说明,在一定条件下,对大量随机事件的整体而言,具有较稳定的特性,且是有必然规律可循的。这就是统计规律性。在本章末尾,我们将把统计规律性的一般要点作一归纳。

统计规律性包容着单个随机事件的偶然性。试将大量小球中的一只染成与众不同的颜色,在多次实验得到各格小球数有稳定分布的同时,这只可被识别的染色小球出现在哪一格中却完全是任意的。

统计规律性一定伴随有所谓"涨落"现象。在伽尔顿板实验中,如果我们每次都逐格清点落入的小球数目,并作下记录,就会发现,每次实验中球数的实际分布与经极多次实验后统计算得的平均分布是有偏差的。这就叫做"涨落",而且用来投撒的小球总数较少时,这种"涨落"现象就很明显。更确切些说,这里所谓"涨落"应当叫做围绕统计平均值的涨落。统计物理还研究

另一类型的涨落,如布朗运动、电路中的噪声等。涨落现象体现了单个随机事件的偶然性;同时,大量随机事件所必然遵从的统计规律性是依存于个别随机事件的偶然性的,涨落现象与统计规律性相伴正表明了偶然性与必然性之间的辩证关系。

1.1.3 随机事件发生的可能性——概率的定义

统计规律中最基本的概念是概率,它给出一随机事件发生的可能性有多大。在确定的条件下,对随机现象进行足够多次的实验观测,将看到该现象中各种可能的随机事件。设实验的总次数为 N,其中,事件 A 出现的次数为 N_A,定义

$$\nu_A = \frac{N_A}{N}$$

为事件 A 出现的频数。这频数会依 N 的不同而有所变化,但随着 N 的增大,由于偶然因素所起的作用相对降低,随机现象本身的固有特性变得明显,以致 ν_A 会稳定在某一值附近而只有越来越小的起伏。

当 N 极大时,频数趋于一极限

$$\lim_{N \to \infty} \nu_A = P_A \tag{1.1.1}$$

P_A 称为事件 A 出现的概率。显然,概率反映了随机事件出现的可能性,P_A 越大,事件 A 出现的可能性就越大。

1.1.4 概率的基本性质

由概率的定义可推知其必具有如下性质:

(1) 以 P_A 表示任意一事件的概率,必有 $0 \leqslant P_A \leqslant 1$。特别地,若 $P_A = 1$,意味着 A 事件在给定的条件下一定发生,它是必然事件;若 $P_A = 0$,则 A 事件在给定的条件下根本不可能发生,这是不可能事件。

(2) 加法定理。

设 A_1、A_2 为两互不相容事件,若 A_1 或者 A_2 出现时都可认为事件 A 已出现,称 A 为 A_1 与 A_2 的"或"(也有称为"和"的),表示为 $A = A_1 \cup A_2$,或 $A = A_1 + A_2$。有

$$P_A = P_{A_1} + P_{A_2}$$

式中 P_A、P_{A_1} 和 P_{A_2} 分别为出现 A、单独出现 A_1 和单独出现 A_2 的概率。

若 A 为若干个互不相容随机事件的"或",即

$$A = A_1 \cup A_2 \cup \cdots \cup A_n \tag{1.1.2}$$

则

$$P_A = \sum_{i=1}^{n} P_{A_i} \tag{1.1.3}$$

这就是加法定理。

(3) 基本随机事件组中各事件的概率归一。

如果 (1.1.2) 式中 A_1 至 A_n 构成一基本随机事件组,亦即包含了某随机现象所有可能独立出现的全部基本随机事件,那么 A 便是必然事件,因此 (1.1.3) 式一定为:

$$P_A = \sum_{i=1}^{n} P_{A_i} = 1 \tag{1.1.4}$$

这称为概率的归一化条件。

(4) 乘法定理。

设 A、B 两事件是相容的,把 A、B 都发生的事件称为 C,换句话说,C 是在 A 和 B 都出现时才实现的事件,简单地称 C 是 A 和 B 的"交"(也称为"积"),记做 $C=A\cap B$ 或 $C=AB$。则事件 C 的概率为:

$$P_C=P(A\cap B)=P_A\cdot P(B|A) \tag{1.1.5}$$

这里,P_A 是 A 事件的概率,$P(B|A)$ 是在 A 发生的前提下 B 事件出现的概率,称之为"条件概率"。例如,盒中装有 15 个球,其中 5 个是塑料球,10 个是木球。而塑料球中 2 个是红色的,3 个是白色的;木球中 4 个是红色的,6 个是白色的。记 $A=$"取到红色球",$B=$"取到塑料球",$C=$"取到红色塑料球",那么就有 $P_C=P_A\cdot P(B|A)$,其中 $P(B|A)$ 是在取到的是红色球(A 发生)的前提下,而该球质料又恰是塑料的(B 发生)之条件概率。同理也有 $P_C=P_B\cdot P(A|B)$,其中 $P(B|A)$ 则是在取到的是塑料球(B 发生)的前提下而该球为红色(A 发生)的条件概率。

有时,尽管需要 A、B 两事件的"交",但 A、B 两事件是互相独立的,即"B 出现"的概率跟是不是附加上"A 出现"这一条件无关,反之亦然。那么,必有:

$$P(B|A)=P_B,\quad P(A|B)=P_A$$

于是(1.1.5)式便成为:

$$P_C=P(A\cap B)=P_A\cdot P_B \tag{1.1.6}$$

就是说,两相容的独立事件都出现的概率,等于两独立事件单独出现的概率之乘积,这叫做乘法定理。(1.1.6)式可以推广到计算多个相容的独立事件都出现的概率:

$$P_C=P(A_1\cap A_2\cdots\cap A_n)=P_{A_1}P_{A_2}\cdots P_{A_n} \tag{1.1.7}$$

1.1.5 概率的简单计算

式(1.1.1)所表达的概率的定义既是概念,也给出近似计算概率的方法。但在许多实际问题中,其具体特点表现出一定的"对称性",使得人们可以利用自己长期积累的与这种"对称性"相关的实际经验来分析事件发生的可能性。于是,并不需要像(1.1.1)式所要求的那样去作很多次实验,而能直接计算其概率。

有一类称为古典式随机现象的概率,就可以简单计算。

古典式随机现象要满足以下两个条件:

(1)该随机现象的基本随机事件组的事件数目有限;
(2)每一基本随机事件发生的概率相等。

例如,一只匀质、形状规则的骰子,它有 6 个对称的面,掷出去出现的点数究竟是几,便有 6 种等概率的可能,这是一个古典式随机现象。

又如容器内有 N 个气体分子,若以一假想截面将容器分为容积相等的 A、B 两部分,每个分子都可自由往来于 A、B 之间,倘视 N 个分子是可以彼此区分的,但又各自独立地以同样方式热运动着,那么这些气体分子在 A、B 两部分中的分配共有 2^N 种可能,而且每种分配出现的概率都相等。这又是一个古典式随机现象。

设一古典式随机现象的基本随机事件组中含有 n 个基本事件,那么依古典式随机现象应满足的条件,易得每一基本事件发生的概率为:

$$P=\frac{1}{n} \tag{1.1.8}$$

如果该随机现象的某个复杂随机事件 C 是由 m 个基本事件构成的,则 C 的概率为:

$$P_C = \frac{m}{n} \tag{1.1.9}$$

(1.1.9)式实际上就是在(1.1.8)式的基础之上应用互不相容事件概率的加法定理(1.1.3)式而得到的。

在具体计算中,必须先适当地定义基本事件组。由(1.1.8)和(1.1.9)式可见,关键是计算 n 和 m,这需要用到数学中有关排列、组合的公式。

§1.2 随机变量与概率分布

1.2.1 随机变量

为了讨论随机事件与相应概率之间的关系,首先要把随机事件数值化,于是引进随机变量。下面给出它的定义。

若在确定条件下,随机现象中的每一个随机事件 ω 都惟一地与一个实数值 $X(\omega)$ 相对应,则称实数值变量 $X(\omega)$ 为一个随机变量。

【例 1.2.1】 设盒中有 3 个白球,2 个黑球,从中随便摸取 3 个球。现在关心的是:在摸取的 3 个球中黑球的数目。显然这数目或为 0,或为 1,或为 2,有三种可能。现给这 5 个球编号,其中(1)、(2)、(3)号为白球,(4)、(5)号为黑球。则"摸取 3 个球"的可能结果 ω 有 10 种,见表 1.2.1 第一列,给出了 10 种可能中各自摸到 3 个球的编号。设随机变量 $X(\omega)$ 为每种可能情形下摸到黑球的数目,其值也列于表 1.2.1 中。

表 1.2.1 随机事件 ω 与随机变量 $X(\omega)$

ω	$X(\omega)$
(1)(2)(3)	0
(1)(2)(4)	1
(1)(2)(5)	1
(1)(3)(4)	1
(1)(3)(5)	1
(2)(3)(4)	1
(2)(3)(5)	1
(1)(4)(5)	2
(2)(4)(5)	2
(3)(4)(5)	2

这里,我们看到,所选取的随机变量 $X(\omega)$ 可以取 0,1,2 三个实数值,区分出了三种不同的复杂随机事件。而 ω 的每种可能,是在给定条件下,符合明确要求的一个基本随机事件,它对应着 $X(\omega)$ 的一个确定值;但 $X(\omega)$ 的一个确定值却可以对应不止一个基本随机事件,例如,$X=1$ 就对应着 ω 的 6 个不同的可能情况。

【例 1.2.2】 硬币的一面刻着国徽,另一面刻着币值。抛掷一枚硬币,它落地时哪一面朝上是随机的。我们可以事先约定,令刻着国徽的一面朝上对应着随机变量 $X=1$,而刻有币值的一面朝上对应着随机变量 $X=0$。可见,对于并不显现为某某数量如何的随机事件,也照样能用随机变量把它们标识出来。

【例 1.2.3】 气体分子处于不停的、无规则的热运动之中,任何单个分子所在的空间位置及运动速度都在随机地瞬息万变。可以把单个分子的速率 v 取做随机变量,或者把它的速度分量 (v_x, v_y, v_z) 取做随机变量组,还可以把它的空间位置坐标 (x, y, z) 取做随机变量组。

通常把随机变量分为两类。若随机变量(或随机变量组)X 所能取的值可一一列举出来(如例 1.2.1 和例 1.2.2),则称 X 为离散型随机变量;否则,称为非离散型的,正如在例 1.2.3 中,分子位置坐标 (x, y, z) 可以取某一范围内的所有实数值。分子的速率和速度三个分量取值也是如此。实际遇到的非离散型随机变量大都有很好的数学性质,按数学家定义,有连续型随机变量之称,如例 1.2.3 中的随机变量即是。

1.2.2 离散型随机变量的概率分布

为了完全地描述一个随机现象,只知道其随机变量 X 可取哪些值是远远不够的,更重要的是要知道 X 取各个值的概率。

设 X 可能取的值是 $x_1, x_2, \cdots, x_n$,相应的概率分别是

$$P(X=x_1), P(X=x_2), \cdots, P(X=x_n)$$

记 $P_i = P(X=x_i)(i=1, 2, \cdots, n)$,可将 X 可能取的值与相应的概率列成下表:

X	x_1	x_2	$\cdots$	x_i	$\cdots$	x_n
P	P_1	P_2	$\cdots$	P_i	$\cdots$	P_n

此表称为 X 的概率分布表。

经适当选定随机变量,还可以把不同随机事件的概率 P 写成各事件相应的随机变量 X 的函数:

$$P = f(X)$$

这叫做离散型随机变量的概率分布函数。下面介绍一种常见的概率分布——二项式分布。

有一些随机现象,在单次试验观测中所出现的结果只可能有两种,就是说,它的基本事件组中只包含两个基本事件,记为 A 和 B。设它们各自的概率分别为 p 和 q,根据概率归一化条件(1.1.4)式,必有

$$p + q = 1 \tag{1.2.1}$$

现在,要对这样的一个随机现象的 N 次独立试验结果来作整体的察看,求在这 N 次独立试验序列中有 n_1 次出现事件 A(自然也就是有 $(N-n_1)$ 次出现 B)的概率。在这一问题中,p 由该随机现象本身的性质所决定。如果是古典式随机现象,必有 $p=1/2$,但未必总是如此;N 是给定的。我们选 n_1 是随机变量,p 和 N 作为参数。

首先,我们让 A 与 B 在 N 次试验中按一个事先确定的顺序发生,并且 A 事件要总共发生 n_1 次。按照多个相容独立事件都出现的概率乘法定理(1.1.7)式,可写出这一独立试验序列发生的概率为:

$$p^{n_1} q^{N-n_1}$$

其实,这概率与 n_1 次 A、$(N-n_1)$ 次 B 出现的次序是没有关系的。

而后,我们不限制在刚才指定的顺序上,考虑:无论顺序如何,凡是在 N 次试验中有 n_1 次出现事件 A 的总概率 $P_N(n_1)$。这由互不相容事件的"或"的概率加法定理(1.1.3)式不难得到:

$$P_N(n_1) = \frac{N!}{n_1!(N-n_1)!} p^{n_1} q^{N-n_1} \qquad (n_1 = 0, 1, 2, \cdots, N) \tag{1.2.2}$$

式中因子 $\dfrac{N!}{n_1!(N-n_1)!}$ 是以各种不同次序在 N 次实验中有 n_1 次 A 出现的组合数，通常记为 $C_N^{n_1}$。

利用二项式定理及(1.2.1)式，不难证明(1.2.2)式给出的概率分布函数满足归一化条件：

$$\sum_{n_1=0}^{N} P_N(n_1) = \sum_{n_1=0}^{N} C_N^{n_1} p^{n_1} q^{N-n_1} = (p+q)^N = 1 \tag{1.2.3}$$

也正由于概率分布函数 $P_N(n_1)$ 恰是二项式 $(p+q)^N$ 展开中 p 的第 n_1 次幂的通项，所以这一分布叫做二项式分布，它在不同领域有着广泛的应用。常见的物理问题有讨论自旋体系中磁矩的取向、气体分子在容器内两部分空间里的分布等，都是二项式分布的应用范例。

在统计学中，泊松分布和高斯分布是两个著名的重要分布，它们其实是两种特殊情况下的二项式分布。当 $N \longrightarrow \infty$，$p \longrightarrow 0$ 但 Np 为有限值时，二项式分布就化为泊松分布；而当 $N \longrightarrow \infty$，n_1 及 $N-n_1$ 也都很大（p 未必很小）时，二项式分布渐近地表示为高斯分布。详细情形不在这里讲述，有兴趣的读者可参阅概率统计方面的专著。

【例 1.2.4】 一条笔直的、东西走向的狭街上立着一电线杆，杆下有一醉汉沿街跟跟跄跄忽东忽西地走路。假定他每一步的步长都是 l，但各步朝东还是朝西不受上一步的影响，是完全随机的。试求他从电线杆处出发走了 N 步之后，离电线杆距离为 x 的概率。

【解】 这是一维"无规行走（Random walk）"问题。基本随机事件只有两个：醉汉或朝东走，或朝西走。设他朝东、朝西走的概率分别是 p 和 q。p 可以等于、也可以不等于 q，假如这条街路面是倾斜的，那么醉汉朝上坡方向走的概率就小于朝下坡方向走的概率；而若街道水平，则可以认为 $p=q=1/2$。

先来看一下在他走过的 N 步中"若有 n_1 步是朝东走的"这种可能性有多大。取 n_1 为随机变量，这正是欲求得一维无规行走问题的概率分布函数 $P_N(n_1)$，而它恰应是二项式分布：

$$P_N(n_1) = \dfrac{N!}{n_1!(N-n_1)!} p^{n_1} q^{N-n_1} \tag{1.2.4}$$

式中出现的 $(N-n_1)$ 是他向西走的步数，我们记为 n_2。取 x 轴平行于街道，原点在电线杆所在处，从原点向东为正轴方向。既然走了 N 步之后距原点 x 远，那么必有：

$$x = (n_1 - n_2)l = [n_1 - (N-n_1)]l = (2n_1 - N)l$$

这里，N 若为奇数，则 x 必为奇数倍步长；而 N 若为偶数，则 x 必为偶数倍步长。

容易解出：

$$n_1 = \dfrac{x}{2l} + \dfrac{N}{2}, \qquad n_2 = \dfrac{N}{2} - \dfrac{x}{2l}$$

将所得的 n_1 及 n_2（即 $(N-n_1)$）代入分布函数(1.2.4)式，便得到以 x 为随机变量的概率分布函数：

$$P_N(x) = \dfrac{N!}{\left(\dfrac{x}{2l} + \dfrac{N}{2}\right)!\left(\dfrac{N}{2} - \dfrac{x}{2l}\right)!} p^{\left(\frac{x}{2l} + \frac{N}{2}\right)} q^{\left(\frac{N}{2} - \frac{x}{2l}\right)} \tag{1.2.5}$$

这就是本题所要求的概率。

"无规行走"是有名的概率问题。它可以不限于一维，也可以每步长不相等，那就要涉及更多个随机变量。物理中有许多问题的数学模型就是"无规行走"。例如布朗粒子的运动犹如醉汉行路，用"无规行走"模型来讨论它们的方均位移就很合适。

1.2.3 连续型随机变量的概率密度分布函数

连续型随机变量是在实数轴的某一区间内连续取值,即使它从 x 变化到 $x+dx$,在极微小的变化区间 dx 里也有无限多个可取的值。所以,连续型随机变量取某一确定值的概率必然为零,否则随机变量之值落在 x 到 $x+dx$ 微小区间的概率竟将达无限大。这样,我们就不再能够像对待离散型随机变量那样给出与每一随机变量值相对应的概率分布函数。那么应当如何做呢?下面,我们以气体分子按速率分布的问题为例,引进连续型随机变量概率密度分布函数。

1. 示例:分子按速率分布情况的描述

表 1.2.2

速率(m/s)区间	0	50	100	150	200	250	300	350	400	450	500	550	600	650	700~∞
分子比率 $\frac{\Delta N}{N}$ (%)	1		8		15		20		21		17		10		8
单位速率间隔的分子比率 $\Delta N/(N\Delta v)$ (%s/m)	0.01		0.08		0.15		0.20		0.21		0.17		0.10		
分子比率 $\frac{\Delta N}{N}$ (%)	0.2	0.8	3	5	7	8	9.5	10.5	11	10	9	8	6	4	8
单位速率间隔的分子比率 $\frac{\Delta N}{N\Delta v}$ (%s/m)	0.004	0.016	0.06	0.10	0.14	0.16	0.19	0.21	0.22	0.20	0.18	0.16	0.12	0.08	

可以自拟一组气体分子按速率分布的数据(见表1.2.2)。先取速率间隔 $\Delta v=100\text{m/s}$,用各速率区间所对应的分子比率 $\Delta N/N$ 做图,如图 1.2.1 中实线所示。该图中每一小矩形之宽表示所取速率间隔的大小,而矩形之高则表示分布在相应速率区间 $v\sim v+\Delta v$ 内的分子比率。由于速率大于 700m/s 的分子比率等于 8%,因此速率介于 0~700m/s 之间的分子比率即为 92%。对图 1.2.1 中用实线所画的 7 个矩形之高求和,即得 92%。再取 $\Delta v=50\text{m/s}$,仍用各速率区间所对应的分子比率来做图,如图中虚线所示。在 0~700m/s 的速率范围内所做出的 14 个小矩形的高度之和仍应为 92%,但其上方轮廓线较先前 7 个矩形的明显地降低了。

本来,速率间隔取得足够小才能细致地描写速率分布的情况,但如果照上法,分别以 $\Delta N/N$ 和 v 为纵、横坐标画小矩形来作图示,则必定是 Δv 取得越小,小矩形数目越多,虽然它们的高度之和不变,但它们的上方轮廓线随 Δv 之缩小会发生显著的下移,并越来越贴近横轴。

现在换一种方式考虑。先近似认为分布在某一速率区间 $v\sim v+\Delta v$ 内的 ΔN 个分子是平均分布在该速率区间内的每单位速率间隔上的,那么分布在 $v\sim v+\Delta v$ 内每单位速率间隔上的分子数比率就是 $\Delta N/(N\Delta v)$。下面,改用

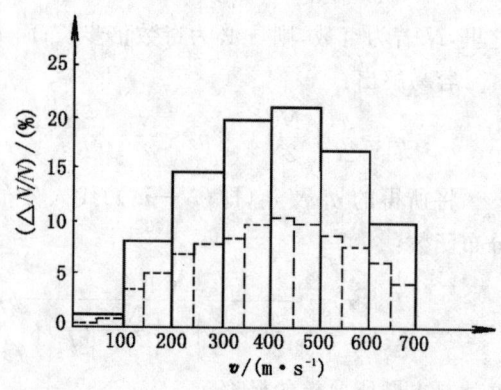

图 1.2.1 分子按速率分布的一种图示

$\Delta N/(N\Delta v)$ 为纵坐标来描绘速率介于 0~700m/s 之间的分子按速率的分布情况。

仍先取 $\Delta v=100\text{m/s}$,如图 1.2.2,每一小矩形之宽仍表示速率间隔之大小,矩形之高则表

示分布在相应的 $v\sim v+\Delta v$ 区间内、平均每单位速率间隔上的分子数比率。若问分子在 $v\sim v+\Delta v$ 区间内的分子比率 $\Delta N/N$，显然应当用相应的矩形面积表示，那么图 1.2.2 中用实线画出的 7 个矩形面积之和应等于 92%。

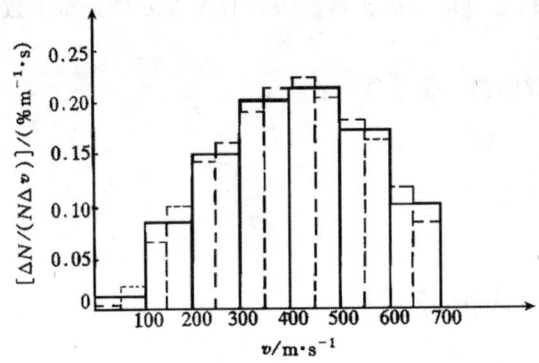

图 1.2.2 分子按速率的分布

再将 Δv 取为 50m/s，所画的 14 个小矩形的上方轮廓线将围绕以前的那 7 个小矩形的上方轮廓线上下起伏，如该图虚线所示，且 14 个小矩形的面积之和为 92%。

2. 概率密度分布函数

当速率间隔取得足够小时，$\Delta v \to \mathrm{d}v$，$\dfrac{\Delta N}{N\Delta v} \to \dfrac{\mathrm{d}N}{N\mathrm{d}v}$，一排细窄矩形的上轮廓线将趋于一条光滑曲线，如图 1.2.3 所示。这条曲线就代表了分布在 v 附近、单位速率间隔内的分子数比率 $\dfrac{\mathrm{d}N}{N\mathrm{d}v}$ 随 v 的变化情况，称此曲线为速率分布曲线，其对应的函数

$$f(v) = \frac{\mathrm{d}N}{N\mathrm{d}v} \tag{1.2.6}$$

就叫做速率分布函数。这一分布函数与我们所关心的概率问题是有关系的。

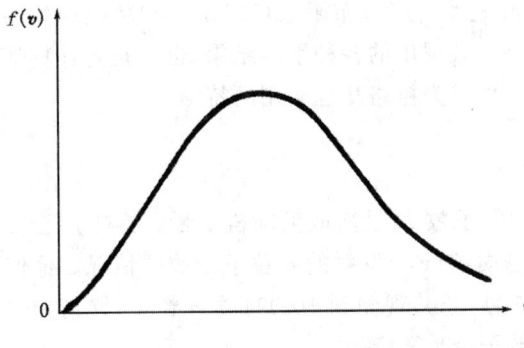

图 1.2.3 速率分布曲线

(1) 气体中任意分子其速率在 $v\sim v+\Delta v$ 区间内的概率应等于 N 个分子中速率介于 $v\sim v+\Delta v$ 区间内的分子数比率 $\mathrm{d}N/N$，此概率就是 $f(v)\mathrm{d}v$；

(2) 任意分子其速率落在 v 附近的单位速率间隔内的概率则是 $\dfrac{f(v)\mathrm{d}v}{\mathrm{d}v}=f(v)$，所以 $f(v)$ 是概率密度。同时它作为速率 v 的函数，又反映出不同 v 附近的概率密度如何随 v 变化，因此速率分布函数 $f(v)$ 实为概率密度分布函数。

一般地，对于连续型随机变量 X，存在非负可积函数 $p(x)$（x 有一定的取值范围），使对 x 取值范围内的任意 $a,b(a<b)$ 都有

$$P\{a<X<b\} = \int_a^b p(x)\mathrm{d}x$$

式中 $P\{a<X<b\}$ 是随机变量介于 $a\sim b$ 所对应的随机事件之概率，称 $p(x)$ 为 X 的概率密度分布函数。

在气体分子的速率分布问题中，分子速率介于 $v_1\sim v_2$ 的概率便是

$$\int_{v_1}^{v_2} f(v)\mathrm{d}v \tag{1.2.7}$$

它也是 N 个分子中速率介于 $v_1\sim v_2$ 的分子数比率 $\Delta N/N$。

(3) 从 $f(v)$ 的引入过程不难推知，图 1.2.3 中速率分布曲线下的面积应当是 1，写成积分形式，就是概率密度分布函数的归一化条件：

$$\int_0^\infty f(v)\mathrm{d}v = 1 \tag{1.2.8}$$

这里积分上限取为无穷大,并不是说分子速率可以比光速还大。以后会看到,函数 $f(v)$ 随 v 增大而衰减甚快,即速率很大的分子数比率极小,积分上限取光速 c 与取无穷大则不会给结果带来些许值得介意的差异。为了数学处理的方便,以后凡有速率分布函数出现在被积函数中的积分,速率上限就可取为无穷大。同样的理由,也可以把被积函数中含有速度分量分布函数的积分上、下限取为正、负无穷大。

在一般情况下,变量 X 的概率密度分布函数的归一化条件为:

$$\int p(x)\mathrm{d}x = 1$$

积分遍及 x 的取值范围。

§1.3 统计平均值及涨落

1.3.1 统计平均值

我们已经看到,由随机变量的概率分布函数或概率密度分布函数可以了解到随机现象的概率特性。但在不少实际问题中需要知道随机现象所表现出的各种平均结果,也就是要计算随机变量的统计平均值,用它作为随机变量分布的一种较为粗略却也实用的特征。

1. 离散型随机变量的统计平均值

让我们来分析下面的事例。

放射性物质在各个等长时间间隔内放射出的粒子数 X 是离散型随机变量。当年卢瑟福(Rutherford)和盖革(Geiger)观测了天然放射性物质镭(Ra)发射的 α 粒子个数的情况。他们一共作了 $N=2\,608$ 次观测,每次观测时间是 7.5 秒,总共观测到 $10\,094$ 个 α 粒子,详情如表 1.3.1 所示。现求平均每次观测中镭所发射的 α 粒子个数。

表 1.3.1[①]　放射性镭发射 α 粒子的情况

单次观测到的 α 粒子个数 X	观测到的次数 N_i	频数 $\nu_i = \dfrac{N_i}{N}$
0	57	0.022
1	203	0.078
2	383	0.147
3	525	0.201
4	532	0.204
5	408	0.156
6	273	0.105
7	139	0.053
8	45	0.017
9	27	0.010
≥10	16	0.006
总计	2 608	0.999

[①] 表 1.3.1 中的数据取自:陈家鼎,刘婉如,汪仁官.概率统计讲义.北京:高等教育出版社,1986.47

记所求的平均个数为 $\overline{X}$，它显然不是表 1.3.1 中第一列数字的简单平均

$$\frac{1}{11}(0+1+2+3+4+5+6+7+8+9+10)$$

而应当是：

$$\overline{X}=\frac{1}{2068}(0\times 57+1\times 203+2\times 383+3\times 525+\cdots+10\times 16)$$

$$=\frac{10086}{2608}=3.87$$

括号中最后一项 10×16 是不准确的，以致括号内 11 项之和与实际观测到的 α 粒子总数 10 094 并不严格相等，但这影响不大。

在上面的算式中，$\frac{57}{2608},\frac{203}{2608},\cdots,\frac{160}{2608}$，正是 X 取 $0,1,\cdots$ 所各自对应的频数。这里，总观测次数 2 608 可看成大数，于是，这些频数就极接近 X 取各种可能值 x_i 的相应概率 p_i，并可将上面的算式改写为：

$$\overline{X}=\sum_i x_i p_i \tag{1.3.1}$$

(1.3.1) 式普遍适用于计算离散型随机变量的统计平均值。我们看到，这里进行的是加权平均，也就是说，不能单看随机变量取些什么样的值，还要考虑到它取的那些值相应的概率。显然，统计平均值与概率分布情况是直接有关的。也正因为如此，随机变量本身的统计平均值又称为它的数字特征。虽然在单次试验中随机现象出现怎样的结果不能预知，但在极多次试验中的平均结果却是确定的。

【例 1.3.1】 求二项式分布 $P_N(n_1)=\dfrac{N!}{n_1!(N-n_1)!}p^{n_1}q^{N-n_1}$ $(n_1=0,1,2,\cdots,N)$ 中随机变量 n_1 的平均值。

【解】 由 (1.3.1) 式，得：

$$\overline{n}_1=\sum_{n_1=0}^{N}n_1 P_N(n_1)$$

$$=\sum_{n_1=1}^{N}n_1\frac{N!}{n_1!(N-n_1)!}p^{n_1}q^{N-n_1}$$

$$=\sum_{n_1=1}^{N}\frac{Np(N-1)!}{(n_1-1)![(N-1)-(n_1-1)]!}p^{n_1-1}q^{(N-1)-(n_1-1)}$$

令 $n'_1=n_1-1, N'=N-1$，则上式化为：

$$\overline{n}_1=Np\sum_{n'_1=0}^{N'}\frac{N'!}{n'_1!(N'-n'_1)!}p^{n'_1}q^{N'-n'_1}$$

$$=Np(p+q)^{N'}$$

$$=Np$$

2. 连续型随机变量的统计平均值

仍以气体分子的速率分布为例，求分子热运动的平均速率 $\overline{v}$。

$\overline{v}$ 是所有 N 个分子速率的算术平均值。欲求 $\overline{v}$，先要对这 N 个分子的速率求和，而后除以 N 即是。要注意的是，分布在不同速率附近的等宽速率区间内的分子数是不同的，其分布情况要用速率分布函数 $f(v)$，也就是连续型随机变量的概率密度分布函数来完全地描述。因此，我们划分出一个个小速率区间 dv 并利用 $f(v)$ 来进行速率求和。

在速率区间 $v \sim v+\mathrm{d}v$ 内的分子数 $\mathrm{d}N = Nf(v)\mathrm{d}v$；

由于 $\mathrm{d}v$ 很小，可以认为这个小区间内 $\mathrm{d}N$ 个分子的速率均为 v，它们的速率之和就是 $v\mathrm{d}N = Nvf(v)\mathrm{d}v$；

把这结果在 $0 \sim \infty$ 整个速率变化范围内积分，便得到 N 个分子的速率总和：

$$\int_0^\infty Nvf(v)\mathrm{d}v$$

接下来，容易得到

$$\bar{v} = \frac{\int_0^\infty Nvf(v)\mathrm{d}v}{N} = \int_0^\infty vf(v)\mathrm{d}v \tag{1.3.2}$$

依同样的步骤，可以求得分子热运动的方均速率 $\overline{v^2} = \int_0^\infty v^2 f(v)\mathrm{d}v$。

一般地，已知连续型随机变量 X 的概率密度分布函数 $p(x)$，则与该随机现象有关的函数 $g(x)$ 之平均为：

$$\overline{g(x)} = \int g(x)p(x)\mathrm{d}x \tag{1.3.3}$$

积分遍及 x 的取值范围。

3. 有关统计平均值的简单定理

依据求统计平均值的 (1.3.3) 式，可以证明如下定理：

(1) 若 $f(x)$ 和 $g(x)$ 是同一随机变量的两个函数，则

$$\overline{f(x) + g(x)} = \overline{f(x)} + \overline{g(x)}$$

(2) 若 $f(x)$ 是随机变量的函数，而 c 与该随机变量无关，则

$$\overline{cf(x)} = c\overline{f(x)}$$

(3) 若两随机变量 X, Y 彼此独立，$f(x)$ 与 $h(y)$ 分别是这两个随机变量的函数，则

$$\overline{f(x) \cdot h(y)} = \overline{f(x)} \cdot \overline{h(y)}$$

对于离散型随机变量，求统计平均值时，也可以依 (1.3.1) 式证明以上对应的三个简单定理。

1.3.2 围绕统计平均值的涨落

我们曾经就伽尔顿板试验的结果，指出了统计规律必伴随有涨落现象。随机现象单次试验的观测值 M 与其统计平均值 $\overline{M}$ 之差或大或小、或正或负，是随机变化的。而各次观测所得数据的波动状况，也是反映客观现象的一个重要方面，于是我们有必要来研究如何表征随机变量取值的分散程度。当然，我们不能单看某一次观测结果与 $\overline{M}$ 的差别，应当求一求平均。但是，

$$\overline{M - \overline{M}} = \overline{M} - \overline{M} = 0$$

所以不能用 $\overline{M - \overline{M}}$ 来衡量 M 的涨落。通常引入涨落散差（或弥散度）：

$$\overline{(\Delta M)^2} \equiv \overline{(M - \overline{M})^2} = \overline{M^2 - 2M\overline{M} + \overline{M}^2} = \overline{M^2} - \overline{M}^2$$

$\overline{(\Delta M)^2} \geqslant 0$。通常还用 $\sqrt{\overline{(\Delta M)^2}}$ 来表示 M 的标准误差或涨落，并定义

$$\frac{\sqrt{\overline{(\Delta M)^2}}}{\overline{M}} = \frac{\sqrt{\overline{M^2} - \overline{M}^2}}{\overline{M}}$$

为相对误差或相对涨落。只在相对涨落很小时，统计平均值才有意义，它可以作为在一定条件下对随机现象观测所得的一个确定的结果。

各种随机物理量相对涨落的计算是统计物理学中一个专门的课题,这里不作详细介绍。但有几个一般性结论是我们现在就需要知道的。如果所研究的对象是由极大数目 N 个相同的独立或近独立部分所组成(例如一定量气体由 N 个分子所组成),属于这对象的一些物理量是它各独立部分相应量之和(例如质量、能量、总磁矩等,就具有这样的可加性),热力学中就称之为"广延量"。可以证明,这些广延量的相对误差比例于 $1/\sqrt{N}$。另外,统计物理可以计算能级落于区间 $(\varepsilon,\varepsilon+d\varepsilon)$ 内的粒子数相对涨落,它与该区间内的粒子数之平方根成反比。这样看来,对于所含粒子数众多的系统,随机量围绕统计平均值的涨落是非常小的。也就是说,我们应用统计方法时,粒子数目巨大非但不再成为解决问题的困难或障碍,反而是使统计平均值有实际意义的保证,因为此时相对涨落小到可以忽略不计了,那么统计平均值就足以代表每一瞬时的真实值了。

回顾本章所讲的内容,首先,应对概率观点的重要意义有所体会。著名美国物理学家费曼说过[①]:在尽可能多地了解自然界的努力中,现代物理学曾发现,有些事情永远不可能确切地"知道",我们的许多知识必然总是不确定的,而用概率来表述时,我们能获得的知识则最多。在热物理中,从它的初级微观理论起,就要用到概率的概念,以后,统计物理所应用的"统计系综"也是在概率概念的基础上建立起来的。其次,学习过本章内容后应对"统计规律性"有一个初步的认识。在确定条件下,随机现象的随机事件多次发生时,就表现出统计规律:每一随机事件的发生都有一定的概率;概率分布函数(对离散型随机变量)或概率密度分布函数(对连续型随机变量)给出各种随机事件发生概率的分布情况,对此要特别予以关注;随机现象所表现出的各种平均结果,由相应的统计平均给出;由于统计规律性离不开个别随机事件的偶然性,所以统计规律必然伴随有涨落现象。

这些认识应当在以下有关章节的学习中,通过具体的物理问题得到深化。

思 考 题

1—1 在自然现象和社会现象中,举几个实例说明:大量的偶然事件整体遵从一定的统计规律。

1—2 已知 10 个同类产品中有 8 个正品、2 个次品,判断下列事件中哪些是随机事件,哪些是必然事件,哪些是不可能事件:
(1)任意抽取 3 个,3 个都是正品;
(2)任意抽取 3 个,至少 1 个是次品;
(3)任意抽取 3 个,至少有 1 个是正品;
(4)任意抽取 3 个,3 个都是次品。

1—3 逐一举例说明概率的基本性质。

1—4 通过本章例 1.2.1,你对随机变量有怎样的认识?

1—5 已知 $f(x)$ 是随机变量 X 的概率分布函数,试写出 x 的值处在 a 至 b 区间内的概率 $p(a \leqslant x \leqslant b)$ 的表达式。

1—6 已知 $f_1(x)$ 和 $f_2(y)$ 是统计学上独立的二随机变量 X 和 Y 的概率分布函数。试写出 x 的量值处在 a_1 至 a_2 区间内、而同时 y 的量值处在 b_1 至 b_2 区间内的概率 $p(a_1 \leqslant x \leqslant a_2; b_1$

---

① 参见:《费曼物理学讲义》第一卷.上海:上海科学技术出版社.1983.62

$\leqslant y \leqslant b_2$)之表达式。

1—7 由(1.2.6)式定义的速率分布函数 $f(v)$ 的物理意义是什么？试说明下列各量的意义：

(1) $f(v)dv$；　　　　　　(2) $Nf(v)dv$；

(3) $\int_{v_1}^{v_2} f(v)dv$；　　　　(4) $\int_{v_1}^{v_2} Nf(v)dv$；

(5) $\int_{v_1}^{v_2} vf(v)dv$；　　　(6) $\int_{v_1}^{v_2} Nvf(v)dv$.

1—8 何谓统计规律？何谓涨落现象？二者有何联系？涨落的大小与系统的粒子数有何关系？

1—9 是否可以说"具有某一速率的分子有多少个"？为什么？

习　题

1—1 投掷一个骰子,出现 3 或 5 的概率是多少？投掷三个骰子,得数字总数为 6 的概率是多少？

1—2 现同时投掷三个骰子,问：

(1)三个骰子不同时出现 1 的概率是多少？

(2)两个骰子出现 1、一个骰子出现 2 的概率是多少？

(3)一个骰子出现 1、一个骰子出现 2、另一个骰子出现 3 的概率是多少？

(4)三个骰子只出现一个 1 的概率是多少？

(5)三个骰子至少出现一个 1 的概率是多少？

1—3 从一副扑克的 52 张牌(大、小王除外)中,任意抽取 2 张,都是黑桃的概率有多大？

1—4 盒中装有 16 个球,其中 6 个是玻璃球,10 个是木球。而玻璃球中有 2 个是红色的,木质球中有 3 个是红色的,其余的球都是蓝色的。现从中任意取 1 个球,问：

(1)取到蓝色球的概率有多大？

(2)取到玻璃球的概率有多大？

(3)取到蓝色玻璃球的概率有多大？

1—5 袋中 100 个同样大小、同样重量的球,其中有 5 个是白色的,其余都是红色的。现从袋中任意摸取 50 个球,问无白色球的概率有多大？又,在任意摸取的 50 个球中,恰有 2 个白色球的概率有多大？

1—6 甲、乙同时向一敌机炮击,已知甲击中敌机的概率为 0.6,乙击中敌机的概率为 0.5,求敌机被击中的概率。

1—7 (1)五人排队抓阄,决定谁得电影票一张,问第三人得到电影票的概率是多少？前三人之一得到电影票的概率是多少？

(2)如果有两张电影票,五人排队抓阄,问后两人都得不到电影票的概率是多少？第三人得到电影票的概率是多少？

1—8 一微粒在 x 轴上作随机位移,每次以等概率或左或右移动一单位长度。微粒现自原点出发,经过 10 次位移,求：

(1)微粒回到原点的概率；

(2)微粒坐标为±6单位的概率。

1-9 随机变量 X 的概率分布函数为 $f(x)=Ae^{-\alpha x^2}4\pi x^2$，式中 A 和 α 为常数。试写出 x 值介于 7.999 9 至 8.000 1 范围内的概率 P 的近似表达式。

1-10 已知某随机变量 X 的四种不同概率分布函数图线，如题图所示。

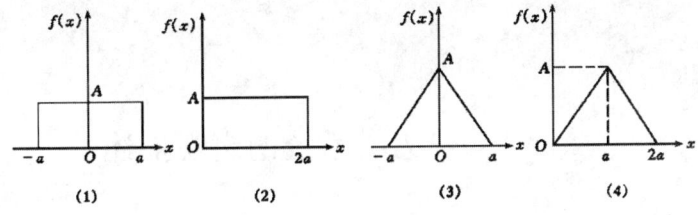

(习题 1-10)

试对应于每一种图线写出分布函数的表达式，并求出常数 A 的值(要在此值下使分布函数是归一化的)。然后计算四种情形下的 x 和 x^2 的平均值，在(1)情形下还要计算$|x|$的平均值。

1-11 有 N 个粒子，其速率分布函数为：

$$f(v)=\begin{cases} c, & (0<v\leqslant v_0); \\ 0, & (v>v_0) \end{cases}$$

(1)做速率分布曲线；
(2)求常数 C；
(3)求粒子的平均速率。

1-12 某种系统由 N 个粒子组成。

(1)证明：不论这些粒子的速率如何分布，其方均根速率恒大于或等于平均速率，即 $\sqrt{\overline{v^2}}\geqslant \overline{v}$；

(2)在什么情况下 $\sqrt{\overline{v^2}}=\overline{v}$？

1-13 可以把金属中的自由电子处理为电子气体(其服从的统计规律是费米-狄拉克统计)。设自由电子总数为 N，速率介于 $v\sim v+dv$ 区间内的电子数比率为

$$\frac{dN}{N}=\begin{cases} 4\pi Av^2 dv, & (0\leqslant v\leqslant v_F); \\ 0, & (v>v_F) \end{cases}$$

其中 A 为常数，v_F 为费米速率，与 v_F 对应的能量称为费米能量，记为 $E_F°=mv_F^2/2$（m 为电子质量)。

(1)画出速率分布示意图；
(2)证明 $A=3/(4\pi v_F^3)$；
(3)证明金属中自由电子气的平均动能 $\overline{E_K}=m\overline{v^2}/2=3E_F°/5$。

第 2 章　热力学系统的状态

§2.1　热力学系统的宏观描述

2.1.1　热力学系统及其状态参量

通常,把热学所研究的某一具体对象叫做热力学系统或热力学体系。系统有自己的边界,它可以是实在的,例如,将容器内的气体作为一系统,容器壁就是它实在的边界;边界也可以是虚的,例如,我们研究的对象是大块流体中的一部分,只能设想它有一封闭的边界面。在系统的边界之外,与系统可以发生密切联系或者相互作用的部分,叫做系统的外界或环境。系统与外界的划分具有相对意义,哪一部分物质作为系统,哪一部分物质作为外界,要看讨论问题的具体条件而予以确定。

系统与外界之间的相互联系是指能量传递和物质交换。而能量传递又有做功和传热两种方式。若一系统和外界无物质交换,就叫它为封闭系统,简称闭系;闭系若与外界又无能量交换,则此系统与外界不存在相互作用,叫它为孤立系统。如果既有物质交换又有能量交换,则是开放系统,简称开系。

在热学中,一般我们并不关心系统整体的宏观机械运动。除此之外,系统所表现的各种宏观性质,统称之为系统的状态。但各种宏观性质之间并不完全是各自独立的。为了描述系统不同的状态,只需选择若干个独立变化的、可以观测的宏观物理量来作为状态参量就行了。通常所选的状态参量有四类:

几何参量:如长度、面积、体积、液体表面曲率、固体中各种应变等;

力学参量:如压强、液体表面张力、固体中各种应力等;

化学参量:用来描述系统的化学成分,例如混合气体中各组分的含量可以用它们的质量、浓度或摩尔数来表征;

电磁参量:系统若在电磁场中,要给出电场强度、磁场强度、电介质中的电极化强度,磁介质中的磁化强度等。

在一个具体问题中,以上四类状态参量未必都需要用到,比方说,对于我们在本课程中将要经常遇到的化学成分单一的气体系统,给定它的总质量 M 和摩尔质量 μ,只要容器容积 V 和压强 p 两个变量做状态参量就足够了。但对于一根绷紧的弦,却不用 V、p,而要用弦的长度及张力来分别作为几何、力学参量。而一个液体表面膜系统,则要用表面积和表面张力系数来做状态参量。总之,如何选用状态参量,需视具体问题而定。

与状态参量紧密联系的,是它们的物理单位。压强是热学中常用的物理量之一,国际单位制(SI)中,压强的单位是一个"具有专门名称的国际制导出单位",叫做"帕斯卡",中文代号是"帕",国际代号是"Pa"。

$1\mathrm{Pa}=1\mathrm{N/m^2}$

还有暂时可与国际单位制并用的压强单位"巴"(bar)和"标准大气压"(atm),

$1\mathrm{bar}=10^5\mathrm{Pa}$, $1\mathrm{atm}=101\,325\,\mathrm{Pa}\simeq1.013\times10^5\mathrm{Pa}$

历史上,意大利人托里拆利(E. Torricelli)发明了水银气压计,并由此产生了压强的计量单位毫米汞柱,记为 1 毛(torr)=1mmHg。现在,国际上已建议一般不使用这个单位了,但实际上还常在书籍、资料中见到它。

由于压强的单位有比较多的名目,为明了起见,本章末附表 2.1 给出了各种常用压强单位的换算。

一系统中物质的量,是以"摩尔"为单位,它是国际单位中 7 个基本单位之一。中学课程中已经讲过它的定义,这里不再赘述。

在上述四类状态参量中,没有提到温度,这并非遗漏,而是这一重要物理量在热学中单有说法,待后详述。

2.1.2 平衡态

热力学系统的宏观状态分为平衡态与非平衡态两大类。关于平衡态的理论,无论在热力学和统计物理中都更为完善。同时,平衡态理论也是研究非平衡态的必备基础,我们课程的大部分内容是涉及平衡态的。现在,先要搞清什么是平衡态。

当一热力学系统的可被观测到的宏观性质发生了变化,或者说它的状态参量发生了变化,我们就简单地说:这系统的状态发生了变化。例如,一封闭容器被隔板分成 A、B 两部分,A 中贮有一定量气体,作为一热力学系统,B 部为真空。开始时 A 中气体处于均匀分布的状态,后将隔板抽去,一段时间内,就整个大容器来说,气体密度是不均匀的,并有气体的流动,系统的状态在不断地变化着。但如果在该封闭容器容积不变的同时,既不对气体加热又保证气体不向外散热,那么,总会到达一个时刻,容器内各处气体密度变得均匀一致,并且从此之后,该定量气体的宏观状态不再发生任何变化。这样一个确定的宏观状态,就叫做平衡态。

一般地说,一个热力学系统在不受外界影响(外界对系统既不做功又不传热)的条件下,宏观性质不随时间变化的状态,就叫做平衡态。

这里,有几点值得注意。首先,举例来说,取一弯曲的金属杆,使其两端分别浸在沸水和冰水之中,虽然杆上各处有不同的温度,但对于某一确定点来说,其温度是确定的,试问:这金属杆是否处于平衡态?这时,杆处在一个宏观性质不随时间变化的稳定状态,不过,却不能因此而说"杆处于平衡态"。因为此时热端不断有热量自沸腾的水传入,冷端又不断有热量散于冰水之中,杆是受到外界影响的。由此看到,平衡态与稳定态是有区别的。平衡态一定是稳定态,但稳定态未必是平衡态,只有不受外界影响的稳定态才是平衡态,这时必定不存在能量传递和物质交流。要强调的是,如果在系统内存在能量传递或者物质输运,这系统必定不处于平衡态,要么它与外界有相互作用,要么,即使它是孤立系,其状态也一定伴随内部的能流和物质流而随时间不断变化。

在热力学中的平衡态下,不随时间变化的是所有能观测到的宏观性质,包括力学的、热学的、电磁学的等等;但微观上,组成系统的分子仍处在不停的无规则热运动之中,只是众多分子运动的平均效果不随时间而变。因此,这种平衡蕴含着运动,特别称之为"热动平衡"(*Thermodynamic equilibrium*)。

再有,热力学系统在平衡态下虽然其宏观性质不随时间而变,却不见得在空间上处处均匀一致。例如，密闭容器内水与其饱和蒸气组成的系统，处于平衡态时，水与蒸气的性质显然有很大差别。这样的系统叫做非均匀系。有的系统，当它处处均匀时反而不是平衡态，例如在重力场中的等温大气，平衡态时，低处的密度要比高处的大（见§4.2），倘若不同高度处的大气密度相等，反倒要发生大气在竖直方向上的流动，不是平衡态。

最后，应当指出，实际上并不能做到使一个系统完全不受外界影响，一个系统的宏观性质也不可能绝对保持不变，所以，"平衡态"只是一个理想概念。但当一实际系统所受的外界影响很弱，系统本身状态又处于相对稳定或接近于相对稳定状态时，就可以近似地当做平衡态处理。这样，既抓住了系统在一定条件下状态基本稳定的主要特征，又使问题变得简单而易于解决。另外，时常只对处于平衡态的大系统中的某一部分感兴趣，例如把系统 A 和 B 合为一体看成大系统，其处于平衡态下，我们却只关心系统 A，不关心 B，所关心的 A 部分与大系统的其余部分原本可以有相互作用。

2.1.3　非平衡态

一系统是否受到外界影响，是否状态稳定，这两者只要有其一不符合平衡态的定义条件，系统便是处于非平衡态。前面举例提到的靠两端分别浸于沸水、冰水之中而保持稳定态的金属杆，是因受到显而易见的外界影响而不处于平衡态的。这里，还值得分析一下孤立系（不受外界影响）的非平衡态。孤立系内部可能存在某些不均匀性，例如，有一容积固定的刚性隔热容器，内置一可自由滑动但不漏气的隔板，其两侧分别贮有一定量气体，称之为子系统 A_1 与 A_2，现将 A_1、A_2 合为一体，视为大系统 A，A 是孤立的。如果 A_1、A_2 的压强不同，则必通过活动隔板彼此有力学相互作用，并且使得双方的状态发生变化；若将隔板改为固定的，但材质透热，那么 A_1、A_2 之间虽不再有力学相互作用的可能，但若彼此冷热程度不同，必通过透热隔板有热量传递，双方状态仍要发生变化；再设想隔板是可以抽走的，抽走前 A_1、A_2 是不同种类的气体，即使 A_1、A_2 压强相同，冷热程度一样，隔板抽走后也将有两种气体的扩散，A 的状态是变化的；如果两种气体发生了化学反应，状态变化的程度就更甚。至此，我们看到，一个孤立系在某种起始状态下可能存在一些"自发"转变的因素（这里的"自发"只是强调并非在外界的作用下而发生），系统内的不同部分之间出现了或是力学上的不平衡，或是冷热程度上的不平衡，或是化学上的不平衡。另外，物质可以处在不同的"相"。所谓"相"是指系统中有确定而均匀的物理、化学性质的某个部分。在一个热力学系统中，可以只有一个"相"，也可能有多个"相"，例如水及其饱和蒸气组成的系统，就有气液两相，不同相之间有明确的界面。在一定条件下，同种物质的不同相可以平衡共存。当相平衡条件不被满足时，物质便按一定规律由一相转变为另一相，即所谓"相变"（见第 8 章），系统的状态自然就有了变化。综上所述，如果在系统内各部分之间都同时达到力学平衡、冷热程度的平衡（也称为"热平衡"(Thermal Equilibrium)）、化学平衡和相平衡，便不会出现能量流动和物质流动，宏观性质也一定不随时间变化，系统才处于热动平衡。这四种平衡只要有一种未达到，系统则是在非平衡态。

对于近平衡态的非平衡态，总可将所研究的大系统分成很多小部分，每一小部分在微观上都足够大，以致包含了足够多的粒子，使热力学规律及统计物理方法能得以应用；每一小部分在宏观上又足够小，以致在其小范围内的热力学量（如压强、化学组成、温度等）处处相等。这样，我们可以近似地把不同的局部区域看成是处于不同的平衡态，并且用局域平衡态下的热力学量的集合来描述大系统的非平衡态。

处于非平衡态下的孤立系，经过一定时间必然会过渡到平衡态，这个过程统称为弛豫过程;所经历的时间称为弛豫时间,它的长短取决于不同弛豫过程的具体性质。在弛豫过程中上述各局域平衡状态必定不断发生变化,但之所以仍称其为"平衡",是因为各局域部分的弛豫时间总是比整个系统弛豫时间短得多。

§2.2 温 度

离开"温度"这个物理量,简直无法研究热现象。但人们关于温度的概念往往只是建立在对冷热的主观感觉的基础之上,这种主观感觉有时并不可靠。例如,冬季在室外一只手摸一块木头,另一只手摸一块铁,主观感觉是铁更冷些,如果由此断定铁的温度比木头的低,那显然是错误的。可见,温度必须有科学的定义,这便要靠热力学第零定律了。

2.2.1 热力学第零定律

1. 热平衡与热接触

前面已经提到热动平衡的条件之一——热平衡,即冷热程度上的平衡。热平衡是如何达到的呢?一种情形是,子系统(以下称为系统)A_1 与 A_2 原来各自的冷热程度不同,那么,必须使它们之间发生热的相互作用,譬如,两者的间壁是以良导热材料制成(透热壁)。这种相互作用不是宏观做功,是因有热量从热的一方传给冷的一方,而互相影响着状态的变化。我们也把系统之间的热相互作用叫做热接触。冷热程度不同的两系统进行相当时间热接触的结果,必导致二者达到热平衡。另一种情形是,系统 A_1 和 A_2 热接触后,双方的状态没有发生变化,这只能因为 A_1 和 A_2 各自的冷热程度原本是相同的,也就是说,它们原本就是达到了热平衡的。

看来,两系统是否达到热平衡,并不完全依赖于热接触,只是在它们原本未达到热平衡时才以热接触作为它们能逐渐达到热平衡的必需条件。

2. 热平衡定律——热力学第零定律

由常识可知:若 $A=B$,又 $A=C$,则必有 $B=C$,这在数学上称为"传递性"。但自然界及社会上事物间的关系并不都是如此简单。在热平衡上,若 A 与 B 热平衡,A 又与 C 热平衡,那么 B 与 C 是否热平衡呢? 即,热平衡是否有传递性呢? 这个问题涉及到温度的定义及测温的依据。为了回答这个问题,让我们先看一个理想实验,这是归结了大量经验而设计出来的。

取三个热力学系统 A、B、C,放在一绝热罩内,将 B、C 间用绝热壁隔开,但使它们与 A 之间都置有透热壁。这样,B、C 无热接触,A 与 B、A 与 C 都有热接触,如图 2.2.1(a)所示。原先,A、B、C 三者冷热程度可能很不一样,现让 B、C 同时与 A 热接触后,三者的状态都可能发生变化,但经过足够长时间后,B、C 一定会分别与处于确定状态的 A 达到热平衡。这时,如果将

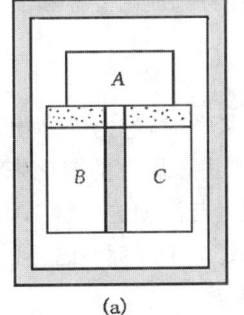 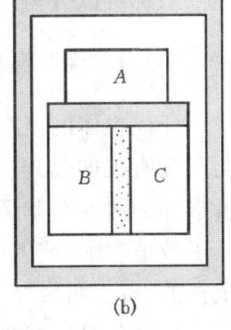

图 2.2.1 绝热罩内的三个热力学系统
(a)A 与 B、A 与 C 有热接触,B、C 间绝热;
(b)B、C 有热接触,A 与 B、C 间绝热。

B、C 间改为透热壁,从而双方有了热接触,而 B 与 A、C 与 A 之间改为绝热壁(如图 2.2.1(b)所示),就会发现,B、C 状态不会发生任何变化,即 B 与 C 在热接触之前已经是热平衡的了。如

上实验结果便概括为热平衡定律:**如果两个热力学系统分别与第三个在确定状态下的热力学系统处于热平衡,那么,前两个系统彼此也必定处于热平衡**。该定律告诉我们,热平衡是具有上面提到的"传递性"的。

热平衡定律由福勒(Fowler)于1939年提出,在此之前,热力学第一、二、三定律都已确立,但热平衡问题更为基础,故将热平衡定律称为热力学第零定律。

2.2.2 温度的定义

其实,热平衡的传递可以在任意多个系统之间进行,就是说,如果有一个处于确定状态的系统分别与另外 N 个系统中的每一个达到热平衡,那么这 N 个系统中的任意两个彼此也一定达到了热平衡。

这些互为热平衡的系统,必然具有某种共同的性质或特征。好比几个水池沟通之后,如果水池之间没有水流,几池水呈现出一种平衡,那必定是它们有相同高度的水位。而现在用来表征互为热平衡的诸系统之共性的物理量,就是温度。

深入一步说,每一均匀的热力学系统都有一特别的状态函数(即四类状态参量的函数),当几个热力学系统互为热平衡时,它们各自的这一状态函数就取相同的数值,该状态函数就被定义为温度。

一个热力学系统,在某确定状态下,其温度这一特殊状态函数的值到底是多少呢?这便提出了温度测量问题。根据热力学第零定律及温度的定义,我们知道,既然一切互为热平衡的物体都具有相同的温度,我们就可以选择适当的系统为标准,用它作为温度计来定量地确定各个与它达到热平衡的那些系统的温度值。

§2.3 温 标

温标是温度的数值表示法。温标并不是作为一件实物的温度计,也不是温度计上的刻度,温标是一套用来标定温度数值的规则。

温标可以分为经验温标、理论温标和实用温标三类。

2.3.1 经验温标

任何物体的温度有变化时,它的许多物理性质都要随之变化。这样,我们就可以适当选择与温度有关的物理属性,由该属性的变化来反映温度的变化,并且可以作出适当的规定,使得所选择的属性在其量值上与温度这一状态函数的具体数值有一一对应关系。于是,便对温度给予了数值表示,或者说,建立了温标。这样的做法是以在经验上某一物质特性随温度的变化为依据的,所以叫做经验温标。

1. 经验温标三要素

按上述思路,建立一种经验温标需有三个要素:

(1)选择某种物质之某一随温度作单调、显著变化的属性,作为测温属性,所选定的物质叫做测温质。

可供选择的测温属性很多,重要的有:

液体的体积;一定量定容气体的压强;一定量定压气体之体积;一定量气体压强与体积之

乘积;退火后无应变的纯铂丝之电阻;热电偶(偶丝退火后)的热电动势;^{4}He 的饱和蒸气压;顺磁盐(铬甲胺矾、铬钾矾等)的磁化率;黑体辐射的发射率等。

(2)规定测温属性随温度变化的函数关系,其中含有若干待定常数。最简单的是规定测温属性随温度作线性变化,即:

$$t = aX + b$$

或

$$T = aX$$

式中 X 代表测温属性之值,t 或 T 代表温度,a、b 或 α 是待定常数。

(3)选一标准系统处于某个易于复现的状态,令此时之温度是某固定值,把它作为一个温度固定点。有足够多的温度固定点,就可以用来确定上述函数关系中的常数。

【例 2.3.1】 1954 年之前使用的摄氏温标是这样规定的:测温属性的选择有很大任意性,但测温属性随温度 t 变化的函数关系规定为 $t = aX + b$。温度固定点规定冰点(指 1 标准大气压下纯水和纯冰达到平衡时的温度,纯水中溶解有空气并达饱和)是 0℃,汽点(指纯水同其饱和蒸气压为 1 标准大气压的饱和水蒸气达平衡时的温度)是 100℃。

现具体选定液体(如水银、酒精、甲苯等)的体积为测温属性,将液体注入粗细均匀的玻璃管内,管中液面高度 h 的变化就标志着它体积的变化。令 h_i、h_s 分别表示液柱在冰点、汽点温度下的高度,则有:

$$\begin{cases} 0 = ah_i + b \\ 100 = ah_s + b \end{cases}$$

解得

$$a = \frac{100}{h_s - h_i}, \quad b = \frac{-100}{h_s - h_i} h_i$$

于是就有

$$t(℃) = ah + b = \frac{h - h_i}{h_s - h_i} \times 100 (℃)$$

这样,只要知道在某温度下液柱的高度 h,便可由上式算出此时的温度值。

根据如上规则,在玻璃管上刻下液柱高度为 h_s、h_i 时的液面位置,分别标以 100℃ 及 0℃,再因 h 随 t 线性变化,而将这两刻度间分为 100 等份,标上 1℃ 到 99℃,便制成了一支摄氏液体温度计。可见,摄氏温度计就是实施摄氏温标的具体产物。

尽管各种经验温标的名目繁多,但可以按如何具体实施上述建立经验温标的三要素,而对它们加以区分和归纳,在表 2.3.1 中列举了几种主要的经验温标进行比较。

表 2.3.1 几种主要经验温标的比较

测温属性 X	X 随温度变化的函数关系	温度固定点	温标的名称
任选(包括气体测温质的适当属性)	$t = aX + b$	冰点 $t_{Ci} = 0$ 度① 汽点 $t_{CS} = 100$ 度	1954 年前的摄氏温标
		冰点 $t_{Fi} = 32$ 度 汽点 $t_{FS} = 212$ 度	1954 年前的华氏温标
		冰点 $t_{Ri} = 0$ 度 汽点 $t_{RS} = 80$ 度	1954 年前的列氏温标

续表

测温属性 X	X 随温度变化的函数关系	温度固定点	温标的名称
各种定容气体之压强（气体的量一定）	$T=\alpha X$	汽点与冰点之温差为 100 度②	1954 年前的定容气体开尔文温标
		水三相点温度为 273.16 开③	1954 年后的定容气体开尔文温标
各种定压气体之体积（气体的量一定）	$T=\alpha X$	同于②	1954 年前的定压气体开尔文温标
		同于③	1954 年后的定压气体开尔文温标
各种气体之 PV 乘积（气体的量一定）	$T=\alpha X$	同于②或③	1954 年前或 1954 年后的气体开尔文温标
理想气体(实际气体压强趋于零的极限状态)的定容压强或定压体积或 PV 乘积	$t=aX+b$	同于①	1954 年前的理想气体摄氏温标
	$T=\alpha X$	同于②	1954 年前的理想气体开尔文温标
		同于③	1954 年后的理想气体开尔文温标

2. 气体开尔文温标

气体温标在温度测量的理论和实践上有特别重要的作用。它必以气体为测温质，而测温属性 X 可以是定量定容气体之压强，或定量定压气体之容积，也可以是定量气体压强、容积之乘积。对于气体开尔文温标来说，其测温属性随温度变化的函数关系与摄氏温标的不同，是采用

$$T=\alpha X \qquad (2.3.1)$$

现在具体地选定 X 为一定量定容气体的压强 p，将上式写为：

$$T(p)=\alpha_p p \qquad (2.3.2)$$

首先，看如何测量这一定量气体在定容条件下其压强随温度的变化。为此，把一定量气体充入一测温泡 C 内，当测温泡与待测物体达到热平衡时，泡内气体的温度就是待测

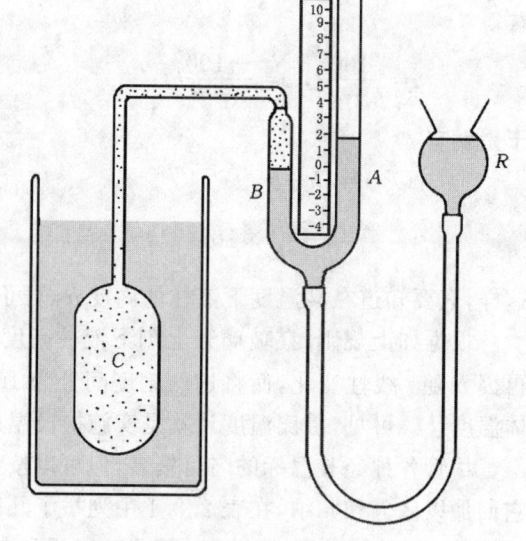

图 2.3.1 定容气体温度计

温度。测温泡又经毛细管与一支 U 形水银压力计的一臂 B 相连，如图 2.3.1。测温时，上下移动压力计的水银贮存器 R，使压力计与测温泡相连的那一臂中的水银面始终固定在同一位置，这样就保证了测温泡内气体体积不变，而它的压强则可由 U 形压力计直接读出。这一装置就是定容气体温度计。

其次要明确温度固定点。1954 年前，规定冰点、汽点是两个基本的温度固定点，所以用"汽点与冰点的温差为 100 度"这一条件来确定待定常数 α_p。但是，冰点与汽点受外界压强的影响较大，实际上不易精确地复现，所以，1954 年后，国际上规定水的三相点为基本的温度固定点。

水的三相点(Triple point)状态是指纯水的气、液、固三相平衡共存的状态,它有惟一确定的饱和蒸气压强(0.611 3kPa 或 4.581mmHg),在冰和液体-蒸气表面处有惟一确定的平衡温度,国际上已严格规定它为273.16开("开"的国际代号是"K"),以下记做 $T_{tr}=273.16$K。水的三相点状态可将高纯度、并有相当于海水中同位素成分的水注入一密闭玻璃管中而得以实现。如图 2.3.2,管中有一安放温度计的轴向阱。实验时,先将碎干冰置于三相点管的温度计阱中,使管中水冷却,并在温度计阱的周围产生一厚层冰,目的是使水中杂质留在冰层之外的水中。然后将干冰取出,再于阱中注入温水,使冰层的表皮融化到足以使阱附近产生一层纯净的液-固交界面,并与上方的饱和蒸气平衡共存。

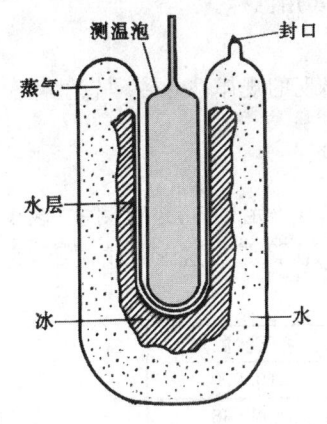

图 2.3.2 三相点管

现在我们来确定 α_p。把定容气体温度计的测温泡插入水三相点管的温度计阱中,令二者达到热平衡,并测出此时测温泡内气体的压强,记为 p_{tr},则有

$$T_{tr}=\alpha_p p_{tr}$$

并且,由(2.3.2)式得到:

$$T(p)=\frac{T_{tr}}{p_{tr}}p=273.16\frac{p}{p_{tr}}(\text{K}) \tag{2.3.3}$$

这表明,当测温泡与温度为 T 的物体达到热平衡时,只要量出测温泡中气体的压强 p,就可由(2.3.3)式计算出 T 的数值。这样建立的温标,就是定容气体开尔文温标,所标定出的温度以开(K)为单位。请注意,(2.3.3)式中 p_{tr} 并非水三相平衡共存时的压强(0.611 3kPa)。p_{tr} 是测温泡中气体温度为 273.16K 时的压强,对于一给定的定容气体温度计,测温泡容积、泡中气体的种类和质量都是固定的,那么 p_{tr} 也就是确定的,$273.16/p_{tr}$ 是常数。

如果改用一定量气体在定压条件下的体积 V 来做测温属性,则(2.3.1)式中的 $X=V$,有

$$T(V)=\alpha_V V$$

仍采用水三相点为温度的固定点,与建立定容气体温标时做法相同,可以得到:

$$T(V)=273.16\frac{V}{V_{tr}} \tag{2.3.4}$$

式中 V_{tr} 为测温泡中定压气体测温质在水三相点温度时之体积,而 V 则为该定压气体测温质在待测温度 T 时的体积。这样建立的温标是定压气体开尔文温标,并可相应制成定压气体温度计。

无论是定容气体温度计,还是定压气体温度计,在使用时,都必须考虑各种误差来源,并对测量结果进行修正。即使如此,当测温泡中气体种类不同、质量不同时,对同一待测对象测温的结果之间仍有差异。一般地说,当在经验温标三要素中,选用同样的函数关系及固定点,但选用不同的测温属性,所建立的各种温标付诸测温时,除固定点按规定有相同的温度值之外,在测量其他对象时,各种温标所给出的温度值都不严格一致,这是因为不同测温属性随温度的变化关系本来并不相同。为了使温度的测量统一,可以采用如下几种途径:

找到不同测温质将表现出共性的标准状态,选用它们在此状态下的某一测温属性,建立"标准"温标;

建立一种完全不依赖于具体测温属性的非经验温标;

选定一个基本温标,并做出一系列约定,使各种测温工作有章可循,各自测量的结果有基准可以比对。

沿这三种途径分别建立了理想气体温标、热力学温标和国际实用温标。

3. 理想气体温标

理想气体温标是以气体温标为基础的。气体温度计测温中出现的规律性导致理想气体温标的建立。

(1) 气体温度计测量结果随测温质稀薄程度的变化

例如,用一支定容气体温度计测量某物质沸点:测温泡中原贮有一定气体,进行测量;假设后来从测温泡中抽出一些气体再进行测量;又抽出一些气体,第三次测量。这三种情况下,p_{tr}及p的对应值列于下表。

p_{tr}(kPa)	第一次测量	第二次测量	第三次测量
	50.000	20.000	10.000
p(kPa)	73.400	29.340	14.668

按(2.3.3)式,第一次测量得,$T_1 = 273.16 \times \dfrac{73.400}{50.000} = 401.00$(K);

第二次测量得,$T_2 = 273.16 \times \dfrac{29.340}{20.000} = 400.73$(K);

第三次测量得,$T_3 = 273.16 \times \dfrac{14.668}{10.000} = 400.67$(K)。

可见,测温泡中气体稀薄程度不同,以致p_{tr}不同时,测同一对象所得结果之间存在微小差异。为看到测量结果随测温质稀薄程度变化的趋势,我们把以上测量结果示于p_{tr}-$T(p)$坐标平面上,如图2.3.3,得到一条直线段。

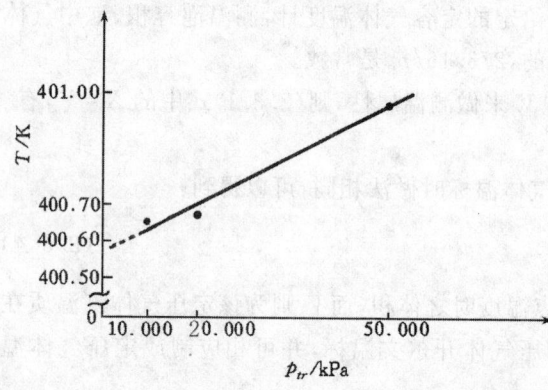

图 2.3.3 气体温度计测量结果随测温质稀薄程度的变化

现在问:若不断地从测温泡中抽出气体,乃至测温质稀薄到$p_{tr} \to 0$的极限程度时,待测物质沸点的极限值是多少?显然,把图2.3.3中的直线段外推至与纵轴相交,交点所示的温度就是欲求的极限值。由图看,

$$\lim_{p_{tr} \to 0} 273.16 \frac{p}{p_{tr}} = 400.57 \text{(K)}$$

(2) 不同气体温度计对同一对象的测量

现用几支气体测温质种类不同的定容温度计,重复刚才的步骤来分别测量水的汽点温度,其结果示意于图2.3.4。我们看到:

不同种类气体的定容温度计,即使它们的p_{tr}相同,所测得的汽点温度也不一样;它们的p_{tr}值越大,则在同一p_{tr}值下各自测量结果间的差异也越大;而$p_{tr} \to 0$时,各自测量结果间的差异便趋于消失,即趋于一个共同的极限373.15 K。

实验还表明,定压气体温标具有与定容气体温标相同的规律,即,用不同种类气体测温质建立的定压气体温标彼此有着微小的差异,但随着气体压强的降低,这种差别逐渐消失,而且在测温质压强趋于零时,不同气体的定压温标也趋于一个共同的极限,特别是,定压温标与定容温标又具有相同的极限。

(3)理想气体温标的建立

在气体测温质压强趋于零的极限情况下的气体温标,就是理想气体温标。用理想气体温标定出的温度 T 与用定容或定压气体温标定出的温度 $T(p)$ 或 $T(V)$ 之间的关系是:

$$T = 273.16 \times \lim_{p_{tr} \to 0} \frac{p}{p_{tr}}$$
$$= 273.16 \times \lim_{p \to 0} \frac{V}{V_{tr}}$$

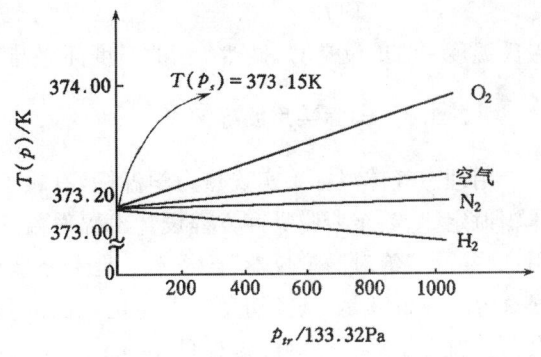

图 2.3.4 汽点温度测量值随测温质种类及 p_{tr} 的变化

我们不妨说理想气体温标的测温质是理想气体。读者对"理想气体"是不陌生的,它的性质及定义在本课程中还将作深入的讨论。理想气体虽然也有不同种类,但在状态变化方面,却有完全统一的规律,所以充分体现了各种气体的共性,用它做测温质所建立的理想气体温标可以作为标准温标。实际气体与理想气体是不同的,实际气体仅在其压强趋于零的极限情况下才具有理想气体的性质。测温时气体测温质压强趋于零的极其稀薄的极限状态是不能靠使气体密度趋于零来真正实现的,只能在若干次实际测量的基础上,通过取极限的步骤而理想地达到那一境地。

在足够低的温度下气体要液化,最难液化的 ^{4}He 和 ^{3}He 其正常沸点分别是 4.2K 和 3.2K,这就是说,当它们的蒸气压为 1atm,温度分别降为 4.2K 和 3.2K 时,便出现液态的 ^{4}He 和 ^{3}He。降低蒸气压强,可使 ^{4}He 和 ^{3}He 的液化点分别降到 0.8K 和 0.5K。低于氦的液化温度,理想气体温标便失去意义。另外,在很高的温度下,气体温度计将不能进行准确的测量,理想气体温标可测量的温度上限为 1 400K 左右。

4. 根据理想气体温标重新定义摄氏温度

1954年后,国际规定只选用水的三相点为基本的温度固定点,这使函数关系 $t=aX+b$ 不再适用,因为只有一个温度固定点,不能确定式中的两个常数。因此,摄氏温度 t 重新定义如下:

$$t/℃ = T/K - 273.15$$

式中 T 为理想气体温标定义的开尔文温度。摄氏温度 t 的单位仍然用℃。

2.3.2 热力学温标

开尔文(Kelvin Lord,即 Willian Thomson)在热力学第二定律的基础上建立了热力学温标(见§7.5.4),它完全不依赖于任何测温物质及其物理属性,即脱离开经验温标的范畴,是理想化的理论温标。由于它有着根基牢固的理论基础,定义严谨,所以国际上规定热力学温标是基本温标。虽然这一温标是难以按其定义去实践的,但可以证明,在理想气体温标能够确定的温度范围内,热力学温标与理想气体温标所确定的温度是相等的,从而使热力学温标通过理想气体温标而有了现实意义。另外,用热力学温标标定出的热力学温度还出现在诸如普朗克黑体辐射定律、聂奎斯脱噪声方程等物理学方程中,相应的物理效应便可利用来确定热力学温度。

热力学温度又有开尔文温度与摄氏温度之分。热力学开尔文温度被定义为基本温度,它的单位是"K"(开)。1K 等于水三相点的热力学温度的 1/273.16。热力学摄氏温度 t 由开尔文温度 T 导出:

$$t/\text{℃}=T/K-273.15$$

摄氏温度 t 的单位是℃，显然1℃的温度间隔与1K是相等的。

*2.3.3 国际实用温标[①]

用理想气体温标来实现热力学温标，有赖于气体温度计。除此之外，还可以依据普朗克黑体辐射定律、聂奎斯脱噪声方程设计出辐射温度计、噪声温度计，来直接复现热力学温度。但使用这些所谓"绝对测量仪器"在技术上是十分繁复的，而且费用昂贵，所以不能普及。于是，各个国家曾经自行其是，从实用角度上制定本国的测温标准；经国际协商，1927年第七届国际计量大会上通过了第一个国际温标(International Temperature Scale，简写为 ITS)，旨在克服上述困难，使当时世界上温度量值的混乱局面得到了控制。此后，大约每隔20年对国际温标进行一次重大的修改。相继有：1948年国际温标，即ITS-48；ITS-48的1960年修订版，即IPTS-48(60)；1968年国际实用温标，即IPTS-68；IPTS-68的1975年修订版，即IPTS-68(75)；1990年国际温标，即ITS-90。我国历年来均采用国际温标作为国家的法定测温标准，国家技术监督局指令于1991年7月1日开始施行ITS-90。

历届国际温标的基本内容都是分为三部分：定义固定点；规定在不同待测温度段使用的内插测温仪器(我国习惯称标准器)；给出为确定不同固定点之间的温度的内插公式。而且国际温标必须做到尽可能和作为基本温标的热力学温标相一致；还要使得各国都能以很高的准确度复现同样的温标，以保证温度量值的统一；同时，规定的内插仪器应当尽量是使用起来方便的。

在ITS-90中，下限温度是0.65K，并分出四个温区：

由0.65K到5.0K之间，国际实用开尔文温度 T_{90} 由 ^{4}He 和 ^{3}He 蒸气压-温度的关系式来定义；

由3.0K到氖三相点(24.5561K)之间，T_{90} 用氦气体温度计来定义；

由平衡氢[②] 三相点(13.8033K)到银凝固点(961.78℃)之间，T_{90} 用铂电阻温度计来定义；

银凝固点以上，T_{90} 借助于一个定义固定点和普朗克黑体辐射定律来定义。

测温技术是与当代科技发展的整体水平相辅相成的，国际温标的每次变动总是与科学技术的发展息息相关。例如，IPTS-48的温度下限是 -182.97℃(氧沸点)，但在20世纪60年代，世界上液氮(沸点为77.34K)的使用已相当普遍，液氢(沸点为20.28K)也日渐增多，国际上迫切要求统一77K以下的温度量值。同时，60年代中期，几个发达国家已相继建成低温氦气体温度计，并成功地作了比对。这不仅使IPTS-48之修订势在必行，而且为制定IPTS-68提供了有利条件。但IPTS-68的温度下限只到13.81K，远不能满足尖端科学发展的需要。另外，在与热力学温度的偏差、内插仪器和内插公式的选择上都暴露出不少问题，越来越不适应科技发展的需要，制定新温标又迫在眉睫。再如，近年来生物、医学方面在常温范围的测温，要求准确度为百分之几度，从而要求校准用的标准温度计应达到mK级准确度，这样才把镓熔点(302.9146K)和汞三相点(234.3156K)这两个常温下的固定点纳入ITS-90中。

每一新版国际温标又都集中了过去数年间所取得的测温技术最新成果。各国测温工作者

[①] 参见：朱德华.1990年国际温标的由来与发展(一)、(二)、(三).低温与特气.1992(2)64.(3)68.(4)60

[②] 氢有两种分子变态，由于它的双原子分子中两个核自旋的相对方位不同而产生。两核自旋平行的称为正氢，反平行的称为仲氢。正、仲氢的平衡成分与温度有关。在室温下，约为75%正氢、25%仲氢；在沸点时，平衡成分是0.21%正氢和99.79%仲氢。通常所说的"平衡氢"，是指在相关温度下，正氢—仲氢成分已达到了平衡。

在围绕上述国际温标三个基本内容进行着不懈探索。以 IPTS-68 实施的近 20 年来说,各国测温工作者在温标的完善工作中,第一,提高了测定热力学温度的准确度。突出表现在改进 27K 以下的低温测量,在定容气体测温、声速测温和介电常数测温等一系列测量中,可使测温准确度达到 1mK。这些高水平的准确测量就成为 ITS-90 低温部分固定点值与内插公式制定的基础。在中温范围(273~730K),用气体温度计和用辐射测温法对水沸点和锌凝固点的测定,不确定度分别为 3mK 和 6mK。特别值得注意的是,水沸点的最佳值为 373.124±0.003K,或 99.974±0.003℃,因此,ITS-90 中给出冰点是 0℃,但水沸点不是 100℃,而是 99.974℃。我们仍定义 1℃ 的间隔等于 1K,其前提是水沸点与冰点之间不再是 1/100 的等分,而是 1/99.974 的等分。第二,新的固定点不断出现。由于高低温密封型容器的研制取得了很大进展,使得三相点装置、低温恒温槽中做温度计标定用的装置及高温金属凝固点装置都大为改善,从而可以定义更多的固定点。ITS-90 就定义了 17 个固定点,比 IPTS-68 中多了 6 个,并且用一些三相点或凝固点取代了一些沸点,这样可免去需控制沸腾时压力的麻烦。第三,内插仪器的研究有所进展。铂电阻温度计在高温下使用时的稳定性逐渐得到改善,从而在 ITS-90 中用铂电阻温度计取代了准确度差的铂铑 10—铂热电偶作为高温范围的内插仪器。在低温范围,除低温铂电阻温度计和氦气体温度计外,还发展了锗电阻温度计、铑铁电阻温度计和磁温度计。第四,内插公式的确定更加合理,从而在用内插公式确定固定点间温度时可能出现的"非惟一性"就减少了。同时,由于计算机技术的高速发展,对内插公式的完善起了有力的推动作用。

总之,一个新的国际温标的制定,应当看成是现代科学技术发展的结晶,而一个新温标的实施又必然服务于并推动科学技术的发展。

中国计量科学研究院作为我国计量科学的最高研究中心,建立起了长度、热工、力学、电磁、光学、无线电、时间频率、电离辐射、声学及化学等 10 个计量学科,已跻身世界计量科学先进行列。在温度测量方面,我国是国际温度咨询委员会(CCT)的成员国。我国研制的高温铂电阻温度计性能优良,为制定 ITS-90 作出了直接的贡献。在实现 ITS-90 的中、高温固定点方面,我国也取得了多项研究成果。

§2.4 状态方程

2.4.1 状态方程

平衡态下的一均匀热力学系统,其状态参量与温度之间的函数关系,称为该系统的状态方程。

至于非均匀系,可以把它分成若干均匀的部分,每一局部均匀的部分都有自己的状态方程,但对整个非均匀系统并无统一的状态方程。一个系统处在平衡态附近的非平衡状态下,按照局域平衡的概念(见§2.1.3),也可以有各局域的状态方程,但某些状态参量将随时间而变。

不同系统在各自具体情况下,需要不同的状态参量来描述之。对于化学成分单一的气体和简单的液体、固体系统,只需要用状态参量压强 p 和体积 V 就行了,它们的状态方程则表示为

$$T=f(p,V) \tag{2.4.1}$$

或 $F(p,V,T)=0$

一般地,若描述系统的状态参量为$(x_1,x_2,\cdots,x_n)$,状态方程便是

$$T = f(x_1, x_2, \cdots, x_n)$$

或 $$F(x_1, x_2, \cdots, x_n, T) = 0$$

在这里我们看到:状态方程与定义温度为状态函数其实是一回事。那么,由于温度的具体数值有赖于所选用的温标,所以,状态方程的具体函数形式是与所用的温标有关的。换句话说,在建立一个系统的状态方程时,不可不明确所用的温标。

状态方程的具体函数形式是不可以由热力学理论推导出来的,宏观上,只能以温标的定义及实验定律为基础来建立状态方程。微观上,在一定的简化模型下,原则上可以导出系统的状态方程,但由于简化模型中已作了某些假设,所以导出的状态方程不可能完全符合实际,有时在导出的方程中留有若干参数要靠实验测定。

热力学上为了实验测定一个具体热力学系统的状态方程,往往不能让多个因素同时发生变化,例如,对于以 p、V 为状态参量的系统,通常是在不同的限定条件下测量体积的相对变化和压强的相对变化。我们定义体胀系数

$$\alpha = \frac{1}{V}\left(\frac{\partial V}{\partial T}\right)_p \tag{2.4.2}$$

它给出在压强不变的条件下,单位温度变化所引起的物体体积的相对改变。

定义压强系数

$$\beta = \frac{1}{p}\left(\frac{\partial p}{\partial T}\right)_V \tag{2.4.3}$$

它给出在体积不变的条件下,单位温度变化所引起的压强的相对改变。

定义等温压缩系数

$$\kappa_T = -\frac{1}{V}\left(\frac{\partial V}{\partial p}\right)_T \tag{2.4.4}$$

它给出等温条件下压缩系统时,增加单位压强所引起的体积的相对改变。κ_T 的倒数称为体积弹性模量。

由于 p、V、T 三变量之间有函数关系,即状态方程(2.4.1),数学上可以证明出现在(2.4.2)、(2.4.3)和(2.4.4)中的三个偏导数之间也将有一定关系,从而能证明 α、β、κ_T 满足如下关系式:

$$\alpha = \kappa_T \beta p \tag{2.4.5}$$

对于固体、液体系统,完整的状态方程不是很容易得到的,需要依靠上述三个系数的实验结果。而在固体和液体升温过程中保持等容是难以实现的,因此三个系数中 β 的测量最为困难,通常是实测得 α、κ_T,再由(2.4.5)式计算出 β。

由于 $$dV = \left(\frac{\partial V}{\partial T}\right)_p dT + \left(\frac{\partial V}{\partial p}\right)_T dp = \alpha V dT - \kappa_T V dp$$

即 $$\frac{dV}{V} = \alpha dT - \kappa_T dp$$

可见,当在实验上得到 α 与 T、κ_T 与 p 的关系后,便可经由对上式积分而得到状态方程。

2.4.2 理想气体状态方程

理想气体状态方程对于读者并不陌生。在此要以建立这样一个最简单的状态方程为例,看一看如何应用了理想气体温标的定义及有关的实验定律。

1662 年,玻意耳(Boyle)通过实验而发现,对于一定质量的气体,在温度不变时,其压强 p

和体积 V 的乘积是一常数：
$$pV=C \tag{2.4.6}$$
常数 C 在不同温度下有不同的数值。1679 年,马略特(Mariott)也独立地发现了这一规律,因此称(2.4.6)式为玻意耳—马略特定律。实际气体并不严格遵守这一定律,在温度不太低时,压强越低,符合得越好。总结出这条实验定律,并不需要温度有明确的数值表示,这与总结另外两条气体实验定律——盖-吕萨克(Gay-Lussac)定律和查理(Charles)定律的情形是不同的。盖-吕萨克定律是说：当一定质量气体的压强保持不变时,其体积随温度作线性变化;查理定律是说：当一定质量气体的体积保持不变时,其压强随温度作线性变化。显然,在这两条定律中,温度必须被赋以明确的数值。当初,盖-吕萨克和查理是用水银温度计测得摄氏温度的。这里,我们建立理想气体状态方程是选用独立于温标的玻意耳—马略特定律。

取一定质量 M、单一化学组分的气体,画出它在 $T_{tr}=273.16\mathrm{K}$ 及另外两个任意温度 T_1、T_2 下的等温线,如图 2.4.1。设想将这些气体充入一支定容气体温度计的测温泡内,当做定容气体开尔文温标的测温质,测温泡容积为 V^*,在温度为 T_{tr}、T_1 及 T_2 时测温泡中气体的压强分别为 p_{tr}、p_1^*、p_2^*。按照定容气体开尔文温标的定义,有：

$$T_1=273.16\frac{p_1^*}{p_{tr}}$$

和 $\quad T_2=273.16\dfrac{p_2^*}{p_{tr}}$

随之易得

$$\frac{T_1}{T_2}=\frac{p_1^*}{p_2^*} \tag{2.4.7}$$

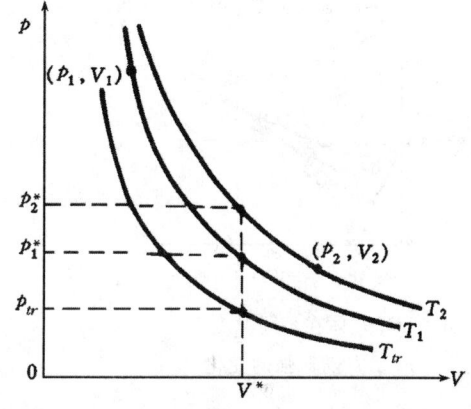

图 2.4.1 气体系统在不同温度下的三条等温线

按照玻意耳—马略特定律(2.4.6)式,在图 2.4.1 中温度 T_1 所对应的等温线上的任意一点 (p_1,V_1) 与同一等温线上的 (p_1^*,V^*) 点之间便满足

$$p_1V_1=p_1^*V^*$$

同理,温度 T_2 的等温线上的任意一点 (p_2,V_2) 与该等温线上的 (p_2^*,V^*) 点之间也满足类似等式

$$p_2V_2=p_2^*V^*$$

于是,

$$\frac{p_1^*}{p_2^*}=\frac{p_1V_1}{p_2V_2} \tag{2.4.8}$$

再因有(2.4.7)式,则可得

$$\frac{p_1V_1}{T_1}=\frac{p_2V_2}{T_2} \tag{2.4.9}$$

在测温质气体压强趋于零的极限情况下,不管气体种类如何,这里所用的定容气体温标都趋于共同的极限——理想气体温标。同时,玻意耳—马略特定律也严格成立,并且在气体压强趋于零的过程中,两条等温线上各自对应的乘积 p_1V_1 和乘积 p_2V_2 都不变。于是,(2.4.9)式中的 T_1、T_2 便是理想气体温标确定的温度。

既然 T_1、T_2 是两任意温度,(p_1,V_1) 与 (p_2,V_2) 又是一定质量气体分别在 T_1、T_2 温度下的

两个任意状态,那么,(2.4.9)式表明:对于固定质量的气体,各个状态的 pV/T 是一个常量,该常量与气体质量有关。这里必须注意,我们是在气体压强趋于零的极限情况下得到(2.4.9)式的。实验表明,实际气体并不严格遵守(2.4.9)式。取 1mol 的 CO_2,在不同温度 T 和不同压强 p 下,测量它们的摩尔体积 V_m,作出 pV_m/T 随 p 的变化曲线,示于图 2.4.2(a);再分别取 1mol 的 N_2、O_2、CO_2,在 273.16K 时,测量它们的 pV_m/T 随 p 的变化,示于图 2.4.2(b)。我们看到,各种气体,在各种温度下,其 pV_m/T 并非常量,但是在压强趋于零的极限情况,不同气体、不同温度下的 pV_m/T 趋于一个共同的极限,定义此极限值为摩尔气体常量 R。过去称它为普适气体常数,它的普适性不仅在图 2.4.2(a)、(b) 中可以看出,而且确有另一条实验定律——阿伏伽德罗定律作为基础。该定律指出:在气体压强趋于零的极限情形下,相同温度和相同压强下的 1 摩尔任何气体所占的体积 V_m 都相同。而且实验表明,在标准状态($T_0=273.15K$,$p_0=1atm$)下,1 摩尔气体所占有的体积 $V_{m0}=22.414\,10\times10^{-3}\,m^3\cdot mol^{-1}$。这样,我们便可由这一特定的标准状态而计算出摩尔气体常量的数值:

$$R=\frac{pV_m}{T}=\frac{p_0V_{m0}}{T_0}=\frac{1.01325\times10^5\times22.41410\times10^{-3}}{273.15}$$
$$=8.31451(J\cdot mol^{-1}\cdot K^{-1})$$

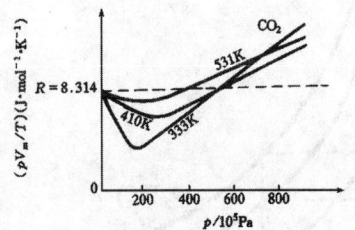

(a) CO_2 气体在不同温度下 pV_m/T 随压强的变化

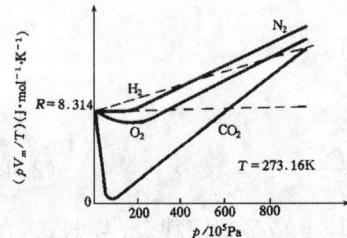

(b) 不同气体在 $T=273.16K$ 时 pV_m/T 随压强的变化

图 2.4.2

若压强和体积分别以 atm 和 l(升) 为单位,则得

$$R=0.082\,atm\cdot l\cdot mol^{-1}\cdot K^{-1}$$

对于质量为 M 的气体,若摩尔质量为 μ,则物质的量(摩尔数)为 M/μ,状态方程便是

$$pV=\frac{M}{\mu}RT=\nu RT \tag{2.4.10}$$

由前边的讨论,应当明确(2.4.10)式是在玻意耳-马略特定律、阿伏伽德罗定律及理想气体温标的定义的基础上推得的。而这三者仅在气体压强趋于零的极限情况下才严格成立,也就是说,实际气体的行为与状态方程(2.4.10)是有偏离的。现在我们设想有一种理想气体,它们也区分为不同的气体种类,如氢气、氧气、氦气等等,但都在任何压强下严格遵守状态方程(2.4.10)。它们与实际气体的不同可以用图 2.4.2(a)、(b) 来说明。对于 1 摩尔理想气体,无论气体种类如何,它们的 pV_m/T 都不随 p 变化,两图中用虚横线表示理想气体的 pV_m/T 在任何压强下均为常数 R;而实际气体在温度不太低、压强不很高的情况下可以近似看成是理想气体,在实际气体压强趋于零的极限情况下,就成了理想气体。

(2.4.10)式便是化学成分单一的理想气体状态方程。考虑到摩尔数 ν 还可以写成

其中 N 是气体系统的分子总数，$N_A = 6.022\,136\,7 \times 10^{23}\,\mathrm{mol}^{-1}$，是阿伏伽德罗常数，于是(2.4.10)式可以化成：

$$pV = \frac{N}{N_A}RT$$

引入玻耳兹曼常数

$$k \equiv \frac{R}{N_A} = \frac{8.31451}{6.02214 \times 10^{23}}$$
$$= 1.380\,66 \times 10^{-23} (\mathrm{J/K}) \tag{2.4.11}$$

并令 $n = \dfrac{N}{V}$ 是容器内的气体分子数密度，则有：

$$pV = NkT$$

或

$$p = nkT \tag{2.4.12}$$

(2.4.12)式是又一种形式的理想气体状态方程。

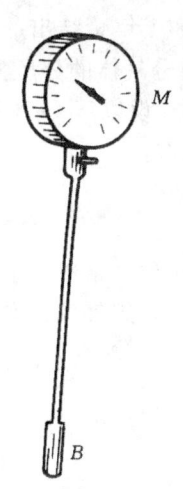

图 2.4.3 简易气体温度计

【例 2.4.1】[①] 低温工程中常用的定容气体温度计，就其基本原理和基本结构而言，和作为测温基准的定容气体温度计是相同的，但在装置和操作上要简易得多，它的构成如图 2.4.3 所示。容积为 V_b 的测温泡 B 和容积为 V_m 的弹簧管压力计 M 用导热性能很差的德银（铜镍锌合金，又称锌白铜）毛细管连接起来，充进适量的气体（通常为氦）后密封。因毛细管的内径一般为 $0.5 \sim 1\,\mathrm{mm}$，故其容积与 V_b、V_m 相比可以忽略。现初步将测温质看成理想气体，试求该温度计的定标方程，并讨论其低温灵敏度。

【解】 设充入的气体测温质共 ν 摩尔，压强为 p，测温泡（或待测对象）及压力计处的温度分别为 T_b 和室温 T_m，则：

$$\frac{pV_b}{RT_b} + \frac{pV_m}{RT_m} = \nu \tag{2.4.13}$$

该式可改写为：

$$\frac{1}{T_b} = \frac{a}{p} - \frac{b}{T_m} \quad \text{或} \quad T_b = \frac{pT_m}{aT_m - bp} \tag{2.4.14}$$

其中：$a = \nu R/V_b$，$b = V_m/V_b$。对于给定的温度计，a、b 是常数。为确定 a、b，在两个已知温度 T_{b1}、T_{b2} 之下，测出相应的压强值 p_1 和 p_2，据此做出 $1/T_b \sim 1/p$ 直线，其斜率和截距就是 a 和 b/T_m。其实，所做出的 $1/T_b \sim 1/p$ 直线也就是定标曲线，(2.4.14)式是相应的定标方程。

由(2.4.13)式可见，ν 摩尔气体分配在测温泡及在压力计中的摩尔数之比为 $(V_b/V_m)(T_m/T_b)$，当测温泡温度 T_b 很低时，大部分气体将集中在测温泡之中。这时，T_b 的变化才会伴有 p 的显著变化，也就是说，这种温度计低温比常温测量的灵敏度要高。如果再特意设计成压力计与测温泡的体积比 b 较大，就更提高了灵敏度，为此，可以在压力表下附加一个贮气室。

[①] 此例引自：阎守胜、陆果. 低温物理实验的原理与方法. 北京：科学出版社，1985. §2.1.1

2.4.3 混合理想气体状态方程

在实际问题中(如化工、热工、气象)中的气体往往是包含几种不同化学成分的混合气体,我们须臾不离的空气就是以氮、氧、氩为主要成分的混合气体。

关于混合气体的一条重要实验定律是英国人道尔顿(J. Dalton)在1801年总结出的气体分压定律:混合气体的总压强等于各组分气体的分压强之和。所谓某一组分气体的分压强,是指这种组分气体单独处在与混合气体相同的体积及温度的状态下之压强,设以 $p_1, p_2, \cdots, p_n$ 分别表示各组分的分压强, p 表示混合气体总压强,根据道尔顿分压定律,有:

$$p = \sum_{i=1}^{n} p_i \tag{2.4.15}$$

该定律只在混合气体的压强较低时,才比较准确地成立。现在设想有一种严格遵守道尔顿分压定律的混合气体,它的各组分必具有理想气体的性质,因此各自都满足理想气体状态方程

$$p_i V = \frac{M_i}{\mu_i} RT \tag{2.4.16}$$

式中 V、T 是混合理想气体的体积及温度, M_i、μ_i 是第 i 种组分气体的质量及摩尔质量。将(2.4.16)式对所有组分求和,并用(2.4.15)式,得到

$$pV = \sum_{i=1}^{n} p_i V = \sum_{i=1}^{n} \frac{M_i}{\mu_i} RT \tag{2.4.17}$$

这就是混合理想气体状态方程。式中 $\sum_{i=1}^{n} \frac{M_i}{\mu_i}$ 是混合气体总的物质的量(总摩尔数),记做 ν,并定义混合气体的平均摩尔质量

$$\mu = \frac{M}{\nu} = \frac{M}{\sum_{i=1}^{n} \frac{M_i}{\mu_i}}$$

式中 M 是各组分的总质量,则(2.4.17)式可写做

$$pV = \frac{M}{\mu} RT \tag{2.4.18}$$

形式上,混合理想气体好似摩尔质量为 μ 的单一化学成分的理想气体。

【例2.4.2】 混合气体中各组分本是均匀混合的,实际上,每种组分都占有整个容器的容积,但仍可定义各组分的体积百分比:设想混合气体中所含的某种组分单独处在与混合气体相同的压强及温度的状态下,其体积占混合气体体积的百分比。现已知混合气体中各组分的体积百分比,求:(1)平均摩尔质量 μ;(2)各组分质量百分比;(3)总压强为 p 时的各组分之分压强;(4)温度为 T,总压强为 p 时各组分的密度及混合气体总密度。

【解】 (1)设混合理想气体体积为 V,总质量为 M,有

$$\begin{cases} pV = \nu RT \\ \nu = \dfrac{M}{\mu} \end{cases} \tag{2.4.19}$$

若第 i 种组分的体积百分比为 V_i/V,依其定义,必有

$$\begin{cases} pV_i = \nu_i RT \\ \nu_i = \dfrac{M_i}{\mu_i} \end{cases} \tag{2.4.20}$$

式中 M_i、μ_i、ν_i 分别为第 i 种组分的质量、摩尔质量及摩尔数。由上两式可得:

$$\frac{V_i}{V} = \frac{\nu_i}{\nu} = \frac{\mu}{\mu_i}\frac{M_i}{M} \tag{2.4.21}$$

又，总质量 $M = \sum_i M_i$，可将其改写为：

$$\nu\mu = \sum_i \nu_i \mu_i$$

所以，

$$\mu = \sum_i \frac{\nu_i}{\nu}\mu_i \tag{2.4.22}$$

将(2.4.21)式代入，便得：

$$\mu = \sum_i \frac{V_i}{V}\mu_i \tag{2.4.23}$$

(2) 由(2.4.21)式有：

$$\frac{M_i}{M} = \frac{V_i}{V}\frac{\mu_i}{\mu}$$

将上面求到的 μ 代入，得各组分质量百分比：

$$\frac{M_i}{M} = \frac{V_i}{V}\mu_i \frac{1}{\sum_j \frac{V_j}{V}\mu_j}$$

(3) 以 p_i 表示第 i 种组分的分压强，按其定义，有：

$$p_i V = \nu_i RT \tag{2.4.24}$$

而按体积百分比的定义可知，其分体积 V_i 应满足(2.4.20)式，与(2.4.24)式相比，有：

$$p_i V = p V_i$$

即

$$\frac{p_i}{p} = \frac{V_i}{V} \quad \text{或} \quad p_i = \frac{V_i}{V}p \tag{2.4.25}$$

可见，混合理想气体中各组分的体积百分比等于分压强占总压强的百分比。

(4) 由(2.4.24)式易得第 i 种组分的密度

$$\rho_i = \frac{M_i}{V} = \frac{p_i \mu_i}{RT}$$

将(2.4.25)式代入，得：

$$\rho_i = \mu_i \frac{V_i}{V} \cdot \frac{p}{RT}$$

混合气体总密度 $\rho = \sum_i \rho_i = \frac{p}{RT}\sum_i \frac{V_i}{V}\mu_i$

*2.4.4 概观实际气体状态方程

在科学与技术中，往往对于气体所经历的某些状态不能采用理想气体状态方程进行分析计算，因为那样做会造成很大的偏差。于是，有必要探讨反映实际气体 p-V-T 关系的状态方程。

实际气体的状态不符合理想气体状态方程的根本原因，是由于理想气体的模型和状态方程是建立在假定气体分子不占有容积、气体分子之间没有相互作用的基础之上的，而实际气体仅在压强 p 趋于零或容积 V 趋于无限大时才符合这种假定。实际气体按其分子内正负电荷分布情况的不同，可被区分为极性气体（如水蒸气、氨气和一些氟里昂气体）和非极性气体（如重的惰性气体 Ar、Kr、Xe）。实际气体的分子间是有相互作用力的，这将在 §3.2 中予以介绍。另外,一些分子量很小的轻气体(如 Ne、H_2、He、D_2 等),在低温时有显著的量子效应,称之为量子气体,其状态方程与理想气体状态方程的偏差,是源于量子力学中粒子全同性所导致的统计相关性。

在一定的压强、温度范围内,会发生物质的气态与液态共存及相互转变,不少状态方程既可用于气体也可用于液体。但建立一个在宽广的温度、压强范围内适用并能确切反映所有实际流体行为的通用状态方程几乎是办不到的。在实用上,有些比较准确的方程是针对专门物质而提出的,例如水蒸气方程,某些制冷剂的专用方程,等等。另外,有些方程虽可通用于几种物质,但往往限定在某一状态范围内使用。

实际流体的各种状态方程已经有很多了,它们大多是由物质微观结构和宏观热力学特性两方面的分析而建立的。通常先从理论上提供方程所采用的模型,再根据 p-V-T 实验数据拟合方程中的经验常数。有些方程只含两个常数,有的可多达几十个。

讨论实际气体与理想气体宏观特性的偏差时,可以取处于相同温度及相同压强下的 1mol 理想气体与 1mol 实际气体进行比较,它们的摩尔体积 V_{idm} 及 V_m 显然不同,令

$$Z = \frac{V_m}{V_{idm}}$$

并称 Z 为实际气体的压缩因子,它应该是温度 T 和压强 p 的函数,或者是 T 和 V_m 的函数。由于

$$V_{idm} = \frac{RT}{p}$$

所以,对于实际气体,其状态方程总可以写做:

$$pV_m = ZRT$$

利用实际气体 p-V_m-T 关系的实验数据绘成 Z 与压强 p 的关系图,其形状同于图 2.4.2(a)、(b),只是要将图 2.4.2(a)、(b)中的纵坐标改成 pV_m/RT。显然,无论温度高低,任何形式的实际气体状态方程在 p 趋于零或体积 V_m 趋于无限大时,都应能简化为理想气体状态方程,即压缩因子趋于 1。1901 年,荷兰人卡末林·昂尼斯(Kamerlingh Onnes)根据这一思想提出了所谓"维里(Virial)方程":

$$Z = 1 + \frac{B}{V_m} + \frac{C}{V_m^2} + \frac{D}{V_m^3} + \cdots \tag{2.4.26}$$

或 $\quad Z = 1 + B'p + C'p^2 + D'p^3 + \cdots$

式中 B、B',C、C',D、D' 分别叫做第二、第三、第四维里系数,余类推。对于纯质,维里系数只是温度的函数,例如,可以把 B 写为:$B = b_1 + \frac{b_2}{T} + \frac{b_3}{T^2} + \frac{b_4}{T^3} + \cdots$。而对于混合物,维里系数还是成分的函数。维里方程主要应用于计算气体在低压及中等压强下的状态。

另外,物质有一个气、液两相的区别消失了的特殊状态,叫做临界态。研究气体的压缩因子和状态方程时,常常以临界态作为参照(见§8.1.8)。例如,工程上计算气体压缩因子时,若压强低于临界态压强的一半,则应用截取至第二维里系数的维里方程就足够准确了。维里系数可以用统计力学的方法计算得到,但要计算第四维里系数以上的高次维里系数是很困难的,工程上主要用准确的 p-V-T 的实验曲线来拟合出维里系数。

在考虑分子间的吸引力和分子本身占有一定容积的基础上,荷兰人范德瓦尔斯(van der Waals,1837~1923)于 1873 年提出了第一个有实用意义的状态方程(§3.6):

$$p = \frac{RT}{V_m - b} - \frac{a}{V_m^2}$$

式中 a, b 是两个与气体种类有关的常数，它们可以通过临界状态参量求出（见§8.1），更准确的是根据物质的 p, V, T 实验数据拟合而得，所以常称此为半经验方程。该方程只在压力较低时才比较准确。它也能改写成如(2.4.26)式的级数形式。尽管应用已有一百多年历史的范德瓦尔斯方程进行工程计算，可以说是过时了，然而，范德瓦尔斯当年所提出的实际气体物理模型至今仍影响着实际气体状态方程的发展，许多后继的半经验方程都是由它衍生出来的。

有时，针对某种待分析的实际气体，缺乏必要的实验数据，无法确定其半经验状态方程中的常数，因此，很需要有一种用起来方便又有一定普遍性的方法，来推算实际气体的一些性质。物态对比方程（见§8.1.8）就是被广泛应用的这样一个方程。

最后，让我们简单提一下量子气体的状态方程。量子气体分为费米气体和玻色气体两大类。构成两类气体的粒子分别叫做费米子和玻色子，它们的区别在于自旋分别是 $\hbar/2$ 的奇数倍或偶数倍（包括自旋为零），这里，$\hbar = h/2\pi$，h 是普朗克常数。像电子、质子、中子就是费米子，它们遵守量子力学中的泡利不相容原理；而像声子、光子、^{4}He 原子等是玻色子，不受泡利不相容原理的限制。在统计物理上，两类量子气体的统计规律也是有区别的。可从分析得到：由于量子效应，费米气体相当于粒子间具有排斥势的经典实在气体，而玻色气体相当于具有吸引势。它们的状态方程也可以写成形如(2.4.26)式的维里方程。如果截取到第二维里系数项，则费米气体的第二维里系数为正，而玻色气体的第二维里系数为负。

§2.5 热力学系统状态的微观描述

2.5.1 微观状态

一热力学系统是由数目众多的微观粒子所组成的，在一定的宏观条件下，例如一定质量气体系统的压强不变，体积不变，而系统内的微观粒子却在永不止息的无规则热运动之中不断地变更着各自的空间位置及运动速度。在经典力学中，每一粒子都有自己的运动轨道。即使众多粒子的属性彼此完全相同（称之为"全同粒子"），也仍然可以设想去沿着粒子各自的运动轨道跟踪、识别它们。假设现在讨论的系统是由具有相同性质的粒子所组成，在粒子只有平动并且几乎没有相互作用的简单情况下，只要能够给出系统内所有粒子各自的位置及速度，那就全然了解了粒子系统的运动状态。一般地，按理论力学的标准说法，若每个粒子运动的自由度数为 f，则确定一个粒子的运动状态就需要 $2f$ 个变量，其中 f 个变量给出粒子的广义坐标，而另外 f 个变量给出与广义坐标共轭的广义动量。如果用这 $2f$ 个变量为坐标轴，张成一个抽象的 $2f$ 维空间（就像用直角坐标系的 x, y, z 轴张成我们真实生活中的三维空间），称之为"μ 相空间"，那么一个粒子的运动状态就对应 μ 相空间的一个点。

但是，微观粒子的运动是应当遵守量子力学规律的。物质粒子具有波动性和粒子性两重性，而且，量子力学的不确定关系指出：微观粒子的位置（空间坐标）与动量不可能同时具有完全确定的值，每个坐标 q_i 和它的共轭动量 p_i 的不确定大小 Δq_i 和 Δp_i 满足

$$\Delta q_i \cdot \Delta p_i \sim h \quad (i = 1, 2, \cdots, f)$$

式中 h 为普朗克常数。这样一来，粒子运动就不会在 μ 相空间中有明确的运动轨道，因此，全同

粒子是不可分辨的了。不过，$h=6.626\,075\,5\times10^{-34}\,\text{J}\cdot\text{s}$，是个很小的量，只要我们记住如上不确定关系给出的限制，仍不妨使用经典力学概念。于是，我们仍认为粒子是可分辨的，但我们不再用 μ 相空间的一个点来代表一个微观粒子的运动状态，而是用体积为 h^f 的抽象小体元把 μ 相空间划分为小网格。每一小格叫做一个相格，每个相格代表微观粒子的一个可能的运动状态。或者说，粒子的运动状态不同，其代表点就占据了 μ 相空间中的不同相格。这样一来，若宏观系统总共含 N 个微观粒子，每个粒子的运动状态都对应着某一个作为代表的相格，则要想描述系统的微观状态，只需给出 N 个粒子是如何占据 μ 相空间的相格即可。对于总粒子数 N、总能量 E 及体积 V 保持不变的宏观系统，我们最关心能量是如何在众多粒子中分配的。在量子讨论中，便要知道粒子在各个能级上的配置。而在不完全放弃经典力学概念却又采用相格的这种半经典描述方法中，不同相格所代表的单粒子运动状态可能具有不同的能量，但也可能具有相同的能量。换言之，具有某一确定能量的单粒子运动状态可能对应好几个相格。另外，在经典物理中，许多粒子可以处于相同的运动状态，所以，允许多个单粒子占据同一个相格。这些粒子的运动状态当然还可能彼此对换，也就是说，两个粒子可以在两个不同的相格间对调，由于粒子是可分辨的，所以这种对调是改变了系统的微观状态的。

以上是热力学系统微观状态半经典描述的思路。在量子理论中，需要区分费米子系统和玻色子系统而进行不同的修改，还要区分定域系统和非定域系统两种情况。定域系统中的粒子运动范围在其平衡位置附近，例如晶体中的原子和离子就是这样的，这些粒子虽然在量子力学中是不可分辨的，但可以按其平衡位置加以标识，因此能当成可分辨粒子，按半经典方法进行处理。

2.5.2 微观配容与宏观分布

现在，我们进一步讨论可分辨粒子系统的微观状态。

让我们先举一例。把编号为 a,b,c,d 的四个小球往 A、B 两小盒中随意放置，如图 2.5.1 所示，共有 16 种放法。在每种放法中，哪个盒中有几个球、有哪几个球（球的编号如何）都是明确的。我们称：每一种放法对应着球在盒中放置的一种配容。现在，如果并不需要区别哪个球在哪个盒里，即，只问四个球在 A、B 两盒中球数的分布，那么只有五种可能的分布。显然，一种球数分布可能包括着不同的配容，而且，不同的球数分布各自包括的配容的个数可能也不相同，以球在两盒中平均分布所包含的配容数最多。容易把此例推广到 N 个有编号的小球在两盒中放置的情形，那要有 2^N 种配容，有 $N+1$ 种分布，绝大多数配容对应着球在两盒中基本平均的分布。

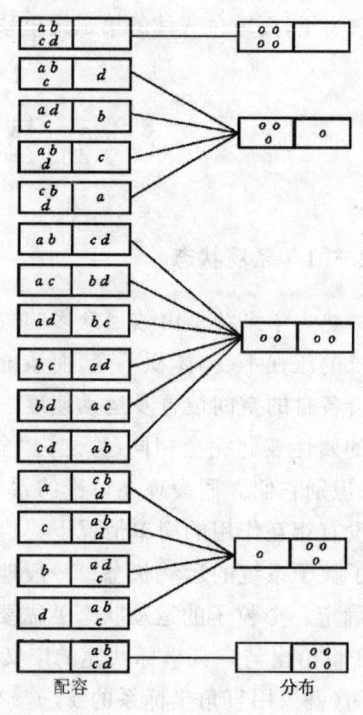

图 2.5.1 配容和分布的示例

与热力学系统微观状态的描述相对比，曾经提到的相格就好比是上例中的小盒，可分辨的分子好比是编了号的小球，不过现在简单地认为一种能量状态只对应一个相格。这里，两个相格，就有两种能量状态，所以不同盒中的小球对调，就相当于在 μ 相空间中分子在代表不同能量的两相格间对调。这样,上例中四个小球在两盒中的 16 种配容就好比 16 种微观状态。也就是说,由可分辨单粒子组成的系统的每一种微观状态,就对应着单粒子在代表不同能量的相格里的一种确定的配容。而上例中四个小球在两盒中的五种分布,就好比五种可能出现的宏观状态。对于由大量粒子组成的宏观系统来说,它的宏观性质与个别粒子的具体运动状态并无直接联系,而只与粒子在相格中的分布有关,因此,是以不同的分布来区别不同的宏观状态的。一般说,每一种分布都对应很多种配容,即每一可能的宏观态都对应着很多种微观状态,不同宏观态(不同分布)对应的微观状态数目(配容数目)可能很不相同。当然,对于一个确定的热力学系统,其所含粒子在相格中的各种可能分布都应满足一定的约束条件,例如,总粒子数守恒,所有粒子的总能量守恒等。

2.5.3 等概率原理

在把四个小球往两个盒中放置的例子中,如果假定每个球出现在 A 盒或 B 盒中的概率相等(均为 1/2),那么,16 种配容便等概率(均为 $1/2^4=1/16$)地出现。但对于热力学系统中分子代表点在 μ 相空间相格中的出现,情形就不同了。我们不能事先断定分子代表点要以多大的概率占据不同相格,因此一种微观配容(即一种微观状态)出现的概率是不能由直接计算得到的,即使是对于属同一宏观态的各微观状态也不能事先作出任何倾向性的论断,没有理由认为哪一微观状态出现的概率会大一些。鉴于此,玻耳兹曼在 19 世纪 70 年代提出了著名的等概率原理:处在平衡态的孤立系统,其各个可能的微观状态出现的概率是相等的。这是统计物理中的一个基本假设,它的种种推论都与客观实际相符,而使其正确性得到了证实,它可信地成为平衡态统计物理的基础。

2.5.4 热力学概率——一种可能的分布出现的概率

在统计物理中,给定分布下所对应的微观状态(配容)数目是可以计算的,以 W_i 表示第 i 种分布所对应的微观状态数。对于给定孤立系统,考虑到各种可能的宏观分布,把它们各自对应的微观状态数统加起来,便得到该系统所有可到达的微观状态数目,设其为 Ω。根据上述等概率原理,就知道每一微观状态出现的概率是 $1/\Omega$。

现在,要问该系统第 i 种宏观分布出现的概率。它显然等于 W_i/Ω。而不同宏观分布出现的概率之间有所差别,关键在于 W_i 有大有小,所以特别把 W_i 称为第 i 种宏观分布的热力学概率。它与一般意义下的概率不同,一般的概率值不能大于 1,但 W_i 却可以远远大于 1。

2.5.5 宏观量是相应微观量的统计平均值

我们称表示系统宏观性质的物理量为宏观量(§2.1 中所讲的状态参量皆是宏观量)。而用来描述微观粒子性质的量就叫做微观量,例如分子的位置、分子间相互作用势能和分子热运动速度(动量)、能量等。宏观量原则上都可以通过实验而测量得到,但是要想了解一个宏观量的物理本质,就需要知道它与微观量之间的联系。

观测一个宏观量时,常要在规定的某些宏观条件下进行,这就给可能出现的宏观分布及相应的微观配容以一定的约束。不过,一般地,满足约束条件的各种微观状态其数目仍有很多,而且由于实际存在着的一些我们无法完全控制的对系统的微小扰动,使得系统可以在这些可能出现的微观状态之间随机地相互跃迁。尽管我们对宏观量的观测可以进行得很快,但这宏观上看来所用的短暂时间间隔,与微观状态发生跃迁所经历的时间相比,却长得很多,以致认为在观测过程中几乎一切满足约束条件的微观态都可以多次出现过了。于是，我们观测到的宏观量，其实是在系统所经历的满足给定宏观条件的各种可能微观状态中，相应微观量的统计平均值。

这里讲的"统计平均"，原本是指在一段进行实验观测的微观长时间内，相应的微观量对时间平均的结果。当系统处于平衡态时，宏观量应不随时间改变，即不管观测时间的长短，上述对时间的平均应当一样，因此时间因素对平衡态的统计理论并不重要，关键是要在观测过程中历经了满足约束条件的所有可能微观状态。这样，我们可以换一个角度来处理此统计平均。设想有巨大数目的与原来系统具有相同力学性质、处于相同宏观条件的系统，在同一时刻，这些系统各以一定的概率分别处在原系统所有可能出现的微观状态上。统计物理把这种作为原系统不同化身的假想系统之集合叫做"统计系综"。根据对同一时刻系综内各系统状态的观测来求某微观量的统计平均，与前述对一段时间的平均是完全等效的。这好比极多次掷一只骰子与同时掷极多只相同的骰子所表现出的统计规律是完全一样的。

2.5.6 热动平衡态的统计解说

前面已经讲过，在一定约束条件下，系统可以出现多种分布，每种分布对应一种可能的宏观状态，而实际观察到的宏观态，乃是各种可能出现的宏观态的平均效果。当系统处于平衡态时，其各个可能的微观状态出现的概率应当是不随时间变化的。只有如此，上述的平均效果才不会随时间变化，或者说，只有概率分布是与时间无关的，所给出的微观量的统计平均值，才会与时间无关。于是表现出所有可被观测的宏观性质都不随时间变化。

现在，让我们以气体分子在空间位置上的分布为例来说明平衡态所表现的平均分布。设容积为 V 的容器被假想截面分成 A、B 两部分，各自容积为 V_A、V_B。容器中贮有一定量气体，热运动中的每一气体分子均可自由穿行这假想截面而往来于 A、B 之间。由于分子运动的无规性以及空间的均匀性，所以任一分子处于 A 部的概率 p 与 V_A 成正比，而处于 B 部的概率 q 与 V_B 成正比；又因 $p+q=1$，故：

$$p=\frac{V_A}{V}, \qquad q=\frac{V_B}{V} \tag{2.5.1}$$

若这一定量气体总共有 N 个可以用编号识别的分子，其中有 N_1 个位于 A 部，N_2 个位于 B 部，每给定一组 (N_1, N_2) 的具体数值，便对应着分子按位置在 A、B 两部分空间中的一种分布，显然共有 $N+1$ 种分布。不难计算出每种确定分布所包含的配容数为 $\frac{N!}{N_1!N_2!}$。其实，图 2.5.1 中小球在盒中的分布与配容正符合这里的计算。

针对现在所讨论的对象，我们还可以进一步把一个配容出现的概率和一个分布出现的概率计算出来。根据相容的独立事件的概率乘法定理(1.1.7)式，在 A 中出现 N_1 个有指定编号的分子、而 B 中出现 $N_2 = N - N_1$ 个分子这样一个特定配容的概率应为：

$$p^{N_1} q^{N-N_1}$$

此概率其实只与 p、q、N_1、N_2 有关，而与 A 中究竟是哪些编号的分子无关。这就是说，在给定分布 (N_1, N_2) 下，所包含的各种配容均以此相同的概率出现。于是，根据不相容事件的概率加法定理(1.1.3)式，一种分布出现的概率 $P_N(N_1)$ 是其所对应的各配容出现的概率之和：

$$P_N(N_1) = \frac{N!}{N_1!N_2!} p^{N_1} q^{N-N_1} \tag{2.5.2}$$

这正是二项式分布(1.2.2)式。按此概率分布，可以计算出处于 A 中的分子数之平均值。我们

直接利用§1.3中例1.3.1的结果,得到:
$$\overline{N}_1 = Np$$
再将(2.5.1)式的 p 代入,即有:
$$\overline{N}_1 = N \frac{V_A}{V} \tag{2.5.3}$$

A 中平均分子数密度则是:
$$\overline{n}_1 = \frac{\overline{N}_1}{V_A} = \frac{N}{V}$$

同法可计算出 B 中平均分子数密度 $\overline{n}_2$ 也是 N/V。这与观测到的平衡态下分子在整个容器中均匀分布是相符的。

这里,请读者注意,以上是简单地讨论分子在容器内 A、B 两部分中的配容和分布,我们可以给出分子出现在 A 部或 B 部的概率(2.5.1)式,进而可得到一个特定配容出现的概率;但在讨论平衡态下孤立系统中分子在 μ 相空间的相格中的微观配容时,是不能直接计算一微观配容出现的概率的,只是根据"等概率原理"知道每一微观配容出现的概率都相等。

继续分析刚用过的例子,从(2.5.2)式可见,对于不同分布,N_1 取不同值,相应的 $P_N(N_1)$ 会有所不同。取 $N=10$,$p=1/3$,与 N_1 对应的 $P_N(N_1)$ 之值列于表 2.5.1 中。显然,11 种分布各自对应的概率之间有明显的差异,其中,$P_{10}(3)$ 的值最大。我们称其出现概率最大的那一分布为最概然分布。在此例中,可将 $N_1=3$、$N_2=7$ 作为最概然分布。

表 2.5.1　$N=10$、$p=1/3$ 时的二项式概率分布表

N_1	0	1	2	3	4	5	6	7	8	9	10
$P_{10}(N_1)$	0.017	0.087	0.195	0.260	0.228	0.137	0.057	0.016	0.003	～0	～0

依表 2.5.1 中的数据绘成离散型随机变量的概率分布图,以 $N_1/N=3/10$ 时最概然分布对应的 $P_{10}(3)$ 图线最高,如图 2.5.2 所示。当 N 越来越大时,对于 $p=1/3$ 的情况,图线在总体上

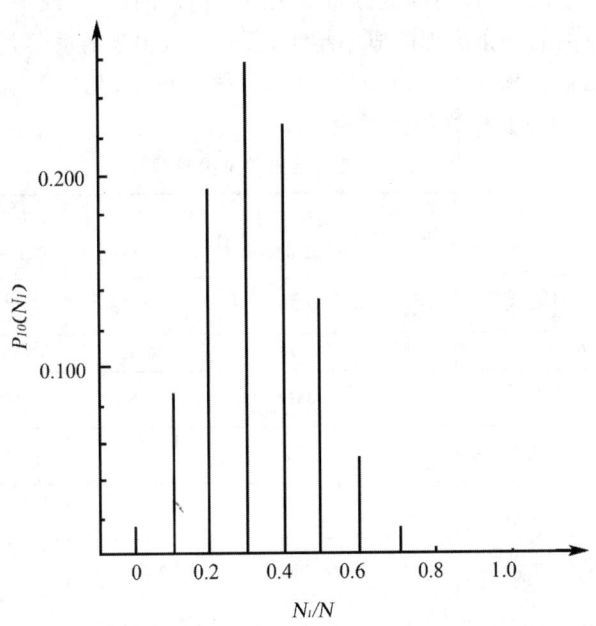

图 2.5.2　$N=10$、$p=1/3$ 时的二项式分布

将于 $N_1/N=1/3$ 附近越来越窄的范围内呈现出尖锐的峰,这就意味着最概然分布将趋于平均分布(例如,$p=1/3$ 时,$N_1=N/3$,$N_2=2N/3$ 就是平均分布)。下面让我们通过简单的计算得出是哪一种分布出现的概率最大,并把它与上边求到的平均分布(2.5.3)式相比较。

在本例中,求最概然分布,也就是求 A 部中分子数 N_1 为多大时使得由(2.5.2)式所给出的 $P_N(N_1)$ 有极大值。通常先取对数,再求极值,

$$\ln P_N(N_1)=\ln N!-\ln N_1!-\ln(N-N_1)!+N_1\ln p+(N-N_1)\ln q$$

利用斯特令公式:

$$\ln x!\approx x(\ln x-1)$$

其中 x 是远大于1的整数,$\ln P_N(N_1)$ 在 N_1 和 N_2 都很大时便可近似为:

$$\ln P_N(N_1)=\ln N!-N_1(\ln N_1-1)-(N-N_1)[\ln(N-N_1)-1]+N_1\ln p+(N-N_1)\ln q$$

由极值条件 $\dfrac{\mathrm{d}\ln P_N(N_1)}{\mathrm{d}N_1}=0$,可得:

$$-\ln N_1+\ln(N-N_1)+\ln p-\ln q=0$$

即:$\dfrac{N_1}{N-N_1}=\dfrac{p}{q}$.

注意到 $p+q=1$,并用(2.5.1)式,不难求出:

$$N_1=Np=N\frac{V_A}{V}$$

它确实与平均分布的结果(2.5.3)式一样。

当然,热力学系统中的微观粒子在 μ 相空间中的分布并不像上面讨论的二项式分布那样简单,最概然分布与平均分布是有差异的;但是,最概然分布所对应的微观配容数远远大于其他分布的配容数,所以,最概然分布与平均分布非常接近。常把给定外界条件下的最概然分布就作为热力学系统平衡态的分布,而其他分布则是对平衡态的偏离,或平衡态附近的涨落。由于与最概然分布差别越大的分布出现的概率越小,所以一般出现的涨落其相对幅度都不大,而相对幅度很大的涨落虽然在理论上有出现的可能,但概率很小,几近于零,以致实际上永远不会发生。对此,在 §7.2 中还要作详细的讨论。

附表 2.1　常用压强单位换算表

	帕(Pa)	标准大气压(atm)	毫米汞柱(mmHg)毛(torr)	达因/厘米^{2}微巴(barye)	巴(bar)	克力/厘米^2(gf/cm^2)	工程大气压(atm)
1 帕	1	$\dfrac{10^{-5}}{1.01325}$	$\dfrac{10^{-2}}{1.33322}$	10	10^{-5}	$\dfrac{1}{98.0665}$	$\dfrac{10^{-3}}{98.0665}$
1 标准大气压	1.01325×10^5	1	760	1.01325×10^6	1.01325	1033.23	1.03323
1 毫米汞柱	1.33322×10^2	$\dfrac{1}{760}$	1	1.33322×10^3	1.33322×10^{-3}	1.35951	1.35951×10^{-3}
1 微巴	0.1	$\dfrac{10^{-6}}{1.01325}$	$\dfrac{10^{-3}}{1.33322}$	1	10^{-6}	$\dfrac{1}{980.665}$	$\dfrac{10^{-3}}{980.665}$
1 巴	10^5	$\dfrac{1}{1.01325}$	$\dfrac{10^3}{1.33322}$	10^6	1	$\dfrac{10^6}{980.665}$	$\dfrac{10^3}{980.665}$
1 克力/厘米^2	98.0665	$\dfrac{10^{-3}}{1.03323}$	$\dfrac{1}{1.35951}$	980.665	980.665×10^{-6}	1	10^{-3}
1 工程大气压	98.0665×10^3	$\dfrac{1}{1.03323}$	$\dfrac{10^3}{1.35951}$	980.665×10^3	980.665×10^{-3}	10^3	1

取重力加速度为 $9.80665\mathrm{m\cdot s^{-2}}$,水银密度为 $1.35951\times10^4\mathrm{kg\cdot m^{-3}}$

思 考 题

2—1 判断下述系统是否处于平衡态:
(1)在作匀速直线运动的车厢内放置一不会变形并且隔热的盒子,此盒中的气体;
(2)桌上一杯放置了很长时间的水;
(3)一个通有恒定电流的线圈;
(4)静坐着的一个人。

2—2 对于一个处于非平衡态的系统,温度和压强这两个概念是否还适用?

2—3 系统A、B原来各自处在平衡态,现使它们互相接触。试问在下列几种情形下,两系统相互接触处是绝热的还是透热的,或两者都可能?
(1)当V_A保持不变,p_A增大时,V_B和p_B都不发生变化;
(2)当V_A保持不变,p_A增大时,p_B不变而V_B增大;
(3)当V_A减小,同时p_A增大时,V_B和p_B都不发生变化。

2—4 试依据热力学第零定律判断下列讲法是否正确,并说明理由:
(1)有三个热力学系统,不管它们各自怎样,只要两个系统分别与第三个系统达到热平衡,则这两个系统也必定达到热平衡;
(2)所有温度相同的物体,一定互为热平衡;
(3)一热力学系统若处在平衡态,则其各部分的温度必定相同。

2—5 在建立温标时,是否必须规定热的物体要比冷的物体温度高?是否必须规定测温质的测温属性要随温度作线性变化?

2—6 用p_{tr}表示定容气体温度计的测温泡在水的三相点时其中气体的压强值。有三个定容气体温度计:第一个和第二个都用氧做测温物质,第三个用氢,它们的p_{tr}值依次是25.0kPa、40.0kPa和55.5kPa。用这三个温度计测量同一对象时,三个测温泡中气体的压强值依次为p_1、p_2和p_3。
(1)三个温度计所确定的待测温度的近似值T_1、T_2和T_3如何计算?
(2)T_1、T_2、T_3三个数值是否相同?

2—7 用定容气体温度计确定某物体在理想气体温标下的温度,要经过怎样一些步骤?

2—8 盖-吕萨克定律(见§2.4.2)可表示为:
$$V=V_0(1+\alpha_v t),$$
式中V和V_0分别表示温度为t℃和0℃时气体的体积,α_v叫做气体的体膨胀系数。

查理定律(见§2.4.2)可表示为:
$$p=p_0(1+\alpha_p t),$$
式中p和p_0分别表示温度为t℃和0℃时气体的压强,α_p叫做气体的压强系数。

试由理想气体状态方程推证以上二定律,并求出α_v和α_p的值。再试由玻意耳—马略特定律及理想气体温标的定义导出这两个定律。

2—9 人坐在橡皮艇里,艇浸入水中一定的深度,到夜晚温度降低了,但大气压强不变,问艇浸入水中的深度如何变化?

2—10 一个氢气球可以自由膨胀(即球内外压强保持相等),随着气球的不断升高,大气压强不断减小,此气球就不断膨胀。如果忽略大气温度及空气平均摩尔质量随高度的变化,试问气球在上升过程中所受浮力是否变化？说明理由。

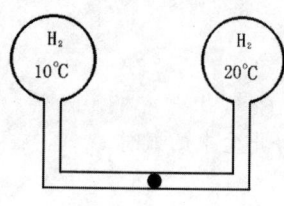

(思考题 2—11)

2—11 两个相同的容器都装有氢气，以一玻璃管将其连通，管中用一水银滴做活塞，如本题图所示。当两容器中所充气体的温度分别为 10℃ 和 20℃ 时，水银滴刚好在玻璃管的中央而维持平衡。

(1)若两边容器中的温度各提高 10℃，水银滴是否会移动？若动，朝哪边动？

(2)本题的结论与两边容器中是否充同一种气体有无关系？

2—12 混合气体的体积为 V，各组分的分体积(其定义可见本章例 2.4.2)为 $V_1, V_2, \cdots$。试证明道尔顿分压定律等效于分体积定律，即有：

$$V = V_1 + V_2 + \cdots$$

2—13 怎样用半经典方法区分一个热力学系统的不同微观状态？

2—14 热力学系统的宏观状态与微观状态有怎样的关系？

2—15 以统计观点，你对热动平衡态有怎样的认识？

习 题

2—1 有 $A、B、C$ 三个气体系统，它们的状态参量分别是 $p, V; p', V'; p'', V''$。当 $A、C$ 处于热平衡时，满足如下关系：

$$pV - nbp - p''V'' = 0$$

当 $B、C$ 处于热平衡时，满足如下关系：

$$p'V' - p''V'' + \frac{nB'p''V''}{V'} = 0$$

式中 $n、b、B'$ 皆为常数。

(1)求 $A、B、C$ 三个系统各自的状态方程(写出最简形式)；

(2)求表示 $A、B$ 二系统之间热平衡的关系式。

2—2 在标准大气压下，冰点温度是 t_i，汽点温度是 t_s。一支未经校准的温度计在这样的压强下放在冰水混合物中，指示的温度是 t'_i；放在沸水中指示的温度是 t'_s。假定温度计的刻度在 t'_i 到 t'_s 之间是等分的，试求中间指示某温度 t' 对应的真实温度。

2—3 有一支液体温度计，在标准大气压下放入冰水混合物中，它的示数为 $t_0 = -0.3℃$；放入沸水中，示数是 $t_s = 101.4℃$。如果测温时能估读到 $0.1℃$，问：在多大一个测量范围内这支温度计的读数可以认为是准确的？

2—4 定容气体温度计的测温泡浸在水的三相点槽内时，其中气体的压强为 6.667 kPa。

(1)用这温度计测量 300 K 的温度时，测温泡中气体的压强是多少？

(2)当测温泡中气体压强是 9.066 kPa 时，待测温度是多少？

2—5 设一定容气体温度计是按摄氏温标刻度的，它在冰点和汽点时，其中气体的压强分别为 40.53 kPa 和 55.32 kPa。

(1)当其中气体的压强为 10.13 kPa 时，所测温度是多少？

(2)当温度计插在沸腾的硫中时(标准大气压下硫的沸点是 $444.67℃$)，温度计中气体的压强是多少？

第 2 章　热力学系统的状态　　　　　　　　　　　　　　　　　　　　　　　43

2—6　定压气体温度计测温泡内的气体在水的三相点和汽点温度时体积比 $\dfrac{V_{tr}}{V_s}$ 的极限值是 0.732 038，求汽点温度在理想气体温标下的值。

若铅的熔点在理想气体温标下的值是 600.65K，求这同一支定压气体温度计中的气体在汽点与铅的熔点温度下的体积比 $\dfrac{V_s}{V_m}$ 之极限。

2—7　在两支完全相同的定容气体温度计的测温泡内，分别贮有不同质量的空气。两温度计内的空气在水三相点温度下的压强各为 $p_{tr1}=53.33\text{kPa}$、$p_{tr2}=106.66\text{kPa}$。现利用这两支温度计测量同一物体的温度，两温度计读数各为 $T_1=373.20\text{K}$、$T_2=373.25\text{K}$，那么，这时被测物体的热力学温度是多少？

2—8　1968 年的国际实用温标中规定：用于 13.81K（氢三相点）～630.74℃（锑在 1 标准大气压下的凝固点）范围内的标准测温仪器是铂电阻温度计。定义它的电阻比为

$$W(t)=R(t)/R_0$$

式中 R_0、$R(t)$ 分别是在 0℃ 及 t℃ 时铂电阻的电阻值。在不同测温区间内，$W(t)$ 对 t 的函数关系是不同的，当测温范围是 0℃～630.74℃ 时，大致有：

$$W(t)=1+At+Bt^2$$

如果一个铂电阻在冰点、汽点、硫点（444.67℃，即 1 标准大气压下硫的沸点）温度下的电阻值依次是 11.000Ω、15.247Ω、28.887Ω，试确定上式中的常数 A、B。

2—9　1968 年的国际实用温标中规定，在 630.74℃（锑在 1 标准大气压下的凝固点）～1064.43℃（金在 1 标准大气压下的凝固点）的测温范围内，标准测温仪器是铂铑（铑 10%）-铂热电偶。

当热电偶的一个触点（称自由端）保持在冰点，另一端与待测对象接触、并保持在任一摄氏温度 t 时，其热电动势 ε 由下式决定：

$$\varepsilon=\alpha t+\beta t^2$$

α、β 是表征每个热电偶特性的常数。设一个热电偶 $\alpha=7.4\times10^{-3}\text{mV}\cdot℃^{-1}$，$\beta=2.1\times10^{-6}\text{mV}\cdot℃^{-2}$，试计算当 $t=650℃$、$700℃$、$800℃$、$1000℃$ 时的热电动势之值，并在此温度范围内作 $\varepsilon\text{-}t$ 图。

2—10　正常人的体温是 36℃～37℃，相当于华氏多少度？水的冰点是 0℃，汽点是 100℃，它们各相当于华氏多少度？

2—11　道尔顿提出一种温标，在此温标下，理想气体体积的相对增量正比于温度的增量。在这种道尔顿温标中，像历史上的摄氏温标一样，也取融冰的温度为零点温度，而取沸水的温度为 100 度（都是在标准大气压下）。试用摄氏温标的温度 t 来表示道尔顿温标的温度 τ。

2—12　定义温标 t^* 与测温属性 X 之间的关系为

$$t^*=\ln(KX),$$

其中 K 为常数。

(1)设 X 为定容稀薄气体的压强，并规定水的三相点温度为 $t^*=273.16°$，试确定温标 t^* 与热力学温标之间的关系。

(2)在温标 t^* 中，冰点和汽点各为多少度？

(3)在温标 t^* 中，是否存在零度？

2—13　房间的容积为 300m³，问在标准状态下，这房间内空气的质量为多少 kg？（已知空

气的平均摩尔质量是 $29\times10^{-3}\rm kg\cdot mol^{-1}$)

2—14 温度为 27℃ 的 2 mol 理想气体，体积是 $3.0\times10^{-2}\rm m^3$。

(1) 它的压强是多大？

(2) 保持温度不变，令压强改变 0.667kPa，体积相应变化多少？

(3) 保持体积不变，令压强改变 0.667kPa，温度相应变化多少？

2—15 一端封闭的玻璃管长 $L=70.0$cm，充有空气。有一段长为 $h=20.0$cm 的水银柱在气柱上面将其封住，水银面与管口对齐。今将玻璃管的开口端用玻璃片盖住，轻轻倒转后再除去玻璃片，因而使一部分水银漏出。

(1) 当大气压 $p_0=99.99$kPa 时，留在管内的水银柱有多长？

(2) 在什么情况下水银完全从管内漏出？

2—16 托里拆利水银气压计中混进了一个空气泡，因此它的读数比实际的气压小。当精确的气压计的读数为 102.39kPa 时，它的读数只有 99.73kPa。此时管内水银面到管顶的距离为 80mm，问当此气压计的读数为 97.86kPa 时，实际气压应是多少？(设空气的温度保持不变)

2—17 一个篮球在室温为 0℃ 时打入空气，使其达到 1.52×10^5Pa，试计算：

(1) 在赛球时篮球温度升高到 30℃，这时球内的压强有多大？

(2) 球赛过程中，球被扎破了一个小洞，开始漏气。球赛结束后，篮球逐渐回复到室温，最终球内剩下的空气是原有空气的百分之几？(篮球体积不变，室内外压强均为 1.01325×10^5Pa)

2—18 如题图所示，连通管的两臂截面积相同，一臂为开管，一臂为闭管。原来两管内的水银面等高，闭管内水银面到管顶距离为 a。今打开活塞，使水银漏掉一些，因此开管内水银下降了 h，问闭管内水银面下降了多少？(设大气压为 p_0，整个过程中温度不变)

2—19 截面积为 S、粗细均匀的 U 形管中贮有水银，其右臂与大气相通，左臂上端封闭。两臂中的水银面等高，如题图所示。左臂里封住的一段空气柱长 $h=50$cm，温度为 300K。若要使这段空气柱变为 60cm 长，需加热到多高温度？(已知大气压强保持为 99.99kPa)

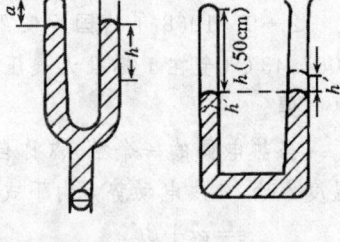

(习题 2—18)　(习题 2—19)

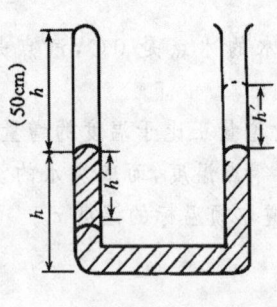

(习题 2—20)

2—20 粗细均匀的 U 形管中贮有水银，高度如题图所示，将其左臂的上端封闭、右臂与真空泵相接之后，左臂的水银面将下降多少？(设空气的温度保持不变，大气压强为 99.99kPa)

2—21 在标准状态下的大气环境中给一气球充以氢气。球膨胀，则保持球内外压强相等。充气毕，气球的体积 V_0 是 566m^3(球皮体积可以忽略)。

(1) 假如原来贮氢的气罐体积 V' 为 $5.66\times10^{-2}\rm m^3$，罐中气压 p' 是 1.267MPa，并且气罐与大气处于热平衡，充气过程中的温度变化可以不计，那么，为给上述气球充气共需多少个这样的贮气罐？

(2) 设球皮重量是 12.8kg，在 0℃ 的同温层大气中，这个气球还可悬挂多重的东西而不坠下？

2—22 一个氧气钢瓶容积是 0.032m^3，其中氧气的最大压强是 13.17MPa。规定瓶内氧气压强降到 1.013MPa 时就得充气，以免混入其他气体而不得不净瓶。有一实验室每天需用 0.1013MPa 的氧气 0.40m^3，问一瓶氧气能用几天？

2—23 两个贮有空气的容器 A 和 B，以带有活塞之细管相连，容器 A 浸入温度为 $t_1=$

100℃的水槽中,而容器 B 浸入温度为 $t_2=-20$℃的冷却剂中。开始时,容器彼此为活塞所分开,容器 A 中空气的压强 $p_1=53.33$kPa,容器 B 中 $p_2=20.00$kPa。如果 A 的容积为 $V_1=250$cm³ 而 B 的容积为 $V_2=400$cm³,求活塞打开后的稳定压强。

2—24 在矿井入风巷道的某一截面处,空气的压强 $p=90$kPa,温度 $t=17$℃,流速 $v=5$m·s⁻¹。设该处截面积 $S=8$m²,问每秒流经该处的空气有多少 kg?(已知空气的平均摩尔质量是 28.9×10^{-3}kg·mol⁻¹)

2—25 二氧化碳在煤气管道中流动,其压强 $p=0.392$MPa,温度 $t=7$℃,如果在 $\tau=10$min 内流过了 $m=2$kg 的二氧化碳,问气体流动速度是多少?(设管的横截面积 $S=5.0$cm²)

2—26 用题图所示的容积计测量某种轻矿物的密度,操作步骤和实验数据如下:

(1)打开活栓 K,使管 AB 和罩 C 与大气相通,上下移动 D,使水银面在 n 处;

(2)关闭 K,往上举 D,使水银面达到 m 处,这时测得 B、D 两管内水银面的高度差 $h_1=12.5$cm;

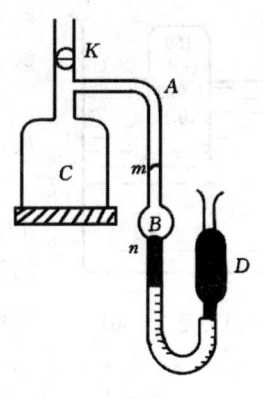

(习题 2—26)

(3)打开 K,把 400g 的矿物投入 C 中使水银面重新与 n 对齐,关闭 K;

(4)往上举 D,使水银面重新达到 m 处,这时测得 B、D 两管内水银面的高度差 $h_2=23.7$cm。

已知罩 C 和 Am 管的容积共为 $1\,000$cm³,求矿物的密度。

2—27 潜水艇气箱的容积是 0.020m³,充满了压缩空气,在温度为 20℃时,压力计的读数 $p=11.77$MPa。如果取 10m 高的水柱对其底面的压强值为 98.1kPa,问在 30m 的水深处、温度为 5℃时,用这气箱里的空气可以从水槽中排出多少水?

2—28 一抽气机每秒钟所抽气体的体积为 ΔV,与该抽气机相连的容器容积为 V,抽气泵工作了时间 t,使容器中的气体压强由 p_0 降为 p。试证:

$$p=p_0 e^{-(\Delta V)t/V}$$

2—29 钠黄光的波长为 5.893×10^{-7}m,设想一小立方体的边长就等于钠黄光的波长,试问在标准状态下,其中有多少个空气分子?

2—30 当真空度达到 1.333×10^{-11}Pa 数量级时,在每立方厘米空间内有多少个空气分子?(设空气温度为 27℃)

2—31 一容积为 1.12×10^{-2}m³ 的真空系统已被抽空到 1.333×10^{-3}Pa 的真空。将它放在 300℃ 的烘箱内烘烤,使器壁释放出所吸附的气体。若烘烤后压强增为 1.333Pa,问器壁原来吸附了多少个气体分子?

2—32 容积为 $2\,500$cm³ 的烧瓶内有 1.0×10^{15} 个氧分子,有 4.0×10^{15} 个氮分子和 3.3×10^{-7}g 的氩气。设混合气体的温度为 150℃,求混合后气体的压强。

2—33 把 1.01×10^5Pa、500cm³ 的氮气压入一容积为 200cm³ 的容器,容器中原来已充满同温、同压的氧气。假定容器中气体的温度保持不变,试求混合气体的压强和各种气体的分压。

2—34 按质量计,空气是由 76% 的氮、23% 的氧、约 1% 的氩组成的(其余组分很少,可以忽略)。试计算空气的平均摩尔质量及在标准状态下的密度,并问在标准大气压下各种气体的分压强是多少?

2—35 求 $m_1=160$g 的氧和 $m_2=120$g 的氮混合而成的气体的平均摩尔质量及在标准状态下两种组分的分压。

2—36 用排水取气法收集某种气体(见题图),气体在温度为 20℃、压强为 $1.023×10^5$Pa 时的体积为 150cm³。已知水在 20℃ 时的饱和蒸气压为 $0.023×10^5$Pa, 试求所收集到的气体干燥时在标准状态下的体积。

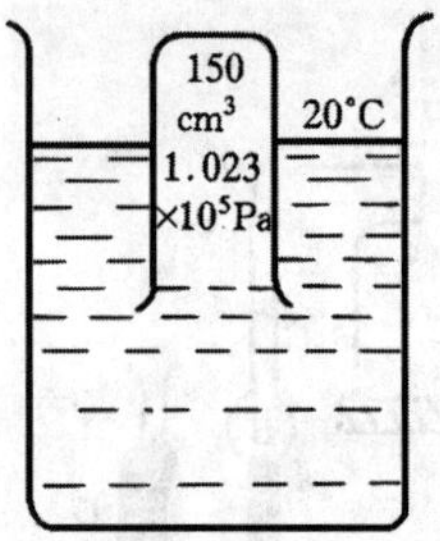

(习题 2—36)

2—37 设金星大气按体积计是由 95% 的 CO_2 和 5% 的 N_2 气组成,求金星大气的平均摩尔质量。

2—38 有 $2.0×10^{-3}$m³ 湿的空气混合物,压强为 $1.01×10^5$Pa,其中水蒸气的分压为 $1.23×10^4$Pa,空气的体积百分比组成为:N_2 占 79%,O_2 占 21%。试计算水蒸气、N_2、O_2 的分容积及 N_2 和 O_2 在湿空气中的分压。

第3章 气体平衡态的分子动理论基本概念

§3.1 气体分子热运动的通性

气体分子的热运动是无序的,分子之间以及分子与器壁不断随机地碰撞,以致单个分子运动的速度不断地随机变化。它可以在任意方向上运动,也可以具有任意大小的速率[①]。

大量分子的无序热运动之中有统计规律可循。统计地看,平衡态下,分子在各个方向上运动的机会是均等的,也就是说,分子的运动没有择优方向;同时,分子按速度有确定的统计分布规律。在§1.2中正是以分子按速率的分布为例,说明了连续型随机变量的概率密度分布函数的概念。

下面,我们先来较详细地分析物质分子无规运动的最早例证——布朗运动;然后讨论如何描述气体分子在运动方向上的等概率特性;再在不涉及分布函数的具体函数形式的情况下,引出平衡态下气体分子按速度(速率)的统计分布规律。关于分子与器壁的碰撞以及分子之间的碰撞,无论在气体平衡态还是在非平衡态都起着重要作用,我们也将在本章中讨论。

3.1.1 布朗运动

悬浮在液体或气体中的固体微粒(如花粉、藤黄粒、尘埃等)要受到周围液体或气体分子的冲撞。由于来自各方向上的冲击作用的不平衡,悬浮微粒要作无规(随机)运动,微粒越小,温度越高,运动就越激烈。这种现象是1827年英国植物学家布朗(Robert Brown)缜密地在显微镜下观察到的。后来就把这种悬浮微粒叫做布朗粒子,把上述的无规运动叫做布朗运动。这貌似简单的现象发现之后,曾经几十年得不到正确的解释,成为20世纪初不少大科学家热衷的论题。而且物理学家、数学家对布朗运动的研究自19世纪中叶从未中断,原因就在于它既是基础理论研究中显而易见的实证,又作为极好的随机运动典型,有着值得不断发掘的内涵,近年来甚至还获得了技术上的应用。

1.布朗运动证实了原子、分子的真实性及它们的无规运动

随着科学技术的高速发展,时至今日,我们通过扫描探针显微技术不仅能够观察而且可以操纵单个分子和原子(见本章附录)。但在19世纪之初,虽然道尔顿的科学原子论已经诞生,人们却无法直接看到原子、分子。然而我们所观察到的布朗粒子的运动,正是它悬浮在其中的液体或气体微观分子运动在宏观上的间接表现。这犹如在茫茫黑夜,我们伫立海边,尽管看不见远方的海面,却可以从那海船上摇曳不定的灯光推断海上正波涛汹涌。布朗运动的理论,首先是由爱因斯坦在1905年提出的,当时他并不知道早已有了对布朗运动的观察。他的论文题目是:"热的分子运动论所要求的静止液体中悬浮粒子的运动"。爱因斯坦的目的是要找到一些事

---

① 这里不考虑物质运动和信号传递的速率应以光速为极限。§4.3中将说明这样做不会带来值得介意的误差。

实,来论证原子(分子)的存在。他按"原子论"推测,一定会有一种可以观察到的悬浮颗粒的运动,而且给出了理论公式。其理论结果在1908~1910年间被法国物理化学家佩林(J. Perrin,1870~1942)的实验所证实(见§4.2)。从此,那些怀疑"原子论"的人(例如有"物理化学之父"美誉,却曾极力攻击玻耳兹曼的德国化学家奥斯特瓦尔德)才不得不承认了"原子论"。

其实,就连精密仪器上的微小活动部件也可以被看成是悬浮在空气中的布朗粒子,它们的布朗运动使得仪器的测量精度受到影响。近年来,实验技术不断进步,采用动态激光散射技术可以观测到远比花粉颗粒细小的粒子的布朗运动,可以把病毒、脱氧核糖核酸(DNA)、蛋白质等生物大分子作为布朗粒子,用布朗运动理论提取它们的分子尺度及形状等方面的特征参量。还能用荧光偏振检测无外场扰动的大分子的旋转布朗运动,来考察大分子的旋转,例如在研究大分子的二级螺旋结构时[1],用这种方法便得到分子结构的信息。

各种布朗粒子都可以看成是某种媒质(气体或液体)中的巨分子,而媒质分子的运动十分复杂,因而只能对受媒质分子无规撞击而发生的布朗运动作统计描述。现在让我们来考虑最简单的问题:在经过一段给定的长时间间隔后,布朗粒子离开起始位置的方均位移。该问题已由爱因斯坦及俄国数学家斯莫卢乔夫斯基(Smoluchowski)解决。下面我们采用简化模型来处理。

一般布朗粒子的直径约为 $10^{-4}\sim 10^{-5}$ cm。如果媒质为水,则可以估计出常温下布朗粒子每秒要经受水分子 $10^{14}\sim 10^{21}$ 次碰撞;如果媒质是空气,碰撞频率较低,但也至少有每秒 10^{15} 次。让我们每隔 0.01 秒记录一次微粒的位置,在此 0.01 秒的时间间隔里,即使在空气中的布朗粒子也将经受了 10^{13} 次碰撞。这是十分巨大的碰撞次数。因此,经过 0.01 秒之后粒子不可能再记住先前发生过什么,这一次记录到的与前一次记录到的粒子两个位置之间没有联系,即所谓"记忆效应"可以忽略。现在如果只看粒子运动在 x 坐标轴上的投影,并把每 0.01 秒中的位移算做一步,那么粒子忽左、忽右,犹如一醉汉走路,正好可以用一维"无规行走"模型(例 1.2.4)来讨论。

布朗粒子向左挪动和向右挪动的概率 p 与 q 是相等的,即 $p=q=1/2$。设布朗粒子从 $x=0$ 处出发,共走了 N 步,其中向右(沿 x 轴正向)走了 n 步的概率由二项式分布公式给出:

$$P_N(n)=\frac{N!}{n!(N-n)!}p^n q^{N-n}$$

为简单起见,令步长均为 l,则当 N 步中向右走的步数为 n 时,布朗粒子离原点距离为:

$$x=[n-(N-n)]l=(2n-N)l$$

可以预期 $\overline{x}=0$。让我们来计算 $\overline{x^2}$:

$$\overline{x^2}=\sum_{n=0}^{N}x^2 P_N(n)$$
$$=\sum_{n=0}^{N}(2n-N)^2 l^2 \frac{N!}{n!(N-n)!}p^n q^{N-n} \tag{3.1.1}$$

接下去的计算中要遇到:

$$\sum_{n=0}^{N}nP_N(n) \quad 以及 \quad \sum_{n=0}^{N}n^2 P_N(n)$$

在例 1.3.1 中,我们已经求出:

---

[1] 可参阅:李庆国,汪和睦,李安之.分子生物物理学.北京:高等教育出版社,1992.第七章

第3章 气体平衡态的分子动理论基本概念

$$\sum_{n=0}^{N} n P_N(n) = \sum_{n=1}^{N} \frac{N!}{(n-1)!(N-n)!} p^n q^{N-n} = Np \tag{3.1.2}$$

使用同样的技巧,继续计算:

$$\sum_{n=0}^{N} n^2 P_N(n)$$

$$= \sum_{n=1}^{N} n^2 \frac{N!}{n!(N-n)!} p^n q^{N-n}$$

$$= \sum_{n=1}^{N} [1+(n-1)] \frac{N!}{(n-1)!(N-n)!} p^n q^{N-n}$$

$$= Np + \sum_{n=2}^{N} \frac{N(N-1)(N-2)!}{(n-2)![(N-2)-(n-2)]!} p^2 p^{n-2} q^{(N-2)-(n-2)}$$

在第二项中,令 $n'=n-2, N'=N-2$,则上式化为:

$$\sum_{n=0}^{N} n^2 P_N(n) = Np + N(N-1)p^2 \sum_{n'=0}^{N'} \frac{N'!}{n'!(N'-n')!} p^{n'} q^{N'-n'}$$

$$= Np + N(N-1)p^2 \tag{3.1.3}$$

利用式(3.1.2)和(3.1.3)不难得到式(3.1.1)的最后计算结果:

$$\overline{x^2} = Nl^2[(N-1)(p-q)^2+1]$$

当 $p=q=\frac{1}{2}$ 时,

$$\overline{x^2} = Nl^2 \text{①}$$

又由于步数 N 正比于观测所用的总时间 t,所以 $\overline{x^2} \propto t$,这表明布朗粒子的运动显然不是匀速漂移。$\overline{x^2}$ 与 t 成正比是随机过程的典型结果。

2. 布朗运动说明了涨落现象

统计规律总是伴随有涨落现象,统计物理将对各种条件下宏观参量的涨落做出计算,常见的结果是:相对涨落与该事件所涉及的粒子数之平方根成反比(见§1.3.2),所以,涉及的粒子数越多,宏观参量所显示的相对涨落通常才越小。

任何一个固体微粒在气体或液体媒质中都要受到媒质分子的大量无规碰撞,固体粒子各方面受到的冲击力不可能严格地平衡,所受到的净力是随时间变化、涨落着的。与尺度大的固体颗粒相比,最大线度仅为 $10^{-4} \sim 10^{-5}$ cm 的布朗微粒,在同一时刻与之相碰的媒质分子数目相对地就少,因而,如前所述,此涨落就很明显;加之布朗微粒的质量很小,以致不平衡的冲击力对粒子运动的影响足够地大。于是,我们才观察得到布朗粒子的无规运动。

媒质分子作用在布朗粒子上的力可分为两部分。一部分是它的平均效果。在迎着布朗粒子前进的方向上,将有更多的媒质分子与之相碰,所以,平均力表现为宏观的粘滞阻力。按流体力学公式,将其写做 $-6\pi r\eta v$,其中 r 为布朗粒子半径,v 为粒子速度,η 为媒质粘滞系数。另一部分是在平均力背景上的随机涨落力。当然,布朗粒子还要受到重力和浮力,但如果只考察布朗粒子在水平方向的运动,则可以不计这两个力。

1908 年,法国物理学家朗之万(P. Langevin)就基于如上考虑,写出布朗粒子在水平方向上的运动方程,即著名的朗之万方程。设初始条件为:$t=0$ 时刻粒子处于 $x=0$ 处,则可由该方

---

① 同样的结果还可以用更简单的办法推出,读者可参考《费曼物理学讲义》第一卷.上海:上海科学技术出版社,1983.

程得到：

$$\overline{x^2} = 2\frac{kT}{6\pi r\eta}t \tag{3.1.4}$$

其中 k 为玻耳兹曼常数，T 为媒质的温度，t 仍为观测所用的总时间。此式与前面用无规行走模型计算的结果相符合，都表明 $\overline{x^2} \propto t$。

*3. 布朗运动与扩散

液体或气体中积聚着的固体微粒会向四周散开，这是一种扩散现象，而固体微粒在媒质中的迁移过程就是布朗运动。按此观点，布朗粒子的方均位移 $\overline{x^2}$ 一定与该种固体微粒在媒质中的扩散系数 D 及扩散经历的时间 t 有关。早在朗之万之前，爱因斯坦用统计方法导出：

$$\overline{x^2} = 2Dt$$

并有 $D = \frac{kT}{6\pi r\eta}$，与后来朗之万方程的结果式(3.1.4)完全相同。

*4. 布朗运动与随机过程[①]

现代科学技术水平高度发展，人们为了证实原子、分子的存在，确实不用再像早先那样非得依赖布朗运动去作推断了；但是，爱因斯坦所开创的关于布朗运动的研究和朗之万建立的理论，把随机性作为专门的讨论对象，从此，研究随机力的性质以及它对各类宏观系统的影响成为统计物理的一大分支。科学发展的历程表明，布朗运动理论的重要性是经久不衰的，其意义是深远的。

在物理研究上，如果要追根溯源，获取事物发展的详情，最好在微观层次上求得解答。但这往往是办不到的。例如，在忽略重力和其他外场的情况下考虑媒质中布朗粒子的运动，尽管可以把布朗粒子和媒质中所有分子看成一个系统，构思它们之间相互碰撞的真实物理图景，但由于媒质分子数目极其巨大，我们根本无法建立、更无望求解这系统的微观运动方程组。所幸在许多实际问题中我们并不想知道每个媒质分子的运动状态，只关心布朗粒子本身，于是就像朗之万所做的那样，只考虑布朗粒子受力，并把媒质分子作用在布朗粒子上的力分为宏观粘滞阻力和随机涨落力两部分。这种做法的重要价值是它具有一般性。对于一个宏观系统，可以把引起它宏观变量演化的原因唯象地分成两个部分：一部分是持续对宏观变量的动力学过程起作用的因素；另一部分则反映了微观粒子运动对宏观变量的影响，它是快速变化、随机、不可预言的，所以通常也被称为"随机力"、"噪声"或"涨落力"。

这第一部分作用是宏观力，使得系统的状态以确定论的方式、在给定的初始条件下、按宏观方程的解来演进。例如，当媒质中的固体颗粒尺度足够大，在宏观时间内观察它的运动时，发现大量媒质分子对其随机碰撞的效果互相抵消，故随机碰撞的作用可不予考虑，于是它在粘滞力作用下按牛顿第二定律而运动。而对于那些做布朗运动的小固体微粒，随机力却不能略去。朗之万则在决定论的牛顿力学方程中加进随机作用，使得动力学方程既符合牛顿力学框架的决定论，又反映了因随机因素的影响而导致非确定性现象的演化过程（值得注意的是，这与混沌现象所反映的确定论系统的内在随机性是不同的）。这类方程叫做随机微分方程。布朗运动的朗之万方程就是在物理学中首次使用的随机微分方程，后来在非平衡统计物理中得到推广应用。随着非线性科学的蓬勃发展，自20世纪70年代起，研究随机力对非线性系统的作用成为重要的前沿课题。在一定的非线性条件下，小的随机力竟能对系统的演化起决定性作用，而且

[①] 参考：胡岗. 随机力与线性系统. 上海：上海科技教育出版社，1994

并不总是对宏观秩序消极破坏,有时反倒会促使相干运动的产生和"有序"的建立(见§7.8.5)。

在各类随机过程中,有一类在已知"现在"的条件下,"将来"与"过去"是独立无关的,称之为"马尔柯夫过程"。显然,在这种过程中,大部分"记忆效应"都可以略去。我们用"无规行走"模型来处理的布朗运动,正是马尔柯夫过程的一个简单实例。布朗粒子在运动中同时受到涨落力和起耗散作用的粘滞阻力,所以还成为研究近平衡系统中涨落与耗散之间联系的最佳实例。通过讨论涨落力与布朗粒子速度各自体现的"记忆效应",也即它们的"时间关联性",得到的结果是:耗散愈强时,涨落力的涨落亦愈强。这个结果有普遍意义,正是统计物理中著名的"涨落耗散定理"。在§4.4中我们还将从另外的角度谈及布朗运动的这一性质。

*5. 分数布朗运动

如果能留下一颗布朗粒子的运动轨迹,用数学语言,将称这是一条处处连续但处处不可微的曲线。这样的曲线早由数学家维斯特拉斯(K. Weierstrass)构造过,传统数学对它们无能为力。如果在显微镜下跟踪一颗布朗粒子,每隔30秒钟记下它的位置坐标,将得到一条不规则的折线;但若是每隔3秒钟记录一次它的位置坐标,那么就要以一条新的不规则折线代替原折线上的一个直线段。新折线与原折线同样复杂,并且在统计意义上具有形状上的自相似性(Self-similarity)。

事实上,自然界中除了布朗运动之外,还有很多具有自相似性的事物。例如湍流、电击穿、高分子链、催化剂表面、人体的血管,是在形态和结构上存在着自相似性;又如生物细胞、人体穴位群,是在功能、信息上存在着自相似性;还有的在随时间演化的进程上具有自相似性等等。1973年美籍法国数学家曼德布罗特(B. B. Mandelbrot)刻意创新,针对种种奇形怪状的物体及扑朔迷离的自然景象提出了分形(Fractal)的思想。现在,一般把在形态和结构、功能和信息等方面具有自相似性的研究对象统称为分形,并以分维(Fractal dimension)作为描写分形的定量参数。记录布朗粒子位置所得的折线就是具有统计自相似性的、与时间有关的无规分形。后来,曼德布罗特推广了布朗运动概念,定义了分数布朗运动(Fractional Brownian Motion,简写为FBM)。原来的布朗运动只是FBM的特例,一般的FBM不再是马尔柯夫随机过程。对FBM已有很多的研究工作。这里,我们不想对分形和分维作明了的解说,只是请读者注意,布朗运动在"分形"这一新兴的研究领域中又占了重要一席。

3.1.2 分子运动方向的统计描述

1. 分子运动无择优方向

平衡态下,气体的宏观性质与方向无关,那么,在微观上,分子的运动必然各向机会均等。为描述这一通性,我们在空间中任找一点O,以其为球心,作任意半径r的一个球面,在球面上取确定的一点A,便给出了由O点到A点的一个特定方向,如图3.1.1(a)。某一时刻,气体中每个分子的运动方向都可以用这球面上相应的一个点来代表。我们称这些点为分子运动方向的代表点(注意,它并不代表分子的空间位置)。由于分子朝各方向运动的概率相等,所以,统计地看,这些运动方向的代表点在球面上是均匀分布的。由于分子与容器壁以及分子彼此之间的碰撞,各分子运动方向将发生变化,因此它们的代表点在上述球面上也要改变位置,但代表点在球面上仍然保持着均匀分布。若共有N个分子,那么在此球面上代表点的面密度为$N/4\pi r^2$。这里,认为没有任何两分子的运动方向是严格相同的。

2. 在一确定方向附近运动的分子数目

分子运动的方向可以连续变化。也就是说,分子运动方向的N个分立的代表点各自在球

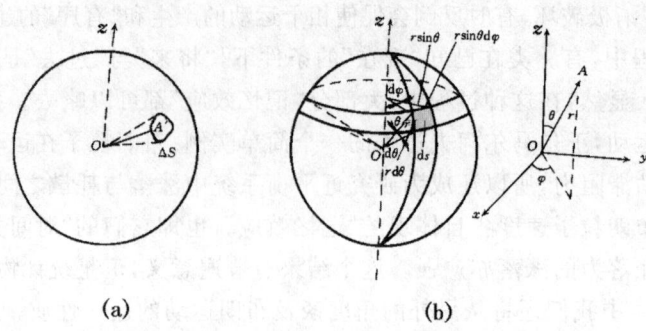

图 3.1.1 分子运动方向的描述

面上的位置都是连续变化的,每一分子可能的空间运动方向都有无限多种选择,所以,一个分子运动在某一严格确定方向上的概率等于零。这正如同一分子的速率为一严格确定值的概率为零(见§1.2.3)。

一般地,一气体系统的分子数 N 十分巨大,总有一些分子彼此的运动方向是相近的。例如,在前述球面上取一包括有 A 点的面元 ΔS,运动方向代表点落在 ΔS 上的那些分子,它们的运动方向就是彼此接近的。这些分子的数目是:

$$\Delta N_A = N \times \frac{\Delta S}{4\pi r^2} \tag{3.1.5}$$

如果由 ΔS 边缘上各点向球心 O 引直线段,则构成一锥面;一个锥面所围成的空间部分称为立体角,我们记其为 $\Delta \Omega$。立体角是这样度量的:以该锥面的顶点为心,作任意半径 r 的球面,它与锥面相截所得面积为 ΔS,显然 ΔS 正比于 r^2。对于该锥面来说,$\Delta S/r^2$ 是一常数,就作为此锥面所围立体角的量度,写做:

$$\Delta \Omega = \frac{\Delta S}{r^2}$$

其度量单位称为球面度。显然,一个球面对球心所张的立体角就是 4π 球面度。这样,式(3.1.5)便可改写为:

$$\Delta N_A = N \frac{\Delta \Omega}{4\pi} \tag{3.1.6}$$

采用球极坐标,可以对 OA 方向、ΔS 面元、立体角 $\Delta \Omega$ 进行更准确的表示。如图 3.1.1(b),球面上 A 点的位置由矢径 $\overrightarrow{OA}$ 的长度 r、$\overrightarrow{OA}$ 与 Z 轴的夹角 θ(极角)、$\overrightarrow{OA}$ 在 xy 平面上的投影与 x 轴的夹角 φ(方位角)来确定。若球面上面元 ds 对应的极角介于 $\theta \sim \theta+d\theta$、方位角介于 $\varphi \sim \varphi+d\varphi$,则

$$dS = r^2 \sin\theta d\theta d\varphi$$

dS 对 O 点所张的立体角微分元为:

$$d\Omega_{\theta,\varphi} = \frac{dS}{r^2} = \sin\theta d\theta d\varphi \tag{3.1.7}$$

运动方向局限在该立体角微分元内的分子数为:

$$dN_{\theta,\varphi} = N \frac{d\Omega_{\theta,\varphi}}{4\pi} = N \frac{\sin\theta d\theta d\varphi}{4\pi} \tag{3.1.8}$$

这也就是说,一分子运动方向局限在该立体角微分元内的概率是 $\frac{\sin\theta d\theta d\varphi}{4\pi}$。

3.1.3 分子按速度分布及按速率分布的统计描述

在§1.2中,我们说明连续型随机变量的概率密度分布函数时,是以气体分子按速率的分布问题为例的。现在我们要进一步讨论分子按速度的分布,以及速度分布函数与速率分布函数的关系。这里,仍不涉及各分布函数的具体函数形式。对待这些名目繁多的分布函数,先搞清它们的由来、物理含义以及相互关系是很重要的。

1. 速度空间

气体分子按速度分布的基本问题,就是要回答速度三分量分别介于 $v_x \sim v_x + \mathrm{d}v_x$、$v_y \sim v_y + \mathrm{d}v_y$、$v_z \sim v_z + \mathrm{d}v_z$ 的分子数 $\mathrm{d}N_{v_x,v_y,v_z}$ 占分子数 N 的比率。为使这涉及三维运动的问题形象化,我们先建立速度空间,它就是以 v_x、v_y、v_z 为坐标变量的直角坐标系所描述的一个假想空间。

速度矢量可以给出瞬时速度的大小和方向。把所有分子的速度矢量的起始点都平移到上述坐标系的原点,那么,相应速度的大小及方向均由这矢量箭头端点的坐标所完全确定。因此,这些矢量的端点就可以作为分子速度的代表点。于是,分子按速度的分布问题,便化为求这些代表点在速度空间的分布问题。

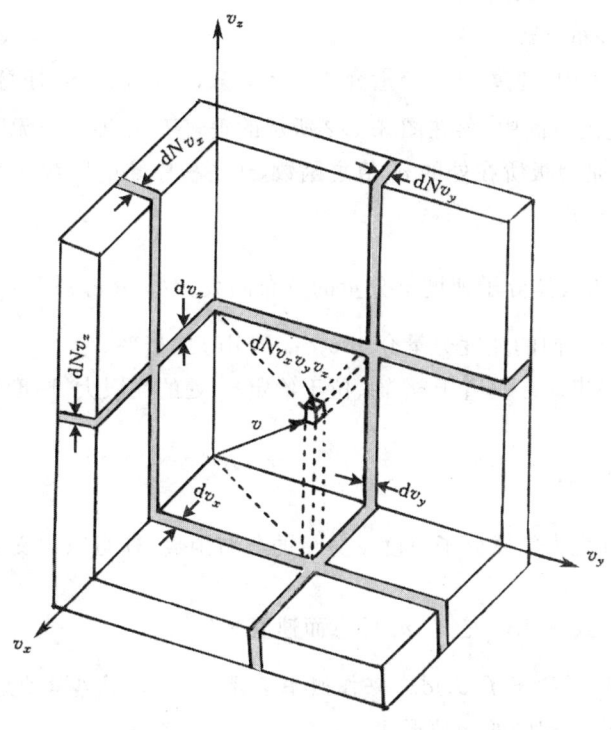

图 3.1.2 速度空间

上面所说的那 $\mathrm{d}N_{v_x,v_y,v_z}$ 个分子,其速度代表点一定落在图 3.1.2 所示速度空间中的那一在给定坐标 (v_x,v_y,v_z) 处的小体积元内。而速度介于 $v_x \sim v_x + \mathrm{d}v_x$、$v_y \sim v_y + \mathrm{d}v_y$,但 v_z 不限的分子,其速度代表点则落在图 3.1.2 中所示的一无限长的细长方柱体中。此柱体垂直于 $v_x \sim v_y$ 平面,位于给定的 v_x、v_y 处。如果分子的 v_y、v_z 不限,仅是速度的 x 分量介于 $v_x \sim v_x + \mathrm{d}v_x$,那么这样一些分子的速度代表点一定落在垂直于 v_x 轴、位于给定的 v_x 处、厚度为 $\mathrm{d}v_x$ 的无限大薄平板层中。图 3.1.2 示出了这一薄平板层的断面。

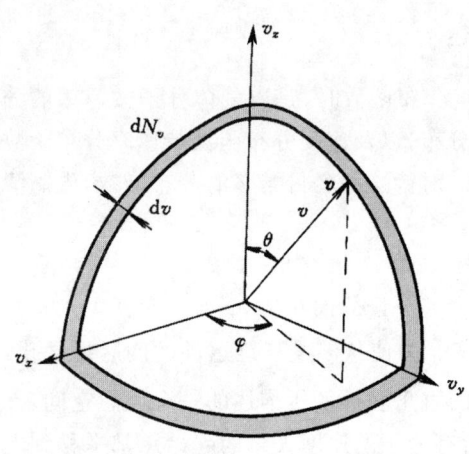

图 3.1.3 速度空间中的球极坐标

速度空间也可以采用球极坐标,如图 3.1.3。其实在前面进行分子运动方向的统计描述时,我们就已经用到了速度空间中的球极坐标系,只是那时不去管速度的大小,只关心运动的方向。一速度矢量的矢径之长,就是其速率 v,而极角 θ 和方位角 φ 可以表示出速度的方向。运动方向在 $\theta \sim \theta+\mathrm{d}\theta$,$\varphi \sim \varphi+\mathrm{d}\varphi$ 范围内的分子速度矢量必定落在立体角 $\mathrm{d}\Omega_{\theta,\varphi}=\sin\theta\mathrm{d}\theta\mathrm{d}\varphi$ 之内,这正是式(3.1.7)和(3.1.8)的物理含义。

若不计速度方向,只问速率如何,则速率介于 $v \sim v+\mathrm{d}v$ 内的 $\mathrm{d}N$ 个分子之速度矢量代表点必落在速度空间中以 v 为内半径、厚度为 $\mathrm{d}v$ 的薄球壳内。图 3.1.3 中给出了速度空间中八分之一薄球壳的断面。

2. 速度分布函数与速率分布函数

(1) 速度分量的分布函数。

现问:在 N 个分子中,速度的 x 分量介于 $v_x \sim v_x+\mathrm{d}v_x$,而 v_y、v_z 任意的分子数 $\mathrm{d}N_{v_x}$ 是多少?这相当于问:在速度空间中,落在图 3.1.2 所示的垂直于 v_x 轴一个无限大薄平板层内的代表点数是多少?它应是薄板所在处的 v_x 值之函数,还与板厚 $\mathrm{d}v_x$ 及 N 成正比,记

$$\mathrm{d}N_{v_x}=Nf(v_x)\mathrm{d}v_x \tag{3.1.9}$$

其中 $f(v_x)=\dfrac{\mathrm{d}N_{v_x}}{N\mathrm{d}v_x}$ 称为气体分子速度 x 分量的分布函数。$f(v_x)\mathrm{d}v_x$ 就是:气体分子 y 和 z 方向的速度分量任意、而 x 方向的速度分量介于 $v_x \sim v_x+\mathrm{d}v_x$ 的概率。

同样,我们可以写出落在垂直于 v_y 轴、位于给定 v_y 处的无限大、厚度为 $\mathrm{d}v_y$ 的薄平板层内的代表点数

$$\mathrm{d}N_{v_y}=Nf(v_y)\mathrm{d}v_y$$

其中 $f(v_y)=\dfrac{\mathrm{d}N_{v_y}}{N\mathrm{d}v_y}$,称之为气体分子速度 y 分量的分布函数。还可以定义分子速度 z 分量的分布函数 $f(v_z)=\dfrac{\mathrm{d}N_{v_z}}{N\mathrm{d}v_z}$,式中 $\mathrm{d}N_{v_z}$ 是 v_x,v_y 任意而速度 z 分量介于 $v_z \sim v_z+\mathrm{d}v_z$ 的分子数。$f(v_y)\mathrm{d}v_y$ 和 $f(v_z)\mathrm{d}v_z$ 都可以类比于 $f(v_x)\mathrm{d}v_x$ 来作概率解释。由于分子热运动是各向同性的,因此 $f(v_x)$、$f(v_y)$、$f(v_z)$ 必定有相同的函数形式。

(2) 速度分布函数。

至此,我们可以把前边一开始就关注的 $\mathrm{d}N_{v_x,v_y,v_z}$ 表示出来了。$\mathrm{d}N_{v_x,v_y,v_z}$ 应当是 v_x、v_y、v_z 的函数,并且与图 3.1.2 中所示的速度空间小体元之体积 $\mathrm{d}v_x\mathrm{d}v_y\mathrm{d}v_z$ 成正比,与分子总数 N 也成正比,所以,可写出:

$$\mathrm{d}N_{v_x,v_y,v_z}=Nf(v_x,v_y,v_z)\mathrm{d}v_x\mathrm{d}v_y\mathrm{d}v_z \tag{3.1.10}$$

其中 $f(v_x,v_y,v_z)$ 为速度分布函数,$f(v_x,v_y,v_z)\mathrm{d}v_x\mathrm{d}v_y\mathrm{d}v_z$ 是分子速度三分量同时分别处于 $v_x \sim v_x+\mathrm{d}v_x,v_y \sim v_y+\mathrm{d}v_y,v_z \sim v_z+\mathrm{d}v_z$ 的概率。由于分子在 x,y,z 三方向上的速度分布是互相

独立的,因而,根据相容独立事件的概率乘法定理,式(1.1.7),有:

$$f(v_x,v_y,v_z)\mathrm{d}v_x\mathrm{d}v_y\mathrm{d}v_z = f(v_x)\mathrm{d}v_x f(v_y)\mathrm{d}v_y f(v_z)\mathrm{d}v_z$$

即

$$f(v_x,v_y,v_z) = f(v_x)f(v_y)f(v_z) \tag{3.1.11}$$

可见,若已知速度分量的分布函数,即可求得速度分布函数;反之,也可以由 $f(v_x,v_y,v_z)$ 求出速度分量分布函数。例如,我们把在图 3.1.2 中的显示出断面的那个垂直于 v_x 轴、无限大、薄平板层看成由无限多个边长为 $\mathrm{d}v_x,\mathrm{d}v_y,\mathrm{d}v_z$ 的小体积元所组成,各小体积元内速度代表点数目的累加就是 $\mathrm{d}N_{v_x}$,所以有:

$$\mathrm{d}N_{v_x} = \int_{-\infty}^{\infty}\mathrm{d}v_y\int_{-\infty}^{\infty}\mathrm{d}v_z Nf(v_x,v_y,v_z)\mathrm{d}v_x$$

将此式与式(3.1.9)相比,便得:

$$f(v_x) = \int_{-\infty}^{\infty}\mathrm{d}v_y\int_{-\infty}^{\infty}\mathrm{d}v_z f(v_x,v_y,v_z) \tag{3.1.12}$$

同理可写出

$$f(v_y) = \int_{-\infty}^{\infty}\mathrm{d}v_x\int_{-\infty}^{\infty}\mathrm{d}v_z f(v_x,v_y,v_z)$$

$$f(v_z) = \int_{-\infty}^{\infty}\mathrm{d}v_x\int_{-\infty}^{\infty}\mathrm{d}v_y f(v_x,v_y,v_z) \tag{3.1.13}$$

(3) 速率分布函数。

在 §1.2 中我们已经给出速率介于 $v \sim v+\mathrm{d}v$ 内的分子数为

$$\mathrm{d}N = Nf(v)\mathrm{d}v \tag{3.1.14}$$

$f(v)$ 是速率分布函数,它可以由速度分布函数导出。首先,速度分布函数 $f(v_x,v_y,v_z)$ 可以被理解为在速度空间 (v_x,v_y,v_z) 处的速度代表点之密度;其次,由于分子运动无择优方向,可以断定 $f(v_x,v_y,v_z)$ 的函数形式在速度空间具有球对称性。因而在速度空间中,半径为 v、厚度为 $\mathrm{d}v$ 的完整薄球壳里的代表点数目 $\mathrm{d}N$(在图 3.1.3 中标为 $\mathrm{d}N_v$)可以写做:

$$\mathrm{d}N = f(v_x,v_y,v_z)4\pi v^2 \mathrm{d}v$$

式中 $4\pi v^2 \mathrm{d}v$ 是这薄球壳的体积。此式与式(3.1.14)相比,便知

$$f(v) = 4\pi v^2 f(v_x,v_y,v_z) \tag{3.1.15}$$

§3.2 分子间的相互作用力

构成物质的原子或分子彼此之间必定有相互吸引力,否则,液体不会有一定的体积,更不会有形状各异的固体,自然界就只可能有气体了;同时,原子或分子间还必定能发生排斥作用,这从液体和固体在受很大压力时仅表现出少许压缩就可以看出。原子或分子之间的相互作用使这些微观粒子聚集在一起,并趋于在空间有序排列,但分子的无规则热运动却是破坏有序排列的。正是这两种对立的作用同时存在,才造就了现实中如此多姿多态的大千物质世界。

物质的性质在很大程度上依赖于其内部原子或分子间的结合力。19 世纪初到 19 世纪中叶逐步形成了"化学键"的概念,把分子或原子团中原子之间相互吸引并使之连结起来的力按

性质分成共价键、金属键和离子键三种基本类型。另外，含氢化合物中还有一种重要的结合力，叫做氢键。氢原子(H)和其他原子间要形成共价键，除此之外，H 若遇到那些分子半径较小、有较高倾向形成负离子(称之为有较高"电负性")的原子，如 F、O、N 等，就有这种氢键结合机制。以 X 或 Y 代表电负性较高的原子，当 H 以共价键和 X 结合时，由于 X 的电负性较高，吸引价电子的能力就强，于是使 H 显正电而与 X 一起呈现电偶极性，便对另一电负性较高的 Y 产生静电吸引力，并同时有部分共价键作用。可见，这种结合力是以氢原子为中心而形成的，故称氢键。氢键可存在于分子之内，但大多数形成于分子之间，对物质的物理性能(如熔点和沸点、溶解性、粘度和表面张力等)影响很大。特别是它作为水分子间的主要结合力，使水分子缔合，沸点足够高，这对自然和人类有至关重要的意义。如果没有氢键，地球上就不可能有液态的水，而若缺乏这生命之源，地球只能像火星一样荒芜。再有，在中性原子或分子之间还有一种微弱的吸引力，叫范德瓦尔斯(van der Waals)力。

现在，我们只看分子间作用力，它是除共价键、金属键和离子键之外的基团间和分子间相互作用力的总称。研究分子间的吸引力主要针对的是氢键力和范德瓦尔斯力，它们是近距作用，也叫短程力。其实，氢键在本质上也是范德瓦尔斯力。范德瓦尔斯力的有效作用距离约在 10^{-9} m 数量级之内，随分子间距的加大，吸引力很快衰减；但也不简单地是分子相距越近吸引力越大。当两分子靠得足够近时，它们的外层电子云将互相重叠，两分子就要相互排斥了。这不单是由于库仑静电排斥，还要归因于量子力学的"泡利不相容原理"。它是说：运动状态相同的电子具有相互排斥回避的倾向。其实，无论是分子间的吸引力还是排斥力，都必须用量子理论才能得到透彻的解释。下面我们只按经典物理的观点简单介绍范德瓦尔斯力的起源。

分子由于自身的对称性而有极性分子和非极性分子之别。前者分子内正负电荷的中心不相重合，具有固定的电偶极矩，并以其大小衡量分子的极性；后者分子内正负电荷的中心是重合的，无固有偶极矩。另外，当一分子(极性或非极性分子)靠近一极性分子时，受到该分子电偶极矩的电场作用，会产生电子与核的相对位移，出现"电子极化"；还会产生原子核之间的相对位移，出现"原子极化"。总之，极性分子可以诱导靠近它的分子使之极化，产生诱导电偶极矩。这样就提供了分子之间吸引力的两种来源：一是静电力，它是极性分子固有电偶极矩间的相互作用力，也称肯色(Keesom)力；二是诱导力，它是固有电偶极矩与诱导电偶极矩之间的相互作用力，也称德拜(Debye)力。在产生静电力与诱导力时，相互作用的分子至少有一个是极性分子，因此这两种力不能说明非极性分子间的相互作用。例如，惰性气体分子中电子云分布是球形对称的，固有电偶极矩为零，惰性分子之间应无静电力和诱导力，但实验结果却表明，惰性分子之间依然存在着引力。再者，即使是极性分子，实验估得的引力也比静电力加诱导力大得多。因此可以推断，除以上两种力之外，一定还有第三种来源的力。原来说非极性分子无固有电偶极矩，这只是就时间平均效果而言的。由于涨落的存在，非极性分子也可能出现自发的正、负电荷中心的微小的不重合，亦即会产生瞬时的自发电偶极矩，它的电场将会使邻近分子极化。如此出现的两电偶极矩之间也将有相互吸引的作用，其大小与极化轨道运动的频率有关，称为色散力，也叫伦敦(London)力。"色散"一词不仅仅指光在媒质中的传播速度(或说折射率)随波长而异的现象，还常泛指一物理量随频率(或波长)而变化，这里取名"色散力"便是缘于此意。以上三种引力对应的相互作用能量都与分子间距 r 的 6 次方成反比，这是它们的共同特征。范德瓦尔斯最先把这种作用力作为气体、液体分子之间的相互吸引力来研究实际气体和液体的行为，建立了范德瓦尔斯状态方程(§3.6)，后来就将这三种力统称为范德瓦尔斯力。尽管范德瓦尔斯力早已为人所知,但关于它的微观统计理论仍属当前物理学中引人注目的前沿问题[①]。对范德瓦尔斯力的处理是量子力学起伏平均理论与电动力学相结合的很好的范例。与范德瓦尔斯力相关的作用势能除具有前述的与 r^6 成反比的主要特征外,运动电荷的偶极辐射要使范德瓦尔斯力的机制更加复杂,并应对范德瓦尔斯作用势进行辐射修正。辐射作用对范德瓦尔斯作用势的贡献与 r^7 成反比。再有,当温度接近开氏零度时,范德瓦尔斯力纯粹是量子效应,直接起源于量子零点振动的起伏。

§3.3 气体的微观模型

我们对气体分子热运动的通性以及分子间相互作用已有了基本的了解,以此为出发点,可以从微观角度用统计方法来研究由巨大数目的分子(或原子、原子集团等)所构成的宏观物体的热学性质了。

物质的宏观性质纷呈纭现,例如,有一定的颜色、比重,热胀冷缩,可以导电,或者绝缘等等。怎样从微观上说明它们呢?用一位因研究晶态与非晶态固体的电子结构基本理论而荣获 1977 年诺贝尔物理奖的美国科学家安德森(Philip W. Anderson)的一句话来回答:"我们的工作就是从相当简单的原子和电子的物理定律出发,力求以一种基本而真实的方式来了解我们周围世界的全部复杂性。"这就是说,应当把物质复杂的宏观性质解释为:是具有简单性质的分子(原子、电子)在运动和相互作用的结果。因此,首先要给组成物质的分子赋予一些简单的、实在的性质,然后再去讨论:物质怎样会因为是由数目众多的这样的一些分子所组成,而表现出各种各样的宏观性质。

这里所说的给物质分子赋予简单性质,也叫建立物质的微观模型。此时,第一,必须以实验事实为依据;第二,要看我们说明问题的需要。不同问题涉及的条件不同,复杂和精细的程度不同,于是人们关注分子(原子、电子)性质的侧重点、考虑得或粗略或纤巧,就会有所不同。因此,同是研究一种物质,例如气体,但在说明它的不同性质时,便可能要采用不同的微观模型。

为了建立气体的微观模型,我们先来对气体中分子数密度、分子平均间距及分子本身的线度作一计算或数量级的估计,留作以后思辨的佐证。

由实验而知,1 摩尔任何种类的气体在标准状态下占有的体积都是 $V_{mo}=22.4\times10^{-3}\mathrm{m}^3\cdot\mathrm{mol}^{-1}$(阿伏伽德罗定律)。而 1 摩尔气体含有的分子数(阿伏伽德罗常数)$N_A=6.02\times10^{23}\mathrm{mol}^{-1}$,因此,标准状态下任何气体的分子数密度为:

$$n_0=\frac{6.02\times10^{23}}{22.4\times10^{-3}}=2.69\times10^{25}(\mathrm{m}^{-3})$$

1865 年,奥地利物理学家洛施密脱(Loschmidt,1821~1895)首先用这样的方法求出 n_0 的值,因此它也叫洛施密脱数。n_0 也可以由理想气体状态方程(2.4.12)式求出。标准状态下 $p_0=1.01325\times10^5\mathrm{Pa}$,$T_0=273.15\mathrm{K}$,取玻耳兹曼常数 $k=1.38066\times10^{-23}\mathrm{J/K}$,则有:

$$n_0=\frac{1.01325\times10^5}{1.38066\times10^{-23}\times273.15}=2.6868\times10^{25}(\mathrm{m}^{-3})$$

现在考虑标准状态下的水蒸气。将其视为理想气体,设想每一个水分子都占据一假想小立方

[①] 王育邠,葛墨林. 大学物理中的前沿问题. 兰州:兰州大学出版社,1987. 第五章

体的空间,且处于该立方体的中央,那么,水蒸气分子的平均间距

$$\bar{L} = \sqrt[3]{\frac{1}{n_0}} = 3.34 \times 10^{-9} \text{(m)}$$

我们再利用通常条件下 1 摩尔液态水的体积为 $1.8 \times 10^{-5} \text{m}^3$ 来估计水分子的大小。假设在液态中的水分子紧密堆积,若仍认为每个水分子都占据一假想的小立方体空间,那么,小立方体的边长就可以作为分子本身的线度,记其为 D,有:

$$D = \sqrt[3]{\frac{1.8 \times 10^{-5}}{6.02 \times 10^{23}}} = 3.1 \times 10^{-10} \text{(m)}$$

气体和液体中的水分子大小基本相同,用 D 和 $\bar{L}$ 相比,可见在标准状态的水蒸气中,水分子的平均距离 $\bar{L}$ 比分子本身的线度 D 约大一个数量级。

3.3.1 气体分子的力心点模型

在一些问题中,我们只注重分子间作用力所产生的效果,没有必要追究分子力的起因,可以在实验的基础上采用简化模型来处理分子的相互作用。假设分子之间的作用力是有心力,力心就在分子中心上,力的大小 f 常用如下半经验公式来表述:

$$f = \frac{\lambda}{r^s} - \frac{\mu}{r^t}, (s > t) \tag{3.3.1}$$

其中 r 是两分子中心之间的距离,λ, μ 为两个大于零的比例系数。此力是球对称的,处在以某分子中心为球心的同一球面上之任一分子,与球心处分子的作用力大小都相等。(3.3.1)式右的首项为斥力,第二项为吸引力。$s > t$,表明斥力随 r 的加大比吸引力衰减得快。一般 s 介于 9~15,t 介于 4~7。

把斥力、引力随 r 的变化用曲线表示出来,分别如图 3.3.1(a)中的上、下虚线;两虚线相叠加,即为分子力随分子相对距离的变化曲线,在图中以实线表示。力曲线与横轴交于 r_0,在此相对距离下,两分子的斥力与吸引力恰好相抵消,所以 r_0 是两分子间的平衡距离。$r < r_0$ 时,分子间净相斥;$r > r_0$ 时,分子间净相吸。当 r 超过某一距离时,吸引力实际上小得可以忽略不计。该距离可视为分子吸引力的作用半径,约是 10^{-9}m。

有心力一定是保守力,可以定义相关势能 E_p,并且保守力 f 所作的功应等于相关势能的减少量,即:

$$f \mathrm{d}r = -\mathrm{d}E_p$$

若选 $r \to \infty$ 处的势能为零,则:

$$E_p(r) = -\int_{\infty}^{r} f \mathrm{d}r = \frac{\lambda'}{r^{s-1}} - \frac{\mu'}{r^{t-1}} \tag{3.3.2}$$

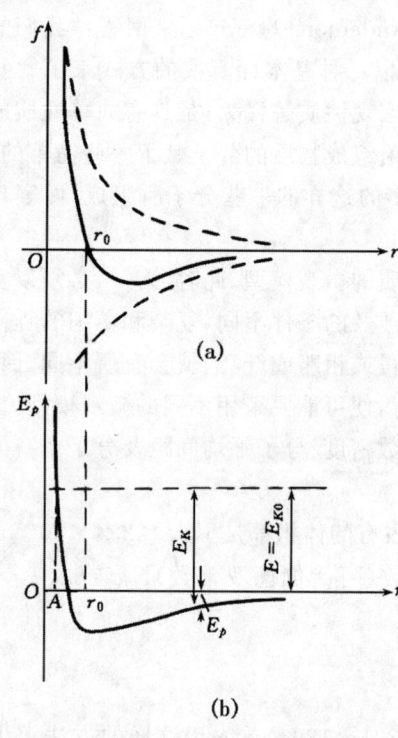

图 3.3.1 分子力、热能随 r 的变化
(a)分子力随两分子中心间距的变化
(b)分子间势能随分子中心间距的变化

绘出势能曲线如图 3.3.1(b),$r = r_0$ 处对应 $E_p(r)$ 有极小值;$r > r_0$ 处,$E_p(r)$ 曲线斜率为正,对应两分子之间有吸引力;而 $r < r_0$ 处 $E_p(r)$ 曲线斜率为负,且曲线很陡,表明二分子足够接近

时,彼此有很强的排斥力。

当取 $t=7$ 时,式(3.3.2)右边第二项表示的吸引作用势能恰与范德瓦尔斯作用势能有同样特征。也称 $s=13$、$t=7$ 时的力心点模型所对应的势叫做勒纳-琼斯(Lennard-Jones)势,或 12-6 位势。

用势能曲线可以解释分子间的"碰撞"过程。设两分子沿坐标轴 or 相向运动,把坐标原点取在其中一分子上,两分子间的势能曲线就如图 3.3.1(b)所示。以保守力相互作用的这两分子系统的总能量守恒,我们用一平行于横轴的直线与横轴间的垂直距离表示相对动能 E_k 与势能 E_p 之和(即总能量 E),那么,在平行于纵轴的方向上、从势能曲线到此横线间的距离就应表示相对动能 E_k。当相对距离 r 大于分子间引力的有效力程时,彼此不受力的作用,E 就等于初始相对动能 E_{k0};当 r 的大小进入引力作用力程范围后,两分子相吸。由图可以得出相对动能先是逐渐加大,与此同时势能减小(负势能的绝对值加大)。当 $r=r_0$ 时,势能最小,相对动能最大。若 r 进一步减小,两分子则开始相斥,相对动能变小,势能加大,直到 $r=\overline{OA}$ 时,相对动能全部转化为势能。此时,两分子不能再靠近了,并且由于排斥力之作用,二者必定分开。如是,两分子从相距很远到逐渐接近并相互吸引,又彼此排斥而离开的过程,正是两分子的碰撞过程,而且在这过程中,始终是保守力做功,无能量耗散,所以是弹性碰撞。

3.3.2 苏则朗分子力模型

在以上对分子碰撞过程的解释中,我们注意到,若图 3.3.1(b)中的横直虚线离横轴更高些(即 E 更大些),则两分子中心就可以更靠近些再分开。不过,势能曲线斜率为负的左段非常之陡,所以总相对能量的变化对两分子中心相互接近的这一最小距离影响不大。为简单起见,不妨将势能曲线简化为如图 3.3.2 所示。对应的势能函数为

$$E_p = \begin{cases} \infty, & \text{当 } r \leqslant d \text{ 时}; \\ -\dfrac{\mu'}{r^{t-1}}, & \text{当 } r > d \text{ 时}。 \end{cases}$$

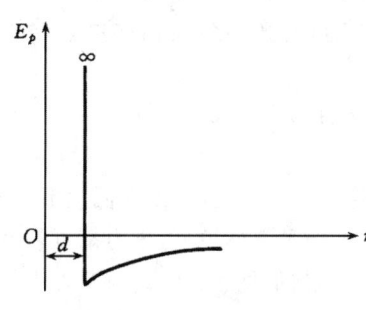

图 3.3.2 苏则朗模型的分子势能曲线

这表示,两分子碰撞时,无论总相对能量有多大,它们中心所能接近的最近距离都不变,记为 d,这就宛如两直径为 d 的刚球相碰。但当相对距离大于 d 时,二分子势能为负,所以刚球间又是相吸的。这样,我们就可以把气体分子想象成彼此有吸引力的、有效直径为 d 的刚性小球。而且,我们看到,这里赋予分子一定的体积,实质上是分子排斥力的效果。本节一开头已对水分子的线度作了估算,其实,不同种类的气体其分子之间斥力的大小相差不多,各种气体分子的有效直径的数量级都是 10^{-10}m。

如上简化了的分子作用势叫做苏则朗(Sutherland)势。相应的气体分子模型就是苏则朗模型或"有吸引力的刚性球"模型。当年范德瓦尔斯研究实际气体的性质,就是采用这一模型对理想气体状态方程进行了修正。

3.3.3 气体分子的无吸引力刚性球模型

分子之间的吸引力本来就很弱,即使是在靠范德瓦尔斯力而结合的分子晶体中,结合能也

只有10kJ/mol的量级。在气体中,分子间的结合要比在晶体中弱得多,所以在一些问题中吸引力可以略去不计。这样,分子间的势能曲线就可以进一步简化如图3.3.3。对应的势能函数为:

$$E_p = \begin{cases} \infty, & \text{当 } r \leq d \text{ 时;} \\ 0, & \text{当 } r > d \text{ 时} \end{cases}$$

分子犹如一些直径为d的刚性小球,不碰到一起时无互作用力;相碰时,两者中心的最近距离就是刚球直径d,而且碰撞是完全弹性的。

图 3.3.3 气体分子的无吸引力刚性球模型的分子势能曲线

3.3.4 理想气体模型

如果把气体分子无吸引力刚性球模型中的排斥势也去掉,或者等效地说把分子看成有效直径为零的质点又怎样呢?

在本节一开头,我们估算了水蒸气在标准状态下分子的平均距离$\bar{L}$约是分子本身线度的10倍。不管是何种实际气体,取其质量一定,并保持温度不变(温度不太低),但使压强降低,其体积必然膨胀,$\bar{L}/d$就变大。这样,当压强足够低时,分子本身线度与分子间平均距离相比,就可以忽略不计了。现设想实际气体压强趋于零,那么就可以完全不计分子的大小,而把分子看成质点了。而实际气体在压强趋于零的极限情况下,正是理想气体。

再换一角度考虑,试想一下这些彼此既无引力又无斥力(无大小)的分子所组成的气体应遵从怎样的宏观状态方程。对一定质量的这种气体,压缩也好,膨胀也罢,总是不必担心分子力会造成什么影响。这样,在压强低时所遵守的规律,就不会在压强升高时受到破坏,这规律正是理想气体状态方程(见图2.4.2)。因此,把图3.3.3中的d取为零,就成了理想气体分子间的势能曲线,示于图3.3.4,并可相应提出理想气体微观模型。它的要点为:

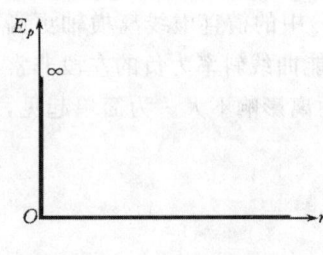

图 3.3.4 理想气体分子间的势能

(1) 分子本身的线度与分子之间的平均距离相比可忽略不计;

(2) 分子彼此之间无相互作用,分子只在与器壁碰撞时,才发生动量的变化;

(3) 为简单起见,还假设分子与器壁的碰撞是完全弹性的。

另外,当气体被贮于容器中时,分子在热运动过程中,高度的变化不很大,即使在低温下,分子的平均动能比其重力势能的改变也要大得多,所以无论采用上述何种气体模型,重力都可忽略不计。这样,气体在容器中的密度便不随高度变化(重力不可忽略的情形见§4.2)。对于理想气体来说,就可以把它的分子看成是平均地均匀分布于空间、并且自由运动着的质点,但遇到器壁就要与之进行弹性碰撞。这里,没有提到分子之间的碰撞,因为当把分子看成无大小又无相互作用的自由质点时,是无从谈及它们的碰撞的。分子间的碰撞固然十分重要,但不能采用理想气体微观模型处理。而在应用理想气体微观模型处理的问题中,不考虑分子间的碰撞并不会影响所得结果的正确性。这在§3.4中还将作进一步说明。

通过上面介绍的四种气体模型,我们可以初步体会到:这里的所谓"模型",并非一种看得见、摸得着的实在物件,而是基于一些实验事实、突出一定条件下事物的主要特征所构想的一种比较直观的图像。因为在一个具体模型中总是略去一些次要因素,从而使问题大为简化,就便于推理和作定量计算了。同时,一个具体的模型常常只能反映客观事物的一个侧面,所以它的适用范围是有局限性的[①]。建立模型,是在各门科学中普遍采用的研究方法,不惟热学所独有,也不惟物理学所独有,但在物理学中其地位十分突出。

正确地理解一个模型,常常还需要结合对一些物理量数量级的估算。就理想气体微观模型而言,从分子间平均距离远大于分子本身线度这一点上说,理想气体分子的空间分布是稀疏的,但这是否意味着在一极小体积内的分子数目是寥寥无几的呢?让我们来看一例估算的数值:在温度为300K、压强为0.13Pa(即1.0×10^{-3}torr)状态下的气体,正像夏日室内一只未点亮的白炽灯中的惰性气体,分子间的平均距离是其本身线度的上千倍,堪称稀薄,是适合理想气体微观模型的。这时每立方毫米体积内的分子数约是3.2×10^{10}个。而全世界在1999年的人口总数才只有60亿。现试想每人变成一个分子钻入电灯泡,在不足0.2立方毫米的空间内就可容纳下这全世界的人口,而且彼此相距遥远,毫不拥挤。就这样,即使是稀薄气体,其分子数密度也是十分巨大!这一点对于我们应用统计规律是至关重要的(见§1.3.2)。

§3.4 理想气体的压强

3.4.1 对气体压强的定性解释

在气体分子动理论中,单个分子是遵从牛顿运动定律的。按照理想气体微观模型,分子在不停地无规则运动中要与器壁进行弹性碰撞。每次碰撞都要施予器壁一冲量,这冲量可以用牛顿力学来计算。我们在器壁上取一小面元ΔA。如果dt时间内凡与ΔA相碰的分子施予ΔA的总冲量为dI,则按冲量定理,dt内分子作用在ΔA上的冲力$F=dI/dt$。但值得注意的是,就每一单个分子来说,它的各次碰撞是断续的,这次碰撞与下次碰撞相隔多长时间、每次碰于器壁何处和施予器壁多大冲量都是随机的。如果ΔA取得特别小,dt取得特别短,以致从微观上看,dt内只有几个分子与ΔA相碰,那么就会由于我们把这ΔA取在了器壁的不同地方或把dt取在了不同的起始时刻之后,而使dI和F的数值大幅度地涨落不定,F就不可能是我们宏观上观测到的气体对器壁的稳恒压力!联想到即便是不算很少的分子与线度约为$10^{-4}\sim10^{-5}$cm的布朗粒子相碰,其表面上所受到的力也必处处不等且作随机变化,否则何以有布朗运动呢?

实际上,这里的dt远长于分子与器壁两次连续碰撞之间的平均自由时间;ΔA的线度也远远大于分子本身的尺寸,加之容器内分子数目极多(请想想电灯泡中稀薄气体的分子数密度),因此,在宏观短、微观长的dt内对宏观小、微观大的面积元ΔA碰撞的分子数目非常之巨大,它比起倾盆大雨之中雨点对雨伞的冲击要密集得多。所以就像在大雨中撑着的伞要受到雨水的持续压力一样,会观测到气体对器壁的一个稳恒压力,它正是任一面元ΔA在dt内受到大量分子多次碰撞的平均效果。而压强p就是在大量分子对器壁的极多次碰撞中,单位面积器壁在单位时间内所获得的平均冲量,可以表达为:

$$p=\frac{dI}{\Delta A dt} \quad (\Delta A \text{微观大},dt \text{微观长})$$

由此,我们也见到"宏观量是相应微观量的统计平均值"(§2.5.5)之具体一例。

[①] 这段话的主要意思出自:倪光炯,李洪芳.近代物理.上海:上海科学技术出版社,1979.311

3.4.2 气体分子对器壁的平均碰撞次数

由以上讨论,应当看出分子对器壁碰撞的频繁程度直接影响压强的大小。所以,我们先来讨论在单位时间内、容器中的分子对单位面积器壁的碰撞次数,将其记为 Γ,其结果还要用于以后讨论气体输运过程,并且在一些实验和工程技术中也有重要应用。

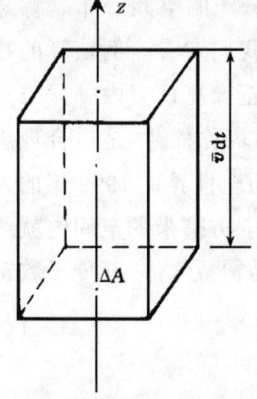

图 3.4.1 求 Γ 用的假想柱体

1. 采用最简单的模型求 Γ

分子无规则热运动无择优方向(§3.1.2),据此可作一简化假设:将容器内均以平均速率 $\bar{v}$ 运动的分子等分为三队,各自平行于 x、y、z 轴运动;每一队又等分为两小队,各自沿坐标轴的正方向与负方向运动。这样,适当选取坐标轴方向,包含在任意体积内的所有分子中,平均看来就各有总数六分之一的分子分别朝上、下、前、后、左、右而运动。在器壁上取垂直于 z 轴的面元 ΔA,那么在 dt 时间内碰到 ΔA 的分子数便可这样来求:做一假想柱体,以 ΔA 为底,沿 z 轴方向的高度为 $\bar{v}dt$,如图 3.4.1。在此柱体中,沿负 z 轴平行向下运动、占柱体内分子总数六分之一的分子定能在 dt 内与 ΔA 相碰。这些分子的数目显然是:

$$dN_{\downarrow} = \frac{n}{6}(\bar{v}dt \cdot \Delta A)$$

其中 n 为气体中的分子数密度,因此,

$$\Gamma = \frac{dN_{\downarrow}}{\Delta A dt} = \frac{1}{6} n \bar{v} \tag{3.4.1}$$

这一结果是基于上述简化假设得出的,有助于我们对问题作简单、初步的分析,但这种计算毕竟粗糙。

2. 利用气体分子速度分布律求 Γ(在直角坐标系下)

平衡态下,我们可将推算中用到的面元 ΔA 取在器壁的任何地方,最后求得的 Γ 都一样。这里为与大多数参考书相同,取 ΔA 垂直于 x 轴,如图 3.4.2。

(1) 一特定速度范围内的分子在 dt 内与 ΔA 相碰的次数。

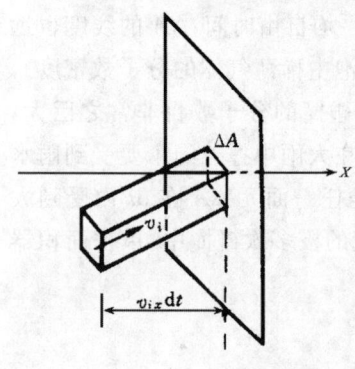

图 3.4.2 求 Γ 用的假想斜柱体

现考虑其速度在一特定矢量 $v_i(v_{ix}, v_{iy}, v_{iz})$ 附近的那些分子,它们速度的三分量分别介于 $v_{ix} \sim v_{ix}+dv_{ix}$、$v_{iy} \sim v_{iy}+dv_{iy}$、$v_{iz} \sim v_{iz}+dv_{iz}$,称它们为第 i 组分子。若各种速度的分子总的数密度为 n,则该组的数密度为:

$$n_i = nf(v_{ix}, v_{iy}, v_{iz})dv_{ix}dv_{iy}dv_{iz}$$

这第 i 组分子中能击中 ΔA 者,一定汇聚成一股定向的分子流,并局限在以 ΔA 为底、其轴线平行于 v_i 的假想斜柱体中,如图 3.4.2 所示。柱外的第 i 组分子不会射到 ΔA 上,但即使是在柱内的第 i 组分子,如果在计时开始时距 ΔA 太远,那么在 dt 内来不及到达 ΔA,也就不可能在这指定的 dt 内与 ΔA 相碰。所以,仅是在高为 $v_{ix}dt$ 的一段柱体中的第 i 组分子才能在指定的 dt 内与底面 ΔA 相碰。这些分子的数目是:

$$n_i v_{ix} \Delta A dt = n v_{ix} f(v_{ix}, v_{iy}, v_{iz}) dv_x dv_y dv_z dt \Delta A \tag{3.4.2}$$

当然,斜柱体内尚有其他速度的分子,但现阶段只计及第 i 组分子;另外,斜柱体内的第 i 组分子到达 ΔA 前可能与其他速度的分子相碰,但碰撞并不改变平衡态及其平衡态下分子的速度分布。平均看来,在分子彼此碰撞中,有多少第 i 组分子因速度改变不再属于第 i 组,就有同样多的分子由其他速度变成第 i 组分子的速度而补充进第 i 组。所以分子间的碰撞对(3.4.2)式没有影响,我们不必顾及它了。

(2)各种速度的分子在 dt 内与 ΔA 相碰的次数。

容器中所有速度 x 分量大于零的分子,不论其 v_y、v_z 如何,都能像上述第 i 组分子一样,对撞击 ΔA 作出贡献。因此,在指定的 dt 内,ΔA 被分子撞击的总次数为:

$$\int_0^{+\infty} dv_x \int_{-\infty}^{+\infty} dv_y \int_{-\infty}^{+\infty} dv_z n f(v_x, v_y, v_z) v_x \Delta A dt \tag{3.4.3}$$

由(3.1.12)式,上式可写为:

$$n \int_0^{+\infty} dv_x f(v_x) v_x \Delta A dt$$

于是,

$$\Gamma = n \int_0^{+\infty} dv_x f(v_x) v_x \tag{3.4.4}$$

因为尚不知 $f(v_x)$ 的具体函数形式,所以式中积分还不能计算出来。

由上式也看到:其 v_y、v_z 任意,而 $v_x > 0$ 且介于 $v_x \sim v_x + dv_x$ 之间的分子,在 dt 内对 ΔA 的碰撞次数为:

$$n v_x f(v_x) dv_x \Delta A dt$$

这一结果对下面推导理想气体压强公式非常重要。

3. 利用气体分子速度分布律求 Γ(在球极坐标下)

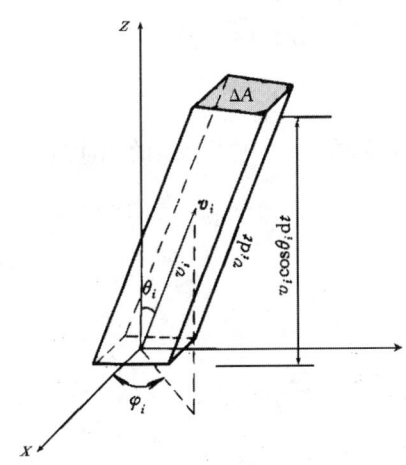

图 3.4.3 求 Γ 所用的假想斜柱体与球极坐杯下的矢量 v_i

在球极坐标下推求 Γ 的思路和步骤与在直角坐标系下的相同,只是为了在球极坐标下绘图方便,我们取 ΔA 垂直于 z 轴。

(1)在球极坐标下,矢量 v_i 用其矢径长度 v_i、极角 θ_i、方位角 φ_i 来确定。图 3.4.3 中的斜柱体就相当于图 3.4.2 中的斜柱体,它的高是 $v_i \cos\theta_i dt$,体积则是 $v_i \cos\theta_i dt A$;

(2)速度在特定矢量 v_i 附近的那些分子的速率介于 $v_i \sim v_i + dv$,运动方向的极角及方位角分别介于 $\theta_i \sim \theta_i + d\theta$ 及 $\varphi_i \sim \varphi_i + d\varphi$,或说运动方向在围绕矢量 v_i 的一立体角微分元 $d\Omega_{\theta,\varphi}$ 之内;

(3)速率大小及运动方向局限在如此范围内的分子数密度为

$$n_{v,\theta,\varphi} = n f(v_i) dv \frac{\sin\theta_i d\theta d\varphi}{4\pi}$$

写出此式时用到了(3.1.8)式;

(4)现在代替(3.4.2)式,在给定时间间隔 dt 之内,能与 ΔA 相碰的那些速度在 v_i 附近的分

子之数目为

$$n_{v,\theta,\varphi}v_i\cos\theta_i \mathrm{d}t\Delta A = \frac{1}{4\pi}nf(v_i)v_i\sin\theta_i\cos\theta_i \mathrm{d}v\mathrm{d}\theta\mathrm{d}\varphi\, \mathrm{d}t\Delta A \tag{3.4.5}$$

(5)代替(3.4.3)式,分子以各种可能速率、从各种可能方向射向 $\mathrm{d}A$,并在 $\mathrm{d}t$ 内与之相碰的次数为

$$\frac{n}{4\pi}\int_0^{2\pi}\mathrm{d}\varphi\int_0^{\pi/2}\mathrm{d}\theta\int_0^{\infty}\mathrm{d}v f(v)v\sin\theta\cos\theta \mathrm{d}t\Delta A$$

$$= \frac{n}{4}\int_0^{\infty}vf(v)\mathrm{d}v\Delta A\mathrm{d}t$$

其中 $\int_0^{\infty}vf(v)\mathrm{d}v$ 就是分子热运动平均速率 $\bar{v}$,所以上式等于 $\frac{1}{4}n\bar{v}\Delta A\mathrm{d}t$,于是

$$\Gamma = \frac{1}{4}n\bar{v} \tag{3.4.6}$$

就推求 Γ 而言,(3.4.6)式就比(3.4.4)式有了更明确的物理意义。当然,$\bar{v}$ 的具体表达式还要在知道 $f(v)$ 的具体函数形式后才可求出(见§4.3)。我们还看到,(3.4.1)式虽然是在粗略的简化假设下推出的,但与基于速度分布律而得到的(3.4.6)式仅有系数是"$\frac{1}{6}$"还是"$\frac{1}{4}$"之差,这表明前述简化假设在一定程度上是合理可用的。

3.4.3 理想气体压强公式

现在回到直角坐标系下的图 3.4.2。记容器内理想气体分子的质量为 m,设容器壁光滑,于是,速度的 x 分量介于 $v_x \sim v_x+\mathrm{d}v_x (v_x>0)$ 的分子与器壁碰撞一次施予器壁的冲量为 $2mv_x$。

既然前面已推得那些 $v_x>0$ 且介于 $v_x \sim v_x+\mathrm{d}v_x$,而 v_y、v_z 任意的分子在 $\mathrm{d}t$ 内对 ΔA 的碰撞次数为

$$nv_x f(v_x)\mathrm{d}v_x\Delta A\mathrm{d}t$$

那么,它们施给器壁的冲量应共计为:

$$(2mv_x)[nv_x f(v_x)\mathrm{d}v_x\Delta A\mathrm{d}t] = 2nmv_x^2 f(v_x)\mathrm{d}v_x\Delta A\mathrm{d}t$$

进而考虑到容器中所有 $v_x>0$ 的分子都可以与 ΔA 相碰,则它们在 $\mathrm{d}t$ 内施予 ΔA 的总冲量

$$\mathrm{d}I = 2nm\int_0^{\infty}\mathrm{d}v_x v_x^2 f(v_x)\Delta A\mathrm{d}t$$

式中 $\int_0^{\infty}\mathrm{d}v_x v_x^2 f(v_x) = \frac{1}{2}\int_{-\infty}^{\infty}\mathrm{d}v_x v_x^2 f(v_x) = \frac{1}{2}\overline{v_x^2}$,

所以,

$$\mathrm{d}I = nm\overline{v_x^2}\Delta A\mathrm{d}t$$

压强

$$p = \frac{\mathrm{d}I}{\mathrm{d}t\Delta A} = nm\overline{v_x^2}$$

又由于平衡态下分子运动无择优方向,所以

$$\overline{v_x^2} = \overline{v_y^2} = \overline{v_z^2} = \frac{1}{3}\overline{v^2}$$

而分子热运动的平均平动能 $\overline{\varepsilon_t} = \frac{1}{2}m\overline{v^2}$，最后得到

$$p = \frac{1}{3}mn\overline{v^2} = \frac{2}{3}n\overline{\varepsilon_t} \tag{3.4.7}$$

这就是理想气体压强公式。

(3.4.7)式也可以参照图 3.4.3 在球极坐标下推出。速率介于 $v_i \sim v_i + \mathrm{d}v$、运动方向在围绕 v_i 的立体角微分元 $\mathrm{d}\Omega_{\theta,\varphi}$ 内的一个分子，在与光滑器壁上的面元 ΔA 相碰时，施予 ΔA 的冲量是 $2mv_i\cos\theta_i$，所以这类分子在 $\mathrm{d}t$ 内施予 ΔA 的冲量共计为：

$$\mathrm{d}I_{v,\theta,\varphi} = (2mv_i\cos\theta_i)[n_{v,\theta,\varphi}v_i\cos\theta_i\Delta A\mathrm{d}t]$$

上式右边方括号中的量之物理意义已在前边说明，并已有(3.4.5)式给出它的进一步表达式。

这样，各类分子 $\mathrm{d}t$ 内施予 ΔA 的总冲量就是

$$\begin{aligned}\mathrm{d}I &= \frac{2mn}{4\pi}\int_0^\infty \mathrm{d}v \int_0^{2\pi}\mathrm{d}\varphi \int_0^{\pi/2}\mathrm{d}\theta\cos^2\theta\sin\theta v^2 f(v)\Delta A\mathrm{d}t \\ &= \frac{1}{3}mn\overline{v^2}\Delta A\mathrm{d}t\end{aligned}$$

随之，压强 $p = \frac{1}{3}mn\overline{v^2} = \frac{2}{3}n\overline{\varepsilon_t}$。

理想气体压强公式中的 $\overline{\varepsilon_t}$ 或 $\overline{v^2}$ 显然是微观量的统计平均值。其实，式中的分子数密度 n 也是一个统计平均值，因为在分子无规则热运动之中，气体内任何一个给定体积元中的分子数都不是严格不变的。但只要这体积元不是太小，那么在"微观长"的一段时间里该体积元内的分子数目围绕一确定的统计平均值只有微小的涨落，也就是说，气体各处的分子数密度有稳定的统计平均值。(3.4.7)式表明：压强作为宏观可测的物理量，与微观分子数密度及热运动能量的统计平均值成比例，足见宏观量是与相应微观量的统计平均值相联系的。

通过对理想气体压强公式这一统计规律的推导，我们还看到：没有单个分子对器壁的一次次碰撞，就谈不到器壁受大量分子不断碰撞所给予的平均冲量，也就没有气体对器壁的压强，所以统计规律不可能脱离受动力学规律支配的个别随机事件而存在。与此同时，我们也体会出，在热现象的微观理论中，运用统计平均的方法颇有一番"山重水复疑无路，柳暗花明又一村"的味道。面对极大数目的粒子系统，要探究它的宏观性质，力学规律已无能为力去解决全部问题了；但应用了统计方法，这"粒子数目极多"，不仅不再成其为困难，反而是有稳定统计平均值的保证，统计方法确有着广阔的用武之地。

【**例 3.4.1**】 理想气体内部的压强。在气体内部做一假想截面，定义气体内部的压强就是截面两侧的气体通过这截面上单位面积相互作用着的垂直压力。从微观角度来看，理想气体的内部压强实质上是由垂直于截面方向的分子热运动动量交换所引起的。试用气体分子的速度分布律证明理想气体内部的压强 $p = \frac{2}{3}n\overline{\varepsilon_t}$，其中 $\overline{\varepsilon_t}$ 就是气体分子热运动的平均平动能，n 为分子数密度。

【**解**】 在气体内部取一垂直于 x 轴的截面 S，将气体分成 A、B 两部分，如图 3.4.4。按题中提示，应分别求出 $\mathrm{d}t$ 时间内、由 A 部经由 S 运动到 B 部的分子所携带的正 x 方向上的总动量 $\mathrm{d}K_x$，和由 B 部经由 S 运动到 A 部的分子所携带的负 x 方向上的总动量 $\mathrm{d}K_{-x}$。这就需要知道在 $\mathrm{d}t$ 时间内通过 S 由 A 到 B 和由 B 到 A 的分子个数。这其实是与求分子对器壁的碰撞次数相同的一类问题。把 S 想象为挡不住分子的"器壁"，可以仿照本节推导(3.4.4)式的方法求

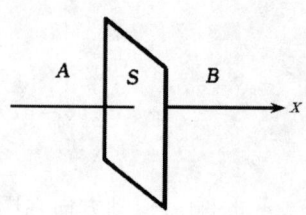

图 3.4.4 理想气体内部的一假想截面

出相同的结果,即:单位时间内通过气体内部垂直于 x 轴的假想单位面积截面的分子数为:

$$\Gamma_+ = n\int_0^\infty \mathrm{d}v_x f(v_x) v_x \;(\text{沿 } x \text{ 正方向})$$

和

$$\Gamma_- = -n\int_{-\infty}^0 \mathrm{d}v_x f(v_x) v_x \;(\text{沿 } x \text{ 负方向})$$

Γ_+ 式中的 $nf(v_x)v_x\mathrm{d}v_x$ 就是单位时间内通过该假想单位截面由 A 到 B、其 v_y 及 v_z 任意、v_x 大于零且介于 $v_x \sim v_x+\mathrm{d}v_x$ 的分子数。这些分子中每个携带的动量是 mv_x;而 Γ_- 式中的 $[-nf(v_x)v_x\mathrm{d}v_x]$,就是由 B 到 A、v_x 小于零且介于 $v_x \sim v_x+\mathrm{d}v_x$ 的分子数。这些分子中每个携带的动量也是 mv_x。于是,

$$\mathrm{d}K_x = \int_0^\infty nv_x f(v_x) mv_x \mathrm{d}v_x S\mathrm{d}t$$

$$\mathrm{d}K_{-x} = \int_{-\infty}^0 -nv_x f(v_x) mv_x \mathrm{d}v_x S\mathrm{d}t$$

所以,在 $\mathrm{d}t$ 内由 A 经过 S 向 B(即沿 x 轴正向)输运的净动量为:

$$\mathrm{d}K_x - \mathrm{d}K_{-x} = 2\int_0^\infty mnv_x^2 f(v_x)\mathrm{d}v_x S\mathrm{d}t$$
$$= mn\overline{v_x^2} S\mathrm{d}t$$

这就是在 $\mathrm{d}t$ 内由于 A、B 两部分气体通过 S 面交换分子而造成的 A 部动量的变化。根据动量定理,B 部施予 A 部的平均作用力便是

$$\overline{F} = mn\overline{v_x^2}S$$

气体内部压强即为

$$P = \frac{\overline{F}}{S} = mn\overline{v_x^2} = \frac{2}{3}n\overline{\varepsilon_t}$$

由此看到,气体对器壁的压强与气体内部的压强是相等的。确应如此,否则,在容器内用假想断面 ΔS 隔出一部分气体,如图 3.4.5 中有阴影的部分所示,它所受器壁的反作用力和 ΔS 左侧气体给予的压力就不会平衡了。

其实,不光是理想气体,就连实际气体对器壁的压强也同样等于气体内部的压强。从热力学角度看,均匀系统的热力学量有广延量及强度量之分(在 §1.3.2 中,我们曾提到广延量的相对涨落)。一般说来,广延量是和系统总质量或摩尔数成比例的量,例如系统的体积、能量、热容量等。而强度量与系统的总质量无关,代表着系统的内在性质。若把一均匀系统划分成许多部分,那么,一个强度量对系统各部分而言或对整个系统而言,其值都是相等的,例如温度、密度、比热等。压强也是强度量,对于均匀的气体系统,压强处处相等。

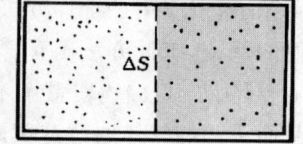

图 3.4.5 在气体内部做一假想断面

§3.5 温度的微观解释

将理想气体状态方程(2.4.12)式

$$p = nkT$$

与理想气体压强公式(3.4.7)相对比,立即可得分子热运动的平均平动能

$$\overline{\varepsilon}_t = \frac{3}{2}kT \tag{3.5.1}$$

由此可见,温度是与大量分子的平动能之统计平均值相联系的,所以,温度也具有统计意义。而且,(3.5.1)式表明,温度的高低是物体内部大量分子无规则热运动剧烈程度的标志。无论何种气体(不管分子结构及分子质量如何),其平均平动能只与温度有关。换言之,在相同温度下,任何气体的 $\overline{\varepsilon}_t$ 均相等。

值得注意的是,这里的 ε_t 是分子相对于气体系统质心的平动能,而气体整体宏观运动的动能不应计入其内。

对于个别分子,其平动能可与 $\overline{\varepsilon}_t$ 有很大差异,并且与整个系统的温度没有直接联系,我们不能把作上述解释的温度概念用于单个分子上。但是,在科学技术中,微小尺度上的温度应如何衡量,已经成了现实问题。例如,到了单个的生物大分子的层次,温度的概念应是怎样的呢?随之而来的,热学的其他所有基本概念和规律将如何表达呢?这确实是一个需要研究解决的问题。另外,由(3.5.1)式看,似乎当温度 $T=0$ 时分子的热运动就将停止,但实际并非如此。物质分子在 $T=0$ 时仍具有有限值的动能,叫做零点能。量子力学将在这一问题上修正经典物理的偏差。

有时,我们需要将某种能量与分子热运动的平均平动能相比。既然 $\overline{\varepsilon}_t$ 只取决于温度 T,就可以把这种能量折合为与等量 $\overline{\varepsilon}_t$ 相对应的温度。例如,

$$1\text{eV} = 1.602\,177\,33 \times 10^{-19}\text{J}$$

它相当于多高温度下的 $\overline{\varepsilon}_t$ 呢?易求出这温度为:

$$T = \frac{1\text{eV}}{\frac{3}{2}k} = \frac{1.602177 \times 10^{-19}}{\frac{3}{2} \times 1.380658 \times 10^{-23}} = 7.736\,296 \times 10^3 (\text{K}) \tag{3.5.2}$$

或者,温度每升高 1K, $\overline{\varepsilon}_t$ 增加 $\frac{3}{2}k \times 1 = \frac{3}{2} \times 1.380\,658 \times 10^{-23}$(J),它相当于

$$\frac{\frac{3}{2} \times 1.380\,658 \times 10^{-23}}{1.602177 \times 10^{-19}} = 1.292\,608 \times 10^{-4}(\text{eV}) \tag{3.5.3}$$

【例 3.5.1】 核聚变是要将两个原子核结合在一起变成较重的核。两核的结合要靠核间短程的核力。如果两核距离超过 10^{-15}m(即 1fm),核力便几乎为零。但均带有正电荷的两核越接近,静电库仑排斥力越大,因此,原子核必须具有能越过库仑势垒的动能。现考虑氘($_1^2$D)-氘聚变。为获得上述的足够动能,是不能将一束氘核加速到所需能量而后轰击含氘的靶的,因为这样做会使大部分能量消耗在同靶中电子的碰撞上,发生核聚变的概率却很小;也不能用两束高能氘核相对碰撞来实现聚变反应,因为人们很难得到密度很高、彼此碰撞机会很多的两束氘核,而且在可能发生的互相散射中,一旦累积偏转角达到 90°,便完全脱离了原来的束,不再

有机会碰到能与之对撞的氘核。人们采用的方法是将一团氘核约束起来,并设法把它们加热到很高的温度。氘核在无规则热运动中有很高的平均平动能,彼此频繁相遇,并会克服库仑势垒,接近到核力起作用的程度而发生聚变,这就是热核聚变。请估计一下氘的热核聚变需要多高温度。

【解】 当两氘核接近到 10^{-15}m 时,它们的库仑斥力势能为

$$U = \frac{1}{4\pi\varepsilon_0}\frac{e^2}{r} = 8.99\times 10^9 \times \frac{(1.602\times 10^{-19})^2}{10^{-15}} \text{J}$$
$$= 2.31\times 10^{-13}\text{J}$$
$$= 1.44\times 10^6 \text{eV}$$

因两核相对而动,故每一核的动能达到 $\frac{1}{2}U$ 即可克服库仑排斥力而结合,所以平均看来应有

$$\overline{\varepsilon_t} = \frac{3}{2}kT = \frac{1}{2}U = 7.2\times 10^5 (\text{eV})$$

按照(3.5.3)式,温度每升高 1K 相当于增加了 1.29×10^{-4} eV 的平均平动能,所以

$$T = \frac{7.2\times 10^5}{1.29\times 10^{-4}} = 5.6\times 10^9 (\text{K})$$

但实际上,聚变温度可以比这算出的结果低一个数量级,乃因热运动能量也遵从统计分布(见习题 4-43),即便温度略低,仍有不少氘核达到所需的能量;再者,按照量子力学,粒子有一定概率可贯穿势垒,所以不必非要有那么高的动能去越过库仑势垒。

【例 3.5.2】 试计算 300K 时氢气分子的方均根速率。(取氢气的摩尔质量 $\mu = 2.02\times 10^{-3}$ kg·mol^{-1})

【解】 由 $\overline{\varepsilon_t} = \frac{1}{2}m\overline{v^2} = \frac{3}{2}kT$,易得气体分子的方均根速率

$$\sqrt{\overline{v^2}} = \sqrt{\frac{3kT}{m}} = \sqrt{\frac{3RT}{\mu}} \tag{3.5.4}$$

代入数据,得

$$\sqrt{\overline{v^2}} = \sqrt{\frac{3\times 8.31\times 300}{2.02\times 10^{-3}}} = 1.92\times 10^3 (\text{m·s}^{-1})$$

§3.6 范德瓦尔斯方程

在 §2.4 中,我们已经讲了实际气体的性态与理想气体状态方程的偏离,也对实际气体的状态方程作了概述。现在要循着范德瓦尔斯的考虑,计及分子固有体积和分子间吸引作用的影响,对理想气体状态方程进行修正,导出范德瓦尔斯方程。

3.6.1 分子固有体积所引起的修正

在理想气体微观模型中,将分子看成质点,完全不计其固有体积。实际气体压强很低时,分子间平均距离很大,分子本身的体积与气体实际占有的总体积相比,确实微不足道,可以略去。例如,假定分子为球形,以其有效半径为 10^{-10}m 来估计,一个分子的固有体积约为 4×10^{-30} m^3,而在标准状态下,1m^3 体积内气体的分子数为 2.69×10^{25} 个,它们固有体积之和约为 10^{-4}

m³,仅是气体实际占有体积的万分之一。如果压强更低,这一比值将更小。但在高压或低温下,气体占有的总体积要缩小,譬如将标准状态下的 1m³ 气体等温压缩至 5.0×10^8Pa(约 5 000 atm),暂且还用理想气体状态方程计算其被压缩后的体积,那么才不足分子固有体积之和的两倍,显然不可再忽略分子本身的大小了。想一想分子有效直径概念的由来(见§3.3),这也就等同于不可不考虑分子之间的斥力了。

在只考虑分子固有体积(或分子间斥力)的影响时,我们采用的气体微观模型是如图3.3.3所示的无吸引力的刚性球分子模型。而对理想气体状态方程进行修正时,关键是把着眼点放在对方程中气体体积这个量的理解上。1mol 理想气体状态方程为:

$$pV_m = RT$$

式中 V_m 应理解为 1mol 气体中 N_A 个分子可以自由活动的空间体积。当不计分子本身大小时,是理想气体,V_m 就等于容器的容积;而当计及分子本身体积时,气体分子自由活动的空间就小于容器体积了,应从 V_m 中扣除一量,设其为 b,即应将 V_m 修正为 $V_m - b$,得方程:

$$p(V_m - b) = RT \tag{3.6.1}$$

乍一想,若设球形分子的有效直径为 d,似乎 b 就等于 $N_A \times \frac{4}{3}\pi \times (\frac{d}{2})^3$,但这是错的。好比把孩童玩耍用的玻璃球密堆在杯中,球间总留有空隙,于是球在杯中堆积所占的空间总要比单个玻璃球固有体积之和来得大。与此相似,b 也大于 $N_A \times \frac{4}{3}\pi(\frac{d}{2})^3$。通过下面简单的讨论,可以将 b 估算出来。

我们略去不常见的三分子或更多个分子一起相碰的情况,只考虑分子两两相碰。现选 α 分子碰向 β 分子。由于 α 及 β 均有一定体积,在它们相碰时,就有一块空间是 α 分子的中心所不可达到的。这块空间区域是以 β 分子中心为球心、以 d 为半径的球体,如图3.6.1中虚线所示,其体积为 $\frac{4}{3}\pi d^3$,称此球为两分子中心的排斥球。它也正是由于一个 β 分子的存在而造成的另一个 α 分子中心的活动禁区。其实,α 与 β 靠近本来是相对的,上述禁区(扣除球心)同时限制了两个分子中心不能在其中活动,所以该排斥球应同时归属于一对分子,每个分子分得一半的活动禁区。于是,对于 1mol 气体中的 N_A 个分子来说,总的活动禁区就是:

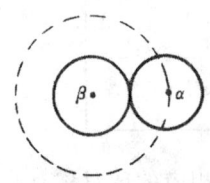

图3.6.1 两分子相碰时分子中心的排斥球

$$\frac{1}{2} \times N_A \times \frac{4}{3}\pi d^3 = 4 \times N_A \times \frac{4}{3}\pi(\frac{d}{2})^3$$

它是 1mol 分子固有体积的 4 倍,也就是应从 V_m 中扣除的 b。

以上的讨论是不严格的,不过它与统计物理中采用苏则朗势的严格推算有着相同的结果。按如上估算,取分子有效直径 d 的数量级为 3×10^{-10}m,便得 b 的数量级约是 3×10^{-5}m³/mol。但方程(3.6.1)中的 b 最终还是应靠实验来确定。对于每一种给定的气体,均有一基本确定的 b 值。在表3.6.1中,发现各种气体的 b 值相差不大。这也正表明各种气体分子间斥力强弱相差不大。

3.6.2 分子间吸引力所引起的修正

现在要采用气体分子相互作用的苏则朗模型来考虑分子间作用力对气体压强的影响。分子间的斥力仍等效为球形分子有一定的固有体积,所以上段的讨论结果应予保留。

表 3.6.1 常见气体的范德瓦尔斯常数

气体	$a\left[\mathrm{Pa}\left(\dfrac{\mathrm{m}^3}{\mathrm{kmol}}\right)^2\right]$	$b\left(\dfrac{\mathrm{m}^3}{\mathrm{kmol}}\right)$
氦 He	3.41×10^3	0.0234
一氧化碳 CO	1.46×10^5	0.0394
氢 H_2	2.47×10^4	0.0265
氧 O_2	1.37×10^5	0.0315
氮 N_2	1.36×10^5	0.0385
二氧化碳 CO_2	3.64×10^5	0.0427
水蒸气 H_2O	5.51×10^5	0.0304
氨 NH_3	4.23×10^5	0.0373
甲烷 CH_4	2.29×10^5	0.0427
苯 C_6H_6	1.86×10^6	0.1181
空气	1.36×10^5	0.0364
氟里昂-12 CF_2Cl_2	1.08×10^6	0.0998

分子间的吸引力是短程力,其作用距离约是 10^{-9}m。就苏则朗势函数所相应的球对称有心引力来说,设引力的有效作用半径为 R_0,那么,对于任一分子 α,只有处在以它为中心、以 R_0 为半径的球形作用圈内的那些分子才对它有吸引,我们称此球为"引力作用球"。在气体内部的分子,想象它们都带有一个完整的引力作用球,就是说,从某指定分子周围平均看来,均匀分布着的其他分子总是相对于它球对称地分布,所以周围分子对它的引力总是互相抵消的。

但对于一个靠近器壁的分子 α,情况就不同了。如图 3.6.2,它所带的引力作用球被器壁切去了一部分,只剩下一个球缺在气体里,周围气体分子的分布不再呈球对称,总效果是使 α 受到一个垂直于器壁、指向气体内的拉力。当然,器壁分子与 α 也有相互作用,但我们过后可论证,这不影响气体对器壁的压强。另外,在气体分子趋近器壁的过程中,一旦进入厚度为 R_0 的"边界层",其所带的引力作用球就开始缺损,而且越接近器壁缺损越甚,因此所受的向内净引力是变化着的,但可以取一平均引力 $\bar{f}$。

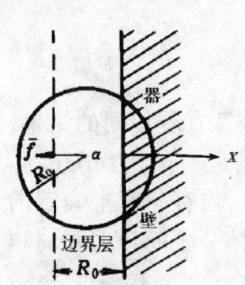

图3.6.2 靠近器壁的分子之引力作用球出现缺损

以垂直于 x 轴的一块器壁为例,由于 $\bar{f}$,势必减小分子与它碰撞时的分速度 v_x,从而削弱了气体施予器壁的压强,就比只计斥力却忽略引力时的压强 $p=\dfrac{RT}{V_m-b}$(见(3.6.1)式)有一差额,记做 Δp。于是,考虑分子间引

力后,应将(3.6.1)式进一步修正为:

$$p = \frac{RT}{V_m - b} - \Delta p \tag{3.6.2}$$

常称 Δp 为内压强。注意它与在例题 3.4.1 中定义了的气体内部压强不是一回事!

下面来确定 Δp。在学习理想气体压强公式时,我们知道:(1)压强与每个分子同器壁一次碰撞时施予器壁之冲量,或分子本身碰壁前后动量的变化有关;(2)还与单位时间内碰到单位面积器壁上的分子数目有关。这种分析对讨论实际气体压强仍然适用。现在先看 $\overline{f}$ 对上述第一要素的影响。像在 §3.4 中那样,把其速度在一特定矢量 v_i 附近的那些分子称为第 i 组分子。若它们通过图 3.6.2 中所示边界层所用的平均时间是 δt,那么由于在负 x 方向上的冲量 $\overline{f}\delta t$ 的作用,将使每一分子对器壁的一次碰撞中少施给器壁 $2\overline{f}\delta t$ 的冲量,记为 δI;而 $\overline{f}$ 应正比于分子数密度 n,这是因为:当 n 增加时,在分子引力作用范围内的分子数目也增加同样倍数,以致 $\overline{f}$ 加强。这样,δI 就应正比于 n,亦即反比于 V_m。至于决定压强大小的上述第二要素,应基本不受 $\overline{f}$ 影响。在计算分子碰壁数时,所用图 3.4.2 中的斜柱体内的第 i 组分子,在行进中仅在靠近器壁的极短瞬间 v_{ix} 变小了,这基本不影响斜柱体的高度。所以单位时间内对单位面积器壁的碰撞数目可以认为不变;不过,原本这碰壁分子数目亦正比于 n,即反比于 V_m。而 Δp 应理解为单位时间内、对单位面积器壁所施平均冲量的总亏损,所以 Δp 既与 δI 有关又与上述第二要素有关。于是,Δp 正比于 n^2,即反比于 V_m^2,写做

$$\Delta p = \frac{a}{V_m^2} \tag{3.6.3}$$

式中 a 为一因气体种类而异的常数,它表明分子相互吸引力的强弱。理论上,a 主要取决于分子相互作用的势能曲线在两分子中心相对距离 r 大于分子有效直径 d 时的具体形状,它与具体气体的性质有关。实际上,a 要靠实验测定。各种不同气体分子吸引力的强弱悬殊很大,所以,不同气体的常数 a 也相差很大(见表 3.6.1)。如 He 气,它最难液化,分子引力很弱,而水蒸气很易液化,分子引力强,它的常数 a 就比氦的大了两个数量级。

将(3.6.3)式的 Δp 代入(3.6.2)式,就得到 1mol 气体的范德瓦尔斯方程:

$$p = \frac{RT}{V_m - b} - \frac{a}{V_m^2}, \quad \text{或}(p + \frac{a}{V_m^2})(V_m - b) = RT \tag{3.6.4}$$

对于任意摩尔数 ν 的气体,若共占有体积 V,则其摩尔体积 $V_m = \frac{V}{\nu}$,代入上式,便得:

$$(p + \nu^2 \frac{a}{V^2})(V - \nu b) = \nu RT \tag{3.6.5}$$

推导范德瓦尔斯方程所用的气体微观结构简化模型其物理图像是鲜明的,突出了实际气体与理想气体的本质差别,即实际气体分子间有力程不同的排斥和吸引作用。而且,推导中的核心思想是将众多分子对一个分子的吸引力以平均作用力来代表。这看来简单,但意义和影响重大。在后来人们处理多粒子系统时它得到广泛的应用,称为平均场方法。实际气体在一定的温度、压强范围内较好地符合范德瓦尔斯方程。不仅如此,该方程还是第一个既能描述气态又能描述液态、气-液相变及临界点(见 §8.1)的状态方程,而且是迄今为止这类方程中形式最简单的一个。范德瓦尔斯在他的博士论文中提出这一方程,为此获得了 1910 年的诺贝尔物理学奖。

现在我们来说明:器壁分子与气体分子间的相互吸引作用虽然改变了分子在趋近器壁时的运动情况,但并不影响压强。气体分子与器壁分子是相互吸引着的。设气体分子在趋向器壁

的过程中,通过器壁分子的引力作用区域所需的时间为 $\delta t'$,受到的平均引力为 $\overline{f'}$,则在这段时间内,气体分子也施予器壁一指向气体内部的冲量 $\overline{f'}\delta t'$;同时,气体分子本身由于受吸引力 $\overline{f'}$,以致动量增大了 $\overline{f'}\delta t'$,与器壁相碰时,施予器壁的冲量便增大了 $2\overline{f'}\delta t'$;气体分子碰壁后折回,仍在与器壁分子的引力作用范围内吸引器壁分子,并仍施给器壁一指向气体内部的冲量 $\overline{f'}\delta t'$。这样,气体分子通过该引力作用区,一去一返,在指向气体内部的方向上施予器壁的冲量 $2\overline{f'}\delta t'$ 恰与同器壁相碰时多施予器壁指向气体外的冲量 $2\overline{f'}\delta t'$ 抵消,所以,并未改变分子施予器壁的总冲量或者气体对器壁的压强,在推导范德瓦尔斯方程中不考虑分子与器壁的吸引作用并不会有疏漏。

在§2.4.4中,我们介绍了由昂尼斯提出的维里方程(2.4.26)式,它有很强的适用性。其实,范德瓦尔斯方程也可以展开成维里方程的级数形式,将(3.6.4)式改写为

$$\frac{pV_m}{RT}=\frac{V_m}{V_m-b}-\frac{a/(RT)}{V_m}$$

利用二项式定理 $(1-\frac{b}{V_m})^{-1}=1+\frac{b}{V_m}+(\frac{b}{V_m})^2+\cdots$

得到

$$\frac{pV_m}{RT}=1+\frac{b-a/(RT)}{V_m}+\frac{b^2}{V_m^2}+\cdots \tag{3.6.6}$$

让我们就此式作几点讨论:

(1)若称服从范德瓦尔斯方程的气体为范德瓦尔斯气体,则拿上式与(2.4.26)式相比,就可以得到范德瓦尔斯气体的维里系数。

(2)当 $T=\frac{a}{Rb}$ 时,其第二维里系数 $b-\frac{a}{RT}=0$。这时范德瓦尔斯气体很接近于理想气体的性态,所以把这一温度特称为玻意耳温度,通常记为 T_B。

(3)在同样温度下,可以由(3.6.6)式分析不同气体与理想气体性态的偏离。例如,(3.6.6)式右边只取到 V_m^{-1} 幂次项,$\frac{b}{V_m}$ 和 $\frac{-a}{RTV_m}$ 分别体现分子间斥力和引力所造成的与理想气体的偏离。总的说来,斥力使 $\frac{pV_m}{RT}$(即压缩因子 Z)朝比1大的方向增加,而引力的效果恰恰相反。具体到不同种类的气体,这效果又因范德瓦尔斯常数 a、b 的不同而程度不同。

(4)(3.6.6)式可写成

$$p\approx\frac{RT}{V_m}+\frac{bRT}{V_m^2}-\frac{a}{V_m^2} \tag{3.6.7}$$

根据例题3.4.1中的讨论,应当肯定:气体对器壁的压强也就是气体内部的压强,所以上式给出的 p 既是范德瓦尔斯气体对器壁的压强,也是其内部的压强。

范德瓦尔斯气体内部的压强主要是起因于分子的热运动。在气体内部任取一假想截面 ΔS,气体分子从各个方向穿越 ΔS,引起垂直于 ΔS 方向上的热运动动量输运,等效于 ΔS 两侧分子互施压力。这与例题3.4.1中对理想气体内部压强的分析完全一样,可以得到由此造成的压强为 $p_k=\frac{2}{3}n\overline{\varepsilon_t}=nkT=\frac{RT}{V_m}$,它与分子间是否有相互作用无关。而当考虑分子间的斥力,或等效地考虑分子的固有体积时,分子自由活动空间减小,p_k 应修正为 $\frac{RT}{V_m-b}$。仍利用 $(1-\frac{b}{V_m})^{-1}$

$\approx 1+\dfrac{b}{V_m}$,便得到：p_k 修正为 $\dfrac{RT}{V_m}+\dfrac{bRT}{V_m^2}$，这就是(3.6.7)式右边的前两项，$\dfrac{bRT}{V_m^2}$ 应理解为分子间斥力对气体内部压强的贡献。在刚性吸引球分子模型(Sutherland 模型)下，这一项也称做 ΔS 截面两侧气体间的排斥压，其表达式 $\dfrac{bRT}{V_m^2}$ 能够从 ΔS 处刚性球间的碰撞所对应的动量输运而推导出来。

至于(3.6.7)式右边的第三项，它正是 $-\Delta p$（负的内压强）。这里明显看出内压强并不是内部压强，却又是内部压强的一个组成部分。容易引起的疑问是：在器壁附近，分子引力作用球缺损，自然需要考虑分子引力所引起的修正；但在气体内部，分子的引力作用球不缺损，这修正岂不无必要了吗？事实上，简单地说，气体分子间的吸引作用，必造成 ΔS 两侧气体间的张应力，对应有所谓"内聚压"，可以证明它的大小就等于内压强。换一思路来考虑，若对气体的内部压强进行测量，必然要放入一探测器，这相当于引进一个"器壁"，此"器壁"上的压强当然应计入分子斥力及引力的修正。但若不进行测量，气体内部的压强也必然客观存在，它的大小不应该因放入了作为测量用的"器壁"而改变。

§3.7 分子间的碰撞

气体中的分子通过彼此的碰撞交换能量和动量，才使平衡态得以建立。而且，在气体处于非平衡态时所发生的热传导、粘滞、扩散等输运过程(见第5章)也与分子间的碰撞密切相关。

3.7.1 气体分子的平均自由程和碰撞频率

一分子在运动过程中不断与其他分子相碰，所以分子总是沿着迂回曲折的路线行进。当不考虑气体分子彼此的吸引力时，分子在连续两次碰撞之间是作匀速直线运动的，所自由走行的路程称为自由程，通常用 λ 表示。当然，每个分子在任意两次连续碰撞之间所经过的自由程之长短，以及一秒内与其他分子碰撞次数的多少，完全是随机的。但当我们研究与分子碰撞有关的宏观性质时，应该把握分子碰撞的统计规律，特别重要的两个量是：在一定宏观条件下气体分子的自由程之平均值 $\bar\lambda$，以及每个分子平均在单位时间内与其他分子相碰的次数，即碰撞频率 Z。

$\bar\lambda$ 与 Z 和热运动平均速率 $\bar v$ 之间有简单的关系：

$$\bar\lambda=\dfrac{\bar v}{Z} \tag{3.7.1}$$

$1/Z$ 具有时间的量纲，表示连续两次碰撞所经历的平均自由时间。

Z 和 $\bar\lambda$ 都反映着分子间碰撞的频繁程度，它们的大小是由气体的性质及所处状态而决定的。我们现在采用气体分子的无吸引力刚性球模型来讨论分子间的碰撞，这就把分子碰撞机制简化为普通刚球的完全弹性碰撞。我们还假设所有分子均以平均速率 $\bar v$ 运动。这样，不难定性地推断，碰撞频率必定与分子数密度 n、平均速率 $\bar v$ 以及分子有效直径 d 有关，因为这些量的大小都直接影响分子相碰的机会多少。下面就先来导出由 n、$\bar v$ 及 d 计算 Z 的公式。

让我们跟踪一个分子 A，计算在一段时间 Δt 内它与多少分子相碰。对于较稀薄的气体，三个或三个以上分子碰在一起的机会很小，可以忽略。于是认为总是两个分子之间发生碰撞，那么关键是看二者如何相对运动。既然要考察碰撞的频繁程度，就需要先求出分子平均相对运动速率,记其为 $\bar{u}$。根据麦克斯韦速度分布律能够严格证明[①] $\bar{u}=\sqrt{2}\,\bar{v}$。这一结果也可以采用简单方法说明如下。

任两分子运动速度方向的夹角总是在 $0\sim\pi$ 之间,平均看来,两相碰分子速度之夹角是多大呢?读者大概会猜想是 $\pi/2$。算一算,确实如此。以两分子之一的速度方向为球极坐标的 z 轴方向,另一分子速度与该轴夹角介于 $\theta\sim\theta+d\theta$(而此速度在球极坐标中的方位角 φ 不限)的概率可利用(3.1.8)式求出:

$$\int_0^{2\pi} d\varphi \frac{\sin\theta d\theta}{4\pi} = \frac{\sin\theta}{2} d\theta$$

于是,二分子相碰时的平均夹角

$$\bar{\theta} = \int_0^\pi \theta \frac{\sin\theta}{2} d\theta = \frac{\pi}{2}$$

又已假设所有分子都以平均速率 $\bar{v}$ 运动,那么 $\bar{u}$ 就是图 3.7.1 中矢量等腰直角三角形斜边的长,即

$$\bar{u} = \sqrt{2}\,\bar{v} \tag{3.7.2}$$

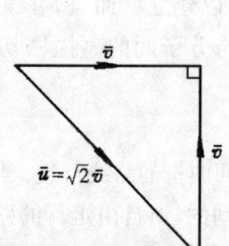

图 3.7.1 用来估算平均相对速率的矢量三角形

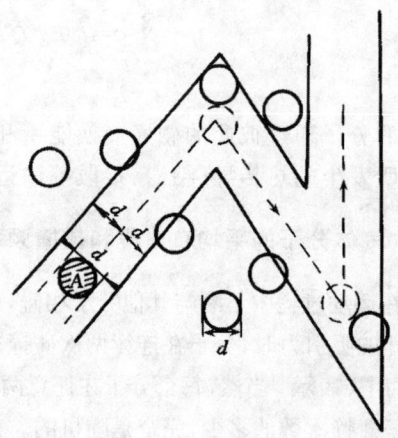

图 3.7.2 A 分子与其他静止不动分子的碰撞

求出 $\bar{u}$ 之后,我们则可认为:独有分子 A 在以平均相对速率运动,而其他分子皆静止不动。把分子设想为刚球,分子 A 之中心的轨迹应是一条折线,每一转折都是因 A 与别的分子发生了碰撞,如图 3.7.2 中的虚折线所示。显然,与 A 相碰过的分子,它的中心到这折线的距离一定小于分子有效直径 d。让我们想象一幅立体图景:凡是与 A 相碰过的分子,它的中心一定落在以上述折线为中心轴线、以 d 为其截面之半径的曲折圆柱内,如图 3.7.2 中的实线图形所示。在一段 Δt 时间内,A 所走过的路程为 $\bar{u}\Delta t$,相应曲折圆柱的体积为 $\pi d^2 \bar{u}\Delta t$,则这圆柱内的总分子数为 $n\pi d^2 \bar{u}\Delta t$,这就是能在 Δt 内先后与 A 相碰的分子数。那么碰撞频率即为

$$Z = n\pi d^2 \bar{u}\Delta t / \Delta t = \sqrt{2}\, n\pi d^2 \bar{v} \tag{3.7.3}$$

这里的 Z 是一个分子在一秒内与其他分子的平均碰撞次数。它并不是所有分子在一秒内互相

[①] 可参考:陈仁烈.统计物理引论(修订本).北京:人民教育出版社,1978.38~41

碰撞的总次数,读者自己不难算出这总次数是多少。

随之,由(3.7.1)式得到:

$$\bar{\lambda} = \frac{1}{\sqrt{2}\pi d^2 n} \tag{3.7.4}$$

应当注意到平均自由程与热运动平均速率无关。

在分析 Z 和 $\bar{\lambda}$ 与宏观参量 p、T 的关系时,我们仍然用理想气体状态方程 $p=nkT$,还要用到§4.3 中将要求出的麦克斯韦速率分布律下的平均速率表达式 $\bar{v}=\sqrt{\frac{8kT}{\pi m}}$($m$ 是单个分子的质量),而且在简单理论中认为 d 是与温度无关的量。于是有:

$$Z = 4\pi d^2 p \sqrt{\frac{1}{\pi mkT}}, \qquad \bar{\lambda} = \frac{kT}{\sqrt{2}\pi d^2 p} \tag{3.7.5}$$

如果气体系统的分子数密度给定,那么 p 与 T 不能各自独立变化,$\bar{\lambda}$ 就在 p、T 的协同变化中保持不变。

【例 3.7.1】 估算氧气在标准状态下分子的平均自由程和碰撞频率。取氧气分子的有效直径 $d=3.6\times 10^{-10}$m。

【解】 利用(3.7.5)式,代入标准状态下压强、温度的数值,得:

$$\bar{\lambda} = \frac{1.38\times 10^{-23}\times 273}{\sqrt{2}\pi\times(3.6\times 10^{-10})^2\times 1.01\times 10^5} = 6.48\times 10^{-8}(\text{m})$$

而 $Z=\bar{v}/\bar{\lambda}$,其中

$$\bar{v} = \sqrt{\frac{8RT}{\pi\mu}} = \sqrt{\frac{8\times 8.31\times 273}{\pi\times 32\times 10^{-3}}} = 425(\text{m}\cdot\text{s}^{-1})$$

所以,

$$Z = 425/(6.48\times 10^{-8}) = 6.56\times 10^9(\text{s}^{-1})$$

由所得结果可见,在标准状态附近,气体的平均自由程比分子有效直径大两个数量级。等温下随着压强的降低,平均自由程变大,在 10^{-6}torr 的低压下,0℃气体的平均自由程可达几十米。

【例 3.7.2】 混合气体处于温度为 T 的平衡态下,它由 A、B 两种分子组成,各自的分子数密度分别为 n_A 和 n_B,分子质量分别为 m_A 和 m_B,有效直径分别为 d_A 和 d_B,并已知分子热运动平均速率 $\bar{v_i}=\sqrt{\frac{8kT}{\pi m_i}}$($i=A,B$)。试求 A 种分子的碰撞频率和平均自由程。

【解】 A 种气体分子的碰撞频率 Z_A 应等于同种(A 种)气体分子碰撞的频率 Z_{AA} 及与另一种(B 种)气体分子碰撞的频率 Z_{AB} 之和,即,

$$Z_A = Z_{AA} + Z_{AB} \tag{3.7.6}$$

由(3.7.3)式易得

$$Z_{AA} = \sqrt{2}\pi d_A^2 n_A \sqrt{\frac{8kT}{\pi m_A}} \tag{3.7.7}$$

在求 Z_{AB} 时,应将图 3.7.2 中静止不动的分子看做 B 种分子,曲折圆筒的半径改为 $\frac{1}{2}(d_A+d_B)$,截面积为 $\frac{\pi}{4}(d_A+d_B)^2$。同时,按推出(3.7.2)式的简单方法可得到 A、B 两种分子间的平均相对速率为:

$$\bar{u}_{AB}=(\bar{v}_A^2+\bar{v}_B^2)^{1/2}=(\frac{8kT}{\pi m_A}+\frac{8kT}{\pi m_B})^{1/2}$$

这样,在曲折圆筒中,Δt 时间内能与一以速率 $\bar{u}_{AB}$ 运动的 A 分子相碰的 B 种分子数为

$$n_B \frac{\pi}{4}(d_A+d_B)^2 \bar{u}_{AB}\Delta t$$

于是,

$$Z_{AB}=\frac{\pi}{4}(d_A+d_B)^2 n_B \bar{u}_{AB}=[\frac{\pi kT}{2}(\frac{1}{m_A}+\frac{1}{m_B})]^{1/2}n_B(d_A+d_B)^2 \tag{3.7.8}$$

将(3.7.7)与(3.7.8)式的结果代入(3.7.6)式并整理,即得:

$$Z_A=4d_A^2 n_A(\frac{\pi kT}{m_A})^{1/2}+[\frac{\pi kT}{2}(\frac{1}{m_A}+\frac{1}{m_B})]^{1/2}n_B(d_A+d_B)^2$$

进而得 A 种分子的平均自由程:

$$\bar{\lambda}_A=\frac{\bar{v}_A}{Z_A}=[\sqrt{2}\pi d_A^2 n_A+\frac{\pi}{4}(d_A+d_B)^2 n_B(1+\frac{m_A}{m_B})^{1/2}]^{-1}$$

3.7.2 分子碰撞(散射)截面

(3.7.3)式和(3.7.8)式表明了碰撞频率与相碰分子有效直径之间的关系。现在我们要定义一个物理量,用它明确表示分子本身的尺度怎样关乎碰撞发生的可能性。

假定有一些 A 类分子,用图 3.7.3 中较小的球代表,它们虽在一定空间范围内随机分布,但行进方向彼此平行,所以形成分子束。另有一个分子 B,一般说它可以属于其他类,固定在空间一点 O,在图 3.7.3 中用大球代表。A 类分子与 B 碰撞之前相对于 B 的行进速度设为 $\boldsymbol{u}_0$,过 O 点做平行于 $\boldsymbol{u}_0$ 的直线 MN,各 A 类分子的中心到 MN 的距离称为瞄准距离。例如图中所标的 b_1、b_2 就是分子 A_1 和 A_2 的瞄准

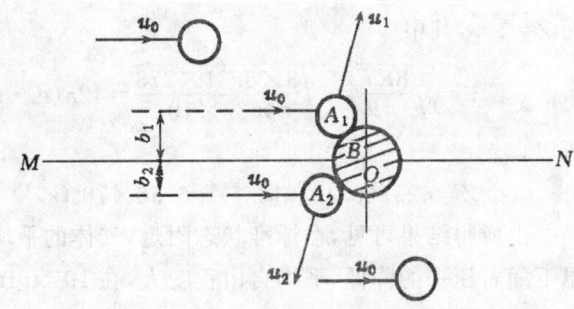

图 3.7.3 分子束的散射

距离。显然,凡能与 B 相碰的 A 类分子之瞄准距离一定不大于这两类分子有效直径 d_A、d_B 之和的一半。现设想以 O 点为圆心画一半径为 $\frac{1}{2}(d_A+d_B)$ 的圆盘,盘面垂直于 $\boldsymbol{u}_0$,盘面积 $\sigma=\frac{\pi}{4}(d_A+d_B)^2$,则凡与 B 发生碰撞的 A 类分子在碰前的行进方向一定都被该圆盘所截,故称这个圆盘为碰撞截面。在图 3.7.3 中,用过 O 点与 MN 垂直的一线段表示此截面在纸面上的投影。

上述情况与图 3.7.2 所示的将分子杂乱碰撞的过程予以化简的方式有所不同(那里是考察一些静止不动的分子与一个动着的同类分子的碰撞),但碰撞截面的概念在那里也照样适用,只不过碰撞截面的圆心位于运动分子的中心上,正是这运动着的碰撞截面扫出图 3.7.2 中的曲折圆柱体。也就是说,圆柱体的横截面积 πd^2 就是碰撞截面 σ 的大小。采用碰撞截面,(3.7.3)及(3.7.4)式可改写为:

$$z=\sqrt{2}n\sigma\bar{v},\quad \bar{\lambda}=\frac{1}{\sqrt{2}n\sigma} \tag{3.7.9}$$

由于碰撞,分子将偏离原来的运动方向,像图 3.7.3 中的分子 A_1、A_2 就是由速度 $\boldsymbol{u}_0$ 分别

改变为 u_1、u_2，这也叫做散射。其实，当微观粒子间有相互作用时，一粒子从远处来到另一粒子附近，就会受到散射。这过程中两粒子未必有实体的接触，在物理上把这种散射也归为碰撞。不过这时被散射的粒子运动方向是渐变的，瞄准距离和散射方向均是相对于远处的渐近线而言。碰撞（散射）截面依能够发生散射时的最大的瞄准距离而定，其大小用来衡量相互作用力的有效范围。当把分子看成刚性球时，如果考虑分子间的吸引力，就会在两刚球分子未接触之前便因引力作用而发生散射，那么，有效碰撞截面则比无吸引力的刚球碰撞时来得大。而且，温度愈低，分子平均相对运动速率就愈小，两分子相互作用的时间便愈长，分子吸引力所导致的运动轨迹的偏折作用就加强。于是有效碰撞截面将随温度降低而加大；随之，分子有效直径也成为与温度有关的量，温度越高它越小些。

令 $\sigma(T)$ 与 σ_∞ 分别是温度为 T 及温度极高时的碰撞截面，它们之间有这样的关系：

$$\sigma(T)=\sigma_\infty(1+\frac{C}{T})$$

其中 C 是由分子引力函数所决定的常数。关于平均自由程，也有类似的关系：

$$\bar{\lambda}(T)=\bar{\lambda}_\infty\frac{T}{C+T}$$

3.7.3 气体分子按自由程的分布

尽管分子在任意两次连续碰撞之间通过的自由程有长有短，但在确定的宏观状态下，自由程介于一给定长度区间的分子数比率是一定的，即，分子有按自由程分布的统计规律。

设想我们把带有标记的 N_0 个分子作为一组，跟踪它们，并对组中分子的自由程进行统计。这 N_0 个分子若选择得当，会使物理图像更加简单清晰。我们已假设所有分子均以平均速率 $\bar{v}$ 运动，但运动方向可有差异。由于分子数目众多，总可挑出 N_0 个速度方向平行于 x 轴的分子，并且它们都刚在 $t=0$ 时刻于 $x=0$ 处经历了一次碰撞，就选它们作为我们要考察自由程的那一组分子。正因它们运动方向彼此平行，速率相等，所以它们不会与本组分子相碰，但却要陆续受到组外分子的碰撞。我们再规定组内分子一旦受碰就被清除出组，那么，这组分子的个数会越来越少。现在我们随时记录组内还剩下的分子数。

若在 x 处这组分子还剩下 N 个，在 $x+\mathrm{d}x$ 处还剩下 $N+\mathrm{d}N(\mathrm{d}N<0)$ 个，这就是说，组内有 N 个分子的自由程大于 x，有 $-\mathrm{d}N$ 个分子的自由程介于 $x\sim x+\mathrm{d}x$。$-\mathrm{d}N$ 应正比于 N 及 $\mathrm{d}x$，设比例系数为 C，则：

$$-\mathrm{d}N=CN\mathrm{d}x \tag{3.7.10}$$

考虑到在 $x=0$ 处 $N=N_0$，则可解出

$$N=N_0\mathrm{e}^{-Cx}, \qquad -\mathrm{d}N=N_0C\mathrm{e}^{-Cx}\mathrm{d}x \tag{3.7.11}$$

下面利用分子平均自由程 $\bar{\lambda}$ 来确定 (3.7.10) 及 (3.7.11) 式中的常数 C。首先，自由程介于 $x\sim x+\mathrm{d}x$ 的 $-\mathrm{d}N$ 个分子的自由程之和为：

$$-x\mathrm{d}N=xN_0C\mathrm{e}^{-Cx}\mathrm{d}x$$

由于 N_0 的数目足够大，N_0 个分子内，自由程可以从零至正无穷，所以 N_0 个分子自由程的总和为：

$$\int_0^\infty xN_0C\mathrm{e}^{-Cx}\mathrm{d}x$$

那么，平均自由程便是：

$$\bar{\lambda} = \frac{1}{N_0}\int_0^\infty x N_0 C e^{-Cx} dx = \frac{1}{C}$$

所以常数 $C = \frac{1}{\bar{\lambda}}$。将此代入(3.7.11)式中,就得:

$$N = N_0 e^{-x/\bar{\lambda}} \tag{3.7.12}$$

这是 N_0 个分子中自由程大于 x 的分子数目。而 $\frac{N}{N_0} = e^{-x/\bar{\lambda}}$ 就是分子自由行进了 x 路程尚未遭到碰撞而得以残存的概率,或自由程大于 x 的概率。还有

$$-dN = \frac{N_0}{\bar{\lambda}} e^{-x/\bar{\lambda}} dx = N \frac{dx}{\bar{\lambda}} \tag{3.7.13}$$

这是自由程介于 $x \sim x+dx$ 的分子数目。式中出现的 $\frac{dx}{\bar{\lambda}} = Cdx$ 就是一分子行进 dx 路程遭到碰撞的概率。另外,

$$\frac{-dN}{N_0} = \frac{1}{\bar{\lambda}} e^{-x/\bar{\lambda}} dx$$

是分子在 $x \sim x+dx$ 内被碰撞的概率,它是残存概率 $e^{-x/\bar{\lambda}}$ 与在 dx 路程上遭到碰撞的概率之乘积。

【例 3.7.3】 假设氧气中的分子都以平均速率在运动,气体温度为 300K,在给定的压强下分子的平均自由程为 2.0cm。如果氧气中有一组分子在某一时刻(设 $t=0$)刚与其他分子碰撞过,问经多长时间后组中还保留一半分子不与其他分子相碰。

【解】 恰好能把这一组氧分子看做我们讨论分子按自由程分布时所选定的那一组 N_0 个分子。现在要找到:从 $t=0$ 时刻 N_0 个分子皆受到碰撞开始,分子按下一次受碰时刻的分布。

已知分子按自由程的分布为(3.7.12)式,其中 $x = \bar{v}t$,所以这 N_0 个分子按受碰时刻的分布规律为:

$$N = N_0 e^{-\bar{v}t/\bar{\lambda}} \tag{3.7.14}$$

(令 $\tau = \bar{\lambda}/\bar{v}$ 为平均自由时间,(3.7.14)式还可写为:$N = N_0 e^{-t/\tau}$)若 $N/N_0 = 1/2$,则由(3.7.14)式易求出:

$$t = \frac{\bar{\lambda} \ln 2}{\bar{v}}$$

$$= \bar{\lambda} \sqrt{\frac{\pi \mu}{8RT}} \cdot \ln 2$$

$$= 2.0 \times 10^{-2} \times \sqrt{\frac{\pi \times 32 \times 10^{-3}}{8 \times 8.31 \times 300}} \times \ln 2$$

$$= 3.1 \times 10^{-5} (s)$$

附 3.1 对原子和分子的观察及操纵[1]

不同物质的原子其内部结构及性质是有差异的,但原子的大小都大致相同,原子直径的数量级为 10^{-10}m(0.1nm)。人眼是不能够直接看到原子的,这因为人眼所能看清的落在视网膜上两像点之间的最短距离是有限度的,通常说,眼睛的分辨率有限。它主要由视网膜上视神经

---

[1] 参考:白春礼.原子和分子的观察与操纵.长沙:湖南教育出版社,1994

细胞的直径所决定。一般人眼能分辨 25cm 距离处相隔 7.5×10^{-5}m 的两条刻线,这与能分辨出原子相去甚远。借助光学显微镜仍然观察不到原子,因为光学显微镜的放大率和分辨本领对于识别原子来说仍然是远远不够的。显微镜的分辨率是指物面上刚能分辨开的两点间最小距离,对于光学显微镜来讲,它主要取决于物镜的数值孔径和所用光线的波长。设计得最好的使用可见光的光学显微镜分辨率只能达到 3×10^{-7}m 左右。在光学显微镜家族中,分辨率高的紫外线显微镜也不过再把分辨率提高一倍左右而已。人们想到,如果利用波长更短的波来作为成像的源,显微镜的分辨本领就有可能进一步提高,于是诞生了以电子束代替光束而成像的电子显微镜。在 20 世纪 30 年代,电子显微镜的放大倍数就在 1 万倍以上,分辨率达到约 10^{-8}m。现在高级的扫描透射电子显微镜(Transmission Electron Microscope,简写为 TEM)分辨率已达 1.6×10^{-10}m,能够给出某些重金属原子的投影图像。

电子显微镜的发明使人类迈进研究物质微观结构的新纪元,在基础科学及现代高新技术进展的推动下,我们的视觉不断得到延伸。1951 年场离子显微镜(Field Ion Microscope,FIM)问世,它使成像气体(H_2, He)原子在带正高压的针尖状样品附近的强电场中离子化,然后沿电场方向加速飞行到阴极荧光屏上,得到一个对应于针尖表面原子排列的"场离子像"。1982 年 IBM 公司苏黎世实验室的 G. 宾尼(G. Binning)和 H. 罗雷尔(H. Rohrer)发明了扫描隧道显微镜(Scanning Tunneling Microscope,STM),利用探针尖端与样品表面原子间的量子力学隧道电流随二者间距变化的性质,在针尖扫描样品表面的同时,探测到样品表面的微观结构。STM 具有原子级高分辨率,它在平行和垂直于样品表面方向的分辨率分别达到 10^{-10}m (0.1nm) 和 10^{-11}m(0.01nm),显然可以分辨出单个原子。所以,利用 STM,人类第一次能够实时地观察到实空间中单个原子在物质表面的排列状态。例如,在 STM 发明后不久,就用它观察到硅表面图像,和砷化镓表面上砷原子的排列图像。继 STM 之后,还研制成功了一系列扫描探针型表面分析仪器,它们都是基于扫描探针尖端与表面原子间不同类型的局域相互作用,来探测表面原子结构和电子状态的,连同 STM 一起,统称它们为扫描探针显微镜(Scanning Probe Microscope,SPM)。探针与表面原子间的局域相互作用包括有隧道效应、原子间短程斥力、磁力、静电力、离子电导、热效应等,它们针对不同的探测对象而发挥作用。例如,1986 年 STM 的发明者之一——宾尼博士与美国斯坦福大学的奎特教授共同构思的原子力显微镜(Atomic Force Microscope,AFM),通过探针扫描,来检测出与样品表面原子间作用力的等位面,从而依照表面力的形貌得到表面图像。1987 年,斯坦福大学的 AFM 达到了原子级分辨率。根据上述工作原理,它并不要求样品表面一定是导电的,因此,能够观测不良导体乃至绝缘体样品的表面结构,这就克服了 STM 只能直接观测导体、半导体表面的局限性。1988 年底,中国科学院化学研究所研制成功我国首台具有原子级分辨率的 AFM,并在此基础上取得 SPM 研制及观测的多方面进展。

利用 SPM 技术中各种针尖与表面原子间的相互作用(主要是针尖与样品间的力、场,进入样品的能量,以及外来辐射或邻近化学环境等),还可以对表面进行纳米尺度上的加工,如刻蚀、定点化学反应,甚至操纵单个原子。1990 年 4 月,美国 IBM 公司的两位科学家用 STM 观测吸附在金属镍表面的氙原子,发现当把针尖逼近氙原子只相距 $0.2\sim0.3$nm 左右时,在针尖与氙原子间产生一吸引力,可拖动氙原子在表面上滑动。于是他们将样品置于-263℃、超高真空的条件下,用 STM 针尖经过 22 小时的操作,把 35 个氙原子排成了"IBM"字样。这三个字母的高度大约是一般印刷用字母的二百万分之一。这些氙原子间的距离只有 1.3 纳米左右。此次实验首开人类有计划地移动和排布单个原子之先河。随后,他们还用 STM 针尖加一电压脉冲,移动了硅原子。1991年6月,在日本日立中心研究室(HCRL),利用STM从室温下的二硫化钼晶体表面上有选择地把单个硫原子轰击出来,留下的空位组成了英文"PEACE 91"及"HCRL"字样。1993年,美国IBM公司的研究者进一步用STM将吸附在铜表面的48个铁原子排成一圆环,最近的铁原子间距是0.9纳米,实现了金属原子的移动,而且第一次用实验方法显示了势阱内电子波动的驻波形态。用SPM技术不仅能操纵单个原子,还可以操纵分子,1991年2月,还是美国IBM公司的"拼字小组",用STM针尖移动吸附于铂表面的一氧化碳分子,创作出"一氧化碳分子人",它从头到脚只有5纳米。

在单原子测量与控制方面,中国科技人员也有不凡的表现。中国科学院化学研究所的研究人员用自制的STM在石墨表面刻出的"中国"字样、中国地图及奥林匹克五环旗图案都十分清晰逼真。1994年初,中国科学院北京真空物理实验室的研究人员成功地利用一种新的表面原子操纵方法,用STM在硅单晶表面直接提走硅原子,形成平均宽度2纳米(提走了3~4个硅原子)的线条,"写"出"毛泽东"、"100"字样,这是当时世界上在硅表面上"写"出的最小字体,平均每个字的面积仅有$2\times10^{-6}\text{cm}^2$。

操纵单个原子的技术为实现高密度信息存储、制造纳米级电子器件、设计和生产新型材料,乃至物种再造等方面打开了希望之门。

思 考 题

3—1 气体处于平衡态时,其分子的平均速度为多大?平均动量为多大?

3—2 本章(3.1.8)式与"平衡态下分子运动无择优方向"的论述相符吗?

3—3 何谓速度空间?如何利用速度空间来说明"分子按速度分布"、"按速度分量分布"和"按速率分布"各自所指的问题是什么?

3—4 分子的速度分布函数、速度分量的分布函数以及速率分布函数三者彼此之间有哪些关系?

3—5 在本章中你学习到气体的哪几种微观模型?它们各自应用在何处?

3—6 温度为273K的氧气贮存在边长为1.0m的立方容器里,当一个分子下降的高度等于容器的边长时,其重力势能改变多少?试将容器中氧分子重力势能的最大改变量与分子的平均平动能相比较。

3—7 可以用哪些方法来计算在单位时间内、容器中的分子对单位面积器壁的碰撞次数?试对不同的方法进行比较。

3—8 我们是基于分子以一定规律按速度分布而导出本章(3.4.6)式及理想气体压强公式的,这里需要知道速度分布函数的具体形式吗?

3—9 在推导理想气体压强公式时,曾假设容器壁是光滑的,试放弃这一假设,推导出同样的理想气体压强公式。

3—10 在理想气体微观模型中,假设分子与器壁的碰撞是完全弹性的,这其实意味着什么?微观上,分子与分子、分子与器壁的碰撞,若是完全弹性的,那是怎么回事?若是非弹性的,又是怎么回事?

3—11 在推导理想气体压强公式的过程中,什么地方用到了理想气体的假设?什么地方用到了平衡态的条件?什么地方用到了统计平均的概念?

3—12 保持气体的压强恒定,使其温度升高一倍,则每秒与单位面积器壁碰撞的气体分子数以及每个分子在碰撞时施于器壁的平均冲量将如何变化?

3—13 一定质量的气体,当温度保持恒定时,其压强随体积的减小而增大;当体积保持恒定时,其压强随温度的升高而增大。从微观的角度看来,这两种使压强增大的过程有何区别?

3—14 一瓶氧气,在高速运输的过程中突然被迫停止下来,瓶内氧气的压强和温度会有什么变化?

3—15 范德瓦尔斯方程中 $(p+\frac{a}{v^2})$ 和 $(v-b)$ 两项各有什么物理意义?范德瓦尔斯气体的内部压强是多大?

3—16 在一定的温度和体积下,由理想气体状态方程和范德瓦尔斯方程算出的压强哪个大?

3—17 容器内贮有一定量理想气体,分别对其进行等容加热和等压加热,两种情况下,分子的平均自由程和碰撞频率随温度怎样变化?

3—18 容器内贮有 1mol 气体,设分子的碰撞频率为 Z,问容器内所有分子在一秒内总共相碰多少次?

3—19 如果认为两个分子在离开一定距离时,相互间存在一有心力作用,则这时分子的有效直径、碰撞截面和平均自由程等概念是否还有意义?

3—20 将分子自由程 x 看作连续型随机变量,它的概率密度分布函数是什么?最概然自由程是多少?

习　题

3—1 试由 $p=\frac{2}{3}n\overline{\varepsilon_t}$ 及 $\overline{\varepsilon_t}=\frac{3}{2}kT$ 推证道尔顿分压定律。

3—2 1mol 氦气,其分子热运动的平均平动能总和为 3.75×10^3J,求氦气的温度。

3—3 质量为 10g 的氮气,当压强为 1.013×10^5Pa,体积为 7700cm^3 时,其分子平均平动能是多少?

3—4 气体的温度 $T=273$K,压强 $p=1.01\times10^3$Pa,密度 $\rho=1.24\times10^{-2}$kg·m^{-3}。

(1)求气体分子的方均根速率;

(2)求气体的摩尔质量并确定它是什么气体。

3—5 在标准状态下氦的方均根速率为 1.30×10^3m·s^{-1},求这时氦的密度。

3—6 质量 $m=1.1$kg 的实际二氧化碳气体在体积 $V=2.0\times10^{-2}$m^{-3}、温度 $t=13$℃ 时的压强是多少?并与用理想气体状态方程计算的结果相比较。

3—7 压强为 2.02×10^6Pa、体积为 820.0cm^3 的 2.000g 氮气其温度为多少?试分别按理想气体及范德瓦尔斯气体计算之。

已知氮的范德瓦尔斯常数:

$a=1.36\times10^5$Pa$(\frac{m^3}{kmol})^2$,

$b=0.0385$m^3/kmol。

把压强先后改为 2.02×10^5Pa 及 3.07×10^5Pa,重复以上计算,并进行讨论。

3—8 对于氧气,范德瓦尔斯状态方程中的常数 $b=0.0315$m^3/kmol,b 又约等于 1mol 气体内所有分子体积总和的 4 倍,试估算氧分子直径。

3—9 采用§3.4.2第一段中对分子热运动的简化假设,试求在边长为 L 的立方体容器(器壁表面光滑)内,

(1)同一分子连续两次碰撞同一面器壁所间隔的时间是多少?

(2)一个分子在单位时间内对该面器壁的碰撞次数及施于这面器壁的冲量是多少?

(3)导出理想气体压强公式。

(4)求单位时间内分子对单位面积器壁的碰撞次数。

3—10 一球形容器直径为 R,内盛理想气体,其分子数密度为 n_0,每个分子的质量为 m。

(1)若某分子速率为 v_i,与器壁法向成 θ_i 角射向器壁进行完全弹性碰撞,问该分子在连续两次碰撞间运动了多长距离?

(2)该分子每秒钟撞击容器壁多少次?

(3)每一次撞击给予器壁的冲量是多大?

(4)导出理想气体压强公式。

3—11 温度为 T 的某种二维理想气体,分子质量为 m,分子活动范围限制在一平面内,其速率分布函数为 $f(v)$。现不必知道 $f(v)$ 的具体函数形式,求证:单位时间内、撞击在单位长度"器壁"上的分子数为 $\dfrac{n}{\pi}\int_0^\infty vf(v)dv = n\bar{v}/\pi$,其中 n 为分子数密度,$\bar{v}$ 为分子平均速率。

3—12 气体分子的质量为 m。若已知分子的速率分布函数 $f(v)$,就可知道分子平动动能的分布函数 $\varphi(\varepsilon_t)$。试在不涉及 $f(v)$ 及 $\varphi(\varepsilon_t)$ 具体函数形式的情况下,由 $f(v)$ 推导出 $\varphi(\varepsilon_t)$。

3—13 氢气在 1.013×10^5Pa、15℃时,分子的平均自由程为 1.18×10^{-7}m,求氢分子的有效直径。

3—14 氮分子的有效直径为 3.8×10^{-10}m,求其在标准状态下的平均自由程和连续两次碰撞之间的平均时间。

3—15 若在 1.013×10^5Pa 下氧分子的平均自由程为 6.8×10^{-8}m,设温度保持不变,在什么压强下其平均自由程为 1.0mm?

3—16 今测得温度为 15℃、压强为 1.013×10^5Pa 时,氩分子和氖分子的平均自由程分别为 $\bar{\lambda}_A = 6.7\times10^{-8}$m 及 $\bar{\lambda}_N = 13.2\times10^{-8}$m,问:

(1)氩分子和氖分子的有效直径之比是多少?

(2)温度为 20℃、压强为 2.00×10^4Pa 时,$\bar{\lambda}_A$ 是多少?

(3)温度为 -40℃、压强为 1.00×10^5Pa 时,$\bar{\lambda}_N$ 是多少?

3—17 在气体放电管中,电子不断与气体分子相碰,因电子的速率远大于气体分子的平均速率,所以后者可以认为是静止不动的。(电子的"有效直径"比起气体分子的有效直径来说可以忽略不计)

(1)电子与气体分子的碰撞截面 σ 为多大?

(2)证明:电子与气体分子碰撞的平均自由程为

$$\bar{\lambda}_e = \frac{1}{\sigma n},$$

式中 n 为气体分子数密度。

3—18 设一有效直径为 d_1 的分子打入分子有效直径为 d_2、分子数密度为 n_2 的气体中。若需求出打入的那一分子的平均自由程 $\bar{\lambda}$,还得先求出什么物理量?$\bar{\lambda}$ 的最后表达式是什么?

3—19 气体分子的平均自由程是 $\bar{\lambda}$,若分子无碰撞地至少通过 L 路程之概率小于 50%,

问 L 是多大？

3—20 27℃时需将阴极射线管抽到多高的真空度才能保证从阴极发射出来的电子有 90% 能达到 20cm 远的阳极而在途中不与空气分子相碰？（取空气分子的有效直径为 3.0×10^{-10}m）

3—21 由电子枪发出一束电子，射入压强为 p 的气体。在电子枪前与其相距 x 处放置一收集电极，用来测定能够自由通过（即不与气体分子相碰）这段距离的电子数。（已知电子枪发射的电子流强度为 100μA，当气压 $p=100$Pa、$x=10$cm 时，到达收集极的电子流强度为 37μA）

(1) 电子的平均自由程是多大？

(2) 当气压降到 50Pa 时，到达收集极的电子流强度为多大？

第4章 弱耦合系统玻耳兹曼分布律的简单应用

在上一章,我们持有统计分布观点建立了气体分子热运动的有关基本概念,但还应知道分布函数的具体函数形式,这将进一步给出若干有应用价值的结果。

§4.1 弱耦合系统的玻耳兹曼分布律

如果构成客观体系的粒子之间不存在相互作用,例如理想气体,则处理其统计性质就比较容易。实际上,真实系统中的粒子之间不可能完全没有相互作用,但若粒子的数密度较低,平均自由程较大,而相互作用力程却短,远小于平均自由程,那么,粒子在运动中的大部分时间是处于自由状态的。或者换一种说法,在任何时刻系统中只有极小部分粒子处于互作用的力程以内,这样,粒子间的相互作用仅占次要地位。尤其在温度较高时,动能对总能量的贡献相对地更大,因此可以放心地略去相互作用能量,认为粒子之间的耦合弱到可以忽略,每个粒子的能量只由自身的状态所决定,而与其他粒子的运动状态无关。这样的弱耦合系统可以看做是由近独立的粒子所组成,单个粒子的状态和相应的能量都有确切意义,系统总能量就是各单粒子能量之和。

除稀薄气体是典型的弱耦合系统之外,还有许多物理系统可看成是弱耦合系统;或者对原系统进行适当处理,将其化为由某种独立子系构成的系统。例如,晶体中的原子(或离子,或原子集团)本是彼此有相当强的结合力的,在温度不很高时,原子在平衡位置附近作振动。正由于原子之间有相互作用,所以每个原子的微振动并非独立进行。这种微振动要以波的形式在晶体中传播;另一方面,实际晶体总是有限的,这就必须考虑边界条件,结果得到:晶体中原子点阵(晶格)的振动状态只能取有限数目。采用力学中处理质点系微振动的典型方法,引入所谓"正则坐标",便可看到用正则坐标所表示的晶格振动的动能、势能及运动方程,与独立简谐振子系统完全相同。晶格振动有多少可能的方式,便对应有多少个不同振动模式的简谐振子。它们组成独立子系,在研究晶格振动这一问题上,代替了晶体中真实的原子系统。

弱耦合系统不单局限于经典物理适用的系统。例如必须用量子物理处理的金属中的电子,也可以化为近独立粒子系统。单就金属中的电子而言,不是互相独立的,但金属中还有正离子背景,每一电子不单要排斥其他电子,还要同时吸引正离子。因而可以形象地认为每一电子周围都随时被一团正电荷云屏蔽着,变得与无正电荷背景时不同,称之为"准电子"。在"准电子"之间被屏蔽的库仑力是短程的,在初步近似下可略去,于是金属中的准电子气就当成弱耦合系统了。

在§2.5中我们讨论了热力学系统的微观配容与宏观分布的概念,不同的分布出现的概率会有很大差异,而最概然分布就作为平衡态的分布。当一热力学系统是由可分辨的经典粒子所组成,并且这些经典粒子有相同的力学性质又彼此近独立(弱耦合)时,该系统在给定总粒子数和总能量的条件下之最概然分布,就是玻耳兹曼在1877年提出的玻耳兹曼统计分布。而由

第 4 章　弱耦合系统玻耳兹曼分布律的简单应用

全同近独立粒子组成的量子系统的最概然分布,则是费米-狄拉克分布(对费米子体系)和玻色-爱因斯坦分布(对玻色子体系)。我们现在只给出按半经典方式描述系统微观状态而导出的玻耳兹曼分布律的结果:若系统所含粒子总数为 N,其中能量为 ε_l 的粒子数为 a_l,它们在 μ 相空间(见§2.5)中的代表点分布在 $2f$ 维小体积元 $\Delta\omega_l$ 中,则

$$a_l = \frac{N e^{-\varepsilon_l/kT} \Delta\omega_l}{\sum_l e^{-\varepsilon_l/kT} \Delta\omega_l} \tag{4.1.1}$$

式中 ε_l 可以包括粒子在外场中的能量。

对于重力场中的理想气体系统,当只考虑分子质心的平动能及在重力场中的势能时,分子自由度 $f=3$,μ 相空间是 6 维的。那些位置在 (x,y,z) 附近而能量在 $\varepsilon = \frac{1}{2m}(p_x^2 + p_y^2 + p_z^2) + mgz$ 附近的分子之状态代表点都落在 μ 相空间中 $(x,y,z;p_x,p_y,p_z)$ 附近的体积元 $d\omega = dxdydzdp_xdp_ydp_z$ 之内,这里的 m 是分子质量,(p_x,p_y,p_z) 是分子动量,z 坐标轴沿铅直方向。由于分子的位置及动量都是连续变化的,故(4.1.1)式分母中的求和可以变为积分,积分结果是不含位置和动量变量的常量。为了与本课程前后所惯用的变量及符号保持一致,我们把动量变量换成速度变量(v_x,v_y,v_z),把 a_l 换成 dN_{z,v_x,v_y,v_z},它表示在真实空间的高度 z 处(x、y 坐标不限)一体积元 $dxdydz$ 内、速度介于 $v_x \sim v_x+dv_x$、$v_y \sim v_y+dv_y$、$v_z \sim v_z+dv_z$ 的分子数。最后,(4.1.1)式可写成:

$$dN_{z,v_x,v_y,v_z} = n_0 \left(\frac{m}{2\pi kT}\right)^{3/2} e^{-\varepsilon_k/kT} e^{-\varepsilon_p/kT} dxdydzdv_xdv_ydv_z \tag{4.1.2}$$

其中 T 是气体温度,k 为玻耳兹曼常数,ε_k 是速度介于上述给定区间的分子之热运动动能,$\varepsilon_k = \frac{m}{2}(v_x^2 + v_y^2 + v_z^2)$;$\varepsilon_p$ 是位置在上述体积元内的分子之重力势能,$\varepsilon_p = mgz$,已取 $z=0$ 处为重力势能零点。因子 $n_0 \left(\frac{m}{2\pi kT}\right)^{3/2}$ 与(4.1.1)式分母的积分结果有关,n_0 应理解为在 $z=0$ 处具有各种可能速度的分子数密度。

§4.2　重力场中微粒按高度的分布

仍讨论重力场中的理想气体系统,但现在我们不关心分子按速度的分布,也就是把各种可能速度区间的分子不加区分地作为研究对象,只看分子数按高度的分布。这就要对(4.1.2)式中的三个速度分量变量在各自可取的正、负无穷大范围内进行积分,于是得到位置在 z 附近的体积元 $dxdydz$ 内的分子数

$$dN_z = \int_{-\infty}^{\infty} dv_x \int_{-\infty}^{\infty} dv_y \int_{-\infty}^{\infty} dv_z \ n_0 \left(\frac{m}{2\pi KT}\right)^{3/2} e^{-\varepsilon_k/kT} e^{-\varepsilon_p/kT} dxdydz$$

这里的三重积分,是三个上下积分限为正、负无穷大的广义积分,我们只给出有关的积分公式:

$$\int_0^\infty e^{-bx^2} x^{2M} dx = \begin{cases} \dfrac{1}{2}\sqrt{\dfrac{\pi}{b}}, & (M=0) \\ \dfrac{1 \cdot 3 \cdot 5 \cdots (2M-1)}{2^{M+1}} \sqrt{\dfrac{\pi}{b^{2M+1}}}, & (M=1,2,3,\cdots) \end{cases} \tag{4.2.1}$$

可以计算出:

$$dN_z = n_0 e^{-mgz/kT} dxdydz \tag{4.2.2}$$

也就得到在 z 处的分子数密度

$$n(z) = \frac{dN_z}{dxdydz} = n_0 e^{-mgz/kT} = n_0 e^{-\mu gz/RT} \tag{4.2.3}$$

此式表明重力场中气体的平衡态并不是其分子在空间呈均匀分布。这是由于气体分子处于重力场中受到两种互相对立的作用而造成的。一方面，无规则热运动要使气体分子均匀分布于它们所能到达的空间；另一方面，重力则要使气体分子聚集到地面。这两种作用达到平衡时，气体密度必随高度增加而减小，这也正符合"海拔越高大气越稀薄"的事实。下面从(4.2.3)式出发，讨论它的两个重要应用。

4.2.1 等温大气压公式

地球大气按温度特征从地面向上分为对流层、平流层、中间层和热层。对流层的主要特征是大气对流强烈，地面所观测到的各种天气现象都发生在这一层里。对流层顶的高度随纬度而不同，在极区约 9km，在赤道可达 17km 左右。对流层内高度越高，温度越低，平均每升高 1km 温度下降 6.5℃。对流层以上是平流层，其层顶约在 50km 高度处，此层内仅在 20km 上下一段高度内温度保持—50℃左右不变，往上温度随高度而增加，上暖下凉。所以大气的垂直对流不强，但水平运动却很强。平流层顶以上到约 85km 高度是中间层，在这一层里大气温度再次随高度增加而降低。再往上是热层，温度随高度急剧上升，直到离地面二百多公里高以上，温度才趋于稳定，不再随高度变化。地球大气又可按成分分为均质层、非均质层和外逸层。均质层是指自地面到约 80km 高度范围内的大气。由于一种称做"湍流扩散"的过程，使得这一层内大气组成成分基本上处处相同，平均分子量不随高度变化。均质层以上是大气成分明显随高度变化的非均质层，平均分子量随高度逐渐降低。大气的最外层称为外逸层。这里的大气十分稀薄，分子平均自由程很大，以致分子之间的碰撞可以忽略，热运动速率足够大的分子有可能挣脱地球引力而逃逸，但其实在此高度处气体是电离的，分子的运动还要受到磁场的约束。

对于前面我们已知其统计分布规律（即(4.1.2)式和(4.2.3)式）的重力场中理想气体系统，它最好的实例就是地球大气。但为了能简单地应用(4.1.2)和(4.2.3)式，需要假设大气处于温度不随高度变化的平衡态。这当然与上述大气中的实际情况不符，不过，认为在比较小的高度范围内大气是等温的，倒也不至于产生很大误差。现在，把大气视为理想气体，平均摩尔质量 μ 和温度 T 都不随高度变化，则(4.2.3)式指出，这样的大气密度是随高度呈指数衰减的。进而很容易确定等温大气的压强随高度变化的规律，根据理想气体状态方程(2.4.12)式，将(4.2.3)式给出的分子数密度代入，得：

$$\begin{aligned} p(z) &= n(z)kT \\ &= n_0 e^{-\mu gz/RT} kT \\ &= p_0 e^{-\mu gz/RT} \end{aligned} \tag{4.2.4}$$

式中 $p_0 = n_0 kT$，是在 $z=0$ 处的大气压强。(4.2.4)式叫做等温大气压公式。

利用(4.2.4)式可以近似估算不同高度处的大气压强。将(4.2.4)式两边取对数，得：

$$z = \frac{RT}{\mu g} \ln \frac{p_0}{p} \tag{4.2.5}$$

式(4.2.4)及(4.2.5)中的因子 $RT/\mu g$ 有长度的量纲，定义 $H = RT/\mu g$ 为等温大气标高。从 H 的表达式来看，分母 μg 是 1mol 大气的重力，分子 RT 比例于 1mol 大气热运动能量，

所以 H 综合了热运动与重力场这两个影响大气密度分布并互相抗衡着的因素。我们可以从两方面来理解等温大气标高的物理意义。首先，从(4.2.4)式看出，在 $z=H$ 处，大气压强是 p_0 的 $1/e$ 倍；另外，若求单位截面积、无限高的大气气柱中的分子总数，需对(4.2.2)式做积分：

$$\int_0^\infty n_0 e^{-z/H} dz = H n_0$$

这意味着：如果把整个大气层压缩为环绕地球表面的一层假想的均匀大气层，并让其密度就等于地表处的真实大气密度 n_0，那么这一假想大气层的厚度为 H。

4.2.2 悬浮微粒按高度的分布

与大气中的分子十分类似，等温悬浮液中的布朗粒子数密度要随高度衰减。设想在一水平放置的容器中，装有平均密度为 ρ_L 的液体，其中悬浮有少量布朗微粒，每一微粒的质量均为 m，体积均为 V。按照图 4.2.1 中的受力分析，微粒受重力 $-mg$，受浮力 $\rho_L V g$，又已知微粒物质的密度为 ρ，则浮力可表为 $\rho_L \dfrac{m}{\rho} g$。这样，每一微粒受到的合力为：

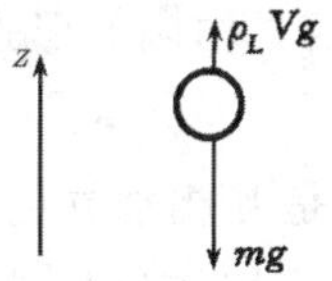

$$-mg + \frac{\rho_L}{\rho} mg$$

图4.2.1 悬浮液中布朗微粒的受力分析

$$= -\left(1 - \frac{\rho_L}{\rho}\right) mg$$

$$= -m^* g$$

其中 m^* 是计入浮力后，微粒的等效质量。

这些等效质量为 m^* 的微粒都在作无规则热运动，可以把它们看成是在重力场中质量为 m^* 的"巨理想气体分子"。如果容器中温度处处相同，那就可以按等温大气处理之。依(4.2.3)式得到这些布朗微粒数密度按高度的分布：

$$n(z) = n_0 e^{-m^* g z / kT}$$

随之可得 z_1、z_2 两高度处微粒密度之比

$$\frac{n(z_1)}{n(z_2)} = e^{-(m^* g / kT)(z_1 - z_2)}$$

根据此式，如果在实验上测得了 $n(z_1)$ 及 $n(z_2)$，就可以计算出阿伏伽德罗常数：

$$N_A = \frac{RT}{m^* g (z_2 - z_1)} \ln \frac{n(z_1)}{n(z_2)}$$

$$= \frac{RT \rho}{m (\rho - \rho_L) g (z_2 - z_1)} \ln \frac{n(z_1)}{n(z_2)} \tag{4.2.6}$$

1908 年法国物理化学家佩林首先得到了(4.2.6)式所示的乳浊液中微粒分布方程。他经过多次试验，找到藤黄和乳香可作为合适的物质分别制成乳浊液。这两种乳浊液的颗粒都是球形的，容易由颗粒的半径求到体积。为了选择半径相同(以致质量和体积都相同)的微粒进行实验，佩林花费了几个月的时间，用"离心分类法"细心操作，得到了颗粒非常均匀的乳浊液。他把密封的样品置于放大倍数很高但景深很小(约 $1\mu m$)的显微镜工作台上，上下移动镜筒，就能观测到位于不同高度的极薄一层颗粒。再采用照相术，记录下各层给定面积上的颗粒数。后又改进为通过显微镜焦面上的小细孔读取颗粒出现的平均频数来计算不同层中的颗粒浓度比。佩林解决了一系列实验难题，终于测量得到阿伏伽德罗常数 N_A 的值在 $5.0 \times 10^{23} \sim 8.0 \times$

10^{23}/mol 之间。随后他和他的学生肖塞格又进一步验证了爱因斯坦的布朗运动理论中的位移公式。为褒奖佩林"有关物质不连续结构的研究,特别是沉积平衡的发现",他获得了1926年诺贝尔物理学奖金。

§4.3 麦克斯韦速度分布律

4.3.1 麦克斯韦速度分布函数

在本书中,这是与气体分子的速度(或速率)分布规律第三次打交道了。首先,在第1章里,引入了速率分布函数的概念;然后,在第3章中我们讨论了与速度有关的各种分布函数的物理含义及相互关系;现在,要根据玻耳兹曼分布律(4.1.2)式,给出这些分布函数的具体函数形式了。

(4.1.2)式表明,分子按速度的分布规律与它们在真实空间中的密度分布是互相独立的。这是说,无论气体系统是因处于重力场(可推广至任何保守力场)中而在空间呈不均匀分布,还是不计重力场(或其他保守力场)的作用而呈均匀分布,在真实空间中任何点附近一小体积元 $dxdydz$ 内的分子总是服从确定的按速度分布规律,或者就整个气体系统所含的 N 个分子而言,也总是服从同样的速度分布律。

现在,我们不管分子密度在空间的分布,只关心它们按速度的分布,这就要对(4.1.2)式中的空间变量在各自可取的数值范围内进行积分。既然(4.1.2)式中的 $n_0 e^{-\epsilon_p/kT}dxdydz$ 是如(4.2.2)式所给出的在 z 附近 $dxdydz$ 体积元内的分子数 dN_z,那么它对空间变量遍及系统所占据的空间积分的结果必等于气体系统分子总数 N,即:

$$\int dx \int dy \int dz n_0 (\frac{m}{2\pi kT})^{3/2} e^{-\epsilon_k/kT} e^{-\epsilon_p/kT} dv_x dv_y dv_z$$
$$= N(\frac{m}{2\pi kT})^{3/2} e^{-\epsilon_k/kT} dv_x dv_y dv_z$$
$$= dN_{v_x,v_y,v_z} \tag{4.3.1}$$

此式中与(3.1.10)式中出现的 dN_{v_x,v_y,v_z} 代表相同的物理含义,是指在 N 个分子中速度三分量分别介于 $v_x \sim v_x+dv_x$、$v_y \sim v_y+dv_y$、$v_z \sim v_z+dv_z$ 的分子数。

比较(3.1.10)和(4.3.1)式,就得到速度分布函数:

$$f(v_x,v_y,v_z) = (\frac{m}{2\pi kT})^{3/2} e^{-m(v_x^2+v_y^2+v_z^2)/2kT} \tag{4.3.2}$$

速度分布函数的这一函数形式最早是由麦克斯韦(James Clerk Maxwell,1831~1879)于1859年用概率法推出的,理论虽不严格,但为首先建立,所以气体分子的速度分布律及有关分布函数都以"麦克斯韦"冠名。现在我们看到速度分布律乃是玻耳兹曼分布律的自然结果。事实上,在统计物理中利用系综理论也能导出同样的速度分布律,而且表明这一分布律不仅适用于理想气体,也适用于化学纯和混合的非理想气体[①]。

[①] 参见:顾世洧.麦克斯韦分布适用的范围.大学物理·力学热学专辑.北京:对外贸易教育出版社,1987.414~418

4.3.2 麦克斯韦速度分量分布函数

由于分子热运动各向同性,因而断定速度分量分布函数 $f(v_x)$、$f(v_y)$ 和 $f(v_z)$ 有相同的函数形式。再将(3.1.11)式与(4.3.2)式给出的 $f(v_x,v_y,v_z)$ 作比较,不难得出:

$$f(v_x)=(\frac{m}{2\pi kT})^{1/2}e^{-mv_x^2/2kT}$$
$$f(v_y)=(\frac{m}{2\pi kT})^{1/2}e^{-mv_y^2/2kT} \qquad (4.3.3)$$
$$f(v_z)=(\frac{m}{2\pi kT})^{1/2}e^{-mv_z^2/2kT}$$

它们各自随 $|v_x|$、$|v_y|$、$|v_z|$ 的增大而很快衰减,所以出现在被积函数中时,积分上下限可以取做正、负无穷大(见(1.2.8)式后的说明)。用积分公式(4.2.1)式,可以验算以上三个速度分量分布函数都满足归一化条件:

$$\int_{-\infty}^{\infty}f(v_x)\mathrm{d}v_x=(\frac{m}{2\pi kT})^{1/2}\int_{-\infty}^{\infty}e^{-mv_x^2/2kT}\mathrm{d}v_x=1$$
$$\int_{-\infty}^{\infty}f(v_y)\mathrm{d}v_y=(\frac{m}{2\pi kT})^{1/2}\int_{-\infty}^{\infty}e^{-mv_y^2/2kT}\mathrm{d}v_y=1$$
$$\int_{-\infty}^{\infty}f(v_z)\mathrm{d}v_z=(\frac{m}{2\pi kT})^{1/2}\int_{-\infty}^{\infty}e^{-mv_z^2/2kT}\mathrm{d}v_z=1$$

当然,$f(v_x,v_y,v_z)$ 也就一定满足归一化条件:

$$\int_{-\infty}^{\infty}\mathrm{d}v_x\int_{-\infty}^{\infty}\mathrm{d}v_y\int_{-\infty}^{\infty}\mathrm{d}v_z f(v_x,v_y,v_z)=1$$

4.3.3 麦克斯韦速率分布律

将已知的速度分布函数 $f(v_x,v_y,v_z)$(即(4.3.2)式)代入(3.1.15)式,便得到麦克斯韦速率分布函数

$$f(v)=4\pi(\frac{m}{2\pi kT})^{3/2}v^2 e^{-mv^2/2kT} \qquad (4.3.5)$$

现在已知速率分布函数的具体函数形式,图 1.2.3 中速率分布曲线的形状也就确定了,如图 4.3.1 所示,曲线从坐标原点出发,经过一极大值,然后随着速率的增加,渐近于横坐标轴。这表明,速率很大和很小的分子所占的比率都很小。通常把与 $f(v)$ 极大值所对应的速率记为 v_p,称之为最概然速率。当 $v>v_p$ 时,$f(v)$ 随 v 增大确实衰减甚快,它出现在被积函数中时,积分上限可取为无穷大。

可以用积分公式(4.2.1)式验算出麦克斯韦速率分布函数满足归一化条件:

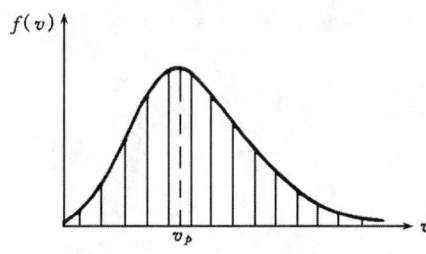

图 4.3.1 麦克斯韦速率分布曲线

$$\int_0^{\infty}4\pi(\frac{m}{2\pi kT})^{3/2}v^2 e^{-mv^2/2kT}\mathrm{d}v=1$$

前述最概然速率 v_p,连同平均速率 $\bar{v}$ 及方均根速率 $\sqrt{\overline{v^2}}$ 是速率分布中的三个特征速率。下面把它们与温度及气体分子质量(或摩尔质量)的关系计算出来,并作些讨论。

(1) 最概然速率 v_p。

在图 4.3.1 中，若将零到无穷大整个速率范围分成若干相等的小速率区间，则分布在 v_p 所在那一区间的分子数比率最大，从"最概然速率"的字义来讲，就是说：分子速率在 v_p 所在那一区间的概率最大。

在§1.2.3里我们讲过连续型随机变量取某一确定值的概率只能是零。现在，分子热运动速率正是连续型随机变量，我们根本不可以问"具有某确定速率的分子数是多少"，所以也不可以说"速率恰为 v_p 的分子数最多，或分子数比率最大"，因为这相当于是谈论速率介于 $v \sim v +$ dv 而 dv 趋于零时的分子数之多少。当 dv 趋于零时，意味着要无限分割出越来越小的速率区间，相应分配到各区间内的分子数也越来越少，以致相对涨落幅度就越来越大，统计规律便失去意义了。

v_p 的值可以经由求函数 $f(v)$ 的极值而得到。令满足 $\dfrac{\mathrm{d}f(v)}{\mathrm{d}v}=0$ 的速率为 v_p，其中的 $f(v)$ 已由（4.3.5）式给出，易得

$$v_p=\sqrt{\frac{2kT}{m}}=\sqrt{\frac{2RT}{\mu}} \tag{4.3.6}$$

显然，在同一温度下不同种类气体各自的 v_p 反比于它们分子质量（或摩尔质量）的平方根；而对于同一种类气体，温度越高 v_p 越大。据此，就可以区分出同一温度下不同种类气体的分子速率分布曲线，也能区分出同一种气体在不同温度下的速率分布曲线。例如图 4.3.2 中的两条分布曲线 I、II，它们可以分别代表同一温度下两种气体分子的速率分布曲线。曲线 II 相应的最概然速率较曲线 I 的大，所以曲线 II 是 m（或 μ）较小的那种气体的分布曲线。还应注意到，由于分布函数满足归一化条件，分布曲线下的面积应恒等于 1，所以在曲线 II 的高峰向右移的同时，这条曲线必然变得较为平坦。这两条曲线也可以分别代表同一种气体在不同温度下的分子速率分布曲线，v_p 正比于 $\sqrt{T}$，所以曲线 II 与较高的温度相对应。

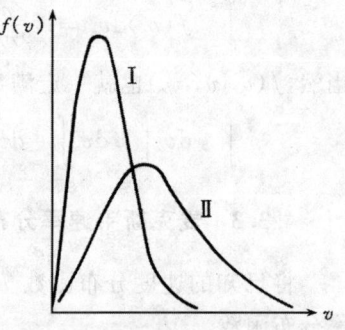

图 4.3.2 速率分布曲线的形状与气体种类及温度的关系

麦克斯韦速度分量分布可以改写为相对于 v_p 的相对速度分量分布。以速度的 x 分量为例，令

$$u_x=\frac{v_x}{v_p}$$

则

$$\mathrm{d}v_x=v_p\mathrm{d}u_x$$

把速度 x 分量的分布

$$\frac{\mathrm{d}N_{v_x}}{N}=\left(\frac{m}{2\pi kT}\right)^{1/2}\mathrm{e}^{-mv_x^2/2kT}\mathrm{d}v_x$$

中的变量改换成 u_x，可以得到：

$$\frac{\mathrm{d}N_{u_x}}{N}=f(u_x)\mathrm{d}u_x \text{ 和 } f(u_x)=\frac{1}{\sqrt{\pi}}\mathrm{e}^{-u_x^2} \tag{4.3.7}$$

同理可得：

$$\frac{\mathrm{d}N_{u_y}}{N}=f(u_y)\mathrm{d}u_y, \qquad \frac{\mathrm{d}N_{u_z}}{N}=f(u_z)\mathrm{d}u_z \tag{4.3.8}$$

其中

$$u_y = \frac{v_y}{v_p}, \qquad f(u_y) = \frac{1}{\sqrt{\pi}} e^{-u_y^2}$$

$$u_z = \frac{v_z}{v_p}, \qquad f(u_z) = \frac{1}{\sqrt{\pi}} e^{-u_z^2}$$

类似地，麦克斯韦速率分布也可以改写为相对速率分布。令 $u = \dfrac{v}{v_p}$，则 $\mathrm{d}v = v_p \mathrm{d}u$，将

$$\frac{\mathrm{d}N_v}{N} = 4\pi \left(\frac{m}{2\pi kT}\right)^{3/2} v^2 e^{-mv^2/2kT} \mathrm{d}v$$

中的变量改换成 u，得：

$$\frac{\mathrm{d}N_u}{N} = f(u)\mathrm{d}u \;\text{和}\; f(u) = \frac{4}{\sqrt{\pi}} u^2 e^{-u^2} \tag{4.3.9}$$

这种相对速度分量分布律和相对速率分布律的形式是便于计算的，在气体分子速度分量或速率在某一给定的有限范围时，采用(4.3.7)、(4.3.8)和(4.3.9)式给出的分布律和分布函数就便于利用误差函数(见后)得到积分的近似结果。

(2) 平均速率 $\bar{v}$。

在 §3.4 中讨论气体分子对器壁的平均碰撞次数时得到的结果(3.4.1)式及(3.4.6)式，还有在 §3.7 中讨论分子碰撞频率时得到的结果(3.7.3)式以及例题中，都已出现了分子热运动平均速率 $\bar{v}$，现在要把它计算出来。

将麦克斯韦速率分布函数(4.3.5)式代入求平均速率的计算公式(1.3.2)式中，有

$$\bar{v} = 4\pi \left(\frac{m}{2\pi kT}\right)^{3/2} \int_0^\infty v^3 e^{-mv^2/2kT} \mathrm{d}v$$

利用积分公式

$$\int_0^\infty e^{-bx^2} x^{2M+1} \mathrm{d}x = \frac{1}{2} \frac{M!}{b^{M+1}} \qquad (M = 0,1,2,\cdots) \tag{4.3.10}$$

得到

$$\bar{v} = \sqrt{\frac{8kT}{\pi m}} = \sqrt{\frac{8RT}{\pi \mu}} \tag{4.3.11}$$

读者还可以利用积分公式(4.3.10)式及速度分量分布函数 $f(v_x)$ 的表达式(4.3.3)，把表达分子与器壁碰撞次数的(3.4.4)式计算出来，印证这结果就是 $\dfrac{1}{4} n \bar{v}$。

(3) 方均根速率 $\sqrt{\overline{v^2}}$。

先前在对温度进行微观解释时，我们已经得到计算 $\sqrt{\overline{v^2}}$ 的公式(3.5.4)式。这一结果也可以用如下求统计平均值的方法得到

$$\overline{v^2} = \int_0^\infty v^2 f(v) \mathrm{d}v$$

$$= 4\pi \left(\frac{m}{2\pi kT}\right)^{3/2} \int_0^\infty v^4 e^{-mv^2/2kT} \mathrm{d}v$$

利用公式(4.2.1)做出上式中的积分，立即得：

$$\overline{v^2} = \frac{3kT}{m}$$

所以

$$\sqrt{\overline{v^2}} = \sqrt{\frac{3kT}{m}} = \sqrt{\frac{3RT}{\mu}} \tag{4.3.12}$$

比较(4.3.6)、(4.3.11)及(4.3.12)式,显然有 $v_p < \overline{v} < \sqrt{\overline{v^2}}$,这是在麦克斯韦速率分布律下所得的结果。如果在另外条件下,速率分布不是取麦克斯韦速率分布律的形式,v_p、$\overline{v}$ 和 $\sqrt{\overline{v^2}}$ 的大小顺序可能会不同,但可证明:无论何种速率分布,定有 $\sqrt{\overline{v^2}} \geqslant \overline{v}$。

*4.3.4 误差函数

以上在计算速度分量、速度和速率分布函数的归一,以及用分布函数计算统计平均值时,遇到的积分都可以借助积分公式(4.2.1)或(4.3.10)式做出,但如果这些积分的上限是有限值,有时则无严格的积分公式可用。例如,我们要计算速度的 x 分量介于零到某一给定值 v_x 范围内的分子数 ΔN_{v_x},应是:

$$\begin{aligned}\Delta N_{v_x} &= \int_0^{v_x} N f(v_x) \mathrm{d}v_x \\ &= N\left(\frac{m}{2\pi kT}\right)^{1/2} \int_0^{v_x} \mathrm{e}^{-mv_x^2/2kT} \mathrm{d}v_x\end{aligned} \tag{4.3.13}$$

所出现的积分不易计算。但在概率论和数理统计中常遇见形如 $\int_0^x \mathrm{e}^{-x^2} \mathrm{d}x$ 的积分,是将被积函数 e^{-x^2} 在积分区间 $0 \sim x$ 上展开成幂级数,逐项积分,从而求出该定积分的近似值,并将这一定积分配以适当常数定义为"误差函数",也叫"概率积分",记做 $\mathrm{erf}(x)$,具体是:

$$\mathrm{erf}(x) = \frac{2}{\sqrt{\pi}} \int_0^x \mathrm{e}^{-x^2} \mathrm{d}x$$

与不同 x 值对应的 $\mathrm{erf}(x)$ 近似值已制成误差函数表,在一般数学手册中就能查到,这里仅给出一个简表。

表 4.3.1 误差函数 $\mathrm{erf}(x) = \dfrac{2}{\sqrt{\pi}} \int_0^x \mathrm{e}^{-x^2} \mathrm{d}x$

x	$\mathrm{erf}(x)$	x	$\mathrm{erf}(x)$	x	$\mathrm{erf}(x)$
0	0	1.0	0.8427	2.0	0.9953
0.2	0.2227	1.2	0.9103	2.2	0.9981
0.4	0.4284	1.4	0.9523	2.4	0.9993
0.6	0.6039	1.6	0.9763	2.6	0.9998
0.8	0.7421	1.8	0.9891	2.8	0.9999

为了更便于利用误差函数计算(4.3.13)式,将其改用(4.3.7)式所给的相对速度分量分布律,即:

$$\begin{aligned}\Delta N_{u_x} &= \int_0^{u_x} N \frac{1}{\sqrt{\pi}} \mathrm{e}^{-u_x^2} \mathrm{d}u_x \\ &= N \mathrm{erf}(u_x)/2\end{aligned} \tag{4.3.14}$$

【例 4.3.1】 试求在标准状态下氮分子速度的 x 分量大于 $800 \mathrm{m \cdot s^{-1}}$ 的分子数比率。

【解】 先求出在标准状态下氮分子的最概然速率:

$$v_p = \sqrt{\frac{2RT}{\mu}} = \sqrt{\frac{2 \times 8.31 \times 273}{28 \times 10^{-3}}} = 403 (\mathrm{m \cdot s^{-1}})$$

令 $u_x = \frac{v_x}{v_p}$，对应 v_x 的变化范围 $0 \sim 800 \text{m} \cdot \text{s}^{-1}$，$u_x$ 的变化范围便为 $0 \sim 1.99$，近似取其为 $0 \sim 2.0$，则由(4.3.14)式得到 v_x 介于 $0 \sim 800 \text{m} \cdot \text{s}^{-1}$ 的分子数比率为：

$$\frac{\Delta N_{u_x}}{N} = \text{erf}(2.0)/2$$
$$= 0.9953/2$$
$$= 49.8\%$$

而速度 x 分量大于零的分子数比率为 50%，所以 v_x 大于 $800 \text{m} \cdot \text{s}^{-1}$ 分子数比率为：

$$50\% - 49.8\% = 0.2\%$$

4.3.5 应用举例

1. 多普勒谱线展宽[①]

实验及理论都表明，原子辐射产生的光谱线有一定宽度，即辐射强度 I 是频率 ν 的函数，记为 $I(\nu)$，示于图 4.3.3，若谱线最大强度为 I_0，则通常用强度为 $I_0/2$ 处的谱线全宽度 $\Delta\nu$ 来标度谱线的宽度。谱线的轮廓叫做线型，函数 $I(\nu)$ 就能反映出线型。它与光谱学中定义的线型函数只有常数因子之别。产生谱线宽度的机制有多种，不同机制所引起的谱线线型是不相同的。谱线展宽主要有自然展宽、碰撞展宽和多普勒展宽。自然展宽是源于量子力学的不确定性原理。由于原子能级的辐射寿命有限，因而原子能级不能认为是无限窄的，于是原子在能级间跃迁辐射的谱线不会是单频率的。碰撞展宽比较复杂，总的说来是由于产生辐射的原子实际上处于热运动之中，原子之间以及原子与器壁总要发生碰撞（即

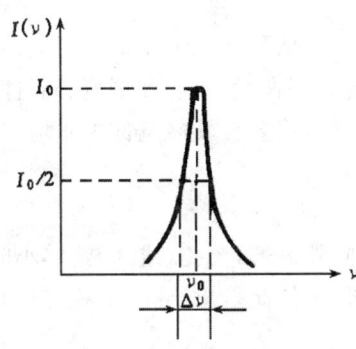

图 4.3.3 谱线展宽及谱线宽度

相互作用），从而会改变原子的运动状态，有使谱线展宽的因素。而多普勒展宽则直接与气体分子速度分布律有关，这一效应首先被李普奇(Lippich)在 1870 年提出，瑞利经多年研究得到定量公式。

光谱线的宽度和线型可以提供有关光源温度、密度和组分的信息，同时，在讨论辐射与原子相互作用的详细计算中是要求已知谱线线型的，对于确定气体激光的特性来说，谱线线型也十分重要。在激光器谐振腔内的反射镜之间充满激活介质，要产生激光振荡，除了必须使激活介质处于粒子数反转状态外(见§7.8)，还得考虑到在输出激光（亦即输出能量）的同时，必然存在多种能量损耗，只有当光波在谐振腔内往返传播一次的总增益大于总损耗时，维持激光振荡才是可能的。为此，激光介质必须起到放大光强的作用，其放大性能用增益系数来表征，而增益系数就与谱线展宽的线型函数成正比。在气体激光器内气压低时，多普勒展宽要比另两种展宽高两个数量级。现在就让我们导出多普勒展宽的线型函数。

设发出激光的原子静止时其发光频率为 ν_0，而当原子沿 x 方向以 v_x 向"接收器"运动时，将因多普勒效应使"接收器"收到的频率是

[①] 可参考：林美荣，张包铮. 原子光谱学导论. 北京：科学出版社，1990. 第九章

$$\nu = \frac{\nu_0}{1-\frac{v_x}{c}} \approx \nu_0(1+\frac{v_x}{c}) \tag{4.3.15}$$

由于不同发光原子的 v_x 有所不同,所以"接收器"将收到不同频率的光,以致激光谱线以 ν_0 为中心被展宽了。根据麦克斯韦速度分量分布律(3.1.9)式,速度 x 分量介于 $v_x \sim v_x + dv_x$ 的分子数比率为:

$$f(v_x)dv_x = \left(\frac{m}{2\pi kT}\right)^{1/2} e^{-mv_x^2/2kT}dv_x \tag{4.3.16}$$

由(4.3.15)式看到频率 ν 与 v_x 相对应,因而可将(4.3.16)式改成以 ν 为自变量。令 $g(\nu)$ 代表其辐射频率落在 ν 附近单位频率间隔内的发光原子数比率,应有:

$$g(\nu)d\nu = f(v_x)dv_x$$

$g(\nu)$ 与辐射强度 $I(\nu)$ 成正比。将 $v_x = \frac{\nu-\nu_0}{\nu_0}c$ 及 $dv_x = \frac{c}{\nu_0}d\nu$ 代入(4.3.16)式,不难得到

$$g(\nu)d\nu = \frac{c}{\nu_0}\left(\frac{m}{2\pi kT}\right)^{1/2} e^{-mc^2(\nu-\nu_0)^2/(2kT\nu_0^2)}d\nu$$

这里的 $g(\nu)$ 就是多普勒展宽的线型函数。在谱线的这种展宽中,依受激原子在 x 方向上的分速度不同,它们各自仅对谱线轮廓内某一特定频率处的强度作出贡献;而在自然展宽和碰撞展宽中所有受激原子的作用都是相同的。为区别这两类不同情况,把多普勒展宽称为非均匀展宽,而称另两种展宽为均匀展宽。

2. 泻流

如果贮有气体的容器壁上有一细孔或狭缝,气体分子将向外逃逸,当孔(或缝)足够小时,气体的逸出对容器内气体平衡态的扰动可以忽略不计,气体分子如此射出小孔(或狭缝)的过程称为泻流(Effusion)。

这里,孔的尺寸 L 必须远小于容器内气体的平均自由程 $\bar{\lambda}$,因为只有这样,在容器内分子通过小孔附近空间的一段时间里才几乎不与其他分子碰撞,逸出的分子就不至于明显地影响留在容器中的气体的状态。相反,若 $L \gg \bar{\lambda}$,那么于给定时间内在孔附近发生碰撞的分子就很多,而且当容器外比容器内气压低时,容器内在孔附近的分子就与平衡气体内部的分子处境有明显不同。那些内部分子要接受来自四面八方的其他分子的碰撞,不会有任何一群分子具有某一共同方向上的净速度;而孔附近的分子只能受到来自气体内部的分子的频繁碰撞,另一侧那些已从小孔逸出了的分子基本不可能调转运动方向再与容器内孔附近的分子碰撞,因此,这些分子受到一个不能被平衡的指向孔的力,于是一道获得了指向孔的净速度,发生了服从流体动力学规律的流动,而不是泻流了。大多数压强是 $1.33 \times 10 \sim 1.33 \times 10^2 \text{Pa}(10^{-1} \sim 1 \text{ 毫})$ 的低压常温气体的 $\bar{\lambda}$ 为 $10^{-4} \sim 10^{-5}$ cm,这时气体由之泻流的小孔尺寸不得大于 10^{-4} cm。

设想器壁未曾开孔,在 dt 时间内与器壁上面元 ΔA 相碰撞的分子数已知为 $dN = \frac{1}{4}n\bar{v}\Delta A dt$,而这正是一旦面元 ΔA 成为器壁上的小孔时,dt 内从该孔泻流逸出的分子数。有时指明采用将容器内分子等分为各沿 x,y,z 轴运动的简化模型,则是 $dN = \frac{1}{6}n\bar{v}\Delta A dt$。如何计算泻流逸出的分子数是应当掌握的。

泻流在工程技术及科学研究中有很多应用,现仅举几例。

(1)热分子压差。

贮气装置中若有一段细管其两端温差较大，则热端压强高于冷端压强，这叫热分子压差[1]。在测量低温下低压气体的压强时，常需要考虑热分子压差修正。例如在测定置于液氮(77K)温度下的真空容器中的压强时，常利用较细管道将此低温真空系统与一室温下的真空测量仪器相通，室温下真空测量仪器测得的压强同与之连通的低温真空容器中的压强是不相等的。又例如在低温测量中使用氦蒸气压温度计时，测量蒸气压的压强计置于室温中，而测温泡处的温度低于4.2K，也在连接压强计及测温泡的毛细管两端出现压强差。当细管道直径远小于气体平均自由程时，细管两端容器中气体分子的交换是泻流过程，并可等效为如下简单情况。

如图4.3.4，一容器被绝热隔板分成A、B两部分，两边贮有同种气体，各维持温度为T_1、T_2，现于隔板上开一截面积为ΔA的小孔，A、B中同种气体便通过该孔以泻流方式交换分子。经过足够长时间后，将建立动态平衡，即：由A逸出到B的分子数等于从B逸出到A的分子数。设A、B两方气体的分子数密度及平均速率分别为n_1、$\bar{v}_1$及n_2、$\bar{v}_2$，则在dt时间内，互换的分子数为：

$$\frac{1}{4}n_1\bar{v}_1 dt\Delta A = \frac{1}{4}n_2\bar{v}_2 dt\Delta A$$

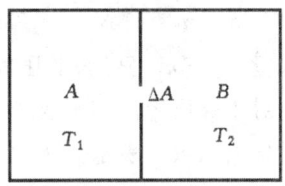

图4.3.4 通过隔板上小孔的泻流

其中，$n_i = \dfrac{p_i}{kT_i}$，$\bar{v}_i = \sqrt{\dfrac{8kT_i}{\pi m}}$，$(i=1,2)$，易得：

$$\frac{p_1}{\sqrt{T_1}} = \frac{p_2}{\sqrt{T_2}}$$

若$T_1=300K$，$T_2=4.2K$，由上式算出$P_1/P_2=8.45$。可见这种情况下的热分子压差很大，实际测量中，必须对室温下测量仪器得到的压强进行修正才能作为低温处的压强。

(2)同位素分离[2]。

同位素的分离在原子能工业及核技术应用上是重要的一环。例如最重要的核裂变燃料铀-235(U^{235})在天然铀中的浓度仅为0.71%，而目前大部分动力及研究用反应堆都采用浓缩铀燃料，有的需要使U^{235}的含量加浓到90%以上。同时，高浓铀又是核武器的重要装料。所以，要把U^{235}从天然铀矿石中提取出来，也就是要把天然铀中的U^{235}与含量近99%的U^{238}这两种同位素分离开来。生产高浓缩铀燃料的能力是一个国家原子能工业水平的标志之一。

在同位素分离之前，先要进行天然铀的冶炼：把铀矿石加工成为铀化学浓缩物，再提纯和制备成铀的氧化物，进而转化为气态的六氟化铀(UF_6)。在已知的许多种同位素分离方法中，目前只有气体扩散法、离心机法和分离喷嘴法具有工业应用意义，其中气体扩散法是已经实现工业应用的惟一大规模生产方法。

图4.3.5示意了用气体扩散法进行铀同位素分离的过程。供料装置送入UF_6，经压缩机、热交换器，以固定温度及相对高的压强(实际值足够低以保证分子平均自由程足够大)进入扩散室。扩散室中的扩散膜用金属也可用陶瓷或塑料(聚四氟乙烯)制成，其上每平方厘米有几亿个微孔，孔径为0.01~0.03微米，膜厚10~100微米。扩散膜将扩散室分成高压腔与低压腔，通入的UF_6由高压腔一方经扩散膜泻流到低压腔一方。设UF_6中$^{235}UF_6$分子及$^{238}UF_6$分子的质量各为m_1及m_2，两种分子在高、低压腔中的数密度分别为n_1、n_1'和n_2、n_2'，扩散膜上微孔的

---

[1] 参阅：阎守胜，陆果. 低温物理实验的原理与方法. 北京：科学出版社，1985. §2.1.1

[2] 参阅：孟先雍. 原子能工业. 北京：原子能出版社，1978

总面积为 ΔA,则在时间 Δt 内由高压腔泻流到低压腔的两种分子数各为:

$$\Delta N_1 = \frac{1}{4} n_1 \bar{v}_1 \Delta A \Delta t = \frac{1}{4} n_1 \sqrt{\frac{8kT}{\pi m_1}} \Delta A \Delta t$$

及

$$\Delta N_2 = \frac{1}{4} n_2 \bar{v}_2 \Delta A \Delta t = \frac{1}{4} n_2 \sqrt{\frac{8kT}{\pi m_2}} \Delta A \Delta t$$

而在低压腔中两种分子数密度之比为:

$$\frac{n_1'}{n_2'} = \frac{\Delta N_1}{\Delta N_2} = \frac{n_1}{n_2} \left(\frac{m_2}{m_1}\right)^{1/2}$$

这里 $m_2 > m_1$,显然,低压腔中 $^{235}\mathrm{UF}_6$ 的富度略有增加,相对于高压腔的 UF_6 来料,两种同位素有所分离。通常用分离系数 α 表示分离效果,理论上有:

$$\alpha = \sqrt{\frac{m_2}{m_1}} = \sqrt{\frac{352}{349}} = 1.0043$$

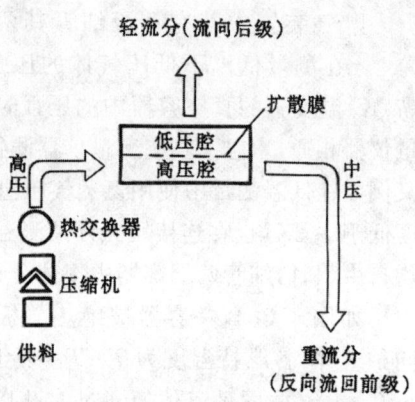

图 4.3.5 用气体扩散法进行铀同位素分离中的一个扩散级

实际分离系数远低于此值(一般不超过 1.002),具体数值取决于设备结构、膜的特性、流量大小、气流状况和运行条件等因素。由于这样一个单级扩散(泻流)的分离效果极小,所以要把低压腔的气体引出,称其为轻流分(因 $^{235}\mathrm{UF}_6$ 含量增加了),再压缩,再通过扩散膜泻流而分离为轻、重两种流分。为了达到 3% 的加浓度,便需要把一千多个扩散级串联起来;生产 90% 以上的高浓铀则需要串联数千个扩散级。可以想见,一个大型扩散工厂的设备是非常庞大的,并且要消耗大量电能。

(3)分子射线束。

若在有分子泻流的气体容器之外保持足够高真空度,对准器壁上的小孔放置一个或一组准直狭缝,如图 4.3.6 所示,则由容器逸出的绝大部分分子都被准直狭缝挡住,而极少量穿过准直狭缝的分子基本不受其他残余气体分子碰撞,就形成一束分子射线。为避免散射效应,在分子束进行方向上各孔(缝)的厚度都应极薄。分子射线是容器中平衡态下气体的取样,例如,可以用来检验容器中气体分子的速度分布是否与麦克斯韦速度分布律的预言一致。另外,用这种技术还可以得到原子、原子核或其他粒子的束流,即使粒子原本

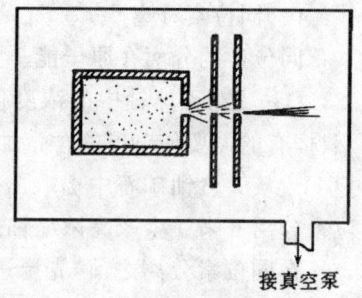

图 4.3.6 分子射线束

有相互作用,但在束中,由于粒子数不多,相互作用也就微不足道了。因此,用这射线束就便于研究基本上孤立的粒子的性质。表 4.3.2 列举了应用分子束方法做出的许多卓越工作。

表 4.3.2 分子束方法的发展和应用[①]

年代	工作者	贡 献
1911	杜诺依尔	第一次设计并制成分子束装置
1920	斯特恩	用银原子束证实麦克斯韦速度分布律
1921~1922	斯特恩与盖拉赫	用银原子束在磁场中的偏转证实了空间量子化
1927	费普斯与泰勒	实现氢原子束在非均匀磁场中偏转的实验

---

① 参见:郭奕玲.大学物理中的著名实验.科学出版社,1994.210.本书引用时略有增改。

续表

年代	工作者	贡献
1929~1931	斯特恩、爱斯特曼与弗利胥	为验证德布罗意物质波假说,进行了氢分子和氦原子的衍射实验
1933	斯特恩等人	用分子束方法测出质子磁矩,发现它大约为理论预期值的 2.5 倍;他为发展分子束方法作出了一系列贡献,因而获 1943 年诺贝尔物理学奖
1938	拉比等人	首次用分子束共振法实现核磁共振,为 1946 年珀塞尔和布洛赫分别用共振吸收法和核感应法测量核磁矩作了准备。拉比获 1944 年诺贝尔物理学奖;珀塞尔和布洛赫获 1952 年诺贝尔物理学奖
1947	兰姆与雷瑟福	测定氢原子能级的兰姆移位,为量子电动力学提供了重要根据。兰姆为此获得 1955 年诺贝尔物理学奖
1948	赖昂斯	靠氨中的微波吸收建立第一台氨分子钟
1954	汤斯等人	发明微波激射器(maser)。在此基础上 1960 年梅曼利用红宝石获得激光。汤斯等人获 1964 年诺贝尔物理学奖

分子束是一宏观粒子流,其中的分子不是朝各方向运动机会均等的;速率分布也不同于麦克斯韦速率分布律,但与容器内平衡态气体分子的麦克斯韦速度分布是有联系的。下面依照平衡态气体的泻流规律来导出分子束中的速率分布函数 $f^B(v)$。

已知在 dt 时间内经由容器壁上面积为 ΔA 的泻流孔逸出的分子数

$$\Delta N = \frac{1}{4} n \bar{v} dt \Delta A$$

其中 n 为容器内平衡态气体的分子数密度, $\bar{v}$ 为由麦克斯韦速率分布函数 $f(v)$ 计算出的分子热运动平均速率:

$$\bar{v} = \int_0^\infty f(v) dv$$

所以,

$$\Delta N = \frac{1}{4} n \int_0^\infty v f(v) dv dt \Delta A$$

此式意味着:在从泻流孔逸出的 ΔN 个分子中,速率介于 $v \sim v+dv$ 的分子数为

$$dN_v = \frac{1}{4} n v f(v) dv dt \Delta A$$

于是,ΔN 中速率介于 $v \sim v+dv$ 的分子数比率为:

$$\frac{dN_v}{\Delta N} = \frac{\frac{1}{4} n v f(v) dv dt \Delta A}{\frac{1}{4} n \bar{v} dt \Delta A}$$

$$= \sqrt{\frac{\pi m}{8kT}} v f(v) dv$$

其中的 $\sqrt{\frac{\pi m}{8kT}} v f(v)$ 便是泻流逸出的分子的速率分布函数,它也就是分子束的速率分布函数

$f^B(v)$。将 $f(v)$ 的函数表达式代入,即得:

$$f^B(v) = \frac{1}{2}\left(\frac{m}{kT}\right)^2 v^3 e^{-mv^2/2kT} \tag{4.3.17}$$

随后,可以求到分子束中的平均速率和方均根速率分别为:

$$\bar{v}_B = \sqrt{\frac{9\pi kT}{8m}}, \quad \sqrt{\overline{v_B^2}} = \sqrt{\frac{4kT}{m}}$$

4.3.6 麦克斯韦速度分布律的实验验证

1859 年麦克斯韦在理论上导出气体分子速度分布律,但由于实验技术水平所限,很长一段时间不能得到直接的实验验证。尽管在研究气体输运过程(见§5.2)、光谱线的多普勒展宽以及热电子发射等问题时用了麦克斯韦速度分布律,得到与实验相符或基本相符的理论结果,从而间接地验证了麦克斯韦速度分布律,但人们仍不停地作着直接验证这一分布定律的努力。

在分子束技术发展起来后,直接验证麦克斯韦速度分布律成为可能。1920 年,斯特恩首先以验证这一分布律为目的,利用银原子束进行了实验。他的实验装置及原理如图 4.3.7 所示。在抽成真空的钟罩里张着一根涂银的铂丝,丝外套有轴线与其平行的一开缝圆筒。当铂丝通电加热时,银原子蒸发并向各方向发射,但只有通过圆筒狭缝及准直狭缝的原子束才能到达弧形玻璃检测板上,并淀积而成一条窄线。当装置静止不动时,这窄线在板上的位置 P 正对着准直狭缝,而令钟罩内全部装置绕一垂直轴以角速度 ω 旋转时,原子束中不同速率的原子将落在检测板上的不同位置。设圆筒狭缝位置正是该装置绕其旋转的中心轴位置,由轴到达检测板的旋转半径为 l,则速率介于 $v \sim v+dv$ 的银原子从离开圆筒至检测板所需的时间基本为 $\tau = \frac{l}{v}$。在这段时间里,检测板已转过一个角度

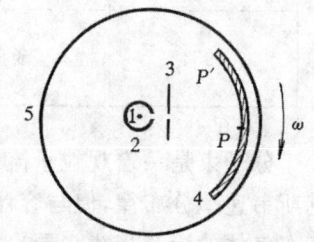

图 4.3.7 斯特恩实验装置原理
1. 涂银铂丝, 2. 开缝圆筒,
3. 准直狭缝, 4. 玻璃检测板,
5. 钟罩

$$\varphi = \omega\tau = \omega\frac{l}{v}$$

因此,在这一速率区间内的银原子将淀积在板上的 P' 点,PP' 弧长为

$$s = l\varphi = \frac{\omega l^2}{v}$$

于是通过测量 l、ω 和 s 就可得到:

$$v = \frac{\omega l^2}{s} \tag{4.3.18}$$

把弧形检测板展开,由其上各处淀积的银层厚度即能得知速率在不同区间内的原子数比率。斯特恩看出银蒸气原子的速率确有一定分布,还判断出在他的实验条件下银原子的热运动平均速率约为 580m/s。尽管他只得到粗略的实验结果,但他的实验装置和原理已揭示出在直接验证麦克斯韦速度分布律的实验中必须有这样三个部分:一是产生分子(或原子)射线束(包括可出现泻流的容器及其中的蒸气源、准直狭缝和蒸气源容器外被抽成高真空的射线束室);二是把不同速率间隔的分子区分开来的"速率选择";三是接收指定速率间隔内的分子(原子)射线并探测其相对强度。后来在主要是对这后两部分实验装置和技术不断改进的过程中,发展出多种验证麦克斯韦速度分布律的实验方法。1926 年斯特恩用两片彼此平行、同轴旋转、均在盘面

上开有楔形槽的挡盘,并使两盘上槽孔相对错开适当角度来做成分子束的速率选择器。接着,又有人依同样思路提出用同轴旋转齿轮做成速率选择器。检测装置有的用辐射计,有的用测微光度计。

1930年到1933年间,我国学者葛正权在美国加州大学伯克利分校参加了分子束研究,他与蔡特曼合作,验证速度分布律。他们基本上沿用了斯特恩1920年的方法,主要装置如图4.3.8所示。O 是铋蒸气源,蒸气压为 $25\sim120$Pa。S_1 是蒸气源容器壁上的狭缝,宽 0.05mm,长 10mm。S_2 是准直狭缝,宽 0.60mm,长 10mm。R 是一可绕中心轴旋转的圆筒,附有弯曲玻璃板 G,R 上开有狭缝 S_3,其尺寸与 S_2 的相同,R 的直径 D 为 18.8cm。全部装置放于真空室中,其真空度约为 1.33×10^{-3}Pa。葛正权通过反复试验,找到蒸气源合适的温度应在 900℃ 左右,并使 R 的转速 ω 提高到 500 转/秒,又解决了稳定性问题,得到了可靠的实验数据。

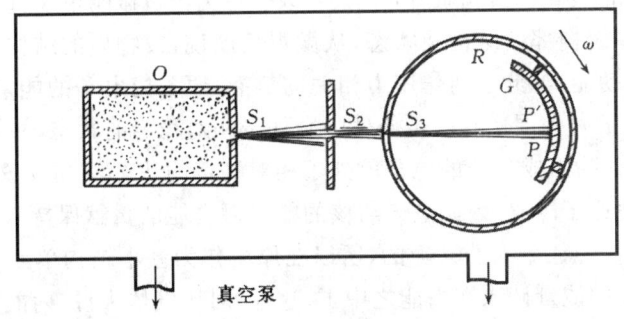

图 4.3.8 葛正权、蔡特曼实验装置原理

设当 S_1、S_2 和 S_3 对准时,G 上的 P 点正对着 S_3,而 R 旋转时射线束中速率介于 $v\sim v+\mathrm{d}v$ 的粒子打在 G 上的 P' 处,则按导出(4.3.18)式同样的方法可求得

$$v=\frac{\omega D^2}{2s}$$

其中 s 是 PP' 的弧长。实验时,要让 R 以恒定角速度旋转较长时间(实际为 10 小时),然后取下玻璃板 G,用测微光度计测定板上各处淀积的铋层厚度,按厚度随弧长 s 的变化关系,确定不同速率区间的分子数比率。一开始得到的结果并不完全符合(4.3.17)式给出的分子束速度分布规律,原来是因为:铋射线是由 Bi 原子和 Bi_2 分子两种主要成分组成,并含有少量三原子分子 Bi_3,成分比例还随温度有所变化,这给处理数据带来困难。后来把按不同比例的 Bi 原子及 Bi_2 分子速度分布曲线进行叠加,判定出三种成分的比例,实验结果便很好地验证了麦克斯韦速度分布律。

此后,随着实验技术的发展,人们又另辟蹊径对速度分布律进行检验。到了1955年,物理学家已对分子束理论有了深入认识,分子束实验技术已相当成熟并有了广泛应用(见表 4.3.2)。美国哥伦比亚大学的密勒(R.C.Miller)和库什(P.Kusch)用铊的原子射线作实验,精确地验证了麦克斯韦速度分布律。他们实验中的蒸气源温度均匀性好,对炉口的孔作了特殊处理,原子射线束又细又强。速率选择器是一个刻有螺旋形细槽的铝钢制滚筒,给定滚筒的长度及细槽入口狭缝与出口狭缝之间的角度,然后控制滚筒的旋转角速度,就可以分别使不同速率的分子通过细槽,分辨率比前人的高。他们的检测器是根据电离计的原理制成的,接收到的射线中的铊原子都被电离,检测器测得的离子电流强度就直接反映出原子射线的强度。整个装置放在真空室里,其真空度比葛正权实验中的高了三个数量级,他们的两组铊原子束实验数据与理论曲线相符得极好。

1959 年美国的马修斯(P. M. Marcuss)和麦克菲(J. H. McFee)用类似于 1926 年斯特恩提出的速率选择器测量了钾原子射线的速率分布，也得到与理论曲线精确吻合的实验结果。

§4.4 能量按自由度均分定理

4.4.1 气体的内能和定容热容量

在热学中，我们不是研究系统整体的宏观运动，也就不专注系统的机械能如何变化，现在关心的是系统内部状态的变化和由此而引起的能量改变。为与机械能相区别，称这种能量为内能。

内能只决定于系统内部的结构及状态，从微观角度说，按物质的结构层次，内能应是以下能量的总和：分子的动能，与分子间作用力相关的势能，原子内电子的能量，核能，核中粒子的自能等等。物质结构的每一层次在一定条件下会处于相对稳定的状态，并储存一定的能量。在物质分子动理论中，认为组成分子的原子就处于相对稳定的状态，不论是外界的作用还是分子彼此的碰撞都不会使原子激发，因此电子与核的能量对内能的贡献保持不变。而在很多问题中内能的变化才是值得注意、令人感兴趣的，所以在原子作为基本结构单元这一层次上，就不把原子内部层次所储存的能量计入在内能之中了。这样，对于气体来说，内能则包括分子动能（平动能、转动能及分子内原子的振动动能和振动势能）和分子间势能。而理想气体分子并无相互作用力，即分子间势能为零，所以，理想气体的内能只是其所有分子的各种动能。若每一分子的平均动能为 $\bar{\varepsilon}_k$，则 1mol 理想气体的内能

$$U_m = N_A \bar{\varepsilon}_k \tag{4.4.1}$$

式中 N_A 是阿伏伽德罗常数。得到 $\bar{\varepsilon}_k$ 这一统计平均值是很重要的，这正是本节要解决的问题。

为了能把理论与实验作比较，从而考察理论的正确性，要用到与内能有关的一个宏观可测物理量，这就是定容热容量。

物体在升高（或降低）单位温度时与外界交换的热量称为物体的热容。实验表明：热容与物质本身的属性有关，在相同条件下不同物质的热容可以有很大差别；热容还与是在哪一温度下再升（或降）温有关，即，热容应是温度的函数；特别值得注意的是，热容与温度变化所经历的具体过程有关，例如，让一定量理想气体从一确定的初态分别经由等容过程和等压过程升高温度 ΔT，在等容升温过程中气体只需吸热用以增加分子热运动的平均能量，而在等压升温过程中却另外还要吸收一些热量供气体本身体积膨胀对外做功，因此，定压过程的热容量就比定容过程的大。一般地，热容量定义为：

$$C_R = \lim_{\Delta T \to 0} \frac{\Delta Q_R}{\Delta T} \tag{4.4.2}$$

这里，用下标 R 作为某一具体热力学过程的代表符号，将温度升高 ΔT 时系统与外界所交换的热量记为 ΔQ_R 和将热容量记为 C_R，是提示这些量都与具体的热力学过程有关。习惯上，在定压和定容加热时，分别将 C_R、ΔQ_R 记作 C_p、ΔQ_p 和 C_V、ΔQ_V。

若被升温的物质的量是 1mol，其热容量记为 $C_{R,m}$，叫做在 R 过程中的摩尔热容量，显然有：

$$C_{R,m} = \lim_{\Delta T \to 0} \frac{\Delta Q_{R,m}}{\Delta T} \tag{4.4.3}$$

$\Delta Q_{R,m}$ 是 1mol 该物质在 R 过程中温度升高 ΔT 所需与外界交换的热量。一种物质在确定的热力学过程 R 中的热容与摩尔热容之间有如下简单关系：

$$C_R = \frac{M}{\mu} C_{R,m} \tag{4.4.4}$$

其中 $\frac{M}{\mu}$ 是物质的摩尔数。

从微观机理来看，理想气体的内能不含分子间势能，必与分子的平均间距无关，即与气体的体积无关。这样，理想气体的定容热容量必然与内能只随温度的变化有直接联系。关于理想气体的内能及热容量在第 6 章中还要从热力学的角度进行讨论。现在只给出一个重要的关系式：

$$C_{m,V} = \frac{dU_m}{dT} \tag{4.4.5}$$

在求到 $\bar{\varepsilon}_k$ 之后，用(4.4.1)及(4.4.5)式可以计算得到 $C_{m,V}$，将其与实验结果相比较，就可以检验求到的 $\bar{\varepsilon}_k$ 是否正确了。

4.4.2 自由度和动能函数

力学上称决定一物体的位置所需独立坐标的数目为该物体的运动自由度数。

质点运动或物体质心运动的自由度叫做平动自由度，其数目记做 $t(t \leqslant 3)$。相应地，描述平动若用直角坐标系，最多用 x, y, z 三个独立坐标即可。如果质点或物体质心的运动受到某些限制，t 则是 2 或 1。

当质点或物体质心的平动自由度数 $t = 3$ 时，在直角坐标系下其平动动能为：

$$\varepsilon_t = \frac{1}{2} m v_x^2 + \frac{1}{2} m v_y^2 + \frac{1}{2} m v_z^2 \tag{4.4.6}$$

其中 m 为质点或物体的质量，v_x, v_y, v_z 是质点或物体质心的平动速度分量。我们看到：在 $t = 3$ 时，平动动能就是三个独立的速度分量平方项之和。

欲确定一刚体的空间位置，可任意选定不在一条直线上的三个点，它们可在该刚体内或与该刚体有固定的联系，这三点的位置一经确定，刚体的位置就确定了。一般地，这三个点共有九个空间坐标，但彼此并不完全独立。因为三点间距离不能改变，相应有三个约束方程，于是九个坐标变数中只有六个是独立的，所以刚体任意运动的自由度数总共为 6。另一方面，从运动学角度看，刚体的任意运动可看成是随质心的平动再加上绕质心所作的转动。我们选上述三个点中有一个是刚体的质心，六个独立变数中就有三个用来描述质心的平动，称刚体有三个平动自由度，记做 $t = 3$；另三个独立变数用于确定上述三点中另两点的空间位置。这另外两点，在质心位置确定后，仍可取不同的空间位置，正可看做是刚体绕质心转动的结果，所以这三个独立变数就对应刚体有三个转动自由度，记转动自由度数 $r = 3$。

一个刚体的动能，是其质心的平动动能加上刚体绕质心（视质心不动）转动的动能。其中，质心平动能已由(4.4.6)式给出。至于转动动能，理论力学中将讲到在"惯量主轴坐标系"下可以比较简便地将它写成

$$\varepsilon_r = \frac{1}{2}(I_1 \omega_1^2 + I_2 \omega_2^2 + I_3 \omega_3^2) \tag{4.4.7}$$

当刚体绕某点 O 转动时,所谓"惯量主轴",是指过 O 点的三个特殊方向上的转轴。若刚体绕其中任一轴转动,角动量矢量与角速度矢量将是同方向的;而刚体定点转动时,对于一般转轴,角动量与角速度常常有不同方向。(4.4.7)式中的 I_1、I_2 和 I_3 是刚体相对于过质心的三个惯量主轴的主转动惯量,ω_1、ω_2 和 ω_3 是刚体角速度矢量 ω 在三个惯量主轴方向的分量。这里我们又看到:刚体转动自由度数为 3,相应的转动动能函数就是三个独立的角速度分量平方项之和。

对于非刚性的质点组,除了要考虑其平动和转动之外,还要考虑各质点之间相对距离的变化。与我们以下讨论有关的情况是:各质点在自己的平衡位置附近振动,而且近邻质点间的相互作用势可近似看成弹性势。这样,每一质点的振动都会影响它同其他质点的相互作用,整个质点组构成了一个耦合的振子系统。在一些特殊的初始条件下,耦合振子系统中的各个振子会以相同的频率作简谐振动,而且依初始条件不同,简谐振动方式可以有多种,每一种方式称为该系统的一个简正模(normal mode),每个简正模对应特定的简正频率和质点间一定的相位关系。在一般的初始条件下,耦合系统中的每一振子将以一定方式作这些简谐振动的组合振动。简正模是互相独立的,耦合系统的振动自由度数就是简正模的个数。

对于两质点系统,振动自由度数 $v=1$,相应的振动能量为:

$$\varepsilon_v = \frac{1}{2}\overline{m}\left(\frac{d\xi}{dt}\right)^2 + \frac{1}{2}k\xi^2 \qquad (4.4.8)$$

式中 $\overline{m}$ 是两质点的折合质量,若两质点质量各为 m_1,m_2,则 $\overline{m}=\dfrac{m_1 m_2}{m_1+m_2}$;$\xi$ 是质点间的相对位移,k 是力常数。这里与 ε_t、ε_r 不同,虽然力学上振动自由度数为 1,但所对应的 ε_v 中却是两个独立平方项之和,分别为振动动能和振动势能。一般地,v 个振动自由度时,对应的 ε_v 就是 $2v$ 个独立平方项之和。

现在,我们讨论热运动中的分子的自由度。

对于单原子分子,例如 He、Ar 分子,可以看成质点,只有平动自由度,$t=3$。

对于双原子分子,例如 H_2、O_2、N_2、CO 等分子,有时将它们看成是刚性的,有时看成是非刚性的。刚性双原子分子是两质点间相对距离固定的质点组,只用五个独立坐标就能确定它的空间位置,即总自由度数为 5,其中含三个平动自由度,只剩两个转动自由度。这与一般刚体有所不同。原来,两原子的联线就是一个惯量主轴,但既然将原子视为质点,就无所谓绕两质点连线的自转,或者说(4.4.7)式中的三个主转动惯量里有一个为零,ε_r 中只含两个独立的平方项了。而非刚性双原子分子除了平动和转动外,还有一个振动自由度,$\varepsilon_t+\varepsilon_r+\varepsilon_v$ 共含七个独立的平方项。

关于三原子分子,情况更为复杂些。首先,在决定其转动自由度数时必须注意分子中原子的具体排布方式。若三原子的平衡位置排成一直线(线型的),如 CO_2 分子,则转动自由度数目同双原子分子的一样,$r=2$;若三原子的平衡位置不在一直线上(非线型的),如 H_2O 分子,则 $r=3$。另外,在决定非刚性三原子分子的振动自由度时,应当按分子系统简正模的数目计算。图 4.4.1 给出 CO_2 分子和 H_2O 分子各自振动简正模式的示意。H_2O 分子有三种振动模式,对应三个简正频率。CO_2 分子有四种振动模式,图 4.4.1(b)中上边两个模式是纵振动,有不同的简正频率,下边两个模式是横振动,振动方向一是平行纸面,一是垂直纸面,二者频率相同,且能量也相同(称为二重简并)。

对于由 $n(n>3)$ 个原子所组成的多原子分子,其总自由度数一般为 $3n$,其中,平动自由度数 $t=3$,转动自由度数 r 为 2(线型分子)或 3(非线型分子),振动自由度数 $v=3n-(t+r)$。

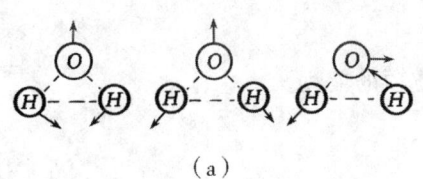

图 4.4.1 H_2O 和 CO_2 分子振动简正模式
(a)H_2O 分子振动的三种简正模式；
(b)CO_2 分子振动的四种振动模式

4.4.3 分子热运动平均能量的计算

前面(3.5.1)式已给出 $\bar{\varepsilon}_t = \frac{3}{2}kT$，而且由于分子热运动无择优方向，(4.4.6)式右边三项有相同的平均值，所以，

$$\frac{1}{2}m\overline{v_x^2} = \frac{1}{2}m\overline{v_y^2} = \frac{1}{2}m\overline{v_z^2} = \frac{1}{2}kT$$

这表明分子每一平动自由度均分到 $\frac{1}{2}kT$ 的能量。其实由玻耳兹曼分布律可以证明：无论平动、转动还是振动，其能量函数中的每一独立平方项的平均都是 $\frac{1}{2}kT$。

首先需要将(4.1.2)式这针对简单情况的玻耳兹曼分布律作一推广。(4.1.2)式中的 ε_k 只包括粒子平动能，显然只适用于单原子分子气体；对双原子乃至多原子分子气体，ε_k 还应包括分子转动能及分子内的原子振动能，即，

$$\varepsilon_k = \varepsilon_t + \varepsilon_r + \varepsilon_v$$

(4.1.2)式右边的微分元也相应要增多，看来颇为复杂，不过由(4.4.6)、(4.4.7)及(4.4.8)式可见，ε_k 可以写成若干平方项之和，每项只含一个独立变数或独立变数的时间微商。若一般地将 ε_k 写成：

$$\varepsilon_k = \alpha_1\eta_1^2 + \alpha_2\eta_2^2 + \cdots + \alpha_i\eta_i^2 \quad (i \text{ 等于 } \varepsilon_k \text{ 中所含独立平方项的项数})$$

就可将玻耳兹曼分布律推广为：

$$dN = n_0 C e^{-\varepsilon_p/kT} e^{-\alpha_1\eta_1^2/kT} e^{-\alpha_2\eta_2^2/kT} \cdots e^{-\alpha_i\eta_i^2/kT} dx dy dz d\eta_1 d\eta_2 \cdots d\eta_i \tag{4.4.9}$$

其中 $\eta_1, \eta_2, \cdots$ 分别是 $v_x, v_y, v_z, \omega_1, \omega_2, \omega_3, \xi, \dot{\xi}$ 等等。在经典系统中，认为它们都是连续变量；$\alpha_1, \alpha_2, \cdots$ 分别是动能函数中独立平方项里的系数，例如，$\alpha_1 = m/2, \cdots, \alpha_4 = I_1/2$，等等；$C$ 是常数，由分布函数的归一化条件而决定。

这样，欲求动能函数中任一平方项的平均值 $\overline{\alpha_l\eta_l^2}$，只需利用(4.4.9)式所含的分布函数计算：

$$\overline{\alpha_l\eta_l^2} = \frac{\int_{-\infty}^{\infty} \alpha_l\eta_l^2 e^{-\alpha_l\eta_l^2/kT} d\eta_l}{\int_{-\infty}^{\infty} e^{-\alpha_l\eta_l^2/kT} d\eta_l}$$

至于 η_1 至 η_i 中除 η_l 的其余变量，积分后可归入常数因子，在分子、分母中相消，都不必写出了。用积分公式(4.2.1)易求得：

$$\overline{\alpha_l\eta_l^2} = kT/2 \tag{4.4.10}$$

而且，对于单原子分子，$\bar{\varepsilon}_k = \bar{\varepsilon}_t = \frac{3}{2}kT$；

对于刚性双原子分子，$\bar{\varepsilon}_k = \bar{\varepsilon}_t + \bar{\varepsilon}_r = \frac{5}{2}kT$；

对于非刚性双原子分子，$\bar{\varepsilon}_k = \bar{\varepsilon}_t + \bar{\varepsilon}_r + \bar{\varepsilon}_v = \frac{7}{2}kT$。

一般地，$\bar{\varepsilon}_k = \frac{i}{2}kT$, (4.4.11)

其中 $i = t + r + 2v$，如前所述，i 是 ε_k 函数中所含独立平方项的项数。

4.4.4 理想气体的摩尔内能和定容摩尔热容量

由(4.4.1)及(4.4.11)式立即得到理想气体的摩尔内能是：

$$U_m = \frac{i}{2}N_A kT = \frac{i}{2}RT$$

再由(4.4.5)式，便得理想气体的定容摩尔热容量是：

$$C_{m,V} = \frac{i}{2}R \tag{4.4.12}$$

具体地，由如上计算得到：

对于单原子分子理想气体，

$$C_{m,V} = \frac{3}{2}R \approx 12.47 \text{ J} \cdot \text{mol}^{-1} \cdot \text{K}^{-1};$$

对于刚体双原子分子理想气体，

$$C_{m,V} = \frac{5}{2}R \approx 20.79 \text{ J} \cdot \text{mol}^{-1} \cdot \text{K}^{-1};$$

对于非刚性双原子分子理想气体，

$$C_{m,V} = \frac{7}{2}R \approx 29.10 \text{ J} \cdot \text{mol}^{-1} \cdot \text{K}^{-1}。$$

为了检验如上理论是否正确，需认真分析气体热容的实验结果。表4.4.1给出0℃时几种气体的 $C_{m,V}$ 实验值，表4.4.2给出几种双原子分子气体在不同温度下的 $C_{m,V}$ 实验值，表4.4.3又特别给出在很宽温度范围内氢的 $C_{m,V}$ 实验值，图4.4.2直观地绘出氢的 $C_{m,V}$ 实验值随温度变化的情形。

表 4.4.1 0℃时几种气体的 $C_{m,V}$ 实验值*（单位取 J·mol⁻¹·K⁻¹）

分子内原子数	单原子			双原子				多原子			
气体	氦 He	单原子氮 N	单原子氧 O	氢 H_2	氧 O_2	氮 N_2	一氧化碳 CO	二氧化碳 CO_2	水蒸汽 H_2O	甲烷 CH_4	乙炔 C_2H_2
$C_{m,V}$	12.47	12.46	13.75	20.29	20.95	20.79	20.79	27.53	25.17	26.41	33.56

表 4.4.2 不同温度下几种双原子气体的 $C_{m,V}$ 实验值*（单位取 J·mol⁻¹·K⁻¹）

温度 ℃ \ 气体	氧 O_2	氮 N_2	一氧化碳 CO
0	20.95	20.79	20.79
200	22.48	21.14	21.32
400	24.43	22.25	22.64
600	25.87	23.59	24.07
800	26.87	24.77	25.24
1000	27.58	25.71	26.14
1200	28.15	26.43	26.81
1400	28.66	26.99	27.31

表 4.4.3 不同温度下氢(H_2)的 $C_{m,v}$ 实验值*（单位取 J·mol^{-1}·K^{-1}）

温度℃	−233	−183	−76	0	500	1000	1500	2000	2500
$C_{m,v}$	12.47	13.60	18.33	20.29	21.23	22.95	25.06	26.72	27.98

我们看到：单原子分子气体 $C_{m,v}$ 的理论计算值与实验值符合较好；双原子分子和多原子分子气体的 $C_{m,v}$ 实验值都随温度变化。双原子分子气体在 0℃时，$C_{m,v}$ 的实验值与刚性双原子分子气体的理论计算值相符合；到 200℃时，这两者仍较接近，温度再高，则差别明显；到 1000℃以上时，实验值趋于 $\frac{7}{2}R$；0℃时有的三原子分子，如 H_2O，要被看成是刚性的才使理论比较符合实验结果，有的却不然；每种气体的 $C_{m,v}$ 实验值都随温度升高而变大，但并不是按 R 的半整数倍递增，这在图 4.4.2 中以氢为例一目了然。

4.4.5 能量按自由度均分定理

既然如上理论有与实验相符之处，表明该理论在一定范围内是正确的，那么现在让我们把理论表述得尽量简洁些。

1. 从能量角度重新定义自由度

把在分子动能函数中所包含的独立平方项的项数称为该分子的自由度数。这是因为：动能函数中每出现一平方项，就意味着有一种将参与能量交换的方式，即有了一个交换能量的自由度。从能量角度定义的分子自由度数与分子的各种力学自由度数可能相同也可能不同，差别是，出现在力学中的一个振动自由度要对应两个能量自由度。

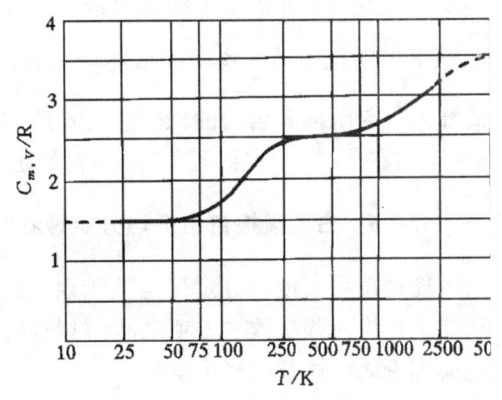

图 4.4.2 氢气的 $C_{m,v}$ 实验值随温度的变化

2. 能量按（重新定义的）自由度均分定理

计算结果(4.4.10)式表明，弱耦合经典系统在温度为 T 的平衡态下，粒子热运动能量平均分配在所有自由度上，相应每一自由度的平均能量都是 $\frac{1}{2}kT$，这就是能量按自由度均分定理，简称能均分定理。我们把定理中的"自由度"理解为是从能量角度定义的，这样在计算振动所分得的能量份额时就不比平动和转动特殊了。

能量之所以按自由度这样均分，是因为分子（或经典系统中的某种粒子）之间在相互碰撞中有能量的交换，同时使各种形式的运动能量互相转化而达到了平衡，并且与动能函数的具体函数形式是各变数（或变数的时间微商）的平方项之和有直接关系。

能量按自由度均分是统计平均的结果，对于个别分子，某一瞬时各种形式的动能和总能量会与按此定理所确定的平均值有很大差异。

由能量按自由度均分定理推出的理想气体内能仅为温度的函数，这与热力学中对理想气体的定义是一致的。

---

* 表 4.4.1、表 4.4.2 和表 4.4.3 中的数据取自：李椿，章立源，钱尚武. 热学. 人民教育出版社，1978. §3.4，并进行了单位换算（取 1cal=4.184J）。

能量按自由度均分定理不仅在计算气体的内能和热容量上取得了一定的成功,而且也广泛应用于其他弱耦合系统。例如,我们讲过晶体中原子的振动可以等价为一系列独立的简谐振子的振动,设晶体中原子总数为 N,每一原子可沿三个方向振动,因此在力学上晶体共有 $3N$ 个振动自由度。研究固体比热时,可依能量按自由度均分定理计算晶格振动的能量,得到固体的摩尔热容量是 $3N_A k$(N_A 是阿伏伽德罗常数,k 是玻耳兹曼常数)。在足够高的温度下,这与固体物理中由实验总结出的杜隆(Dulong)-珀替(Petit)定律符合得很好。又如,我们还讲过各种布朗粒子都可被看成是某种气态或液态媒质中的巨分子,当其与媒质处于平衡状态时,布朗粒子的平均动能也应同媒质分子一样按自由度均分。于是,当考察布朗粒子沿水平方向上 x 轴的运动时,就有

$$m\overline{\left(\frac{\mathrm{d}x}{\mathrm{d}t}\right)^2}=kT$$

当初朗之万建立布朗运动的随机微分方程时,就使用了这一等式。也正因为在给定温度的平衡状态下布朗粒子的平均动能依能量按自由度均分定理被确定为 $\frac{3}{2}kT$,所以,推动其无规运动的涨落力与阻滞其运动的耗散必定要达到某种程度上的均衡,耗散愈强时,涨落力的涨落便愈强,正如在 §3.1 中提到过的"涨落耗散定理"所言。

4.4.6　由能量按自由度均分定理看经典物理的困难

能量按自由度均分定理是基于经典统计物理中重要的玻耳兹曼分布律求平均能量、并且动能函数为一些变数平方项之和的必然结果,虽然它有成功之处,但在实验事实面前也暴露出经典理论无法修补的严重缺陷。

在对气体运用能均分定理时,只能将原子看成质点,否则计算出的单原子分子气体的 $C_{m,V}$ 就不是 $\frac{3}{2}R$,但经典理论无法说明在这里为何不能考虑原子的内在结构。更令人不满的是,即使将原子看成质点,计入分子运动的各种自由度,能均分定理预言双原子分子的定容摩尔热容量应当是 $\frac{7}{2}R$。但事实上,常温下的多数情况是 $\frac{5}{2}R$,有时会是 $\frac{3}{2}R$,仅在足够高的温度下才接近 $\frac{7}{2}R$。似乎有时只能计入平动自由度,有时又需计入转动自由度,有时还得计入振动自由度。这就是说,为了凑到与实验相符的结果,不得不把实际存在着的各种自由度不平等地分成了两类,一类参与均分能量,另一类却什么也得不到,但前面在用经典理论求出(4.4.10)式时,各自由度却是一律平等的。

对经典物理所暴露出来的上述矛盾,麦克斯韦早就注意到了。他先是在 1859 年的一篇文章中提出对能均分定理与实验不符的困惑,并为之一直忧心忡忡;10 年后又再次郑重提及此事,说:"现在我把我所考虑到的分子论所遇到的最大困难摆在你们面前。"他敏锐地觉察到,这里一定有些基本定律出了问题。可以说,麦克斯韦是第一个发现经典物理定律有致命缺陷的人,虽然由于时代的局限他无法解决这个矛盾,但能首先予以揭示就有着深远影响。1890 年英国物理学家金斯(Jeans)为解决气体热容量的困难,提出:在常温和低温下可能有某些运动被"冻结",相应的自由度便不起作用了。照此说来,一般地,低温下转动、振动自由度都是"冻结"的,常温下转动自由度"解冻",高温下振动自由度再"解冻"。这种说法并不能解除经典物理的困境,因为它无法回答自由度何以会"冻结",又何以能"解冻",而且如果是自由度"冻结"或"解

冻"，那应该是一个自由度要么就是有，要么就是无：要有，就应恰好分得 $\frac{1}{2}kT$ 的能量；要无，也应恰好放弃 $\frac{1}{2}kT$ 的能量。那么 $C_{m,V}$ 只会跳跃式地突变，而不会如图 4.4.2 所示那样随温度缓慢连续变化。

另外，历史上还曾有一个与能均分定理相关的老大难问题，即黑体辐射（见 §5.1）。所谓黑体，就是一个对投射其上的辐射能量全部吸收而不反射的理想物体。当黑体与周围达热平衡时，它本身辐射与吸收的能量相平衡，其辐射能量密度按频率有一定的分布规律。有一段时间，无论是根据宏观热力学理论，还是按经典电动力学与能均分定理都得不到与实验完全相符的黑体辐射理论公式。

到了 1900 年，英国物理学权威开尔文展望 20 世纪物理学时，他极为自豪地认为物理学已发展到相当完善的地步了，所以他说：" 在已经基本建成的科学大厦中，后辈物理学家只要做一些零碎的修补工作就行了。" 可是接着又说 " 但是，在物理学晴朗天空的远处，还有两朵小小的令人不安的乌云 "，其中一朵是指在当时向持绝对时空观的 " 以太 " 学说提出严峻挑战的迈克尔孙-莫雷实验，另一朵就是黑体辐射问题。他还说，大概这第二朵乌云更浓些，至于第一朵乌云可能在 20 世纪初就会散去。开尔文的眼光是超群的，但恐怕也未曾料到正是这两朵小小的乌云不久就带来一场物理学的革命风暴。爱因斯坦基于对 " 以太 " 学说的多年思辨和对电磁理论的深入研究，冲破了经典物理的绝对时空观，在高速范围以相对论克服了牛顿力学的局限；普朗克为了得到与实验相符的黑体辐射公式，又冲破了微观粒子能量连续变化的固有观念，提出能量子假说，随后经多人在实验及理论上的继续探索研究，发展为量子力学。

按照量子理论，就可以对气体及固体热容量的实验结果作出满意的解释了。在本课程中我们不可能对其作透彻的说明，但可以基于能级的概念初步明了热容量确应随温度变化。"能级"是微观粒子所具有的一系列不连续、分立的稳定能量值的形象说法。除特别轻的元素之外，一般电子能级间距的数量级为 10eV，分子振动能级及转动能级间距的数量级分别为 0.1eV 及 $10^{-3} \sim 10^{-4}$eV，而分子在容器内的平动能级间距极小，可以按连续变化的能量处理。以 $\Delta\varepsilon$ 表示能级间距，令 $\Delta\varepsilon = k\theta$，其中 k 为玻耳兹曼常数，称 θ 为相应运动形式的特征温度。要实现分子的平动与能级间距为 $\Delta\varepsilon$ 的某种运动形式之间能量的相互转换，必得分子热运动的平均平动能达到 $k\theta$ 的数量级，即应使系统的温度 $T \geqslant \theta$。不难算出原子中电子能级对应的特征温度 θ_e 为 $10^4 \sim 10^5$K，一般分子振动的特征温度 θ_v 为 $10^2 \sim 10^3$K，一般分子转动的特征温度是几十 K 到几 K。在常温下，$T \ll \theta_e$，不可能靠热运动能量的转换而使电子能量状态发生改变，所以电子的自由度就"冻结"。同样道理，在常温下一般分子的振动自由度也是"冻结"的，除非某些分子的振动频率低，振动能级间距小，相应的特征温度也低，以致室温下振动自由度对热容量就有影响。对于大多数分子在几十 K 的温度下，转动自由度已对热容量有贡献，但转动惯量很小的氢分子其转动能级间距来得大，温度接近 200K 时，分子转动对氢气热容量的贡献还不明显。

思 考 题

4—1 你对玻耳兹曼统计分布律有哪些认识？怎样由(4.1.1)式得到(4.1.2)式？

4—2 如果弱耦合体系的粒子是处在任意的保守力场中，那么，平衡态下粒子的密度将在所处的保守力场中如何分布？

4—3 宇宙之初的化学成分绝大部分是氢，还有氦。因此原始的地球大气中应有相当大量的氢和氦,但现在地球大气的主要成分却是氮和氧,只有极少的氢和氦。不过,海拔越高之处,空气中氢分子的百分比就越大,氮分子的百分比越小。试从本章所讨论问题的角度对上述现象予以解释。

4—4 两容器分别贮有气体 A 和 B,温度和体积都相同,试说明在下列各种情况下它们的速率分布是否相同:

(1)A 为氮,B 为氢,而且氮和氢的质量相等;
(2)A 和 B 均为氢,但质量不等;
(3)A 为氮,B 为一氧化碳。

4—5 恒温器中放有氧气瓶,现将氧气通入瓶内,某些速率大的氢分子具备与氧分子化合的条件(如速率大于某一数值 v_c)而化合成水,问瓶内剩余的氢分子的速率分布有何改变?

4—6 如题图所示,麦克斯韦速率分布曲线下的 A、B 两部分面积相等,试说明图中 v_0' 的意义。

4—7 设分子的速率分布曲线如题图所示,试在横坐标轴上大致标出最概然速率、方均根速率和平均速率的位置。

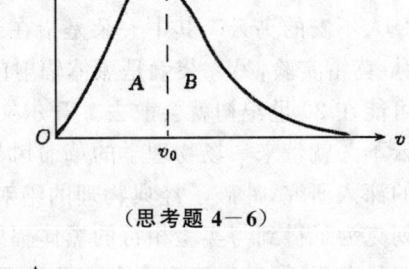

(思考题 4—6)

4—8 若使氢分子和氧分子的方均根速率等于它们在地球表面上的逃逸速率,则各需多高的温度?若是在月球表面上逃逸又怎样呢?

4—9 试说明:在混合气体中,每一组分的分子速率分布与它们在同混合气体相等的温度下单独存在时的速率分布是一样的。

4—10 如果气体相对于实验室坐标系以匀速 u 整体地运动着,那么气体分子速度的平衡分布是怎样的?平均速率和方均根速率怎样定义为好?

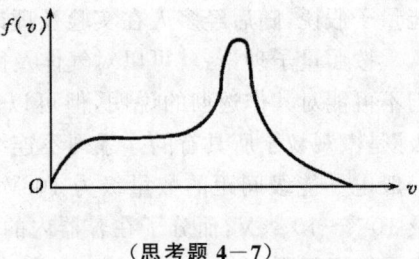

(思考题 4—7)

4—11 麦克斯韦速度分布函数的最大值在 $v_x=v_y=v_z=0$ 处,但为什么最概然速率不是零?

4—12 能量按自由度均分定理中的"自由度"与力学中的"自由度"有无不同?该定理中的"能量"是包括势能的,这与理想气体不计分子间相互作用势能是否矛盾?

4—13 如果 1mol 的氦气比 1mol 的氧气温度高,则氦气的内能一定比氧气的高吗?

4—14 请总结能量按自由度均分定理的成功之处与失败之处,以及使用该定理时值得注意之处。

4—15 请明确指出本章后三节与第一节之间的联系。

4—16 假定 z 轴平行于地面上的铅直方向,对于处在重力场中的平衡态气体分子而言,$\overline{v_x^2}=\overline{v_y^2}=\overline{v_z^2}$ 这一等式还成立吗?即,在重力场中麦克斯韦速度分布律还成立吗?

习 题

4—1 在大气中取一无穷高的直立圆柱体,截面积为 A,设柱中分子总数为 N,试就此空气柱求本章(4.2.2)式中的常数 n_0。

4—2 飞机起飞前,舱中压力计指示为 0.10MPa,温度为 27℃;起飞后,压力计指示为 0.

08MPa,温度仍为 27℃,试计算飞机距地面的高度。(已知空气的平均摩尔质量是 28.97×10^{-3} kg·mol^{-1})

4—3 设空气的温度为 0℃,问上升到多高处大气压强减为地面的 75%?(已知空气的平均摩尔质量是 28.97×10^{-3}kg·mol^{-1})

4—4 西藏阿里高原有一处叫界山大坂,海拔 6700m。如果人在海平面处每分钟要呼吸 17 次,那么他在界山大坂每分钟要呼吸多少次才能吸入相同质量的空气?(取空气平均摩尔质量为 28.9×10^{-3}kg·mol^{-1},设大气温度处处为 0℃)

4—5 一氢气球自地面上升。假定地球大气层的温度处处为 $T=300$K,气球在上升过程中,其内外压强时时相等,求:

(1)气球上升过程中半径 r 随高度 h 的变化;

(2)当气球上升到 1.6×10^3m 高处,其体积比在地面处增大了多少倍?

(取大气的平均摩尔质量为 28.9×10^{-3}kg·mol^{-1})

4—6 在大气层的较低部分(对流层)温度随高度的增加而降低,假定温度的变化可近似表示为:

$$T=T_0-\alpha y$$

其中 T_0 是地球表面的温度,α 为一常数,T 是在高度 y 处的气温,试证:

$$\ln\frac{p_0}{p}=\frac{\mu g}{R\alpha}\ln\frac{T_0}{T_0-\alpha y}$$

(式中 p_0、p 分别是地表处及高度 y 处的大气压,μ 是大气平均摩尔质量)。

4—7 在空气中烟雾的小颗粒质量为 10^{-13}g 数量级,它们受空气分子碰撞,也作布朗运动,这可以在显微镜下观察得到。

(1)在空气温度为 300K 时,求这种布朗粒子的方均根速率;

(2)假如烟雾颗粒是在同样温度下的氢气中作布朗运动,其方均根速率会与在空气中时不同吗?

4—8 试估计质量为 10^{-9}kg 的沙粒能像地球大气一样分布的等温"沙粒气"的温度之数量级。

4—9 一长为 L、粗细均匀的闭管中原贮有密度为 ρ、压强为 p 的理想气体,后来令此管在水平面上绕通过管一端的一垂直轴以匀角速度 ω 旋转,求管内两端的压强差。(在结果中保留到 ω 的二次幂项)

(提示:水平粗管旋转起来之后,管中分子受到惯性离心力,可以认为分子处于一定的势场之中,用玻耳兹曼分布律能够求到分子数密度沿管的分布。)

4—10 一端封闭的管子,长度 $l=1.00$m,现以角速度 $\omega=62.8$ rad·s^{-1}绕通过管子开口端并与管子正交的竖直轴旋转。周围空气的压力 $p_0=1.00\times10^5$Pa,温度 $t=20$℃。试求在管内封闭端附近空气的压力 p。(空气的平均摩尔质量为 28.9×10^{-3}kg·mol^{-1})

4—11 把一孔径均匀的开口玻璃管弯成 L 形。一臂垂直浸在密度为 ρ 的液体中,另一臂长度为 l,水平地露在空气中。管子绕垂直臂以恒角速度 ω 转动。试证垂直臂中液体上升的高度为:

$$y=\frac{p_0}{g\rho}(1-e^{-\omega^2 l^2\mu/(2RT)})$$

(式中 p_0 是大气压强,μ 是空气的平均摩尔质量,g 是重力加速度)

4-12 胶体微粒的密度为 ρ,它们悬浮在密度为 ρ_0 的某溶剂中。将此悬浮液置于超速离心机上,离心机以角速度 ω 转动。测得与离心机的轴相距为 r_2 及 r_1 处的胶体质点浓度之比为 α,试问:可看做大分子的胶体微粒的摩尔质量 μ 是多少?

4-13 设氢气温度为 T,求速率在 $v_1 \sim v_1+\Delta v$ 之间的分子数 ΔN_1 与速率在 $v_2 \sim v_2+\Delta v$ 之间的分子数 ΔN_2 之比。若 $T=300\text{K}, \Delta v=3\text{m}\cdot\text{s}^{-1}, v_1=2000\text{m}\cdot\text{s}^{-1}, v_2=1000\text{m}\cdot\text{s}^{-1}$,计算出 $\Delta N_1/\Delta N_2$。

4-14 系统Ⅰ与Ⅱ都是满足麦克斯韦速率分布律的理想气体,二系统中分子的最概然速率分别是 v_{p1} 及 v_{p2},对应的速率分布函数值分别为 $f(v_{p1})$ 及 $f(v_{p2})$。试证:

$$\frac{f(v_{p1})}{f(v_{p2})}=\frac{v_{p2}}{v_{p1}}.$$

4-15 某种气体分子在温度 T_1 时的方均根速率等于温度为 T_2 时的平均速率,求 T_2/T_1。

4-16 计算温度为 300K 时,氧分子的最概然速率、平均速率和方均根速率。

4-17 根据麦克斯韦速率分布律,求速率倒数的平均值 $\overline{\left(\frac{1}{v}\right)}$。

4-18 根据麦克斯韦速率分布律证明:处于平均速率附近一固定小速率区间内的分子数与 $\sqrt{T}$ 成反比。

4-19 一密闭容器内贮有水及其饱和蒸气,水蒸气的温度为 100℃、压强为 0.101MPa。已知在这种状态下每克水气所占的体积为 $1\,670\text{cm}^3$,水的汽化热为 $2\,250\text{J}\cdot\text{g}^{-1}$。

(1)每立方厘米水气中含有多少个水分子?
(2)每秒有多少水气分子碰到水面的单位面积上?
(3)设所有碰到水面上的水气分子都凝聚为水,问每秒有多少个水分子从水中逸出?

4-20 穿过某原子能反应堆中心处的中子流密度是 $4\times10^{16}\text{m}^{-2}\cdot\text{s}^{-1}$,假设这些中子是温度为 300K 的"热"中子,并服从麦氏速率分布律,求中子气的数密度及分压。

4-21 一容器被一隔板分成两部分,隔板上有一面积为 A 的极细小的孔,则隔板两边的气体状态将因泻流而发生缓慢的变化,但都近似处于平衡态。现知两部分气体的温度均为 T,摩尔质量均为 μ,而压强分别为 $p_1、p_2(p_1>p_2)$,证明:每秒通过小孔的气体净质量为:

$$M=\sqrt{\frac{\mu}{2\pi RT}}A(p_1-p_2)$$

4-22 一容器的薄壁上开有一直径为 0.20mm 的小圆孔,容器内贮有 100℃ 的水银,容器外被抽成真空。已知水银在此温度下的蒸气压为 36.4Pa,

(1)求容器内水银蒸气分子的平均速率;
(2)每小时有多少克水银从小孔逸出?

4-23 装在容积为 V 的容器内的气体,经过器壁上一个直径比分子的平均自由程小得多的孔逸到真空中,孔的面积等于 S。这过程在温度为 T 的情形下等温地进行,试求容器中气体的压强降到原值的 $1/\eta$ 所需的时间 τ。(已知气体摩尔质量为 μ)

4-24 一容器被固定的导热隔板分成体积各为 $V_1、V_2$ 的两部分。开始时,两边分别贮有分子数密度为 $n_1、n_2$ 的同种理想气体,且温度相同。后来,隔板上出现一面积为 A 的小孔,气体发生泻流,求单位时间内通过小孔迁移的气体净质量如何随时间变化?若以泻流起始时刻为 $t=0$,试讨论 $t=0$ 及 $t\sim\infty$ 的情况。(设整个大容器的壁导热,并被温度为 T 的大热源所包围)

4—25 一清洁的钨丝置于压强为 1.33×10^{-2}Pa、温度为 300K 的氧气中。假定:(1)每一个氧分子碰撞到钨丝上即吸附在上面;(2)氧分子可认为是直径为 0.3nm 的刚性球;(3)吸附的氧分子按六角密堆积排列。试问要至少经过多长的时间才能形成一个单分子层?

4—26 一体积为 V 的球形玻璃容器,如题图所示,内贮有温度恒为 T_0、初始压强为 p_0 的低压水蒸气,它的下部有一截面积为 ΔA 的细颈,浸在盛有液氮的杜瓦瓶中。(在尖端科学中,用于获得高真空的"冷凝泵"就是如此构造。)

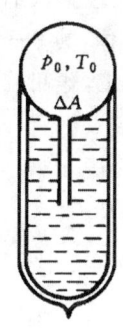

(1)求单位时间内由玻璃球与细颈接口处射出的气体分子数目同容器中水蒸气的压强 p、温度 T_0 的关系;

(2)若进入细颈的水分子都能凝结在细颈壁上,变为液态水,试写出玻璃球中水蒸气压强 p 减少到其初始压强 p_0 之半所需要的时间 t(用 ΔA、V 及平均速率 $\bar v$ 表示之)。

(习题 4—26)

4—27 一个干净的固体表面暴露在气体中,它以速率 w(分子数/(秒·米^2))吸附气体分子。如果一气体分子相对于固体表面的法向速度分量小于 v_T,固体表面对它的吸收概率为零,而大于 v_T 时吸收概率为 1。试利用麦克斯韦速度分布律推导 w 的表达式。(气体的分子数密度 n 为已知)

4—28 容器内有温度 $T=300$K、压强 $p=1.33\times10^2$Pa 的氢气。容器壁开有直径 $d=1.0\times10^{-4}$m 的小泻流孔,容器外还设有准直孔,从而得到发散角 $\Delta\theta=1$mrad 的氢分子束(示意如题图)。求:

(1)单位时间内以与小孔法线方向的夹角介于 $\theta\sim\theta+\mathrm{d}\theta$ 而射出小孔的氢分子数目 $\mathrm{d}n$;

(2)单位时间通过准直孔的氢分子数。

(提示:利用本书(3.4.5)式。)

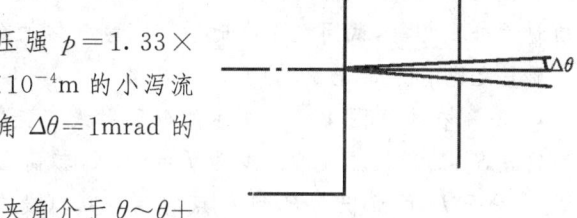

(习题 4—28)

*4—29 求速率在区间 $v_p\sim 1.01v_p$ 内的气体分子数占总分子数的比率。(v_p 为最概然速率)

*4—30 设气体分子的总数为 N,试证明速率在 0 到任一给定值 v 之间的分子数为:
$$\Delta N_{0\sim v}=N\left[\mathrm{erf}(x)-\frac{2}{\sqrt{\pi}}x\mathrm{e}^{-x^2}\right]$$
其中 $x=\dfrac{v}{v_p}$,v_p 为最概然速率,$\mathrm{erf}(x)=\dfrac{2}{\sqrt{\pi}}\displaystyle\int_0^x\mathrm{e}^{-x^2}\mathrm{d}x$,称之为误差函数。

*4—31 证明:速率小于最概然速率的分子数占总分子数的比率与温度无关,并计算此比率。

*4—32 根据麦克斯韦速率分布律,求出速率在 $0\sim\bar v$ 区间内的分子数比率。

*4—33 根据麦克斯韦速率分布律,计算速率在 $0\sim\sqrt{\overline{v^2}}$ 区间内的分子数比率。

*4—34 求速率大于任一给定值 v_0 的气体分子每秒与单位面积器壁的碰撞次数。

4—35 设地球大气是分子质量为 m、温度为 T 的等温理想气体;又设在距地面 h 高度处只要分子速率大于逃逸速率,该分子就会逸出大气层。求证:在该 h 高度处单位时间通过单位面积逸出的分子数为:

$$n_0(\frac{kT}{2\pi m})^{1/2}[1+\frac{mg_0 R_E^2}{kT(R_E+h)}]e^{-mg_0 R_E^2/kT(R_E+h)}$$

其中 n_0 是该 h 高度处的分子数密度，g_0 是地面处的重力加速度，R_E 是地球半径。

*4—36 一宇宙飞船，可近似看成一立方体，其各边长为 L。它以速度 u 在外层空间飞行，u 的方向与飞船的一个棱平行。飞船四周是温度为 T、压强为 p、分子质量为 m 的气体，其分子平均自由程 $\bar{\lambda} \gg L$。假设气体分子与飞船的碰撞是弹性的，试估计一下，由于这种碰撞，作用在飞船上的平均阻力是多少？

（提示：试利用伽利略速度变换，并利用误差函数。）

4—37 发光原子静止时，在分光镜中将观测到频率为 ν_0 的尖锐光谱线；然而，当发光原子在观测方向（记为 x 方向）上的速度分量 $v_x \neq 0$ 时，观测到的谱线将有多普勒展宽。

(1)求在分光镜中观测到的光的平均频率；

(2)将多普勒展宽的谱线强度的极大值记为 I_0，求发光强度分布函数 $I(\nu)$；

(3)当光是来自星体时，试由观测到的多普勒展宽的谱线宽度 $\Delta \nu$ 来决定星体的温度。（设发光原子的质量为已知）

4—38 容器的某一面器壁是分子能够穿透的多孔膜，因此，容器内的气体可以逸出到容器之外的、始终维持高真空的大容器中。若容器内充满温度为室温、压强为 p_0 的氦气，则 1 小时后容器内氦的压强将降为 $p_0/2$；但若容器内装的是压强为 p_0 的氦、氖混合理想气体，且氦氖质量百分比相等，试问经 1 小时后，氦、氖气体的分子数密度之比 n_{He}/n_{Ne} 是多少？（以氦、氖摩尔质量之比 μ_{He}/μ_{Ne} 表示之）

4—39 在本章图 4.3.8 所示的分子射线实验装置中，玻璃弯板 G 上的 P 点正对着转筒上的狭缝 S_3，测得铋蒸气的温度为 $T=827K$，转筒直径 $D=10cm$，转速 $\omega=200\pi s^{-1}$，试求铋原子 B_i 和分子 B_{i2} 的沉积点 P' 到 P 点的距离 s。（设原子 B_i 和分子 B_{i2} 都以平均速率运动）

4—40 求在分子射线实验中从蒸气源小孔中逸出的分子之速度分量分布函数 $f_B(v_x)$、$f_B(v_y)$、$f_B(v_z)$，并由此求出速率分布函数 $f_B(v)$。

4—41 试求分子束流中分子的平均平动能 $\bar{\varepsilon}$。

4—42 某一温度为 T 的二维理想气体，它由 N 个质量为 m 的单原子分子所组成，分子的活动限制在一平面之上，故通常所指"体积"应理解为"面积"。

(1)求该二维理想气体的速率分布函数 $f(v)$，并求最概然速率 v_p 及平均速率 $\bar{v}$；

(2)求分子每一平动自由度所均分到的能量。

4—43 令 $\varepsilon=\frac{1}{2}mv^2$ 表示气体分子的平动能，试根据麦克斯韦速率分布律证明，平动能在区间 $\varepsilon \sim \varepsilon+d\varepsilon$ 内的分子数占总分子数的比率为

$$f(\varepsilon)d\varepsilon=\frac{1}{\sqrt{\pi}}(kT)^{-\frac{3}{2}}\varepsilon^{\frac{1}{2}}e^{-\varepsilon/kT}d\varepsilon。$$

根据上式求分子平动能 ε 的最概然值 ε_p 及平均值 $\bar{\varepsilon}$。

将 ε_p 与 $mv_p^2/2$（v_p 为最概然速率）相比较，并讨论之。

4—44 温度为 27℃ 时，1 摩尔氧气具有多少平动能？多少转动能？

4—45 在室温 300K 下，1 摩尔氢和 1 摩尔氦的内能各是多少？1 克氢和 1 克氦呢？

4—46 水蒸气分解成同温度的氢气和氧气，内能增加了百分之几？

4—47 求常温下质量为 $M_1=3.00g$ 的水蒸气与 $M_2=3.00g$ 的氢气之混合气体的定容比

热。

4—48 标准状态下的 22.4l 氧气和 22.4l 氦气相混合,

(1)氦原子的方均根速率是多大?

(2)氦原子的平均能量是多少?

(3)氧分子的平均能量是多少?

(4)此系统总的内能有多大比例被氦气所携带?

4—49 气体分子的质量可以由定容比热计算出来,试推导由定容比热计算分子质量的公式。

设氩的定容比热 $c_V=313.5\text{J}\cdot\text{kg}^{-1}\cdot\text{K}^{-1}$,求氩原子的质量。

4—50 某种气体的分子由四个原子组成,它们分别处在正四面体的四个顶点。

(1)求这种分子力学上的平动、转动和振动自由度数;

(2)若这些自由度的运动都已被激发,试求这种气体的定容摩尔热容量。

4—51 混合理想气体处于温度为 T 的平衡态,两种组分的分子质量分别为 m_1 和 m_2,试求两种组分的分子之相对速率的方均根值。

4—52 试根据麦克斯韦速率分布律证明:气体分子平动能围绕平均平动能的涨落为

$$\overline{(\varepsilon-\bar{\varepsilon})^2}=\frac{3}{2}(kT)^2$$

4—53 试根据麦克斯韦速率分布律证明:气体分子速率围绕平均速率的涨落为

$$\overline{(v-\bar{v})^2}=\frac{kT}{m}\left(3-\frac{8}{\pi}\right)$$

第5章 气体的输运过程

本章要讨论的是气体在非平衡态下的三种典型变化过程。

流体具有黏滞性。就简单情况而言,在流体定向流动中各流层的定向流速有差异时所呈现的黏滞性,使得相邻流层间互施切向力,以致流速相对较快的流层被拖慢,而流速相对较慢的流层被拉快,这等效于定向流动的动量由流速较高的流层向流速较低的流层转移,所以黏滞现象是定向动量的输运过程。另外,传热和扩散也是我们常见的物理现象。在传热过程中有热量自高温物体传递到低温物体;在扩散过程中有物质的质量从浓度高处传递到浓度低处。由此看来,黏滞现象、传热及扩散分别对应着动量、热量与质量的传递。我们不难举出许多事例说明它们与各个工程领域有着密切的联系,而且在科学研究中为了设计一个实验和解释实验结果,也常需要有动量、热量和质量输运过程方面的基础知识。这三类输运问题原本分别是流体力学、传热学和传质学的课题内容,但三种输运现象之间有许多类似之处,而且往往两种甚至三种输运过程同时发生,因此现在常常把它们有机地联系起来加以论述,而且以探讨输运速率为侧重点[①]。

输运现象必定发生在处于非平衡状态的系统之中,如上所述,无论是黏滞现象还是传热或扩散,都是与某些物理量(如流层的定向流速、温度或物质浓度)在空间呈不均匀分布相联系着的。如果外界对该非平衡系统不产生影响,也就是让输运过程自发地进行,那么相应物理量的输运过程也正是系统状态不断变化的过程,必然以过渡到一新的平衡态为结局,称之为由非平衡态到平衡态的弛豫。这段过程所经历的时间叫做弛豫时间。即使在同一系统中,不同物理量由不均匀的空间分布趋于均匀所需的弛豫时间也是不同的。

一般地,动量、热量和质量的传递,既可以由分子的微观运动引起,也可以由旋涡混合造成流体微团的宏观运动引起,前者称为分子传递,后者称为涡流传递[②]。本章只讨论在气体中因分子微观运动而引起的输运现象,而且针对的是黏滞、热传导及扩散各自单独出现的简单情况。我们还只限于讨论在平衡态附近的非平衡系统中的输运现象,这样就可以采用关于非平衡系统的局域平衡描述方法(见§2.1)。

在研究弛豫过程中,一定要注意非平衡系统内部是靠何种有效的相互作用导致系统最终趋向平衡态的。在气体系统中,这种相互作用就是分子间的碰撞。正是通过碰撞,分子之间才交换了动量和热运动能量,碰撞也使得分子行进的路线迂回曲折,因此分子间的碰撞使气体中的输运过程得以实现,并直接关系到分子输运过程进行的速率。

---

① 王绍亭,陈涛.动量、热量与质量传递.天津:天津科学技术出版社,1986
② 王绍亭,陈涛.动量、热量与质量传递.天津:天津科学技术出版社,1986

第5章 气体的输运过程

§5.1 输运过程的宏观规律

5.1.1 牛顿黏滞定律

黏滞流体的流动情况相当复杂,与容器、管道或沟槽的形状及表面状况,流体本身的性质和流速都有关。流动状态有层流与湍流之分。层流就是粘性流体作分层的平行流动,流体质点的轨迹线有条不紊,相邻的轨迹线彼此仅稍有差别,并不互相混杂;而在有些条件下,流动却会显得混杂、紊乱,并有涡状结构,便是湍流。

我们现在只讨论气体作稳恒层流时的黏滞现象。设想在起始静止的流体中垂直于 z 坐标轴放置两块彼此平行的无限大平板,如图5.1.1所示,令下板静止,上板以恒定的速率 u_0 向右作水平运动。气体紧靠上板之一层附着于板上,与板有相同的速率,而紧靠下板之一层也附着其上,定向流速为零。在两板之间的 z_0 处做一平行于板的假想截面,其上下两侧的流层沿此截面流动速率不同,即这相邻两流层具有平行于截面的相对速度,于是由于黏滞性,它们将互施以沿截面的切向力,较快层流体对较慢层流体施加向前的拉力,较慢层对较快层施以阻力,这一对力等值反向,阻碍两流层的相对运动,称之为流体的黏滞力或内摩擦力。随着运动平板的不断右移,两板之间各流层相互间的这种黏滞作用使得流体最后总能达到一种稳定的流动状态,各流层的定向流速不再随时间变化,只为流层所在高度 z 的函数,记做 $u(z)$。

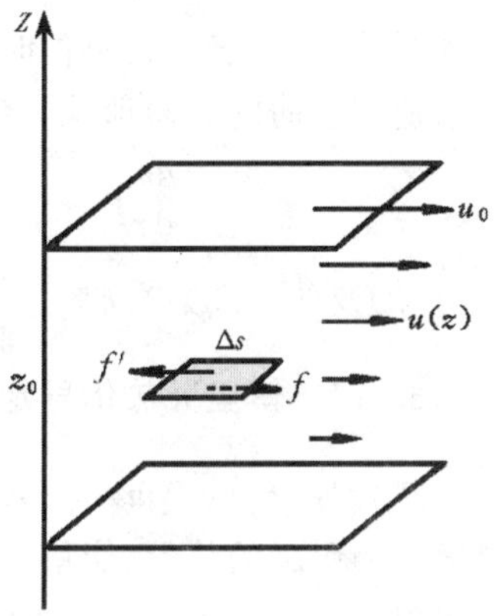

实验表明,z_0 处面元 Δs 两侧相互作用的黏滞力 f 和 f' 的大小与 z_0 处定向流速在垂直于定向流动的 z 方向上的变化率成正比。在定量表述中,需引进"速率梯度"这一概念。设 z_0 与 $z_0+\Delta z$ 处的两流层分别以定向流速 u_1、u_2 运动,比值

$$\left(\frac{\Delta u}{\Delta z}\right)_{z_0}=\frac{u_2-u_1}{\Delta z}$$

图 5.1.1 气体中的黏滞现象

则描述在 z_0 到 $z_0+\Delta z$ 之间水平流速在 z 方向上的平均变化率,取 Δz 趋于零时该比值的极限,得

$$\lim_{\Delta z\to 0}\left(\frac{\Delta u}{\Delta z}\right)_{z_0}=\left(\frac{\mathrm{d}u}{\mathrm{d}z}\right)_{z_0}$$

称 $\left(\frac{\mathrm{d}u}{\mathrm{d}z}\right)_{z_0}$ 为定向流动沿与流动垂直的 z 方向上的速率梯度,它反映了各流层速率随空间位置变化的缓急程度。实验还表明,黏滞力 f 和 f' 的大小也与面元 Δs 的大小成正比。总之,有:

$$|f|=|f'|=\eta\left|\left(\frac{\mathrm{d}u}{\mathrm{d}z}\right)_{z_0}\right|\Delta s \tag{5.1.1}$$

这里,不去规定 f、f' 和 $\left(\frac{\mathrm{d}u}{\mathrm{d}z}\right)_{z_0}$ 的正负,只考虑它们绝对值之间的关系。比例系数 η 与流体的性质及温度、压强有关,过去习惯称它为黏滞系数,但按国际单位制的规定,称做动力黏度或简称

黏度。它的单位是 N·s·m^{-2}，即"帕斯卡·秒"，国际代号为 Pa·s。(5.1.1)式就是牛顿黏滞定律，它对气体和液体都是适用的[①]。但必须注意气体与液体的动力黏度随温度的变化规律截然不同。液体的动力黏度随温度升高而减小，气体的动力黏度却随温度升高而增大。另外，常压下液体和气体的动力黏度基本不随压强变化，在压强很高时，液体黏度就要急剧增加，而在压强很低时，气体越是稀薄其黏度越小。关于气体的动力黏度在§5.2 和§5.3 中还要讨论。

z_0 处相邻流层之间因互施黏滞力，在 dt 时间内，通过 Δs 截面、沿 z 轴的定向动量输运量 dK 也可基于(5.1.1)式而求到。若规定沿 z 轴正方向传递的动量 $dK>0$，则

$$dK = -\eta \left(\frac{du}{dz}\right)_{z_0} \Delta s dt \tag{5.1.2}$$

式中 dK 与 $\left(\frac{du}{dz}\right)_{z_0}$ 的正负符号相反，表明动量是从定向流速大到定向流速小的方向传递。工程上还定义

$$J_K = \frac{dK}{\Delta s dt}$$

为动量通量，它表示在单位时间内、相邻流层之间在与流层垂直的方向上通过单位面积所转移的沿流层切向的定向动量。(5.1.2)式即可表为：

$$J_K = -\eta \left(\frac{du}{dz}\right)_{z_0} \tag{5.1.3}$$

(5.1.2)及(5.1.3)式也都是牛顿黏滞定律的表达式。

5.1.2 傅里叶热传导定律

热传导(Heat conduction)与热传递或传热(Heat transfer)并不等同。传热泛指一切由于温度差而引起的热量(能量)传递。常按不同机理将传热归纳为三种基本方式：热传导、对流和热辐射。热量很少以单一方式进行传递，往往是几种传热方式同时发生。

在这三种基本传热方式中，对流并不只取决于温差，它还与质量迁移情况有关；热辐射本质上是电磁波辐射；只有热传导是单纯依靠物体内部分子、原子及自由电子等微观粒子的热运动而产生的热量传递。我们现在就主要讨论热传导，所传导的热量就是微观粒子热运动的能量。

既然温差是热量传递的推动力，因此在研究导热时，应特别注意温度的分布。一般地，系统中各点的温度可以不同，还会随时间而变化，也就是说，系统的温度是空间坐标和时间的函数。在有的情况下，温度分布可以达到稳定状态，即不再随时间变化。

在一定的温度分布下，空间里有一系列等温面，如图 5.1.2，设 A 点所在的等温面温度为 T，另一等温面温度为 $T+\Delta T$。我们来看 A 点附近温度的空间变化率。这一变化率的大小与方向有关，如从 A 点出发沿方向 l^0 发生变化，达到另一等温面时所经过的距离为 Δl，则平均温度变化率为 $\Delta T/\Delta l$。取极限：

$$\lim_{\Delta l \to 0} \left(\frac{\Delta T}{\Delta l}\right) = \left(\frac{\partial T}{\partial l}\right)_A$$

这一偏导数 $\left(\frac{\partial T}{\partial l}\right)_A$ 叫做 A 处沿 l^0 方向的方向导数。在 A 点附近的局部范围内，相邻等温面近

[①] 服从牛顿黏滞定律的流体叫做牛顿型流体。有些流体，例如泥浆、污水、聚合物溶液和油漆之类，不遵守牛顿黏滞定律，称它们为非牛顿型流体。研究非牛顿型流体的学科叫做流变学。

似平行。显然，当沿等温面法线方向 n 变化时，到达另一等温面所经过的距离最短，因此沿这一方向的温度变化率 $\left(\dfrac{\partial T}{\partial n}\right)_A$ 最大，称其为 A 处的温度梯度。如果等温面是平面，例如 $x\text{-}y$ 平面，那么 n 就是 z 轴方向。在稳态情况下，温度 T 仅是 z 的函数，z 方向的温度梯度则为 $\left(\dfrac{\mathrm{d}T}{\mathrm{d}z}\right)_A$，这时仅沿 z 轴有热量的输运。在 z_0 处做一与 z 轴垂直的假想截面，在前述的情况下它是一等温面。实验表明，在 $\mathrm{d}t$ 时间内，通过此截面上面元 Δs 传导的热量为

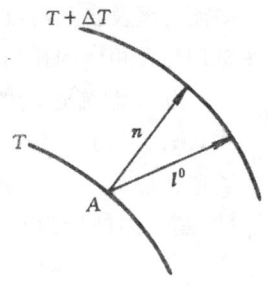

图 5.1.2　空间等温面及温度变化率

$$\mathrm{d}Q = -\kappa\left(\dfrac{\mathrm{d}T}{\mathrm{d}z}\right)_{z_0}\Delta s\,\mathrm{d}t \tag{5.1.3}$$

这里，取沿 z 轴正向传导的热量为正，上式中出现负号乃表示热量总是从温度高处向温度低处传递。比例系数 κ 是物质的导热系数（或称导热率）。不同材料的导热系数差别极大。一般地，纯金属的导热系数最大，气体和蒸气的导热系数最小，绝热材料和无机液体的导热系数介于它们之间。在国际单位制中，导热系数的单位为瓦/（米·开），即 $\mathrm{W\cdot m^{-1}\cdot K^{-1}}$。表 5.1.1 列出了一些材料导热系数值的典型变化范围[①]。

表 5.1.1　材料导热系数值的典型变化范围

材料种类	金属	合金	非金属液体	绝热材料	常压下的气体
$\kappa[\mathrm{W}/(\mathrm{m\cdot K})]$	50～415	12～120	0.17～0.7	0.03～0.17	0.007～0.17

工程上常引入热流密度（或称热通量）j_Q，定义是：

$$j_Q = \dfrac{\mathrm{d}Q}{\Delta s\,\mathrm{d}t}$$

它表示在单位时间内通过垂直于热流方向的单位面积的热量。利用 j_Q，可将(5.1.3)式写做：

$$j_Q = -\kappa\left(\dfrac{\mathrm{d}T}{\mathrm{d}z}\right)_{z_0} \tag{5.1.4}$$

(5.1.3)和(5.1.4)式是在各向同性介质中一维热传导的傅里叶定律。一般地，在三维热传导问题中，温度梯度和热流密度都是矢量。如果介质是各向异性的，导热系数就不能用标量表示，而是有九个分量的张量了。

傅里叶定律给出了在一稳定的温度分布下，空间任意位置的热流密度与该处温度梯度之间的关系；而在导热问题的研究中，注意力应更集中于系统内温度分布的分析上。温度如何随空间位置而变动，又如何随时间推移而演化，这是服从一定规律的。以傅里叶定律及能量守恒为基础，并看系统内是否包含有热源，还要考虑边界及初始条件，可以建立一个描述导热现象中温度分布规律的热传导方程。它是一个偏微分方程，将在"数学物理方法"课程中学到。

5.1.3　对流和辐射传热

1. 对流传热

对流传热过程中总有流体微团的宏观运动。根据流体的流动情况可以分为强制层流对流、强

---

① 表 5.1.1 取自：张洪济. 热传导. 高等教育出版社，1992. 有些材料的导热系数在表中所列相应数值之外，但表中所给数量级仍有参考意义。

制湍流对流及自然对流。蒸气冷凝及液体沸腾也属于对流传热,这两种过程中有相变发生,其传热机理与无相变的强制对流和自然对流不同。

常从作湍流运动的流体与固体器壁表面之间的传热过程入手,来研究对流传热速率所服从的基本规律。湍流流体与固体器壁接触处的边界层状况如图5.1.3所示[①]。由于流体的黏滞性,紧贴固体壁面有一层流体,其速度为零,并有一定厚度的层流内层。设固体壁的温度t_s高于流体平均主体温度t_f,则有热量从固体壁先通过静止流体层进入层流内层,在该层中主要靠分子无规则热运动来导热,其机理同于热传导。在缓冲层中,流体的层流与旋涡运动同时存在,因此兼有分子传热和涡流传热两种方式。在湍流核心中主要是涡流传热。

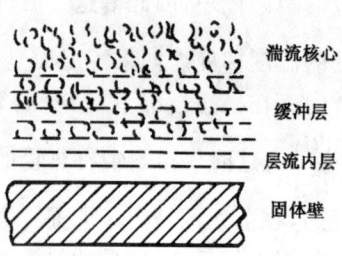

图 5.1.3 湍流边界层

为使问题简化,设在固体壁面附近有一厚度为δ_f的导热流体膜,并设温度在此膜内由t_s过渡到t_f,而且膜内的传热方式单纯是热传导,这样,根据傅里叶定律,单位时间内通过垂直于热流运动方向的导热面积A所传热的热量为:

$$q = \frac{\kappa}{\delta_f} A(t_s - t_f)$$

将$\frac{\kappa}{\delta_f}$写做h,则有:

$$q = hA(t_s - t_f) \tag{5.1.5}$$

该式称为牛顿冷却定律,h是对流传热系数,它的求算很复杂。虽然牛顿冷却定律是由湍流对流得到的,但亦适用于其他对流传热过程。

2. 辐射传热

辐射是物质的固有属性。原子内部电子的振动或激发可以导致电磁波的发射,或说成是光子的释放,也就形成了能量的辐射。热辐射是辐射现象中的一种,在此过程中原子受激的基本原因是由于物质中微观粒子的热运动。热射线的波长在$0.1 \sim 1000 \mu m$范围内,波长小于$0.4 \mu m$的属于紫外线,波长介于$0.4 \sim 0.7 \mu m$的是可见光,而波长在$0.7 \sim 1000 \mu m$之间的称为红外辐射或红外线,它又分为近红外($0.7 \sim 25 \mu m$)和远红外($25 \sim 1000 \mu m$)两个波段。比起其他波段的电磁辐射,热辐射的热效应最强,尤其是红外辐射会产生明显的热效应,是热射线的主要组成部分。

热辐射着的物体所发出的辐射能是由一部分内能转化来的。辐射能又在传播过程中被沿途介质或其他物体所吸收,并转化为自己的内能。当然,物体对入射的辐射能未必全部吸收,也会有一部分能量被反射或透射过物体。不管怎样,自然界中的物体只要其温度高于热力学温度零开(K),就不停地向外热辐射,同时又不断吸收来自周围其他物体的热辐射,从而物体间以热辐射的方式进行着热量(即能量)的传递,便是辐射传热。这类现象比比皆是。

辐射传热与热传导及对流传热有本质的不同,热辐射无须在介质中进行,物体互相也不必实体接触,因此是惟一能在真空中传递热量的方式。

辐射传热的复杂性甚于热传导和对流。热辐射中有一些现象和规律是可以用经典电磁波理论来说明的,但如§4.4.6中所提及的,经典物理在对付热辐射上遇到了不可逾越的困难,

---

[①] 图5.1.3取自:王绍亭,陈涛.动量、热量和质量传递.天津:天津科学技术出版社,1986

从根本上讲,热辐射要由量子理论来说明。另外在数学上,辐射传热问题中遇到的是非线性积分方程,也不易求解。这里,我们只介绍在各向同性且达到热平衡的简单情况下,辐射的几个基本物理量的定义和有关定律。

(1) 辐射出射度(简称辐出度,也称辐射本领、发射能力等):即单位时间从温度为 T 的物体表面单位面积上辐射出的各种波长电磁波的能量总和,我们记其为 $M(T)$,单位为 W/m^2。

(2) 单色辐射出射度(简称单色辐出度,也称单色辐射通量):物体辐射的电磁波之频率与辐射原子的内部能级结构和原子的动能有关,在确定温度下,辐射出的电磁波能量按频率有确定的分布。由于波长比频率易测,所以经常谈按波长的分布。单位时间、从温度为 T 的物体表面单位面积上辐射出的在波长 λ 附近单位波长间隔内的电磁波能量称为单色辐射出射度,记为 $M_\lambda(T)$,单位为 $W/m^2 \cdot m$。

(3) 单色吸收率:即温度为 T 的物体所吸收的波长介于 $\lambda \sim \lambda+d\lambda$ 的电磁波能量与同样波长范围内的入射电磁波能量之比,记为 $\alpha_\lambda(T)$,无量纲。

(4) 单色反射率:即温度为 T 的物体反射的波长介于 $\lambda \sim \lambda+d\lambda$ 的电磁波能量与同样波长范围内的入射电磁波能量之比,记为 $\beta_\lambda(T)$,无量纲。

(5) 电磁辐射能量密度:即在温度为 T、有电磁辐射的空间中,单位体积内,在波长 λ 附近单位波长间隔内的电磁辐射能量,记为 $\rho_\lambda(T)$,单位为 $J/m^3 \cdot m$。

以上没有提到透射率,这是因为下面我们要着重讨论对电磁辐射完全"不透明"的物体。对于这样的物体应当有:

$$\alpha_\lambda(T)+\beta_\lambda(T)=1$$

辐射体的发射能力与吸收能力之间是有一定关系的。用热力学理论可以得到:在热平衡下,$M_\lambda(T)/\alpha_\lambda(T)$ 是与具体物体性质无关而只与温度和波长有关的普适函数。这一结果称为热辐射的基尔霍夫定律。

在 §4.4.6 中讲经典物理的困难时提过的"黑体",就是在任何温度下、对任何波长的入射辐射的吸收率 $\alpha_\lambda(T)$ 都等于 1 的物体,也称"绝对黑体"。由基尔霍夫定律可知,对于热辐射,黑体既是最好的吸收体,也是最好的发射体。"黑体"的概念是研究热辐射的最基本而重要的概念,但黑体于自然界中并不存在,只有像碳黑、碳化硅、铂黑等为数不多的表面其热辐射性质接近黑体。然而,我们可以人工制造一种黑体模型,用不透明材料(例如金属)制成一个空腔,在腔壁上开一小孔,当有电磁波经此孔射入空腔后,由于腔壁的多次反射和吸收,进入小孔的电磁波能量几乎全部被吸收,因此,这种带小孔的空腔可以看做是黑体。

黑体辐射问题作为经典物理学"晴空"里的一朵"乌云"(见 §4.4.6),在理论和实验上都对它作过大量的研究,而最基本的规律有两个:斯蒂芬-玻耳兹曼定律和维恩位移定律,最核心的问题是确定黑体的单色辐出度 $M_{b\lambda}(T)$[①]。由于 $M_{b\lambda}(T)$ 与带小孔的空腔中的电磁辐射能量密度 $\rho_{b\lambda}(T)$ 之间有如下的关系:

$$M_{b\lambda}(T)=\frac{c}{4}\rho_{b\lambda}(T)$$

(式中 c 是光速),所以这核心问题也等效为确定 $\rho_{b\lambda}(T)$。

斯蒂芬-玻耳兹曼定律是说:黑体的辐射出射度 $M_b(T)$ 与黑体温度 T 的四次方成正比。即:

---

① $M_{b\lambda}(T)$ 及 $\rho_{b\lambda}(T)$ 的下标带有"b",乃提示这些物理量是针对黑体(Black body)而言的。

$$M_b(T) = \sigma T^4$$

其中比例系数 $\sigma = 5.67051 \times 10^{-8} \mathrm{W \cdot m^{-2} \cdot K^{-4}}$。这表明随着温度升高辐射极快地增强。

维恩位移定律是说:在黑体辐射光谱中,单色辐射出射度 $M_{b\lambda}(T)$(或电磁辐射能量密度 $\rho_{b\lambda}(T)$)的最大值所对应的波长 λ_m 与温度成反比。即:

$$\lambda_m T = b$$

式中 $b = 2.897756 \times 10^{-3} \mathrm{m \cdot K}$。该定律表明,辐射能量峰值所对应的波长随温度升高向短波方向移动。这与我们日常生活中所体验的"辐射体的颜色要随温度发生变化"是相符的,例如电灯丝在 800K 时呈红色,随温度升高灯丝由红变黄再达到白炽化。顺便提醒一句,尽管灯丝不是黑体,但即使是黑体,它也并不总是黑色的。

上述两个基本定律在现代科学及工程技术中有着广泛的应用,是高温测量、遥感和红外追踪等技术所依据的物理原理。恒星表面的温度也常通过辐射高温计来测量。

事实上,斯蒂芬-玻耳兹曼定律和维恩位移定律都以"黑体单色辐出度 $M_{b\lambda}(T)$ 究竟是波长和温度怎样的函数"为核心。推求 $M_{b\lambda}(T)$ 的函数表达式,正是 19 世纪末和 20 世纪初物理学中最引人注目的课题之一。1896 年,维恩从热力学理论出发,并假设黑体辐射能量按频率的分布,与相同温度下理想气体分子热运动速度的麦克斯韦分布律是类同的,得出:

$$M_{b\lambda}(T) = \frac{c_1}{\lambda^5} e^{-c_2/\lambda T}$$

式中的参数 c_1、c_2 需要用实验数据来确定。但这一结果只在短波段与实验曲线吻合。1900 年,瑞利又根据经典电动力学和能均分定理导出 $M_{b\lambda}(T)$,并由金斯加以修正,得到:

$$M_{b\lambda}(T) = \frac{2\pi c k T}{\lambda^4}$$

式中 c 为光速,k 就是玻耳兹曼常数。这一公式虽在低频部分与实验符合,但它给出的 $M_{b\lambda}(T)$ 随频率增大而单调增加,并在高频部分出现无穷大,即在紫外波段发散,后来这一失败被称为"紫外灾难"。

正确的黑体单色辐出度公式是伴随量子论的诞生而建立的。德国杰出的物理学家普朗克(Max Planck,1858~1947)从 1895 年起持续五年之久,对于空腔共振子体系的"不可逆辐射过程"作了系统研究[①]。1900 年秋季,他依据实验结果用"内插法"得到了一个对于各波长段以及所有温度都正确的黑体电磁辐射能量密度 $\rho_{b\lambda}(T)$ 公式。他知道辐射能的分布问题对于物理学是至关重要的,因此必须不惜沉重代价对所得的新公式作出理论解释。这代价就是:除了维护热力学两定律之外,准备牺牲他以前对物理定律所抱的任何一个信念。他假设谐振子的能量只能取一些分立的值,是一个最小能量 ε_0 的整数倍,称 ε_0 为"能量子",并需令 $\varepsilon_0 = h\nu$(h 是一与振子特性无关的常量,后称之为普朗克常数,ν 为振子的频率)才可得到先前那一符合实验的 $\rho_{b\lambda}(T)$ 公式。这种能量不连续的概念与经典物理是格格不入的,它正是量子理论的基础概念。由普朗克的黑体辐射公式:

$$\rho_{b\lambda}(T) = \frac{8\pi hc}{\lambda^5} \frac{1}{e^{hc/\lambda kT} - 1}$$

不难推得斯蒂芬-玻耳兹曼定律及维恩定律。

1964 年,美国射电天文学家彭齐亚斯(A. A. Penzias)和威尔逊(R. W. Wilson)在测量银

---

① 可参考:向义和.物理学基本概念和基本定律溯源.高等教育出版社,1994

河系平面以外区域的射电波的强度时,意外地发现在 7.35cm 波长处有一种消除不掉的与方向无关的微波噪声。与此同时,普林斯顿大学的青年理论物理学家皮伯斯(P. E. J. Peebles)指出:早期宇宙充满了巨量的辐射,应遗留下一个射电噪声背景。随后人们证实彭齐亚斯和威尔逊发现的微波噪声正是这一作为宇宙遗迹的微波背景辐射,而且在许多不同的波长上对接收的辐射强度作了测量,结果表明:辐射谱符合温度大约为 3K 的黑体辐射能量密度的上述普朗克分布公式。1989 年 11 月升空的宇宙背景探索卫星(COBE)获取了详实的数据,证明了微波背景辐射谱非常精确地符合温度为 2.726 ± 0.010K 的普朗克黑体辐射理论曲线,从而提供了大爆炸宇宙模型最强有力的证据。

绝对黑体作为理想的吸收体和发射体,是用以比较实际物体吸收和发射本领的标准。对于非黑体,其辐出度 $M(T)$ 与同温度下黑体辐出度 $M_b(T)$ 之比:

$$\alpha = M(T)/M_b(T)$$

称为它的总黑度,相应的斯蒂芬-玻耳兹曼定律即为:

$$M(T) = \alpha\sigma T^4$$

还可定义单色黑度

$$\alpha_\lambda = M_\lambda(T)/M_{b\lambda}(T)$$

对照单色吸收率的定义及绝对黑体的定义可以推知,单色黑度 α_λ 也就是辐射体的单色吸收率。若辐射体的 $\alpha_\lambda<1$,但对各种波长都相同,则称该辐射体为灰体。像玻璃、大气是对波长有选择性的辐射体,也是对波长有选择性的吸收体,就不是灰体,而且玻璃和大气对某些波段的光是透明的。

3. 地球的气温[①]

太阳辐射通过大气层时,受到空气分子、水蒸气分子以及尘埃等的散射,并被臭氧、水蒸气及二氧化碳等大气中的极性分子吸收掉某些波段中的能量,到达地面和海面的太阳辐射能还要被反射少部分,所占比例称为"反照率";而大地既吸收了太阳的辐射,本身又是一辐射体,其辐射的能量也有一部分被大气吸收。大气对太阳辐射和大地辐射的选择性吸收情况大致是这样的:大气中的臭氧吸收紫外线,波长为 $0.29\mu m$ 以下的短波辐射几乎全部被它吸收。在 $0.6\mu m$ 的波长附近,它还有一微弱的吸收带。这样,臭氧层就使人类和地球上其他生物免受太阳紫外线辐射的伤害,因此人类要保护大气中的臭氧层。大气中的水汽吸收红外线,主要吸收带位于波长 $1.0\mu m$、$1.4\mu m$、$1.9\mu m$ 和 $6\mu m$ 附近,在大于 $18\mu m$ 的中远红外波段也还有些吸收带。特别是大气中的 CO_2,它大量吸收红外线,在波长 $2.7\mu m$、$4.3\mu m$ 和 $15\mu m$ 处各有一强吸收带。这使得大气只在 $8\sim 12\mu m$ 波段内透过度较高,所谓"大气窗口"主要就是指这一很窄的波段,这个波长范围是地球辐射能量逃逸到宇宙空间的主要通道。现在,我们可以来解释经常听到的自然界的"温室效应"了。大气层允许太阳辐射的大部分(约 66%)能量透过而到达地面并为地面吸收,但大地辐射与太阳辐射的能谱却因它们的温度不同而有很大差异。以某处大地温度为 25℃为例,在这片大地的辐射中约有 97% 的能量分布在 λ 为 $3\sim 50\mu m$ 的波段内,其中只有很

[①] 可参考:斯潘塞. R. 沃特. 全球变暖的发现. 北京:外语教学与研究出版社,2008
S. 弗雷德·辛格,丹尼斯·T. 艾沃利,全球变暖—毫无来由的恐慌. 上海:上海科学技术文献出版社,2008
特别策划. 谁使地球变暖(上)和(下). 科学世界,2007(10):10~39 和 2007(11):49~78
陈百炼,陈林. 地球变暖谁之过. 科学世界,2008(7):72~77
可登录网站:http://www.aip.org/history/climate

小部分能穿过大气窗口。这就是说,大气层要吸收大地辐射中的大部分能量,阻碍大地辐射透射到外层空间。同时,大气层既然吸收便要辐射,其中一半是射向地面的,从而使得地球表面温度升高,如同是在有玻璃屋顶的温室中那样。大气中能强烈吸收地球表面红外辐射的气体常被称为温室气体。假设完全没有温室气体和温室效应,按照地球接收太阳辐射与向太空发放辐射应该两相平衡的考虑,并为简单起见,把地球看成具有某一等效温度的黑体,则可大致估算出地表的平均温度只有$-20°C$。最早进行这种计算的是法国数学家约瑟夫·傅里叶(1768～1830)。他意识到:之所以地球实际温度要比他的计算结果高得多,是因为大气层将一部分热辐射保留了下来。而大气中的水蒸气、二氧化碳、甲烷等气体都能够强烈吸收红外线能量,这是被英国物理学家约翰·廷德尔(1820～1893)首先通过实验来证实的。多亏大气中有这些温室气体,才使地表的平均温度维持在$15°C$以上,让人类和其他生物有一个温暖的生存环境。

1896年,瑞典化学家斯万特·阿里纽斯(1859～1927)发表了首篇关于人类排放CO_2可能会造成全球变暖的论文。他计算出:如果大气中的CO_2增加1倍,地球气温将升高$5°C$～$6°C$,同时他认为必须将水蒸气的变化考虑进来。但他所用的气体吸收与辐射的数据并不令人信服,计算中也过分简化了气候体系。他的话在很长一段时间内未能引起人们的重视。1938年,对气候问题有着业余爱好的一名蒸气动力工程师盖伊·斯图尔特·柯兰达根据自己收集到的气象数据和大气中CO_2含量的测量数据,在伦敦皇家气象协会上宣称:人类使用化石燃料所排放的CO_2正在使全球气候趋暖,不过他认为这能帮助人们获得庄稼的丰收,是件好事。

综上所述,决定地球表面温度的因素有:太阳辐射、地球的反照率和温室效应。必须注意到它们的强弱都不是亘古不变的。

根据恒星演化理论,在46亿年前地球诞生时,太阳要比现在小而暗。太阳不仅有几十亿年这样长时间标度的变化,而且还有短时间标度的变化。太阳表面的黑子数目的增减变化周期约为11年,黑子数目增多时,太阳辐射便会增强,在黑子一活动周期内,太阳辐射量增减幅度可达0.1%。同时,太阳还有大约22年的周期、约87年的周期、约210年的周期等,它们的变化原因尚不甚明了。另外,塞尔维亚天文学家米留廷·米兰柯维奇(1879～1958)计算出:由于受太阳系中其他行星的引力作用,地球公转轨道有约43万年和约10万年的变化周期;地球自转轴倾角有约4.1万年的变化周期;自转轴还有约2.3万年和约1.9万年的进动周期。这都会造成地球和太阳之间相对位置的变化,从而影响抵达地球的太阳辐射强度。

地球对太阳光的反照率会因大气中气溶胶微粒的增多而加大。气溶胶微粒可包含在火山喷发的雾尘中、工业活动排放的SO_2废气中、甚至大规模战争的硝烟中。大气中的云雾、地面上覆盖的冰雪也会增大反照率。

至于温室效应,人们自然首先要关注温室气体浓度的变化。近二三百年来,不论哪种温室气体的浓度都在急剧增长。就CO_2而言,在工业革命以前,它在大气中的浓度是280ppm(每100万个分子中有280个CO_2分子),而在2005年,就已激增到379ppm。这表明人类活动所排放的CO_2数量已远远超过海洋和植物所能吸收的数量。

在如上诸多因素的作用下,地球温度经历了怎样的变化?当今是在加速变暖吗?人们是怎样知道地球过去和现在的温度呢?

使用温度计测量气温是从1850年开始的。在那之前,按万年时间标度的气温,可以通过对冰芯、海底沉积物、溶洞石笋、古花粉化石的分析研究以及从史前人类迁徙的考古证据等得知。在过去的50万年间,地球曾5次交替出现过寒冷的"冰期"及温暖的"间冰期",变化周期大约是11万年,与前述的米兰柯维奇周期有吻合之处。而按照千年时间标度,可根据树木年轮来了解过去的气候。近百余年,不仅设在地面上的温度探测站点逐渐几乎覆盖了全球,而且利用卫星遥感装置(自 1979 年开始)和高空气象气球,能够获取更为精确的气象数据。有观测结果显示:尽管世界不同地区的温度变化不尽相同,个别地区甚至在变冷,但从总体上看,绝大部分地区都呈现逐渐变暖的趋势,尤其是自 1980 年以来,全球变暖的速度急剧加快。不少人预言,这将引发各种危机,诸如"太平洋岛屿将沉入大海"、"热浪和飓风等自然灾害将频频发生"……等等。全球变暖问题因而备受关注。

1988 年由联合国环境规划署和世界气象组织发起建立了政府间气候变化专门委员会(IPCC),负责汇总和整理全世界科学家关于气候变化的研究成果。IPCC 分别于 1990 年、1996 年、2001 年和 2007 年共发布了四次对全球变暖趋势的评估报告。在 IPCC 第四次评估报告中指出,人类现正处在 1 300 年来最热的时期。全球正以年平均气温 100 年升 0.74℃ 的速度变暖[①];世界各地的山地冰川正在退缩,北极地区的海冰在加速融化,不过在南极地区并未观测到冰量有明显减少[②];并且由于冰川和极地冰的融化,导致在 20 世纪全世界海平面总共上升了 17cm。

问题的关键是要搞清这种全球变暖的趋势究竟是怎样造成的。继当年阿里纽斯的预言和柯兰达的发现之后,现今的主流观点是:人类活动使大气中 CO_2 浓度急剧增加,过甚的温度效应正是近 50 年全球变暖的原因所在。为了验证太阳辐射和地球反照率这两种自然因素不足以造成 20 世纪全球变暖,有科学家进行了"计算机模拟实验"。只有在这两种自然因素的作用之外再加进以 CO_2 为主的温室气体浓度剧增这一人类活动因素,才使计算机模拟所得到的气温变化模式很好地再现了 20 世纪地球的气温变化情况。IPCC 第四次评估报告中的结论是:"地球在 1950 年以前的气候变化有 66% 以上的概率可以认为是火山活动和太阳辐射量的变化引起的。但是,20 世纪中期以后所观测到的世界平均气温的升高,有 90% 以上的概率可以认为是人类活动排放的温室效应气体增加的结果。"

早在 1997 年 12 月,在日本京都召开了《联合国气候变化框架公约》第三次缔约方大会。149 个国家和地区的代表通过了旨在限制发达国家温室气体排放量以抑制全球变暖的《京都议定书》。这是人类历史上首次以法规形式来限制温室气体的排放,到 2010 年,在所有发达国家,二氧化碳、甲烷(CH_4)、氧化亚氮(N_2O)、含氢氟烃(HFCs)、全氟碳化物(PFCs)、六氟化硫(SF_6)这六种温室气体的排放量,要比 1990 年减少 5.2%。还具体规定了在 2008 到 2012 年间,与 1990 年相比,欧盟、美国、日本、加拿大、东欧各国各自的减排目标。

为了促进各国完成温室气体减排目标,《京都议定书》允许采取以下四种灵活减排方式:

其一,难以完成削减任务的国家,可以从超额完成任务的国家购买超出的额度,即,在国家之间可以进行"排放权交易";

其二,以"净排放量"(从本国实际排放量中扣除森林所吸收的 CO_2 数量)计算温室气体排放量;

其三,采用清洁发展机制,允许发达国家从其投资在发展中国家所实施的、有利于可持续发展的减排项目中获取"经证明的减少排放量";

其四,采用联合履行机制,欧盟内部许多国家可视为一"集团",允许其中有的国家削减、有

[①] 历史上由"冰期"到"间冰期"的变暖速度至多不过是每百年气温升高 0.1℃。

[②] 据媒体报道:参加"2007—2008 国际极地年"活动的数千名科学家于 2009 年 2 月 25 日发布报告说,南极冰川当下的融化速度和范围超出先前预期。

的国家增加，总体上完成减排任务。

《京都议定书》需要占 1990 年全球温室气体排放量 55% 以上的至少 55 个国家和地区批准之后，才能成为具有法律约束力的国际公约。2005 年 2 月 16 日，《京都议定书》才正式生效。我国于 1998 年 5 月签署并于 2002 年 8 月核准了该议定书。

目前，我国人均温室气体排放量尚低于世界平均水平；但由于生产技术和设备相对落后，中国单位 GDP 的温室气体排放量却较高；温室气体总排放量仅次于美国、位居世界第二位。作为发展中国家，中国原本能源利用效率较低，一旦优化能源结构、发展新能源技术和提高能源利用效率，在我国温室气体减排的空间将是很大的，所需成本也低。因此，通过前述的清洁发展机制，我国可以实现大幅度减排。

《京都议定书》于 2012 年到期。2007 年 12 月，在印度尼西亚巴厘岛召开的联合国气候变化大会，对于 2012 年以后国际社会实施温室气体减排的谈判进程做出了框架安排，产生了"巴厘岛路线图"，要求所有发达国家都必须履行"可测量、可报告、可核查"的温室气体减排责任，同时要求发展中国家在可持续发展以及发达国家提供技术和资金的条件下，采取相应的减排行动。

如果近 50 年全球变暖当真是由人类活动造成的，并且威胁到人类的生存，那么为了解救自己，短期内全世界要为之付出昂贵的代价。有经济学家估算，为达到《京都议定书》规定的到 2010 年的减排目标，将花费成本 1 万亿美元。IPCC 表示，为将大气中温室气体浓度稳定在适度水平，可能需要全世界削减 60%~80% 化石燃料的使用量。那么，地球上现存的化石能源该如何处置呢？不断增长的能源需求又怎样得到满足呢？这迫使人类在能源开发和利用技术上、甚至在生活方式上都要发生根本的转变。气候问题不单纯是科学问题，它还是一个重大的社会政治、经济问题（见本书附录 6.1）。对于这样一个众人关切的大事，必然会产生不同立场、不同观点的碰撞。世上就有一些人持着与上述主流观点迥异的见解。他们并不认同 IPCC 评估报告中的温度记录，理由是那些数据没有扣除城市"热岛"和农村土地利用强度对气温产生的影响，以致得到的是"虚高"的温度；他们还否定 IPCC 对海平面上升的观测和预估，说海平面本来就有一个很大的波动空间，其实在过去几十年里，甚至 300 年里海平面并未显出上升趋势；他们也不相信 IPCC 报告的计算机模拟实验。他们虽然也同样采用分析冰芯、海底沉积物等手段来研究历史环境的变化，但结论却是：回溯 100 万年气候变化的历程，地球气候存在着 1 500 年的变化周期，当下正处于现代暖期。他们认为气候变化的驱动力是太阳的周期活动。太阳辐射的微小变化会被宇宙射线和大气中的臭氧放大。而人类排放的 CO_2，充其量只是扮演了次要的角色，对主流派的"温室效应理论"提出了多处质疑。他们说飓风、寒流、热浪、冰雹、周期性的洪水和干旱都属自然界中始终会发生的天气事件，并不是世界末日将至，对于全球变暖，人类无须恐慌。

持不同观点的两方，针锋相对，争论仍在继续。

让我们再回过头来看看地球 40 多亿年的历史：尽管太阳现在的发光度比起地球诞生之初增加了约 30%，但并无迹象表明地球平均温度曾升高到 50℃ 以上，而且化学性质并不稳定的地球大气层却一直基本保持不变；尽管历史上有过多次冰期，但也并无迹象表明地球上的海洋曾全部封冻，冰期期间虽然极地温度下降了几十度，但在南北纬 45° 之间生命的主要栖息区平均温度的变化也只有几度。其实能够举出很多过程，它们各自对地球温度的升降起着相反、相抵的作用，这大概正可解释为何 40 多亿年来地球表面能维持在一个相当狭窄的温区里吧？英国科学家詹姆士·拉夫洛克(J. E. Lovelock)1972年提出一个盖娅假说(Gaia hypothesis)[①]：地球上的生物圈和它的环境构成一个生物学意义上的有机整体,并作为一个具有自我调节功能的系统而进化。"盖娅"是古希腊神话里两位神所生的一对子(天)女(地)中的女儿,她象征着地球母亲。尽管涉及人与自然关系的事件之"因"往往要经历漫长岁月才可见其"果",这盖娅假说不是总能得到现实的证明,但其依然有重要价值,因为盖娅假说代表了人与自然和谐共处的新自然观。

盖娅的自我调节功能有没有极限呢？人类活动所排放的温室气体会使盖娅崩溃吗？对此,即使全人类尚未达成共识,但是,保护环境、节约资源,竭力守护地球母亲的一份庄严责任,是谁也不应该、也不会推卸的。

5.1.4 菲克扩散定律

扩散属于物质输运过程。"物质输运"在工程上简称为"传质"。扩散不仅在气相,也可在固相和液相中发生。其机理与物质分子的热运动相关,因此也叫做"分子传质"。还有另一种质量传递方式,叫做"对流传质",是指运动流体与固体表面之间、或不互溶的两种运动流体之间发生的质量传递。

我们在这里只着重讨论气体中的扩散。为简单起见,考虑两种分子组成的混合气体,记各自的分子数密度为 n_1、n_2,质量密度为 ρ_1、ρ_2。$\rho_1 = n_1 m_1$, $\rho_2 = n_2 m_2$, m_1、m_2 分别是两种气体分子的质量。当有扩散发生时,意味着质量密度的分布是不均匀的。设只在 z 轴方向上有这种不均匀性,我们用质量密度梯度 $d\rho_1/dz$ 及 $d\rho_2/dz$ 表示不均匀的程度。另外,如果我们不希望在这混合气体中出现由于压强不均匀而产生的压强扩散或是由于温度不均匀而产生的热扩散[②],那就要维持气体的压强和温度处处均匀；而由气体状态方程 $p = (n_1 + n_2)kT$ 得知,在上述这种单纯的扩散过程中,$n_1 + n_2$ 必处处相等,即

$$\frac{d(n_1 + n_2)}{dz} = 0 \tag{5.1.6}$$

或者 $\dfrac{dn_1}{dz} = -\dfrac{dn_2}{dz}$。

让我们在 z_0 处取垂直于 z 轴的一固定平面 s,设第一种组分在 s 面上方的质量密度大,那么,我们必定观察得到第一种组分沿 z 轴通过 s 面向下的宏观的质量输运；而第二种组分在 s 面下方的质量密度大,其质量宏观输运的方向正相反。值得注意的是,既然(5.1.6)式成立,那么在同一时间间隔内,净向下通过 s 面的第一种组分的分子数目必定等于净向上通过 s 面的第二种组分的分子数目。这样,如果 $m_1 = m_2$,则虽有两种组分的质量输运,但净通过 s 面的总质量却为零；而若 $m_1 \neq m_2$,则总的说,s 面上有净质量以一定宏观速度流过,记这宏观速度为 ω。

现在我们来定义各组分的扩散通量。所谓分子数"扩散通量",是指某一组元在单位时间里垂直通过一截面上单位面积的分子数目；而质量"扩散通量"便是分子数扩散通量乘以该组分单个分子的质量(m_1 或 m_2)。这里,要特别注意到对这截面有两种可能的选取。一是选取空间

[①] 关于盖娅假说,可参考：赵凯华,罗蔚茵.新概念物理教程：热学.北京：高等教育出版社,1998.第五章§6

[②] 在混合气体中若保持温度沿某一方向渐增,则分子质量大的气体向低温处扩散,而分子质量较小的气体向高温处扩散,称为之"热扩散"。(可参考：陈仁烈.统计物理引论(修订本).北京：人民教育出版社,1979.180.)

位置固定的截面，就像选取上述的 s 面，我们不妨只就第一种组分而言，它相对于这 s 面的分子数扩散通量是 J_1；二是选取以上述宏观速度 ω 相对于 s 面运动的一个截面，随之定义出的通过该运动截面的扩散通量 j_1，自然就不体现净总质量的宏观流动了。除非 ω 等于零，一般地 J_1 与 j_1 是不同的，写

$$J_1 = j_1 + n_1'\omega \tag{5.1.7}$$

在各组分的质量密度分布不均匀的扩散过程中，上式中的 n_1' 究竟是第一种组分在空间何处的分子数密度呢？这 n_1' 是要经过适当统计平均而得到的一个抹平了密度分布不均匀性的平均分子数密度。有兴趣的读者可在学习了 §5.2 之后，对此加以思考。

当混合气体的两种组分有明显区别时，s 面上有净总质量流过，两种气体在扩散中互相渗透，常称之为气体的互扩散。而若两种组分的差异极小，以致两种分子的质量、热运动平均速率及平均自由程都近乎相等，甚至就仅有一种组分，但能给其中的一部分分子打上标记，例如在 CO_2 气体中含有少量碳同位素 ^{14}C 原子与氧原子结合而成的可示踪的放射性 CO_2 分子，则所发生的扩散就叫做自扩散。此时，(5.1.7)式中的 ω 为零，J_1 与 j_1 是一样的。

实验表明，自扩散中的扩散通量，或者互扩散中的扩散通量 j_1，与 z_0 处相应组分的分子数密度梯度 $(dn_1/dz)_{z_0}$ 成正比，省去用来标志组分的下标，写做：

$$j = -D\left(\frac{dn}{dz}\right)_{z_0} \tag{5.1.8}$$

其中比例系数 D 称为扩散系数，它的单位为米^2·秒$^{-1}$($m^2 \cdot s^{-1}$)。式中负号表示扩散是沿分子数密度大到分子数密度小的方向进行的。(5.1.8)式称为菲克(Fick, 1829~1902)定律。

通量 j 的大小与所输运的质量相对于固定参照面 s 是否有宏观移动无关，它是只由于分子热运动而迁移的分子数通量，在下一节我们要导出(5.1.8)式中的 D 与分子热运动的相关物理量的联系。

事实上，(5.1.7)式中的 ω 也是与 $(dn_1/dz)_{z_0}$ 或 $(-dn_2/dz)_{z_0}$ 成正比的，因此在互扩散中，通量 J_1，或对第二种组分而言的通量 J_2，也与相应组分的分子数密度梯度成正比，但比例系数与(5.1.8)式中的 D 应有所不同，故有：

$$J_1 = -D_{12}\left(\frac{dn_1}{dz}\right)_{z_0},\quad J_2 = -D_{21}\left(\frac{dn_2}{dz}\right)_{z_0} \tag{5.1.9}$$

在两种组分的分子总数没有变动的条件下，必定有

$$J_1 + J_2 = 0$$

同时又有(5.1.6)式，因此，$D_{12} = D_{21} = D_互$，称 $D_互$ 为互扩散系数。

(5.1.9)式是互扩散的菲克定律，连同(5.1.8)式，都是实验定律。菲克定律对液体或固体中的扩散也同样成立，但气体、液体和固体中的扩散机理各不相同，因此，扩散系数随温度的变化规律也各不相同。气体中的扩散系数一般比液体中的扩散系数大 10^5 倍，然而因液体浓度大，故气体中的扩散通量比液体中的只高出 100 倍左右。

也可以采用质量扩散通量来表述菲克定律。等效地将(5.1.8)式改写为：

$$j_M = -D\left(\frac{d\rho}{dz}\right)_{z_0} \tag{5.1.10}$$

式中 $d\rho/dz$ 是某组分的质量密度梯度。相应地，把(5.1.9)式改写为：

$$J_{M1} = -D_互\left(\frac{d\rho_1}{dz}\right)_{z_0},\quad J_{M2} = -D_互\left(\frac{d\rho_2}{dz}\right)_{z_0} \tag{5.1.11}$$

一般地,随着物质粒子扩散的进行,粒子数密度在空间的分布将随时间而演变,直至该物质粒子在空间均匀分布。而在演变过程中,粒子数密度将随空间位置及时间怎样变化,往往是人们所关心的。在菲克定律及粒子数守恒的基础上,可以得到"扩散方程",再结合具体的初始条件及边界条件,便可得到这一问题的解答。在《数学物理方法》课程中将会学习到"扩散方程"。

比较以上三种输运现象的宏观规律,发现它们有共同的宏观特征:

(1) 它们都是由气体中的某一性质的不均匀分布而引起的;

(2) 为了定量描述这种不均匀性,分别采用了定向流动的速率梯度、温度梯度和密度梯度;

(3) 在三种输运过程中被迁移的物理量的多少都与相应梯度成正比,不均匀性越显著,梯度就越大,迁移量也越大;

(4) 从某一初始非平衡态出发,在无外界影响的条件下,随着输运过程的进行,各处的不均匀程度逐渐减小,也就是,输运过程有使气体内的不均匀性消除之趋势,系统终将达到平衡态。这种结局是因初始状态为近平衡态的非平衡态以及迁移量与梯度成线性关系而产生的。

这三种现象共同的宏观特征,必对应有相近的微观物理机理,这正是下一节要讨论的内容。

§5.2 输运过程的微观解释

5.2.1 思路与准备

在日常的搬运工作中,可以用搬运工人数乘以每一工人平均完成的输运量来计算出他们的总输运量。而在我们所讨论的气体输运过程中,充当搬运工角色的就是热运动着的分子。假定气体内部的各种不均匀性都发生在 z 方向上,在 z_0 处做截面 Δs 垂直于 z 轴,那么在 dt 时间内,沿 z 轴正方向穿过 Δs 而输运的定向动量(在黏滞现象中)或热量(在热传导中)或质量(在扩散过程中)是多少呢?这需要知道:(1) dt 内往来于 Δs 面的分子数目;(2)每一分子通过 Δs 面时平均携带多少定向动量或者热运动能量,或在扩散过程中分子本身质量的大小。为给出这两方面的明确回答,我们先要构思出输运过程的微观图景,并作如下一些简化假设。

我们把分子看成是彼此无吸引力的刚性小球,都以平均速率 $\bar{v}$ 运动。这与 §3.7 中讨论分子间碰撞时所用的假设一致。

为尽量简单起见,将系统中的分子等分为三队,各自平行于 x 轴、y 轴、z 轴运动;每一队又等分为两小队,各自沿坐标轴的正、负方向运动。这正是 §3.4 中求气体分子对容器壁的平均碰撞次数时所用的最简单的模型,那里所得的(3.4.1)式可供借鉴。

对于我们总要用到的热运动平均速率 $\bar{v}$,也有必要作些考虑。(4.3.11)式所给出的 $\bar{v} = \sqrt{\dfrac{8RT}{\pi \mu}}$ 是按气体分子平衡状态下分子的麦克斯速率分布律计算出来的;不过,在与平衡态偏离不大的输运过程中,按照把非平衡态系统处理成局域平衡态系统的观点,可以假设气体近似遵循麦克斯韦速度分布律。于是,不仅仍可用(4.3.11)式,而且前面基于麦克斯韦速度分布律讨论所得的平衡态下、分子热运动及碰撞的一些结果都可直接采用。

还有一个对于输运过程特别重要的简化假设是:当任一分子在运动过程中于某地只经受

一次碰撞就会失掉它原来的运动特性,在受碰处被当地的分子完全"同化"。这样一来,分子穿过 Δs 面时所携带的定向动量,便是它过 Δs 面之前、最后一次受碰处的气层中的分子定向动量(在黏滞现象中);所携带的热运动能量便是与这最后一次受碰处的温度相对应的分子热运动平均能量(在热传导中)。

鉴于上述,为了从微观的角度计算出输运的定向动量和热运动能量,要先计算下面两个问题。

1. dt 时间内沿 z 轴向上和向下穿过 Δs 面的分子数目 $dN_\uparrow$ 和 $dN_\downarrow$

在我们所采用的简化模型下,刚才提到的(3.4.1)式给出单位时间内分子对单位面积器壁的碰撞次数 Γ。现在把 z_0 处的那个 Δs 截面想成是容器壁上的面元,但 Δs 并不阻碍分子的穿行,所以(3.4.1)式给出的 Γ 就是从一个方向在单位时间内垂直穿过单位面积截面的分子数。记气体中处于 Δs 面上方的部分为 A,下方的为 B,两部分分子的数密度和平均速率分别为 n_A、n_B 和 $\bar{v}_A$、$\bar{v}_B$,则用(3.4.1)式可得:

$$dN_\uparrow = \frac{1}{6} n_B \bar{v}_B \Delta s dt$$

$$dN_\downarrow = \frac{1}{6} n_A \bar{v}_A \Delta s dt \tag{5.2.1}$$

在黏滞现象中,各处温度均匀,因此 $\bar{v}_A = \bar{v}_B = \bar{v}$;同时,不存在压强差,所以 $n_A = n_B = n$。于是 A、B 两部分在 dt 内通过 Δs 所交换的分子对数为:

$$dN_\uparrow = dN_\downarrow = \frac{1}{6} n \bar{v} \Delta s dt \tag{5.2.2}$$

在热传导中,我们仍维持无宏观气流,即各处压强相同,但 T_A 必定不等于 T_B,因此容易推出 $\bar{v}_A \neq \bar{v}_B, n_A \neq n_B$。不过用平衡态下的公式近似地估计一下 $n_A \bar{v}_A$,有:

$$n_A \bar{v}_A \sim \frac{p}{kT_A} \sqrt{\frac{8kT_A}{\pi m}} \sim 1/\sqrt{T_A}$$

同理,有 $n_B \bar{v}_B \sim 1/\sqrt{T_B}$。那么,如果各处的温差不大(与平衡态的偏离不太远),就可以认为 $n_A \bar{v}_A \approx n_B \bar{v}_B = n \bar{v}$,于是同样得到(5.2.2)式。

在扩散现象中,$dN_\uparrow$ 当然不同于 $dN_\downarrow$,在对扩散现象进行微观解释时,我们将计算有密度梯度时的 $dN_\uparrow$ 和 $dN_\downarrow$。

在得到(5.2.2)式时,并未考虑到分子间的碰撞。事实上,考虑了分子之间的碰撞并不改变(5.2.2)式给出的结果。现在,让我们追究一下这 $dN_\uparrow$(或 $dN_\downarrow$)个分子穿过指定在 z_0 处的 Δs 面之前、最后一次被碰撞的情况。

在前述简化模型下,穿过这 Δs 面的分子都属于沿 Z 轴方向运动的那一队,它们在通过该面元之前的最后一次受碰地点可以在此面元正上方或正下方的任意 z 处。我们称分子过这 Δs 面之前、最后一次受碰处为它将穿过该 Δs 面的出发地点。现先考虑 A 部分子向下的运动。取 $z_0 = 0$,用 $\Delta s|_{z=0}$ 表示这一指定面元。把 $\Delta s|_{z=0}$ 以上 z 为 $0 \sim +\infty$ 的柱状空间分成一层层的小体积元 $\Delta s dz$,如图 5.2.1。若将任一小片体元中 dt 内发生碰撞的分子数计算出来,而且进一步专门算出在此处碰撞的分子中有多少能再无碰撞地通过 $\Delta s|_{z=0}$,那么,这个数目就是 $dN_\downarrow$ 中由该体积元出发的那部分分子数。把来自 $\Delta s|_{z=0}$ 以上 z 为 $0 \sim +\infty$ 之内的所有小体积元的这种贡献加起来,就应正好等于 $dN_\downarrow$。下面来作具体计算。

在 $\Delta s|_{z=0}$ 正上方于 z 处取一体元 $\Delta s dz$。此体元内分子数为 $n \Delta s dz$。由于每一分子的碰撞频

率为 $\bar{v}/\bar{\lambda}$，故此体元中在 dt 内先后有 $(n\Delta sdz)(\bar{v}/\bar{\lambda})dt$ 个分子被碰撞。

受碰后的分子等概率地向各个方向飞去，平均地说，占其中 $1/6$ 的分子平行于 z 轴向 $\Delta s|_{z=0}$ 射来，即有 $\frac{1}{6}(n\Delta sdz)(\bar{v}/\bar{\lambda})dt$ 个分子射向 $\Delta s|_{z=0}$。

但再无碰撞地穿过 $\Delta s|_{z=0}$ 的，只能是自由程大于 z 者。所以，dt 内在 z 处的 Δsdz 受碰、而后再无碰撞地穿过 $\Delta s|_{z=0}$ 的分子数为 $\frac{1}{6}(n\Delta sdz)(\bar{v}/\bar{\lambda})dt e^{-z/\bar{\lambda}}$（见(3.7.12)式）。

总计在 $z>0$ 的上半空间中从半无限长柱体内各片小体元内出发、dt 内射向 $\Delta s|_{z=0}$ 的所有分子，得：

$$\int_0^\infty \frac{1}{6}n(\bar{v}/\bar{\lambda})e^{-z/\bar{\lambda}}dz\Delta sdt = \frac{1}{6}n\bar{v}\Delta sdt \quad (5.2.3)$$

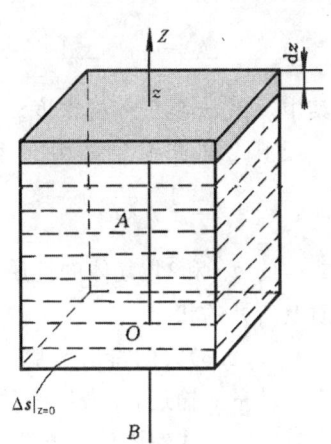

图 5.2.1 气体内的假想截面 Δs 和空间体元 Δsdz

这正是(5.2.2)式给出的 $dN_\downarrow$。

依同法考虑 B 部分分子的碰撞，可求到 $dN_\uparrow$ 也正是 $\frac{1}{6}n\bar{v}\Delta sdt$。

2. 分子通过指定平面前最后一次受碰的平均地点

由以上解析已知，dt 内、通过 $\Delta s|_{z=0}$ 之前、最后一次在 $z(z>0)$ 处被碰的分子数目为：

$$\frac{1}{6}n(\bar{v}/\bar{\lambda})e^{-z/\bar{\lambda}}dz\Delta sdt$$

它们通过这指定平面之前，最后一次受碰处距该平面的距离之和为：

$$z\frac{1}{6}n(\bar{v}/\bar{\lambda})e^{-z/\bar{\lambda}}dz\Delta sdt$$

所以 $dN_\downarrow$ 个分子通过该平面之前、最后一次受碰处距该平面的平均距离为：

$$\bar{z} = \int_0^\infty \frac{1}{6}n(\bar{v}/\bar{\lambda})z e^{-z/\bar{\lambda}}dz\Delta sdt / (\frac{1}{6}n\bar{v}\Delta sdt) = \bar{\lambda} \quad (5.2.4)$$

同法可求出那 $dN_\uparrow$ 个分子也是在与 $\Delta s|_{z=0}$ 平均相距 $\bar{\lambda}$ 处经历了它们通过 $\Delta s|_{z=0}$ 之前的最后一次碰撞。

5.2.2 黏滞现象的微观解释

现在要计算出在黏滞现象宏观规律(5.1.2)式中沿 z 方向通过 Δs 面在 dt 时间内输运的定向动量 dK。

既然有(5.2.4)式给出的结果，那么，按照分子经一次碰撞就被完全"同化"的假设，当气体不同定向流速的流层是垂直 z 轴时，平均看来，每个穿过 z_0 处 Δs 面的分子携带的定向动量就是距此 Δs 面 $\bar{\lambda}$ 远处气层中分子的定向动量。所以，A、B 两部分每交换一对分子，由 B 到 A 净输运的定向动量便是

$$m(u_{z_0-\bar{\lambda}} - u_{z_0+\bar{\lambda}})$$

这里，定向流速 u 的下标表示相应气层的空间位置。利用在 z_0 处定向流动的速率梯度，可写出

$$u_{z_0-\bar{\lambda}} - u_{z_0+\bar{\lambda}} = -\left(\frac{du}{dz}\right)_{z_0} \cdot 2\bar{\lambda}$$

再用(5.2.2)式，就得到：

$$dK = \frac{1}{6}n\bar{v}\Delta sdt\left[-m(\frac{du}{dz})_{z_0}2\bar{\lambda}\right] = -\frac{1}{3}\rho\bar{\lambda}\bar{v}(\frac{du}{dz})_{z_0}\Delta sdt$$

其中 $\rho = mn$ 是气体的密度。

上式与(5.1.2)式相比,得动力黏度

$$\eta = \frac{1}{3}\rho\bar{\lambda}\bar{v} \tag{5.2.5}$$

式中的 ρ、$\bar{v}$ 和 $\bar{\lambda}$ 与气体的性质及宏观状态有关,因此气体黏滞系数的大小取决于气体本身的性质及所处的状态。

(5.2.5)式的得出是基于:气体黏滞现象本质上是因不同流层间的分子交换而导致了分子定向动量的输运,而液体的黏滞却完全不是这样。液体黏滞力来源于不同流层间分子的相互作用,(5.2.5)式对液体是不适用的。

5.2.3 热传导现象的微观解释

仍然用(5.2.2)和(5.2.4)式以及分子经一次碰撞即被完全"同化"的假设,可以计算出傅里叶定律(5.1.4)式中的 j_Q。

平均看来,由 A 部分沿 z 轴向下穿过 Δs 的分子,携带 $z_0+\bar{\lambda}$ 处的分子热运动平均能量 $\bar{\varepsilon}_{z_0+\bar{\lambda}}$;由 B 部分沿 z 轴向上穿过 Δs 的分子携带 $z_0-\bar{\lambda}$ 处的平均能量 $\bar{\varepsilon}_{z_0-\bar{\lambda}}$。所以,$A$、$B$ 两部分每交换一对分子,通过 Δs 沿 z 轴正方向净输运的热量为:

$$\bar{\varepsilon}_{z_0-\bar{\lambda}} - \bar{\varepsilon}_{z_0+\bar{\lambda}}$$

依据能量按自由度均分定理(4.4.11)式,$\bar{\varepsilon}_{z_0\pm\bar{\lambda}}$ 与当地的温度及分子热运动的自由度 i 有关:

$$\bar{\varepsilon}_{z_0-\bar{\lambda}} = \frac{i}{2}kT_{z_0-\bar{\lambda}}, \quad \bar{\varepsilon}_{z_0+\bar{\lambda}} = \frac{i}{2}kT_{z_0+\bar{\lambda}}$$

于是,

$$\bar{\varepsilon}_{z_0-\bar{\lambda}} - \bar{\varepsilon}_{z_0+\bar{\lambda}} = \frac{i}{2}k(T_{z_0-\bar{\lambda}} - T_{z_0+\bar{\lambda}}) = -\frac{i}{2}k(\frac{dT}{dz})_{z_0}\cdot 2\bar{\lambda}$$

$$= -mc_v^{比}(\frac{dT}{dz})_{z_0}\cdot 2\bar{\lambda}$$

在这里的推算中用到了理想气体定容摩尔热容量 $C_{m,v}$ 的表达式(4.4.12),$c_v^{比} = C_{m,v}/\mu$,是气体的定容比热。

结果,在 dt 内通过 Δs 沿 z 轴正方向净输运的总热量为:

$$j_Q\Delta sdt = dN_\uparrow(\text{或 } dN_\downarrow)\cdot(\bar{\varepsilon}_{z_0-\bar{\lambda}} - \bar{\varepsilon}_{z_0+\bar{\lambda}})$$

$$= \frac{1}{6}n\bar{v}\Delta sdt\left[-2m\bar{\lambda}c_v^{比}(\frac{dT}{dz})_{z_0}\right]$$

$$= -\frac{1}{3}\rho\bar{v}\bar{\lambda}c_v^{比}(\frac{dT}{dz})_{z_0}\Delta sdt$$

此式与傅里叶定律(5.1.4)式相比较,得:

$$\kappa = \frac{1}{3}\rho\bar{v}\bar{\lambda}c_v^{比} \tag{5.2.6}$$

我们必须记住,是在气体内温差不太大的条件下,近似把 $dN_\downarrow$ 与 $dN_\uparrow$ 看做相等的,因此才可以用(5.2.2)式。所以上边的推导及所得结果只近似适用于温差不太大的气体热传导过程。

5.2.4 扩散现象的微观解释

设想将普通二氧化碳气体和具有放射性的二氧化碳气体（其分子中的碳原子是 ^{14}C）置于容器中不透气隔板的两侧，令它们的温度和压强都相同。若将隔板抽去，扩散就开始进行，而且如在 §5.1.4 中所述，有或无放射性的二氧化碳气体扩散过程都可以看做是单纯的自扩散。取垂直于原隔板方向为 z 轴方向，并在 z_0 处垂直于 z 轴做一假想截面 Δs，将气体分成 A、B 两部分。现于两种二氧化碳中选取具有放射性示踪的那一种，令其分子数密度为 n_1，质量密度为 ρ_1。扩散中，n_1、ρ_1 自然都是 z 的函数。在 z_0 附近可将放射性二氧化碳的质量分布近似为：

$$n_1(z)=n_1(z_0)+\left(\frac{\mathrm{d}n_1}{\mathrm{d}z}\right)_{z_0}(z-z_0) \tag{5.2.7}$$

两种二氧化碳分子的质量、有效直径都可以看成没有差别，因此它们有统一的热运动平均速率 $\bar{v}$ 及碰撞的平均自由程 $\bar{\lambda}$。

仿照 (5.2.3) 式计算黏滞及热传导现象中 $\mathrm{d}N_{\downarrow}$ 的做法，现将 (5.2.3) 式中的 n 用式 (5.2.7) 的 $n_1(z)$ 代替，并取 $z_0=0$，记 $n_1(z_0)=n_{10}$，$\left(\frac{\mathrm{d}n_1}{\mathrm{d}z}\right)_{z_0}=\left(\frac{\mathrm{d}n_1}{\mathrm{d}z}\right)_0$，得：

$$\mathrm{d}N_{\downarrow}=\int_0^{\infty}\frac{1}{6}\left[n_{10}+\left(\frac{\mathrm{d}n_1}{\mathrm{d}z}\right)_0 z\right]\frac{\bar{v}}{\bar{\lambda}}\mathrm{e}^{-z/\bar{\lambda}}\mathrm{d}z\Delta s\mathrm{d}t$$

这里，虽然 (5.2.7) 式应仅适用于 z_0 附近的空间，但上式被积函数中含 $\mathrm{e}^{-z/\bar{\lambda}}$ 因子，通常 $\bar{\lambda}$ 要比容器尺度小得多，故随 z 增大 $\mathrm{e}^{-z/\bar{\lambda}}$ 很快地衰减，为易于积分，我们不妨将积分上限取做无穷大。不难计算出

$$\mathrm{d}N_{\downarrow}=\frac{1}{6}\left[n_{10}+\left(\frac{\mathrm{d}n_1}{\mathrm{d}z}\right)_0\bar{\lambda}\right]\bar{v}\Delta s\mathrm{d}t$$

再依同法计算 $\mathrm{d}t$ 时间内经 $\mathrm{d}s$ 由 B 部到 A 部的分子数目：

$$\begin{aligned}\mathrm{d}N_{\uparrow}&=\int_{-\infty}^{0}\frac{1}{6}\left[n_{10}+\left(\frac{\mathrm{d}n_1}{\mathrm{d}z}\right)_0 z\right]\frac{\bar{v}}{\bar{\lambda}}\mathrm{e}^{-|z|/\bar{\lambda}}\mathrm{d}z\Delta s\mathrm{d}t\\&=\int_0^{\infty}\frac{1}{6}\left[n_{10}-\left(\frac{\mathrm{d}n_1}{\mathrm{d}z}\right)_0 z\right]\frac{\bar{v}}{\bar{\lambda}}\mathrm{e}^{-z/\bar{\lambda}}\mathrm{d}z\Delta s\mathrm{d}t\\&=\frac{1}{6}\left[n_{10}-\left(\frac{\mathrm{d}n_1}{\mathrm{d}z}\right)_0\bar{\lambda}\right]\bar{v}\Delta s\mathrm{d}t\end{aligned}$$

则由 B 到 A 净迁移的放射性二氧化碳质量通量为：

$$\begin{aligned}j_M&=(\mathrm{d}N_{\uparrow}-\mathrm{d}N_{\downarrow})m\\&=-\frac{1}{3}\bar{v}\,\bar{\lambda}\left(\frac{\mathrm{d}\rho_1}{\mathrm{d}z}\right)_0\end{aligned}$$

与自扩散的菲克定律 (5.1.10) 式比较，得到自扩散系数

$$D=\frac{1}{3}\bar{v}\,\bar{\lambda} \tag{5.2.8}$$

5.2.5 输运过程简单微观理论与实验的比较

1. 输运系数与压强及温度的关系

将 $\rho=mn$、$\bar{v}=\sqrt{8kT/\pi m}$、$\bar{\lambda}=1/(\sqrt{2}\,n\sigma)$ 及 $n=p/kT$ 代入输运系数的表达式 (5.2.5)、(5.2.6) 及 (5.2.8) 中，得到：

$$\eta = \frac{2}{3}\sqrt{km/\pi} \cdot T^{1/2}/\sigma; \quad \kappa = \frac{2}{3}\sqrt{km/\pi} \cdot c_v^{\text{比}} T^{1/2}/\sigma;$$

$$D = \frac{2}{3}\sqrt{k^3/\pi m} \cdot T^{3/2}/\sigma p \tag{5.2.9}$$

我们见到，简单理论预言动力黏度和导热系数均与压强无关。但当初人们却觉得当压强降低时，气体变得稀薄些，黏滞性和导热能力都应当降低才是。麦克斯韦、迈耶(Mayer)等人在较宽的压强范围(从 10^2Pa 到 10^5Pa)内作实验，证实了简单理论的这一推论，并成为对气体分子动理论的有力支持。事实上，当温度不变而压强降低时，固然由于分子数密度 n 的减少，致使通过 ds 面交换的分子数要减少(见(5.2.2)式)，但同时，分子的平均自由程要加大，平均说来 ds 面两侧的分子是从更远的气层出发、再无碰撞地通过 ds 面，因此平均每交换一对分子，净输运的定向动量或热运动能量就越多。在压强降低时，这样两种相反的作用互相抵消，于是 η 与 κ 就和压强无关了。

简单理论还预言，在一定的压强下，气体的动力黏度和导热系数都与 $T^{1/2}$ 成正比，而自扩散系数与 $T^{3/2}$ 成正比。但实验的结果是，η 和 κ 约与 $T^{0.7}$ 成正比，D 约与 $T^{1.75} \sim T^2$ 在正比，就是说，当温度升高时，η、κ 和 D 的增大都比上述理论预言的要快。

2. 输运系数的数量级

若已知气体分子的质量、有效直径(或碰撞截面 σ)，则利用(5.2.9)式可以计算出在不同压强和温度条件下的输运系数。例如，可算得氮气 300K 时的动力黏度为 1.70×10^{-5}Pa·s，273K 时的导热系数为 1.20×10^{-2}W·m^{-1}·K^{-1}(取氮分子的有效直径为 3.13×10^{-10}m)；而相应的实验值分别是 1.78×10^{-5}Pa·s，2.41×10^{-2}W·m^{-1}·K^{-1}。可见，这两个输运系数的理论值与实验值在数量级上是相符的。自扩散系数难于在实验上直接测定，须经互扩散系数的实验值间接推出碰撞截面，再利用(5.2.9)式中的相关公式计算出自扩散系数。可算出氮在标准状态下的自扩散系数为 1.30×10^{-5}m^2·s^{-1}。

3. 输运系数之间的关系

按简单理论，应当有：$\frac{\kappa}{\eta c_v^{\text{比}}}=1$ 及 $D\rho/\eta=1$。但实验结果是 $\frac{\kappa}{\eta c_v^{\text{比}}}$ 介于 $1.5\sim2.5$ 之间，$D\rho/\eta$ 介于 $1.3\sim1.5$ 之间，具体数据因不同气体而异。这意味着 η、κ 和 D 表达式中的数值系数不应严格等于 $1/3$，而都与不同气体的具体性质有关。

通过如上三方面的比较，可以说，输运过程的简单理论正确地给出了输运系数与哪些物理量有关，且理论与实验基本上是相符的。但简单理论与实验结果的偏差，也揭示出简单理论有不足之处。

5.2.6 对简单理论的改进

我们从微观上解释输运过程时，作了许多简化假设；既然简单理论不尽符合实验，就有必要分析一下这些简化假设，看看哪些是需要改进的。

1. 将无吸引力的刚性球分子模型改为 Sutherland 模型

在讨论分子碰撞时，若将分子看成无吸引力的刚性球，则分子有效直径就等于刚球直径，与温度无关，以致碰撞截面 σ 也与温度无关。如果采用 Sutherland 模型(即有吸引力的刚性球分子模型)，分子在行进途中受到其他分子的吸引力，其路径会经常发生或多或少的偏移，因此碰撞(散谢)截面就比无吸引力刚性球分子间的碰撞截面来得大，并随温度升高其碰撞截面将减小，而平均自由程将加大(见§3.7.2)。这使得输运系数随温度的变化较简单理论预言的快些，与实验数据更为接近。

2. 考虑分子实际上可从各个方向穿过指定的 ds 面

我们想象地把分子等分为在 x、y、z 方向运动着的三大队、六小队，实际情况并不如此。分子的运动没有择优方向，是各向同性的。现仍保留分子速率皆为 $\bar{v}$ 的假设，将空间分成球极坐标下的小体积元，并考虑分子按自由程的分布式(3.7.12)。依推算(5.2.3)式的思路，先来计算在某一体积元内被碰撞、由此出发再不经碰撞而穿过 Δs 面的分子数，再累计半空间内各体积元对应的总贡献，可得：

$$dN_\downarrow = dN_\uparrow = \int_0^\infty r^2 dr \int_0^{\pi/2} \sin\theta d\theta \int_0^{2\pi} d\varphi\, n\, \frac{\bar{v}}{\bar{\lambda}}\, \frac{\cos\theta \Delta s}{4\pi r^2} e^{-r/\bar{\lambda}} dt$$

$$= \frac{1}{4} n \bar{v} \Delta s dt \tag{5.2.10}$$

上面被积函数中的 $\cos\theta \Delta s / 4\pi r^2$ 是由球极坐标 (r,θ) 处小体积元出发的分子射向坐标原点处的 Δs 面的概率，这一因子是替代简单模型中分子沿 z 轴向下运动的概率(1/6)的。

随之，分子穿过 Δs 面之前最后一次受碰地点之 z 坐标的平均值应为：

$$\bar{z} = \overline{r\cos\theta}$$

$$= \int_0^\infty r^2 dr \int_0^{\pi/2} \sin\theta d\theta \int_0^{2\pi} d\varphi\, n\, \frac{\bar{v}}{\bar{\lambda}}\, r\cos\theta\, \frac{\cos\theta \Delta s}{4\pi r^2} e^{-r/\bar{\lambda}} dt / (\frac{1}{4} n \bar{v} \Delta s dt)$$

$$= \frac{2}{3} \bar{\lambda} \tag{5.2.11}$$

但很容易看出，用(5.2.10)和(5.2.11)式分别代替(5.2.3)和(5.2.4)式来计算 dK 和 j_Q，输运系数仍分别是(5.2.5)和(5.2.6)式给出的结果。把(5.2.10)式中的 n 换成(5.2.7)式中的 $n_1(z)$，计算有密度梯度时的 $dN_\uparrow$ 和 $dN_\downarrow$，也依然会得到(5.2.8)式给出的结果。这表明，把原来的最简单模型用在解释输运过程上还是可行的。

3. 考虑分子的自由程与速率有关

一般在讨论分子碰撞时，严格的做法是先依麦克斯韦速度分布律求到分子间平均相对速率 $\bar{u} = \sqrt{2}\bar{v}$，其后得到碰撞频率 Z 和平均自由程 $\bar{\lambda} = \bar{v}/Z$。这样求出的平均自由程叫做麦克斯韦平均自由程。除此之外，泰特(Tait)还有另一种做法，他先求出一以速率 v 行进的分子与其他速率为 v' 的分子每秒碰撞的次数 $Z_{vv'}$；然后，求以速率 v 行进的一分子与其他服从麦克斯韦速率分布律的分子之平均碰撞频率 $\overline{Z_v}$ 及平均自由程 $\lambda_v = v/\overline{Z_v}$；最后，$v$ 也可取任意值，并服从麦克斯韦速率分布，得到 λ_v 的相应平均值，记做 λ_T，称为泰特平均自由程。

这里，我们并不需要用 λ_T，而是要把简单理论中的 $\bar{v}$ 和 $\bar{\lambda}$ 用 v 和上述的 λ_v 代替。这样做，似乎更为合理，但计算变得大为复杂，而算出的黏滞系数 $\eta = 1.051 \times \frac{1}{3} \rho \bar{v} \bar{\lambda}$，只对简单理论的结果修正了 5%。

不过，由计算可知，v 大者 λ_v 也大，因此从同一地点经最后一次碰撞穿过 Δs 面的分子中，速率大的就多，即速率大的分子通过指定 Δs 面的机会就多，于是就能输运更多的热运动能量，导热系数应当较大；但由于热运动速率与气层定向流动的速率是不相干的，所以并不会因此而输运更多的定向动量，计算结果表明，这样做对黏滞系数的大小无甚影响，于是便使得 $\kappa/\eta c_v^{比}$ 这一比值加大，更接近实验结果。

4. 考虑"速度住留"效应

简单理论中假设分子经一次碰撞就被完全"同化"，这与实际情况并不相符。金斯(Jeans)

研究了气体分子在碰撞前后速度的变化,结论是:分子要经过几次碰撞才完全失去原有的速度,称之为"速度住留"效应。由于这一效应,穿过 z_0 处指定 Δs 面的分子应携带比 $z_0 \pm \bar{\lambda}$ 更远处的热运动能量或定向动量,因此,导热系数和黏滞系数就应当更大一些。

5. 确定非平衡态分布函数

以上,我们改进简单理论所作的努力,并未改变输运系数与分子数密度 n、平均速率 $\bar{v}$ 及平均自由程 $\bar{\lambda}$ 之间已为实验基本证实了的关系,这本该如此;但对输运系数中"1/3"因子的修正上没有取得显著效果,还是不能弥补与实验的差距。事实上,由于分子在碰撞前后所具有的能量及动量是无法准确计算的,所以,从自由程的概念出发来讨论输运过程,是不可能得到满意结果的。关键在于,输运过程是属于非平衡态问题,这时的统计分布应不同于平衡态下的麦克斯韦-玻耳兹曼分布,必须从确定非平衡态的分布函数着手来改进输运过程理论。经由这条途径,人们已得到与实验接近的理论结果,这些内容,将在统计物理课中学习。

§5.3 超稀薄气体的热传导及黏滞现象

在本章中所讨论的气体,其状态用 $p = nkT$ 描述,没有考虑分子间的相互作用;关于分子之间的碰撞,仅考虑两分子相碰,不计多分子同时相碰的情况。这意味着 n 不可太大,同时 $\bar{\lambda}$ 必比分子的有效直径 d 大得多。另一方面,无论是讲输运过程的宏观规律还是对它们作微观解释,都离不开相关物理量在不同气层间的分布梯度,也正是不同气层间分子的碰撞,才造成动量或能量由此及彼的迁移。在这种情况里,$\bar{\lambda}$ 一定要比容器的特征尺度 L 小很多。总之,上面各节所得的结论应当是在 $d \ll \bar{\lambda} \ll L$ 的条件下才正确的。

其实,气体分子既有彼此间的碰撞,也有与器壁的碰撞,在 1 秒内一个分子所经历的碰撞总次数可以写做:

$$Z_{tol} = Z + Z_{mw}$$

其中 Z 是通常所说的分子碰撞频率,Z_{mw} 表示一分子与器壁的碰撞频率,它反比于容器的特征尺度 L。若以 $\bar{\lambda}_{tol}$ 代表分子总的平均自由程,则上式等效于:

$$1/\bar{\lambda}_{tol} = 1/\bar{\lambda} + 1/L$$

显然,仅当 $\bar{\lambda} \ll L$ 时,$\bar{\lambda}_{tol}$ 才是通常所说的分子间碰撞的平均自由程 $\bar{\lambda}$。在常压下,$\bar{\lambda} \ll L$ 的条件总是被满足的。

但当气体压强减低到一定程度时,由 $\bar{\lambda} = kT/(\sqrt{2} p\sigma)$ 计算出的平均自由程就会接近 L 的大小。这样的气体系统算做是真空态了,其输运性质已经不适于用前边的简单理论来说明;若压强进一步减小,以致计算出的 $\bar{\lambda} \gg L$,则 $\bar{\lambda}_{tol} \sim L$,$\bar{\lambda}_{tol}$ 与气体压强无关,其大小完全被容器的尺寸所限制。这时的气体叫做超稀薄或高真空(乃至超高真空)气体。

这种超稀薄气体中的分子在容器内各处行进时,互相基本无碰撞,也分不出气层,不同气层间的动量或能量的交换更无从谈起。这时的热传导,是指不同处的器壁有温度差别,或气体内有温度不同的两个或多个物体,以气体为媒介将能量由温度较高处传向温度较低处,在气体内部并无温度梯度可言。这时的黏滞现象是指气体相对于容器壁或某些物体有流动,并互施阻碍相对运动的阻力,在气体内部并无定向流动的速率梯度可言。显然,在§5.1 和§5.2 中叙及的热传导及黏滞现象的宏观规律及微观解释这时都失去了意义。

以超稀薄气体中的热传导为例,设在气体中有两块平行板 1 和 2,它们之间距离为 L,温度

分别保持为 T_1 和 T_2，且有 $T_1 > T_2$。当任意一分子与板 1 相碰时，就获得与 T_1 对应的平均热运动能量 $\overline{\varepsilon_1}$。然后，由于 $\overline{\lambda} \gg L$（超稀薄气体的特征），中途不经碰撞就抵达板 2 与其相碰，能量变为与 T_2 相对应的 $\overline{\varepsilon_2}$。既然 $T_1 > T_2$，必有 $\overline{\varepsilon_1} > \overline{\varepsilon_2}$，分子在与板 2 相碰时，是将一部分能量丢给板 2，也就把板 1 的一部分能量传递给了板 2。分子这般中途无碰撞地往返于两板之间，不断将板 1 的能量传递给板 2，实现了热传导。

当压强继续降低时，分子数密度 n 减少，参与输运能量的分子数目就减少。而各个分子仍被限制在两板之间无碰撞地往来，平均地，每一个分子往返一次由板 1 传递给板 2 的能量保持不变，所以气体的导热能力随 n 的减小而减弱，就表现为导热系数与气体压强成正比。通常用来储存热水或各种低温液体的杜瓦瓶，何以具有良好的隔热性能呢？原来，杜瓦瓶是具有双层薄壁的玻璃容器，两壁间要抽成高真空，其间的超稀薄空气中分子的平均自由程远大于两壁间距离，两壁间热量的传输过程正如前述气体中两板间的热传导，其导热能力与两壁间的分子数目成正比。只要杜瓦瓶的双层薄壁没有漏孔，两壁间参与热传导的分子数目便极少，所以瓶内外物质通过双层壁间的空气传导的热量就很少，杜瓦瓶自然就成为良好的隔热容器了。

根据类似的道理，也可以说明超稀薄气体的黏滞系数同样是与压强成正比的。

思 考 题

5—1 试归纳和比较三种输运过程的宏观规律。阐明三个梯度和三个输运系数的物理意义。

5—2 有一空心的圆柱体，内外表面温度不同，问在稳态下柱层中不同半径处的温度梯度是否相同？

5—3 共轴的两圆筒之内筒沿几何轴方向用石英丝悬挂，外筒以角速度 ω 绕几何轴旋转。由于两筒之间气体的黏滞作用，内筒也将转一角度。怎样求出两筒之间对黏滞力有影响的速度梯度？（参照习题 5—3）

5—4 在解释温室效应时，涉及到哪些物理概念？

*5—5 地球表面的温度虽然随着昼夜、季节及纬度的变化而有所不同，但因地球被厚厚的大气层所包围，地球上又有大面积的海洋，使得地表温度受到调节，不会产生太大的温差。这样，计算地球表面的平均温度就是有意义的。考虑一下：若要在地球吸收与辐射能量收支平衡的假设下导出地球表面的平均温度（约为 15℃），需要哪些物理数据？如何导出？（可参考本书主要参考书目[2]之第五章，或[3]）

5—6 比较自扩散与互扩散现象。

5—7 在讨论三种输运过程的微观理论时，我们作了一系列简化假设（见§5.2.1）。提出这些假设的根据是什么？

5—8 从微观的角度推导输运过程的宏观规律时，我们先计算出了 A、B 两部分的分子在通过指定的 Δs 面之前的最后一次受碰处都与 Δs 相距 $\overline{\lambda}$（见§5.2.1），这实质上是认为那些通过 Δs 面的分子之平均自由程是 $2\overline{\lambda}$。有人说："这种说法是不正确的，既然分子的平均自由程是 $\overline{\lambda}$，则 A、B 两部分的分子通过 Δs 之前最后一次受碰就应取在与 ds 相距 $\overline{\lambda}/2$ 处。"你的观点如何？怎样在推得(5.2.4)式的过程中找到物理原因说服那些人？

5—9 分子热运动和分子之间的碰撞各在气体输运过程中起什么作用？各是什么物理量体现着它们的作用？

5—10 η、κ 和 D 与气体的压强各有什么关系（注意区分气体的稀薄程度）？试说明呈现这些关系的物理原因。

5—11 一定量气体先经过等容过程，使其温度升高一倍，再经过等温过程，使其体积膨胀为原来的两倍，问终态时 $\bar{\lambda}$、η、κ、D 各为原来的多少倍？

习 题

5—1 一刚性小球在黏滞流体中运动，受到的阻力 f 只与流体的黏度 η、小球的运动速度 v 及小球的半径 r 有关，试用量纲分析法证明：
$$f = A\eta rv$$
其中 A 是一无量纲的比例系数，后已确定 $A=6\pi$。$f=6\pi\eta rv$ 称为斯托克斯公式。

5—2 设法使在平行板电容器两板间的带电油滴所受的电场力与其重力平衡，则可以求到油滴的带电量，这就是历史上著名的密立根油滴实验的基本原理。由这实验首次测定了电子电荷，实验中油的密度是已知的，但为求得其重力，还应知道它的半径 r。为此，考虑到不加外电场、当油滴的的重力和它所受到的周围空气的黏滞力相等时，油滴将以匀速 v 下降。若空气的密度 ρ' 及黏度 η 也为已知，试问怎样求 r？（利用 5—1 题的结果）

5—3 将一半径为 a 的圆柱体沿中心轴悬挂在金属丝上，在圆柱体外面套上一个共轴的圆筒，其半径为 b。圆柱与圆筒之间是空气。当圆筒以一定的角速度 ω 转动时，由于空气的黏滞作用，圆柱体将受到一力矩，由悬丝的扭转角 θ 可测定此力矩，从而求出空气的黏度 η。设圆柱体与圆筒的长度均为 L，金属悬丝的扭力常数为 D，试证明：
$$\eta = \frac{D\theta(b^2-a^2)}{4\pi\omega La^2 b^2}.$$
若圆筒与圆柱体之间的空隙非常之小，记为 δ，证明：
$$\eta = \frac{D\theta\delta}{2\pi\omega Lb^3}$$

5—4 研究黏滞流体在水平细管中流动（层流）时的流量问题，得泊肃叶公式（见力学）：
$$V = \frac{1}{\eta} \cdot \frac{\pi r_0^4}{8L} \cdot (p_1 - p_2)$$
其中 V 是每秒通过细管的不可压缩流体的体积，r_0 是细管的半径，L 为管长，管两端的压强分别是 p_1、p_2，η 是黏度。

由于气体的可压缩性很大，所以当黏滞气体流过细管时，若细管两端压强差不太小，就不能忽略空气的可压缩性。这样，每秒流过不同截面的气体体积就不一样了。试证：在等温条件下每秒通过水平细管一截面的气体体积 V 与该处气体压强 p 的乘积满足
$$pV = \frac{\pi r_0^4}{16\eta} \cdot \frac{(p_1^2 - p_2^2)}{L}$$

5—5 欲测二氧化碳气体之黏度 η，可将它贮于容积为 $V'=1.0\times 10^{-3} \text{m}^3$ 的烧瓶内，压强保持为 $p_1=213.3\text{kPa}$，然后打开活门，让二氧化碳经由长 $L=10\text{cm}$、直径 $d=0.1\text{mm}$ 之细管自烧瓶流出，经过 $\Delta t = 22$ 分钟后，烧瓶中之压强降低至 $p_3=180.0\text{kPa}$。试由这些数据计算二氧化碳之黏度。（已知外界大气压 $p_2=98.0\text{kPa}$，整个过程可视为在 15℃ 时发生的等温过程）

5—6 两个长圆筒共轴地套在一起，两筒的长度均为 L，内筒和外筒的半径分别为 R_1 和 R_2，内筒和外筒分别保持在恒定的温度 T_1 和 T_2，且 $T_1>T_2$，已知两筒间空气的导热系数为 κ，

试证明,每秒由内筒通过空气传到外筒的热量为:
$$Q = \frac{2\pi\kappa L}{\ln\frac{R_2}{R_1}} \cdot (T_1 - T_2)$$

5—7 欲测氮气的导热系数,可将它充于半径 $r_1=0.50$cm 及 $r_2=2.0$cm 的两共轴长圆筒之间。内筒的筒壁上绕有电阻丝加热,已知内筒每厘米长度上所绕电阻丝的阻值为 0.10Ω、加热电流为 1.0A,外筒保持恒定的温度 $0℃$。过程稳定后,内筒温度为 $93℃$。求氮气的导热系数。(在实验中氮气的压强很低,约几千帕,所以对流可以忽略)

5—8 固体的热传导也服从傅里叶定律。现有一半径为 R_1 的球形高温容器,温度为 T_1,外面套有导热系数为 κ 的球形隔热层,其内半径为 R_1、外半径为 R_2。若隔热层外表面温度为 T_2,试证:在单位时间内通过隔热层传出去的热量为
$$Q = \frac{4\pi\kappa(T_1-T_2)}{(R_2-R_1)/R_1 R_2}$$

5—9 实验测得氮气在 $0℃$ 时的黏度为 16.6×10^{-6}N·s·m^{-2},试计算氮气分子的有效直径。

5—10 已知氧在标准状态下的黏度为 19.2×10^{-6}N·s·m^{-2},求氧分子的平均自由程。

5—11 实验测得氮气在 $0℃$ 时的导热系数是 23.7×10^{-3}W·m^{-1}·K^{-1},定容摩尔热容量是 20.9J·mol^{-1}·K^{-1},试计算氮分子的有效直径。

5—12 求空气在 $10℃$ 和 0.101MPa 时的导热系数。取空气分子的平均有效直径等于 3.0×10^{-8}cm。

5—13 氧气在标准状态下的扩散系数为 1.9×10^{-5}m^2·s^{-1},求氧分子的平均自由程。

5—14 已知氦气和氩气的摩尔质量分别为 $\mu_1=4.0$g·mol^{-1} 和 $\mu_2=40$g·mol^{-1},它们在标准状态下的黏度分别为 $\eta_1=18.8\times10^{-6}$N·s·m^{-2} 和 $\eta_2=21.0\times10^{-6}$N·s·m^{-2},求:

(1)氩分子与氦分子的碰撞截面之比 $\dfrac{\sigma_2}{\sigma_1}$;

(2)氩气与氦气的导热系数之比 $\dfrac{\kappa_2}{\kappa_1}$;

(3)氩气与氦气的扩散系数之比 $\dfrac{D_2}{D_1}$。

5—15 一条 $L=2.0$m、截面积 $S=1.0\times10^{-4}$m^2 的管子里贮有标准状态下的 CO_2 气,一半 CO_2 分子中的 C 原子是放射性同位素 C^{14}。在时间 $t=0$ 时,管子的左端全是放射性分子,放射性分子密度沿管子均匀地减小,到右端减为零。

(1)开始时,放射性气体的密度梯度是多大?
(2)开始时,每秒有多少放射性分子通过管子中点处的横截面从左侧移往右侧?
(3)接(2),有多少个分子从右侧移往左侧?
(4)开始时,每秒通过管子中点处横截面扩散的放射性气体为多少克?
(已知 $0℃$ 时 CO_2 的黏度是 14.0×10^{-6}N·s·m^{-2})

5—16 在极度稀薄的气体中,有两片板 A 和 B 各以速率 v_A 和 v_B 互相平行地运动,试证:作用在板上单位面积的黏滞力
$$f = \frac{1}{6}\rho\bar{v}(v_A-v_B),$$

式中 $\bar{v}$ 是分子热运动平均速率，ρ 为气体密度。

5—17 在极度稀薄的气体中，有两片平行板 A 和 B，各自的温度是 T_A 和 T_B，试证：在单位时间内，通过两板之间一平行于两板的单位截面积的传热量

$$Q = \frac{1}{6}\rho\bar{v}c_v(T_A - T_B),$$

式中 $\bar{v}$ 是分子热运动平均速率，c_v 是气体的定容比热，ρ 为气体密度。

5—18 热水瓶胆两壁间相距 $L=0.4\text{cm}$，其间充满温度 $t=27℃$ 的氮气，氮分子的有效直径 $d=3.1\times10^{-8}\text{cm}$，问瓶胆两壁间的压强降低到多大数值以下时，氮的导热系数才会比它在大气压下的数值小，从而使瓶胆具有隔热性能？

5—19 圆柱状杜瓦瓶高为 24.0cm，瓶胆内层的外直径为 15.0cm、外层的内直径为 15.6cm，瓶内装着冰水混合物，瓶外温度保持为 25℃，试大致估算：

(1)如果夹层里充有 0.101MPa 的氮气，那么，单位时间内由于氮气热传导而流入杜瓦瓶的热量是多少？

(取氮分子的有效直径为 $3.1\times10^{-10}\text{m}$)

(2)要想把由于热传导而流入的热量减少为上述情况的 $\frac{1}{10}$，夹层中氮气的压强需降低到多少？

第 6 章 热力学第一定律

§6.1 功、内能和热量

热力学第一定律是能量转化与守恒定律应用于热现象的特殊表述,因此,我们在学习它时就应首先注意到在热现象中能量的传递方式,并应从宏观角度认识热运动形态的能量——内能。

现在,我们仅讨论封闭系。它与外界没有物质的交换,但仍可能通过系统的边界与外界发生相互作用。这时,系统是非孤立的。所说的相互作用既可以是外界对系统做功或系统对外界做功,也可以是系统与外界之间有热量传递。做功或传热都会造成系统自身状态的变化,使其经历一个具体的热力学过程。

6.1.1 热力学的广义功

热力学中的功,不仅有力学里定义的机械功,而且还包括有电磁作用时所对应的功,所以是广义的。现举几例。

1. 体积功

我们最熟悉的一种做功方式是外界压缩物体做功,以及在物体膨胀时对外界做功,常称这种伴随系统体积变化的功为体积功。在工程热力学中,只要是想把分子无序热运动的能量直接转变为机械能,无论所采用的是化石燃料(煤、石油、天然气等)还是地热、太阳能、原子能,常规的做法都是使受热的物系在汽缸内膨胀,推动活塞而做功,也就是都离不开体积功。

2. 液体表面张力做功

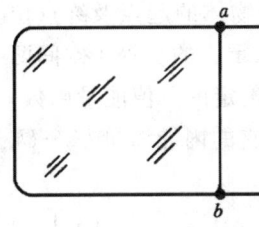

图 6.1.1 铁丝框架上的肥皂膜

这也是一种机械功。如图 6.1.1,在铁丝框架上张有一片肥皂膜,移动 ab 边,则可改变皂膜的表面积,而皂膜的体积变化却可忽略。若使表面积 S 变大,必得向外拉动 ab,反抗作用在 ab 上的液膜表面张力而做功。例如在分析气液两相平衡问题时,就会遇到扩大液体表面所消耗的表面张力功。又如在讨论原子核的结合能及核裂变时,采用原子核的液滴模型,也涉及到表面张力功。

3. 电池中移动电荷的功

设一电池既可放电又能被充电。当电池放电时,正电荷在电池内部由负极移到正极,电池的非静电力移动正电荷要对外界做正功。电池作为提供非静电力的电源,以其电动势来反映它的非静电力的做功本领。反之,电池充电时,是外界对电池做正功。

4. 磁介质磁化过程的功

例如,通电螺线管中充有磁介质芯,当加大电流以增强磁场时,磁介质的磁化强度变大,外界电源做了功。连同电源激发起磁场所做的功(即增加的磁场的能量),是这种情形下电源做的总功。又例如,在用热力学方法研究磁场中的超导体时,也必须考虑使超导体磁化所做的功。

5. 电介质极化过程的功

例如平行板电容器中充满电介质,当两板间电场强度增大时,电介质的极化强度增加,外界做了极化功;与此同时,电场能增加,外界也为之做了功。

6.1.2 内能

力学中,要考虑保守力做功所引起的系统宏观运动状态的改变,以及系统机械能的变化;热学中,则要考虑外界对系统做功所引起的系统热力学状态的改变,以及系统内部粒子微观无序运动的能量变化,也就是内能的变化。我们已经用分子热运动的能量按自由度均分定理讨论过理想气体的内能(见§4.4),也提到过当分子间作用力不可忽略时,内能中还应计入分子间势能,现在则要从热力学的角度来定义内能了。我们采用 1909 年喀喇氏(C. Carathéodory)从绝热过程的功来定义内能的做法,这样可以完全摆脱热质说一类错误。

1. 绝热过程与绝热功

取一定量纯水使其在标准大气压下从确定的初态 i(温度为 T_i)变化到确定的末态 f(温度为 T_f)。这可以经由许多途径,但我们总可以选择这样一类途径:使系统状态的变化完全是由于机械的或电磁的直接作用,而没有受到其他影响。正如当年英国科学家焦耳(J. P. Joule)在测定热功当量的 400 余次实验中所做的那样,可用重物下落带动水中的旋转装置使水升温;或用重物做功使受压的水通过细管的小孔喷出使水升温;还可用一定量的锌在电池中起化学作用并产生电流使水升温,等等。喀喇氏定义这一类状态变化的途径都是绝热过程(adiabatic process)。请注意,在他的定义中并没有出现"热量"这个词。

绝热过程中所做的机械功或电磁功就叫做绝热功,记做 A_a。

2. 内能的定义

仍以焦耳测定热功当量的大量实验为例。他的结果表明:对于给定的热力学系统(例如一定量纯水),使其从确定的 i 态变化到 f 态,尽管可以采用不同手段而经由不同的绝热过程,实际要做的绝热功数值却都相同。也就是说,在绝热过程中,不论具体怎样地实施做功,外界对系统所做的绝热功其数值都只与该系统的初态及终态有关,因此,这绝热功必等于该系统的某一状态函数在终态及初态取值之差。

这正如同在重力场中物体由一点移到另一点,重力做的功只取决于物体的起点及终点位置,而与物体运动的具体路径无关,因此可以引入重力势能的概念。那里,重力的功等于空间两点重力势能的减少量。现在,类似地引进一个能被热力学系统的状态而确定的单值能量函数,称做内能,记为 U;当系统从平衡态 1 经过一绝热过程到达平衡态 2 时,它的内能增量 U_2-U_1 等于在此过程中外界对它所做的绝热功 A_a,即:

$$\Delta U = U_2 - U_1 = A_a \tag{6.1.1}$$

由上式可见,在热力学中,只能确定两态间的内能差,如欲将任一态的内能完全确定下来,则需指定一个参考态的内能值。

至此,我们学习了热力学中的两个状态函数:温度和内能。对于气体系统,一般情况下,其状态参量是体积 V 和压强 p,又有状态方程 $T=f(p,V)$,我们可以取 T、p、V 三者中的任意两个量作为气体系统的独立而完备的热力学变量。这样,就能把一定量气体的内能看成是 T、p、V 中任意两个量的函数,即:

$$U = U(p,V) = U(p,T) = U(V,T)$$

一个状态函数的微小改变量可以用微分量表示，对于气体的内能来说，有：

$$dU(p,V) = \left(\frac{\partial U}{\partial p}\right)_V dp + \left(\frac{\partial U}{\partial V}\right)_p dV$$

$$dU(p,T) = \left(\frac{\partial U}{\partial p}\right)_T dp + \left(\frac{\partial U}{\partial T}\right)_p dT \tag{6.1.2}$$

$$dU(V,T) = \left(\frac{\partial U}{\partial V}\right)_T dV + \left(\frac{\partial U}{\partial T}\right)_V dT$$

6.1.3 热量

当系统与环境之间有温差，并且系统的边界有透热性时，例如在火炉上烧水，纵然没有功的作用，系统的状态也会发生变化，系统与环境之间传递着能量。这样由于存在温度差而发生传递的能量，就叫做热量。

在许多过程中，系统与外界是既靠做功又靠传递热量来交换能量的。此时，系统内能的变化 ΔU 与外界对其所做功 A 之差，就是系统从外界吸收的热量，记为 Q，即：

$$Q = \Delta U - A \tag{6.1.3}$$

注意，式中 ΔU 已由绝热功而完全定义，而上式显然适用非绝热过程。此式中若 $Q \neq 0$，相应的 A 也就不是绝热功 A_a 了。

在本节的最后，我们再比较一下做功与传热，功、热量和内能。做功和传热都是能量交换的方式，所做的功和传递的热量都是系统内能变化的量度。焦耳测定热功当量的实验结果表明，功与热量之间有确定的当量关系[①]。自1948年，国际上又规定功和热量统一采用 J（焦耳）为单位，更体现了它们的共性。功和热量不是系统的状态函数，这与内能不同。一物体当其状态不变时，我们可以说它具有确定的内能，但却无从谈到做功和传热。功及热量仅在状态变化中才有意义，而且做功和传热的多少都与系统状态变化所经历的具体过程有关。为了明确表示功和热量不是状态函数，特把它们在无限小过程中的改变量记为 dA 和 dQ。这里采用"d"而不用"d"，以示与状态函数的微分量不同。有时会听到有人说某物体"具有很多热量"，这显然是不对的，因为他把"热量"与"内能"的概念搞混了；还有"热能"一词，使用它的人本意是想强调这是热运动形态的能量，其实就是"内能"，不过"热能"易与"热量"相混淆，因此还是不用"热能"而用"内能"为好。功与热也有区别。广义功的效果可以归结为在某一广义力（系统与外界之间不仅可有机械力的作用，还可以有电场力和磁场力）的作用下产生了相应的广义位移（指体积、电量、介质磁化强度或电极化强度等宏观可测物理量的变化）。从微观角度看，做功是使微观粒子整体做规则运动的能量向粒子无规则热运动能量转化的过程，而传热仅发生在有温差的情况下。在§5.2.3中我们已经认识到传热是微观粒子热运动能量通过粒子间的杂乱碰撞而由高温处向低温处的传输。学习过热力学第二定律后，我们还会知道，功可以完全转变为热而不产生其他影响，但热不可以完全转变为功而不产生其他影响。另外，我们还应注意到，一个过程的能量传递是做功还是传热，是与怎样划定系统的边界有关系的。例如在水中插入一电阻加热器，若将水与电阻加热器合之看做一系统，则水温升高是由于外电源做了功；而若单独将水看成一系统，则电阻加热器是其外界，电阻丝通电后，温度比水的高，是靠电阻器与水之间的传热

[①] 历史上，量热学将标准大气压下 1g 纯水由 14.5℃ 升温到 15.5℃ 所需的热量定义为热量的单位"15℃卡"，记作 cal_{15}，$1cal_{15} = 4.1855J$；除此之外，国际上还沿用热化学卡 cal_{th} 及国际蒸气表卡 cal_{IT}。$1cal_{th} = 4.1840J$ 和 $1cal_{IT} = 4.1868J$；另外，在工程上以"千瓦小时"为功的单位时，取 1 千瓦小时 = 860 千卡（工程）。

使水升温的。

§6.2 热力学第一定律

6.2.1 热力学第一定律的建立[①]

热力学第一定律是以能量守恒定律为基础的。能量守恒定律的发现,可分为机械运动守恒、力守恒、机械能守恒和总能量守恒四个阶段。公元前五百多年古希腊人就有运动不灭的思想,到了伽利略(1564~1642)和笛卡儿(1596~1650)时代,提出了动量(mv)概念和动量守恒原理。后来,惠更斯(1629~1695)用 mv^2 取代 mv 作为运动的量度,又有莱布尼茨提出"活力"(mv^2)的概念和活力守恒。显然,按后来人的理解,活力守恒即机械能守恒的雏形,它并不应排斥动量守恒,两者是机械运动守恒的不同表示方式,各有其意义。在科里奥利提出用 $mv^2/2$ 作为运动的正确量度后,亥姆霍兹(H. van Helmholtz)于 1847 年改用 $mv^2/2$ 表示活力,并指出活力与重力功的总和不变。到 1853 年,朗肯首先建立了现代意义上的机械能守恒定律。进而,从研究热功转化发展到用能量观点概括除机械运动之外的电、磁、光、化学和生物各种运动形式的运动能力,并探索它们之间相互转化时的当量关系。为此,不同国家的许多科学工作者在思想上、实验上和计算上各自作出了贡献。正是在这些工作的不断丰富和发展的过程中,经过多年才逐步形成并在 19 世纪 50 年代中期建立起总能量守恒定律。

由于各种形态的能量都是最终以转化为热的形式而耗散,所以,热学的研究在各种能量形态的相互转化中,起着独特的重要作用。历史上,在 18 世纪 60 年代,源于英国的第一次产业革命首先从纺织业开始,并于 80 年代因蒸气机的发明和采用而得到迅猛推进,遍及化学、采掘、冶金、机器制造等部门。到了 19 世纪,法、德、美等国也相继广泛采用新技术,建立了机器大工业。这次产业革命以蒸气动力技术为标志。蒸气机的发明和改进一直围绕着如何提高热功转化效率这一核心问题,在这样的实用性要求下,便由研究热机原理而产生了热力学。

值得注意的三件事是与建立热力学第一定律直接相关的,那就是:热功当量的实验测定、内能概念的建立和以热动说取代热质说。

热功当量的测定是热力学第一定律的实验基础,其实也是在有了机械能守恒定律之后,向总能量守恒定律扩展的开始。这是因为当考虑机械能与其他能量形态的转化关系时,必然首先注意到人们随处可觉察的热功转化。焦耳在大约 35 年间对他当时已知的各种能量形态之间的当量关系进行了大量测定,并得出第一个精确的热功当量值,为此受到国际科学界的高度评价。但在热功当量发现的优先权上却有过是属于焦耳还是迈耶(Julius Robert Mayer,1814~1878)之争。迈耶是一位德国医生,在他 1842 年发表的论文中,提出能量守恒的理论,还从空气的定压比热与定容比热之差计算出热功当量值。他虽有深邃而富有哲理的思想,却没有直接的实验工作,甚至不知晓精确的实验数据,因此,曾遭受很多著名物理学家的抨击和歧视。至今科学史上认为,在热功转化守恒关系和热功当量的发现上,是许多科学家几乎同时地做了很多有益的工作,其中以迈耶在理论上和焦耳在实验上的贡献最为突出。而热功当量的发现,必然导致人们去深入探索热功转化的内在机制和更为基本的规律。

[①] 可参考:阎康年.热力学史.济南:山东科学技术出版社,1989

如§6.1.2中所述,焦耳的大量实验还证明了绝热过程做的功与过程进行的具体方式无关,由此导致了内能概念的建立。内能显然区别于机械能、电磁能、化学能等等能量形式,它是与热运动联系在一起的一种特殊形态的能量;而且,定义出两态内能差的绝热功可以由各种形式的能量所提供。为揭示热现象内在规律的本质,认识热运动与其他运动形式之间的联系,建立内能概念是必需的。

在前节中,我们还给热量下了简单明了的定义,但"热量的本质是什么"却是历史上长期争论的问题。在17世纪,一些著名的哲学家和科学家,如培根(F. Bacon)、玻意耳(R. Boyle)、虎克(R. Hooke)和牛顿(I. Newton)等都认为热是物质微粒一种运动的表现形式。18世纪的欧勒(L. Euler)和罗蒙诺索夫(M. V. Lomonosov)也倡导这样的"热动说"。然而随着量热术的成功,量热学的基本概念,诸如温度、热容量、比热、潜热等都已确立,一种可以用来解释量热实验结果的学说——"热质说"应运而生,并在18世纪下半叶盛极一时。这种学说认为热是一种看不见、无重量、可透入一切物体之中的流质,称之为"热质"或"热素";一个物体是热还是冷,就看它所含的热质是多还是少;热质不生不灭,只能从较热的物体流到较冷的物体;热质占有一定的空间,高温物体含热质多,所以,其体积要膨胀,而热质从物体流出时,在此物体变冷的同时,体积就要收缩;热质还可与固体结合而生成液体、与液体结合而生成气体,并可出现相反过程,从而有固体的熔化和液体的蒸发。但"热质"本身毕竟神秘虚幻,尤其不能解释"摩擦生热"现象,是"热质说"的要害。一位名叫伦福德(Count Rumford, 1753~1814)的兵工厂技师发现,对炮筒镗孔时不断产生高温的金属碎屑,钻头越钝,切削出的碎屑越少,产生的热量反而越多;他又比较了钻孔前后金属和碎屑的比热,确认它们并无不同。于是在1798年他撰文质疑"热质说",指出在钻孔过程中热量不是来自金属的潜热或者什么综合热质,只能来自钻头克服金属工件摩擦力所做的机械功。次年,戴维(H. Davy, 1778~1829)又用两块冰互相摩擦而完全熔化的实验,表明冰的熔解热显然是摩擦所供给的,并无什么"热质"(读者可以根据所知的实验事实仔细思辩,看看有多少理由可驳倒"热质说")。伦福德和戴维的工作当时并未在物理学界引起很大反响,直到焦耳等人得到了热量与功之间的当量关系,为"热动说"提供了可靠的实验基础,人们才摒弃了"热质说"。

就这样,为适应研究热机原理和能量转化与守恒关系的迫切需要,在理论和实践条件均已成熟的情况下,建立了热力学第一定律。它是热学中的能量转化与守恒定律。它指出:通过做功和传热两种方式所传递的能量与系统的内能之间可以相互转化,而数量上必须守恒。

热力学第一定律的建立正好在资本主义发展时代,有人企图制造一类无须任何动力和燃料却能不断对外做功的"永动机"。曾经有许多人竭尽心力提出了五花八门的所谓"永动机"的设计,但无不以在实践中的失败而告终。当然也有别有用心者设下的"永动机"骗局。早在1775年巴黎科学院就宣布了不接受关于"永动机"的"发明",这说明当时在科学界已经认识到制造"永动机"注定是徒劳的。"永动机"之从未制成,实质上是从反面总结了人类在生产过程中长期积累的经验。热力学第一定律对是否能够制成"永动机"给予了最后的科学判决,所以又常把热力学第一定律表述为:"永动机"是不可能造成的。

还需要申明的是,这里所说的"永动机"应当冠以"第一类",言外之意是还有"第二类永动机"、"第三类永动机",待我们学习到热力学第二定律时再接着谈论它们。

6.2.2 热力学第一定律的数学表述

我们用绝热功定义了内能(见(6.1.1)式),并就一般过程定义了热量(见(6.1.3)式)之后,

其实已经得到了热力学第一定律的数学表述,这就是

$$\Delta U = A + Q \tag{6.2.1}$$

这里,我们规定:若 $A>0$,是外界对系统做功;若 $Q>0$,是系统从外界吸热。貌似简单的(6.2.1)式有三层含义:(1)存在一个状态函数——内能;(2)给热量下了定义;(3)说明了做功和传热都是能量交换的一种方式,而且它们所提供的能量应等于系统内能的变化。显然,能量在转化中是守恒的。

(6.2.1)式中的 ΔU 是两平衡态的内能差,从确定的初始平衡态,无论是经怎样的具体过程到达另一确定的末平衡态的,过程中做功与传热的总和都相同。就是说,只要初、末状态是平衡态,不管过程的具体性质如何,都可以使用(6.2.1)式。

其实,即使系统在总体上并未达到平衡,只要系统内有差异的各部分相互作用很小,这些部分各自处于局域平衡态,分别有态函数 $U_1, U_2, \cdots$,仍可定义系统总内能的改变量为

$$\Delta U = \Delta U_1 + \Delta U_2 + \cdots$$

再考虑对各部分做功和传热的累加,(6.2.1)式同样适用。

对于一无限小的元过程,(6.2.1)式应改为:

$$dU = dA + dQ \tag{6.2.2}$$

在应用(6.2.1)式或(6.2.2)式时,必须知道如何计算内能、功和热量。在§4.4中我们对理想气体的内能已有一定的了解,后面还要陆续对内能(不限于理想气体)进行讨论。而对于功和热量,我们一再强调它们各自的数值是与状态变化的具体过程有关的,因此以下就转而讨论一类特别的理想过程。

§6.3 准静态过程与可逆过程

一个原处于平衡态的系统,在外界条件有了变化时,其平衡态必被破坏。之后,若外界条件不再变化,则经过一段弛豫时间(见第5章开头),系统可在外界所决定的新环境下达到新的平衡。但实际上,往往在新的平衡态尚未到达之前,外界又发生了下一步的变化,因而系统经历了一系列非平衡态。例如我们在气缸的活塞上接连增大压强而快速地压缩气缸中的气体,在整个压缩过程所经历的有限时间内,外界参量(压强)的每次改变都是有限大的,而且每相邻两次加压所间隔的时间都短于压强的弛豫时间。这样,总是紧靠活塞下部的气体首先被压缩,而压下活塞所造成的影响逐渐才会传到气缸的底部,因而气体各处密度变得不均匀,这压缩过程中的每一中间状态都是非平衡态。但如果按一种理想方式来改变系统的状态,则有可能使过程的性质有所不同,这就是本节要讨论的情形。

6.3.1 准静态过程

如果在压缩气缸中的气体时,外界压强是这样增大的:先在活塞上添加一粒小沙,使压强增加一极小量,活塞仅有一极小位移,这时,靠近活塞处与气缸底部的压强只有极微小的差别;接着,倘若每再添一粒沙都间隔很久时间(大于压强的弛豫时间),那么,气缸中气体各部分间的微小差别就可以在产生之后又从容地趋于消失,气体便能及时调整它的内部压强,达到各处一致并与外界平衡。于是,在过程进行的每一时刻,都可以把气体看成近似处于平衡态。

又如,要加热系统,使温度从 T_1 升高到 T_2。假设预备了一系列恒温台,它们的温度依次

是：$T_1+\mathrm{d}T, T_1+2\mathrm{d}T,\cdots,T_2-\mathrm{d}T, T_2$。把待加热的系统依次与这些恒温台热接触，并保证在每一恒温台上都搁置很长时间（大于温度的弛豫时间），于是系统温度得以缓慢升高，并在这一系列恒温台上每挪动一次，与新来到的恒温台的温差都是极小，在搁置其上的时间内，不仅系统内温度能达到均匀一致，同时也能与恒温台达到热平衡。这样，系统在升温过程的每一中间态都近似是平衡态。

总之，当过程进行的速度无限缓慢时，系统状态的变化与平衡态的重建几乎可以同时进行，以致于在过程中的每一时刻，系统都无限接近于一平衡态，称这样的过程为准静态过程（Quasi-static process）。

准静态过程必然有以下特点：

(1)过程进行中的每一时刻可以用确定的状态参量描写系统的状态。以气体系统为例，压强 p 和体积 V 是其独立的状态参量，做 p-V 平面，如图 6.3.1，其上任一点 a 即表示气体系统任一平衡态。平面上的点动成线，便代表着由一个平衡态到另一个平衡态连续的转变，这正形成一个准静态过程。所以，p-V 平面上任何一条曲线或直线段就代表着该气体系统一个具体的准静态过程。如图 6.3.1 中的 AB 代表一等压膨胀过程，CD 代表一等容降压过程。每条过程

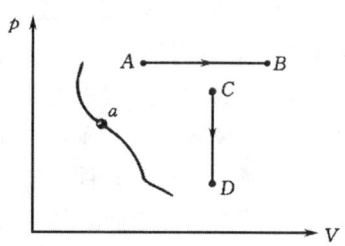

图 6.3.1　准静态过程曲线

曲线所对应的状态参量间的函数关系就叫过程方程。显然，过程曲线和过程方程反映出该过程的具体特点。

而系统在非平衡态时没有各处统一确定的状态参量值，所以不能把非平衡态表示为状态参量坐标平面上的一个点。同理，非准静态过程的中间态也不能图示为上述平面上的一个点，也就是说，非准静态过程不能准确地图示。

对于气体系统，由于可选 p、V、T 中任意两个量作为独立变量，所以在 V-T 平面或 p-T 平面上也能图示出平衡态及准静态过程。

(2)准静态过程中，外界条件在缓慢变化，每一中间态都与外界保持相应的平衡，系统与外界状态一一对应，因此，准静态过程的每一中间态还可以用外界条件来单一地确定。

(3)准静态过程是个理想过程，不能真正达到，但可无限趋近，可以说它是实际过程进行速度趋于零的极限情况，所以它也就是进行得足够缓慢的实际过程的近似代表。由前述压缩气体和加热系统使之升温的例子体现出：只要外界参量改变一宏观小量所需的时间远大于相关的弛豫时间，就可以认为过程进行得足够缓慢。

6.3.2　可逆过程

准静态过程与可逆过程密切相关。

设一系统从状态 i 出发，经某一过程到达另一 f 态。在这过程中，一是系统状态变化了，二是对外界可能造成一些影响。现令同一系统由 f 沿原过程的相反方向进行变化，若能做到在反向过程中的每一步，系统及外界的状态都是原来正向进行时的状态按逆序的重演，那么，原来的过程叫做可逆过程。显然，按此定义，可逆过程在反向进行时，一定会把正向进行时系统状态的变化以及对外界的影响统统抵消掉，系统及外界必能同时复原。

不可逆过程并非都不能反方向进行。不可逆与可逆过程的关键区别在于：不可逆过程反向进行时，如果系统本身的状态是正向进行时状态变化的逆序重演，那么，外界状态一定不是同

样地逆序重演。这样,虽然系统的状态复原了,却在外界留下了无法抵消的变化。

无摩擦(无阻尼),也无非弹性碰撞的纯机械运动都是可逆过程。

仔细考察自然界的各种不可逆过程,可以总结出不可逆性无外乎来自下述两种效应:

(1)耗散效应 无论是什么过程,只要存在有摩擦、非弹性碰撞、黏滞、电阻和磁滞等耗散因素,就一定是不可逆的。这是因为耗散效应在原过程中使得一部分机械能或电磁能通过做功而转化成了系统或外界的内能,但在反向过程中非但不能从系统或外界抽取出这些内能使之转变为机械能或电磁能以弥补原过程中的损失,而且还要继续为有耗散而付出机械能或电磁能。

(2)不平衡效应 这是指系统内部或系统与外界之间存在有限大小的压强差(非力学平衡)或温度差(非热平衡),或有可能发生化学反应、发生相变(非化学平衡或非相平衡)。任何一种不平衡效应都将导致非准静态过程,它们不符合上述可逆过程的定义。

而仅在无摩擦(代表无耗散)的准静态过程中,因为系统的每一中间态都与外界保持相应的平衡(有极微小的压强差或温度差,或有极缓慢的化学变化或相变),系统与外界状态总是一一对应,所以当外界条件改变一无穷小量,使得过程反向进行时,系统反演原过程所有中间态而复原,外界也一定同时复原(消除了在原过程中给外界造成的所有影响),这样才符合可逆过程的定义。一句话,无摩擦准静态过程必是可逆过程。

其实,一个可逆过程正向进行时对系统和外界造成的影响,并不一定非要经过直接反向进行才能被完全抵消掉(使系统和外界同时复原)。试看图 6.3.2 p-V 平面上任意无摩擦准静态过程 $AaCbB$,它所造成的系统状态变化、对外做的功和吸的热,既可以由直接反向过程 $BbCaA$ 完全抵消,也可以选择另一过程 $BcCdA$ 使之抵消,只需使图上 $CbBcC$ 与 $AaCdA$ 所围的面积相等即可。这样,还是让我们给可逆过程下一个广义些的定义:一个系统由某一状态出发,经过某过程达到另一状态,如果存在另一过程,它能使系统和外界完全复原,则原过程称为可逆过程。

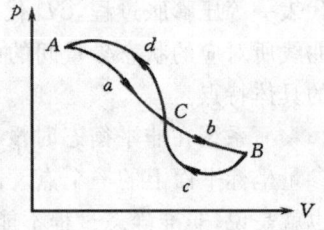

图 6.3.2　$AaCbB$ 与 $BcCdA$ 的效果相抵

经验指出,不可逆过程不但不能直接反向进行而保持外界情况不变,而且不可逆过程所产生的效果,不论用任何曲折与复杂的方法,都不可能完全恢复原状而不引起其他变化。

可逆与不可逆过程的概念对于学习热力学第二定律是非常重要的,到时我们要对一切与热现象有关的实际宏观过程之不可逆性再作进一步的讨论。

§6.4　可逆过程中功的计算

在任何热力学过程中,外界对系统做的功原则上都可以针对具体的广义力和广义位移用力学方法来计算。但在非准静态过程中,系统各部分受广义力和广义位移的情形可能很复杂,功的计算会是困难的。尤其是,系统在非准静态过程中没有统一确定的状态参量值,所以常常不能把功与状态参量的变化联系起来。而在无摩擦准静态过程即可逆过程中,却容易做到这一点。现就§6.1.1中列举的几种功,看看它们在可逆过程中是怎样计算的。

6.4.1 体积功的计算

为简单起见,设气体贮存在一截面积为 S 的气缸内,活塞可无摩擦地往返移动。

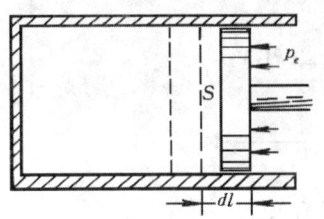

图 6.4.1 外界压缩气体做功

现令外界施力于活塞,压强为 p_e,使活塞移动了 $\mathrm{d}l$,如图 6.4.1。外界压缩气体做的元功:
$$\mathrm{d}A = p_e S \mathrm{d}l$$
而气体体积变化 $\mathrm{d}V = -S\mathrm{d}l$,所以
$$\mathrm{d}A = -p_e \mathrm{d}V \tag{6.4.1}$$
在气体体积由 V_1 压缩为 V_2 的有限过程中,外界做的功则是:
$$A = -\int_{V_1}^{V_2} p_e \mathrm{d}V \tag{6.4.2}$$

在得到(6.4.1)和(6.4.2)式时,并不需要对过程进行的快慢加以限制。不过,必须注意 p_e 是外界施予系统的压强,当不知 p_e 与气体体积变化的对应关系时,(6.4.2)式无法具体计算。

如果过程是无摩擦准静态的,气体本身的压强 p 与 p_e 只相差一无限小量,因此可视为相等,于是,(6.4.1)及(6.4.2)式可改用气体系统的状态参量写出
$$\mathrm{d}A = -p\mathrm{d}V \tag{6.4.3}$$
$$A = -\int_{V_1}^{V_2} p\mathrm{d}V \tag{6.4.4}$$

当然,要计算(6.4.4)式中的体积功,仍需先知道 p 是 V 怎样的函数,这正体现出功与具体过程进行的方式有关。而准静态过程方程就给出这时所需的函数关系,所以过程方程对于功的计算是非常重要的。

有两个特殊情况,无论过程是否为准静态,都能用(6.4.2)式得到体积功。一个情况是等容过程,不管系统内部怎样剧烈变化,但系统对外界无相对位移,因而体积功为零。再一个情况是外界压强保持不变的等压过程,这时 p_e 为常量。若系统初、末态的体积分别为 V_1 和 V_2,则
$$A = -p_e(V_2 - V_1)$$

在以上讨论的情况中,贮存气体的气缸形状是规则的,其实对任意形状的容器,只要在可逆过程中所做的功是通过体积变化而实现的,(6.4.3)和(6.4.4)式就都适用(可见本章习题 6—3)。

体积功的大小还可以在 p-V 图上表示出来。气体系统由 (p_1, V_1) 状态经一无摩擦准静态过程 Ⅰ 变化到状态 (p_2, V_2),将初、末态及过程曲线均示于图 6.4.2(a)中。曲线下画斜线的小长方形面积为元功的大小 $|p\mathrm{d}V|$,而曲线 Ⅰ 下,阴影区的总面积就等于在这过程中气体对外界所做总功的大小: $\left|\int_{V_1}^{V_2} p\mathrm{d}V\right|$。

从图示看,连接给定初、末两态的过程曲线可以有无数条。不同过程曲线,例如图 6.4.2(a)中的过程 Ⅰ 和过程 Ⅱ＋Ⅲ,它们各自与两等容线及横轴之间所围的面积可能有很大不同,比较图 6.4.2(a)与图 6.4.2(b)中阴影区的面积,就明显地看出这一点。

压缩固体和液体时所做的功原则上也用(6.4.3)及(6.4.4)式计算。与气体不同的是,固体或液体的 p、V 关系不易得到。但如果是在等温条件下压缩,借助实验测得的等温压缩系数 κ_T (见(2.4.4)式)可得

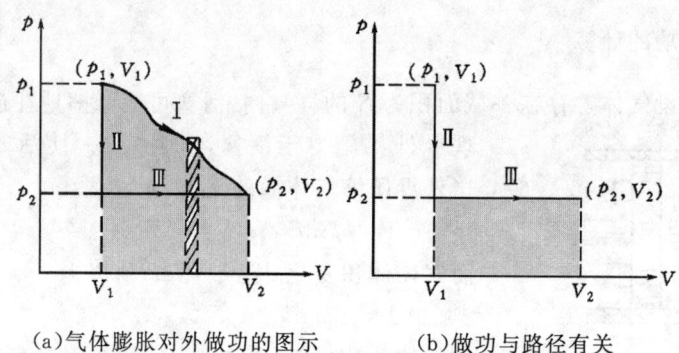

(a) 气体膨胀对外做功的图示　　(b) 做功与路径有关

图 6.4.2

$$dV = -V\kappa_T dp$$

于是

$$A = -\int_{V_1}^{V_2} p dV = \int_{p_1}^{p_2} V\kappa_T p dp$$

由于固体和液体总是极难压缩,所以在相当大的压强和温度范围内,体积近似不变,而且 κ_T 也近似为常数。这样,上边的积分便是

$$A = \frac{\kappa_T V}{2}(p_2^2 - p_1^2)$$

6.4.2 其他形式的功

1. 液体表面张力的功

以图 6.1.1 中张于铁丝框架上的肥皂膜为例,缓慢地拉动 ab 边,认为它是一个改变液膜面积的无摩擦准静态过程,拉动 ab 的外力与液体表面张力相平衡。设肥皂的表面张力系数为 α,ab 长为 L,并注意到液膜有两个表面,则表面张力 $F = 2\alpha L$。当 ab 向右移动 dx 时,克服表面张力所做的元功为

$$dA = Fdx = 2\alpha L dx$$

其中:$2Ldx$ 是液膜表面积的改变量 ds,所以

$$dA = \alpha ds \tag{6.4.5}$$

2. 可逆电池中移动电荷的功

这里的电池是指"化学电池"。在电路中接有电池而放电时,电池内发生化学反应,化学能转化为电能。所谓"可逆电池"是一种理想电池,当电流反向流过电池,即外电源对电池充电时,电池内就发生逆向化学反应,而且当有相同电量反向传输时,化学反应进行的程度,与正向化学反应的进行程度相同。理想的蓄电池就是可逆电池。实际上,电池总有内阻,工作电流愈大热耗散就愈大,不可逆性也愈显著。所以,为了使电池的工作过程接近可逆,可以在电路中接入一分压器,如图 6.4.3 所示。适当调节这分压

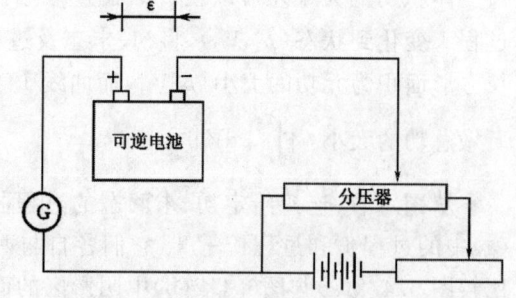

图 6.4.3　工作过程接近可逆的电池

器,使得反电动势比电池电动势只小一无限小量,电路中通过的电流极小,热耗散便可忽略。

在恒压条件下工作的电池,其电动势 ε 和所通过的电量 q 可作为状态参量。把在前述可逆

工作过程中的电池内部由负极移到正极的无限小电量记做 dq，则电池非静电力做的功，亦即电池对外界做的功为：
$$dA' = \varepsilon dq$$
而外界对电池做的功便是
$$dA = -dA' = -\varepsilon dq \tag{6.4.6}$$

当电池放电时，$dq > 0$，外界对电池做负功；而外电源对可逆电池充电时，$dq < 0$，外界对电池做正功。

3. 顺磁质磁化过程的功

电磁学中要详细讲述介质的磁化规律。顺磁性物质的分子虽具有固有磁矩，但无外磁场时，由于无规热运动，各分子磁矩的取向杂乱，平均看来在每一宏观体积元内分子磁矩的矢量和为零，介质处于未磁化状态。而在外磁场中，每个分子磁矩受到一个力矩的作用，力图使分子磁矩转到外磁场方向上去，各分子磁矩趋于沿外场有序排列，这就是顺磁质沿外磁场方向的磁化。但分子热运动总是干扰这种有序排列。定义单位体积内分子磁矩的矢量和为磁化强度，记为 M，它的大小与外磁场强度 H、磁介质性质和温度有关。假设磁化过程是在恒定大气压下进行，并忽略顺磁体磁化时体积的变化（即忽略磁致伸缩效应），则磁化状态就用 M 和 H 两个参量来描述。居里(Curie)定律（第一类顺磁性规律）：

$$M = \frac{C}{T} H$$

就是各向同性顺磁物质的状态方程，其中 C 称为居里常数。铁磁性物质在温度高于居里温度 θ_P 时，铁磁性消失，成为顺磁质，服从居里-外斯定律（第二类顺磁性规律）：

$$M = \frac{C}{T - \theta_P} H$$

在外加磁场的作用下，分子磁矩由无序到有序排列需要一定的弛豫时间，与其他的弛豫过程是相似的。磁场强度必须足够缓慢地变化，磁化强度的相应增大或减小才是准静态的。在可逆磁化过程中，当外磁场由 H 增为 $H + dH$ 时，磁化强度由 M 增为 $M + dM$，外磁场对磁介质所做的元功可被证明为：

$$dA = \mu_0 V \boldsymbol{H} \cdot d\boldsymbol{M} \tag{6.4.7}$$

其中 μ_0 为真空磁导率，V 是磁介质体积。若将磁场也划入所考虑的热力学系统，则应计入激发磁场所做的功 $\mu_0 V \boldsymbol{H} \cdot d\boldsymbol{H}$，合之，得：

$$dA_{tol} = \mu_0 V \boldsymbol{H} \cdot d\boldsymbol{H} + \mu_0 V \boldsymbol{H} \cdot d\boldsymbol{M} = V \boldsymbol{H} \cdot d\boldsymbol{B}$$

式中 $\boldsymbol{B}$ 为磁感应强度。

4. 电介质极化过程的功

电介质的特征是：以感应而并非以传导的方式来传递电的作用和影响。电介质与金属是物质电学性质两个极端的典型。金属具有自由载流子，而电介质只具有束缚着的电荷。电介质又分成两类，一类在无外电场时其分子或原子(离子)的正负电荷的重心相重合，称为无极分子；另一类即使在无外电场时，分子也具有固有的电偶极矩，称为有极分子。在电场作用下，会使原子的电子壳层发生变形，以及使正负离子发生相对位移，从而出现感应的电偶极矩；而固有电偶极矩受外电场力的作用，有转至与外电场方向平行的趋势。这就是电介质的极化。与磁介质的磁化类似，为描述电介质内各处极化的情况，定义单位体积内的电偶极矩矢量之和为电极化强度矢量，记为 $\boldsymbol{P}$。当外电场足够缓慢地由 $\boldsymbol{E}$ 增为 $\boldsymbol{E} + d\boldsymbol{E}$ 时，极化强度准静态地由 $\boldsymbol{P}$ 变为 $\boldsymbol{P} +$

dP，外电场做元功：
$$dA = VE \cdot dP \tag{6.4.8}$$
式中 V 是电介质体积。若将电场与电介质合起来作为所考虑的热力学系统，则应计入激发电场的功 $\varepsilon_0 VE \cdot dE$，总的元功为
$$dA_{tot} = VE \cdot (\varepsilon_0 dE + dP) = VE \cdot dD$$
式中 ε_0 为真空介电常数，D 为电位移矢量。

6.4.3 可逆过程做功的一般表达式

我们在§6.1中已经提到热力学的广义功可归结为在广义力的作用下产生了广义位移。由(6.4.3)和(6.4.5)式至(6.4.8)式可见，在可逆过程中，外界对系统所做的元功可表示为：
$$dA = \sum_i Y_i dy_i \tag{6.4.9}$$
式中 y_i 是广义坐标（例如是气体体积 V、液膜表面积 S、电量 q、磁化强度 M、电极化强度 P 等），在热力学中，它们是广延量（见§1.3.2），而 dy_i 则是广义位移；Y_i 是广义力（例如压强 $-p$、表面张力系数 α、电池电动势 ε、磁场强度 H、电场强度 E 等），它们是热力学的强度量（见§3.4.3）。

至此，可将热力学第一定律在可逆过程中的数学表达式写做：
$$dU = dQ + \sum_i Y_i dy_i$$

§6.5 热容量与热量的计算及焓

在§6.1.3中我们已经强调过，热力学过程中传递热量的多少与过程的具体进行方式有关，这与我们在§4.4.1中定义热容量时强调不同的热力学过程对应各自不同的热容量是相一致的。这里，我们不必再重复写出热容量及摩尔热容量的定义(4.4.2)及(4.4.3)式，读者可以自行重温那段内容。本节中，我们要着重对定容摩尔热容量 $C_{m,V}$ 和定压摩尔热容量 $C_{m,p}$ 进行讨论。

6.5.1 等容过程热容量与内能的变化

按(4.4.2)式，定容热容量
$$C_V = \lim_{\Delta T \to 0} \frac{\Delta Q_V}{\Delta T}$$
又按热量的定义(6.1.3)式，有
$$\Delta Q_V = (\Delta U - A)_V$$
现只计入体积功，在定容过程中 $A_V = 0$，所以
$$\Delta Q_V = \Delta U_V$$
这表明在等容过程中吸热等于内能的增加，于是
$$C_V = \lim_{\Delta T \to 0} \frac{\Delta U_V}{\Delta T}$$
内能 U 是状态函数，取 V, T 为独立变量，则 $\lim\limits_{\Delta T \to 0} \frac{\Delta U_V}{\Delta T} = \left(\frac{\partial U}{\partial T}\right)_V$，所以

$$C_V = \left(\frac{\partial U}{\partial T}\right)_V \tag{6.5.1}$$

随之,定容比热容为

$$c_V = \frac{1}{M}\left(\frac{\partial U}{\partial T}\right)_V$$

式中 M 为系统的总质量,定容摩尔热容量为

$$C_{m,V} = \frac{\mu}{M}\left(\frac{\partial U}{\partial T}\right)_V = \left(\frac{\partial U_m}{\partial T}\right)_V \tag{6.5.2}$$

其中 $U_m = \frac{\mu}{M} U$,是摩尔内能。

6.5.2 等压过程热容量与焓的变化

按(4.4.2)式,定压热容量

$$C_p = \lim_{\Delta T \to 0} \frac{\Delta Q_p}{\Delta T}$$

其中,等压过程吸热 $\Delta Q_p = (\Delta U - A)_p$。当系统在恒压 p 下由初态体积 V_i 变化到末态体积 V_f 时,外界对系统做功 $A_p = -p(V_f - V_i)$,所以有:

$$\Delta Q_p = U_f - U_i + p(V_f - V_i)$$
$$= (U_f + pV_f) - (U_i + pV_i)$$

现在要引入一个新的状态函数,使得能以很简洁的形式表示出等压过程吸热。令

$$H = U + pV$$

称其为焓(*enthalpy*),则

$$\Delta Q_p = (H_f - H_i)_p = \Delta H_p$$

即,等压过程中吸热等于焓的增加。同时容易得到

$$C_p = \left(\frac{\partial H}{\partial T}\right)_p \tag{6.5.3}$$

和定压比热容

$$c_p = \frac{1}{M}\left(\frac{\partial H}{\partial T}\right)_p$$

定压摩尔热容量

$$C_{m,p} = \frac{\mu}{M}\left(\frac{\partial H}{\partial T}\right)_p = \left(\frac{\partial H_m}{\partial T}\right)_p \tag{6.5.4}$$

其中 $H_m = \frac{\mu}{M} H$ 是摩尔焓。焓是广延量。

(6.5.3)和(6.5.4)式分别与(6.5.1)和(6.5.2)式相比较,在形式上有类似之处。请记住:等容和等压过程吸热分别与状态函数内能和焓相联系。还应注意,在(6.5.3)和(6.5.4)式中出现偏微商 $\left(\frac{\partial H}{\partial T}\right)_p$ 和 $\left(\frac{\partial H_m}{\partial T}\right)_p$,焓 H 当然就应当是 p、T 的显函数。

【例 6.5.1】 在一定的压强下,单位质量的液态水汽化成同温度的饱和水蒸气时,要吸收一定的热量。因吸热并未出现温度升高的效果,所以称汽化时必须吸收的热量为汽化潜热,简称汽化热。已知在 1.01×10^5 Pa、$100\,^\circ\text{C}$ 时,单位质量水与单位质量饱和水蒸气的焓值分别为 $419.06\,\text{kJ} \cdot \text{kg}^{-1}$ 和 $2676.3\,\text{kJ} \cdot \text{kg}^{-1}$,试求在所给压强、温度条件下水的汽化热。

【解】 水的汽化是在定压条件下进行的,所以吸收的汽化热 Q_p 等于从初态(i)水转变为末态(f)饱和水蒸气时焓的增加:

$$Q_p = H_f - H_i$$
$$= 2676.3 - 419.06$$
$$= 2257.2(\text{kJ} \cdot \text{kg}^{-1})$$

【例 6.5.2】 化学反应常伴有吸热或放热现象。热化学就是物理化学学科中研究化学反应热效应的一个分支,它也正是热力学第一定律在化学中的具体应用。热化学中有一重要概念称为"反应热",它是指:当使化学反应生成物的温度与反应前反应物的温度相同时,系统放出或吸收的热量。通常如不特别申明,都认为化学反应是在等压条件下进行的,所得的就是定压反应热,又叫反应焓,并且规定反应热符号为正时对应着化学反应吸热。这时若要使生成物保持与反应物有相同的温度,就需要外界供给反应系统热量。

设已知下列气体在压强趋于零、温度 $t = 25\text{℃}$ 时的焓值为:

氢气　$h_{H_2} = 8.468 \times 10^3 \text{J} \cdot \text{mol}^{-1}$;

氧气　$h_{O_2} = 8.661 \times 10^3 \text{J} \cdot \text{mol}^{-1}$;

水蒸气　$h_{H_2O} = -2.2903 \times 10^5 \text{J} \cdot \text{mol}^{-1}$

上列三种气体的焓值是相对同一参考态而言的。试求下列气态化学反应的定压反应热。

$$H_2 + \frac{1}{2}O_2 \rightarrow H_2O$$

【解】 按定压反应热的定义,它应是等压、等温条件下化学反应中系统焓的增量,即

$$Q_p = h_{\text{生成物}} - h_{\text{反应物}}$$
$$= h_{H_2O} - (h_{H_2} + \frac{1}{2}h_{O_2})$$

将所给数据代入,得到在相应的压强及温度条件下如上反应的反应热为:

$$Q_p = -2.4183 \times 10^5 \text{J} \cdot \text{mol}^{-1}$$

负号表示当氢、氧化合为水蒸气时要放热。

物体温度变化时,体积自然地或胀或缩,要设法使体积恒定,并不容易。所谓"定容",往往都是近似如此。而地球上的物体一般都处在恒定大气压下,所以,定压加热很平常。另外,如上两例所述,物态变化(相变)和许多化学反应也都是在定压条件下进行的。这样焓和定压热容量比内能和定容热容量更有实际应用价值。再有,当处理与外界有物质交换的"开口系"时,采用焓也比采用内能更为方便。我们将在下一节讲完绝热节流过程后对此做些说明。

6.5.3 由热容量计算热量、内能和焓

由热容量的定义(4.4.2)式可见,当已知一过程 R 的热容量 C_R 时,则可求此过程吸热量:

$$Q_R = \int_{T_i}^{T_f} C_R \mathrm{d}T \tag{6.5.5}$$

积分上、下限分别是该过程的末态与初态温度。

另外,由(6.5.1)及(6.5.3)式积分可得:

$$U(V,T) - U_0 = \int_{T_0}^{T} C_V \mathrm{d}T + F(V) \tag{6.5.6}$$

$$H(p,T) - H_0 = \int_{T_0}^{T} C_p \mathrm{d}T + G(p) \tag{6.5.7}$$

式中 T_0、U_0 和 H_0 分别是参考态的温度、内能和焓。在§7.5.5中我们将学习到内能函数与状态方程有确定的关系,(6.5.6)式中出现待定函数 $F(V)$ 正是为了使 $U(V,T)$ 满足这一关系。同样,焓函数与状态方程之间也有确定关系,所以也要求(6.5.7)式中出现待定的 $G(p)$。

6.5.4 对热容量的进一步认识

在§4.4.4中,根据能量按自由度均分定理,我们已经求得理想气体的定容摩尔热容量((4.4.12)式),它只随理想气体分子的自由度数目而变动。对于确定种类的理想气体而言,在自由度数目不变的温度范围内,$C_{m,V}$ 则是常量。下一节中,我们还将证明理想气体的定压与定容摩尔热容量之间有简单关系:

$$C_{m,p} - C_{m,V} = R \quad (\text{摩尔气体常量})$$

因此,$C_{m,p}$ 也只是随自由度数目而变动,在相当大的温度范围内保持为常量。这样,(6.5.5)至(6.5.7)式中的积分就很容易做出。但实际上,各种物质的热容量是与温度有关的,而且不同物质的热容量随温度变化的规律可以很不相同,人们在理论和实验上都十分关心这一问题,因为这不但是工程技术所需,也是探明物质结构和物性的途径之一。

热容量作为一宏观可测量,最直接地反映出物体内部微观粒子热运动随温度的变化状况。热容量的实验测量值与理论预言值相比较,不仅能够检验理论,而且往往引导着人们建立新的正确理论。读者还应记得我们在§4.4.6中介绍的经典物理的困难,正是首先暴露在能均分定理所给出的气体比热容与实验结果的不相符之处。固体的热容量也同样不能用经典理论作出完满的解释。固体的体胀系数较气体的小得多,所以,温度变化时出现的体积功可以忽略,于是无须区分定容和定压热容量。按能均分定理,任何晶体的摩尔热容量 C_m 都是 $3R$。这与杜隆和珀替从实验总结出的结论是一致的(见§4.4.5)。不过,杜隆-珀替定律在温度足够高(接近或高于一个因材料而异的特征温度)时才适用。实验表明:在温度较低时,固体热容量随温度降低按如下规律而减小:

$$C_m = \alpha T^3 + \gamma T \tag{6.5.8}$$

其中 γT 项是自由电子对热容的贡献,因此对于绝缘晶体来说,$\gamma = 0$。为了解释低温固体热容量这样的实验规律,爱因斯坦首先提出了晶格振动的量子理论,取得很大成功;但由于作了过于简单的假设,仍不能与低温下的实验结果完全一致。随后,德拜(P. Debye)作了改进,得到了与实验符合很好的固体热容公式。而在很低温度下,由于晶格振动减弱,使得自由电子对热容量的贡献相对地重要起来,人们在量子统计的基础上,用金属的自由电子理论正确地得到(6.5.8)式右边的 γT 项。就这样,在对热容量做实验及理论研究的进程中,加深了对固体的认识。

在超导研究中,比热测量也起到重要作用。历史上,对超导体的低温比热测量,曾促进了唯象的"二流体模型"[①] 的建立及超导微观理论的发展。1987年发现高临界温度氧化物超导体后,人们又把新超导体的比热测量结果与已有理论进行比较,从中分析新超导体的性质。例如,人们首先关注新超导体是否仍像常规超导体那样在超导转变温度 T_c 处有比热跃变;如有,这

[①] 1934年,由荷兰物理学家戈特和卡西米尔合作提出此模型。那时尚未弄清超导微观机制。该模型要点有三:(i)超导体中的电子分为超导电子和正常电子两类;(ii)与正常电子不同,超导电子有序地运动,不受晶格散射,以致超导体电阻为零;(iii)超导电子数与温度有关,随着温度降低,愈来愈多的正常电子"凝聚"成超导电子。

跃变值是否符合常规超导体的微观理论——BCS理论①。从而可以判断在高T_c氧化物超导体中,电子-声子相互作用机制究竟占有怎样的地位。

事实上,不单是正常导体-超导体转变时会出现比热跃变,在铁磁体-顺磁体、顺电体-铁电体、正常氦-超流氦、近晶型液晶-向列型液晶等等转变点也在比热容的温度变化曲线上出现尖峰,甚至比热容会趋于无限大,就是说,比热反常是发生相变的特征,当然要引起人们的注意。

一般情况下,物体的热容量是正的,但也可能为负,即吸热反而降温,放热却升温。如在§6.7中将讨论的多方过程中,若理想气体吸热获得的能量不敷用来对外做功,便要支出内能从而温度降低,热容量就是负的。更为有趣的是,可以证明②像天体这样的自引力系统,总能量等于负动能(势能等于负二倍动能),即,愈从系统提取能量(系统总能量愈低),动能就愈高,温度也就上升。这就是说,自引力系统的热容量是负的。例如在普通恒星向中子星过渡时,原子态的物质向中子态转变的过程中,虽然核燃料已耗尽,却非但不冷下来,反倒因高密物质在强大的自引力作用下急剧坍缩,自由落下的巨大动能迅速转变为内能,从而使星体外层物质在特殊环境下发生爆炸性核燃烧,并伴有强烈的光和热辐射,恒星亮度陡升,甚至白日可见,这便是超新星爆发。之后,恒星内部物质坍缩为中子星。这种具有负热容的自引力系统显然是不稳定的,而且总能量中必包括与系统各部分之间长程相互吸引作用所对应的势能,这时总能量不再是广延量了。

§6.6 气体的内能

本节阐述有关气体内能的实验,讨论气体温度、体积,或温度、压强的变化如何影响内能。

6.6.1 焦耳实验

焦耳在1845年做了研究气体内能的实验,其装置示意于图6.6.1。他将两个坚固的金属容

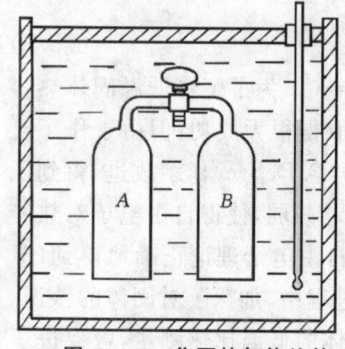

图 6.6.1 焦耳的气体绝热自由膨胀实验

器放在水量热器中,这两容器间以一置有活栓的金属管连通。在水量热器中插入一支精密温度计(精确至0.01℃)用来测量水温。量热器外包有绝热层,故与外界绝热。

实验时,先将活栓关死,把容器B抽成真空,而A内贮有一定量气体;待量热器内达到热平衡,温度计示数即是A内气体的温度。然后打开活栓,气体由A向B膨胀。这过程虽简单,在热力学中却很著名,是一个典型的不可逆过程,叫做绝热自由膨胀。称"绝热",是因为气体膨胀过程进行得极快,气体来不及与水交换热量。谓之"自由",是因为打开活栓后A中气体是向真空膨胀,不受阻力。诚然,打开活栓后,B

---

① 这是1957年由巴丁(Bardeen)、库珀(Cooper)和施瑞弗(Schrieffer)提出的超导微观理论。该理论认为:金属中电子间交换虚声子会引起电子间的有效吸引作用,这样导致出现一超导基态,在此基态中电子形成束缚对,称之为"库珀对";基态与激发态之间存在能隙。这就是说,金属中电子与声子的相互作用是导致超导电性的根本原因。BCS理论很好地说明了常规超导体的热力学和电磁学性质。因提出该理论,巴丁、库珀和施瑞弗三人获得了1972年的诺贝尔物理学奖。

② 可参考:赵凯华,罗蔚茵.新概念物理教程·力学.北京:高等教育出版社,1995.第七章§5.3

中将不再是真空,在膨胀过程中,先进入 B 中的气体将阻止后来的气体而做功,但这是原 A 中一定量气体内部之间的功,并非气体外界做功。另外,这里显然忽略了金属容器的任何容积变化。

气体绝热自由膨胀后,量热器内部必能达到新的热平衡。焦耳发现,温度计示数与当初的相同,即 $\Delta T=0$,气体绝热自由膨胀前后温度无变化。这一结果很重要。下面让我们来据此推断:若以 V、T 为独立变量,气体内能只是 T 的函数,即 $(\frac{\partial U}{\partial V})_T=0$。

1) 首先,根据(6.1.2)式,假定内能 U 与 V、T 均有关,则有:
$$\Delta U = (\frac{\partial U}{\partial V})_T \Delta V + (\frac{\partial U}{\partial T})_V \Delta T$$

2) 又根据热力学第一定律,在任何热力学过程中有:
$$\Delta U = A + Q$$

3) 但焦耳实验的条件保证在这气体膨胀过程中 $A=0$ 和 $Q=0$(是绝热自由膨胀),于是 $\Delta U=0$;

4) 其实验结果为 $\Delta T=0$;

5) 综上所述,必有
$$\Delta U = 0 = (\frac{\partial U}{\partial V})_T \Delta V$$

而 ΔV 不为零,所以必有 $(\frac{\partial U}{\partial V})_T=0$。这样,内能函数可表示为 $U=U(T)$。

6.6.2 焦耳定律

如上实验表明:气体内能与体积变化无关。该实验定律称为焦耳定律。

应当注意到,上述结论是建立在"气体膨胀前后量热器中水温不变"这一实验结果之上的。但这一结果实在不可靠,因为水比气体的热容量要大上千倍,如果气体绝热自由膨胀后温度发生变化,也只会引起水温极微小的变化,用温度计是不易察觉的。当时焦耳本人也意识到实验结果的可疑之处,7 年后他和汤姆逊(W. Thomson,即开尔文)又设计了多孔塞实验来进一步研究气体的内能。

不过,焦耳实验毕竟说明在一般情况下,气体体积的变化对内能的影响并不显著。进一步的实验还指出:气体压强愈低,其内能随体积变化的程度就愈低,而在压强趋于零的极限情况下,内能便与体积的变化无关了。这就是说,焦耳定律与玻意耳定律、阿伏伽德罗定律及道尔顿分压定律相同,都是在气体压强趋于零的极限情况下才准确成立。

6.6.3 焦耳-汤姆逊实验

焦耳-汤姆逊实验的装置示于图 6.6.2。一绝热良好的管子 L 中间,放置一个用多孔物质(棉或丝等)制成的多孔塞 G,它对气流有较大的阻滞作用,从而能够维持 G 两边一定的压强差。实验时,气体先在压缩机中被压缩,再经水冷却器,使多孔塞左方气体的压强和温度保持为 p_1 和 T_1。同时,气体持续而缓慢地经多孔塞流到右方,压强降为 p_2,测出温度为 T_2。注意,T_2 可能大于、小于或等于 T_1。

这里的多孔塞也可以换成针形阀,或者是气流管道上的一段毛细管。

我们可以把如上实验条件明确归纳为:绝热;气体流速极小,因此其宏观动能与内能相比

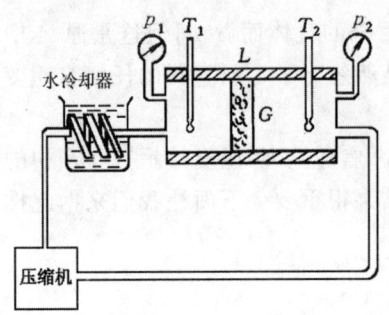

图 6.6.2 焦耳-汤姆逊多孔塞实验

小得多,可略去不计。这种在绝热条件下,高压气体经过多孔塞或针形阀等节流部件使流动受到阻滞而降压的过程,就叫做绝热节流过程(*throttling process*)。由于这里有明显的耗散因素,所以也是典型的不可逆过程。再有,就管 L 中所发生的热力学过程来讲,是一个开口系统中的工作物质的流动。现取一气体流块为研究对象,它在通过多孔塞之前体积为 V_1,温度为 T_1,右侧紧贴多孔塞,左侧还有压强为 p_1 的其他气体。现虚设一活塞 A 代替在它左侧对其施以压力的那些气体,如图 6.6.3(a),作用在活塞 A 上的压强就是 p_1。待这流块全部通过多孔塞后,体积膨胀为 V_2,温度为 T_2,其左侧紧贴多孔塞,右侧是压强为 p_2 的其他气体。也以一虚设的活塞 B 代替在它右侧的其他气体,如图 6.6.3(b),作用在 B 上的压强就是 p_2。

在这小流块的节流膨胀过程中,通过活塞 A 对它做功 $A_1=p_1V_1$,同时它又推动活塞 B 对外做功 $A_2'=p_2V_2$,故小流块的外界对其做净功为

$$A=A_1-A_2'=p_1V_1-p_2V_2 \quad (6.6.1)$$

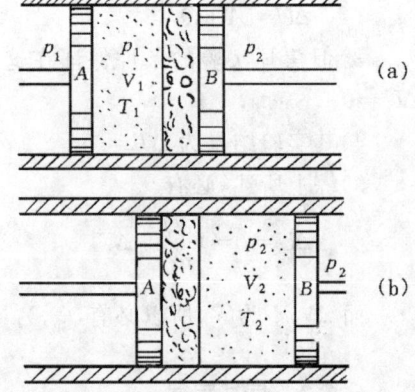

图 6.6.3 小流块的节流膨胀

不计宏观动能及重力势能的变化,设该小流块在通过多孔塞前后的内能分别是 u_1,u_2;又考虑实验中的绝热条件,则按热力学第一定律,有:

$$u_2-u_1=A=p_1V_1-p_2V_2$$

即

$$u_2+p_2V_2=u_1+p_1V_1$$

也就是

$$H_1=H_2 \quad (6.6.2)$$

这表明,气体经绝热节流过程前后焓不变。但我们并不说"绝热节流过程是等焓过程",因为我们并不知晓在这不可逆过程中小流块经历的全部细节,不能断定过程中的每时每刻小流块的焓都相同。

借助绝热节流过程,我们还可以对一般开口系及焓做些说明。工程上各种连续生产的设备(如管道、锅炉、换热器等)都是开口系统。处理开口系统,必定涉及工作物质迁移过程中克服外力所消耗的功。以绝热节流过程为例,当前述小流块从入口处进入热力学系统时,外界需克服压强 p_1 做推挤功 $A_1=p_1V_1$;而当小流块从出口处流出时,系统应对外界做推挤功 $A_2'=p_2V_2$。工程上把小流块穿过边界、进出该开口系时与外界交换的推挤功之代数和 $p_1V_1-p_2V_2$(即(6.6.1)式的 A)叫做流动功。它是流体系统在流动过程中,针对物质的进出而对环境必须做出的净功。在这样的热力学过程中,随物质流动而迁移的能量应当是其内能与推挤功之和,即 $U+pV$。这正是状态函数焓。当遇工作物质由此处到彼处的流动时,采用焓就比采用内能方便。

对于绝热节流过程,人们还特别关心气体温度的变化。实验发现:

(1)在 p_1,T_1 和 p_2 保持一定的条件下,有些气体节流膨胀后降温,有些却升温。例如当 $p_1=0.20\text{MPa},T_1=0℃$,控制 $p_2=0.10\text{MPa}$ 时,若做节流膨胀的是空气、或氧、或氮,温度将要下

降 0.3℃左右;若是 CO_2,要下降 1.3℃左右;但同样的 p_1、T_1 和 p_2,氢节流膨胀后却升温 0.03℃左右。

(2) 对于同一种气体,改变实验中的 p_1, T_1 及 p_2,则在不同的压强、温度条件下,有时节流膨胀后降温(致冷),有时升温(致温),有时温度不变。在节流过程中,气体的温度随压强变化的现象叫焦耳-汤姆逊效应。人们对此进行分析时,要抓住的关键还是(6.6.2)式。在 T-p 平面上做一条焓值为 H 的等焓线,如图 6.6.4(a)中的 MN 线。由于绝热节流过程前后焓不变,所以等焓线上任意一点 i 与其左侧紧邻的一点 i' 可以分别作为一微小绝热节流过程的初、末态。设 k 是该等焓线上的最高点,显然,微小绝热节流过程的初始点若取在 Mk 段上,例如取为 i 点,则将升温;而初始点若取在 kN 段上,例如取为 j 点,则微小节流膨胀到 j' 点必降温;当恰好取 k 为初始点时,则节流过程温度不变。这三种情况可以利用 MN 曲线的斜率 $(\frac{\partial T}{\partial p})_H$ 来表述。称

$$\alpha = (\frac{\partial T}{\partial p})_H$$

为焦耳-汤姆逊系数。当 $\alpha > 0$ 时,即初始点选在 kN 段上,微小绝热节流过程就降温,叫做发生了正的焦耳-汤姆逊效应;而当 $\alpha < 0$ 时,即初始点选在 Mk 段上,则将发生升温的负焦耳-汤姆逊效应;$\alpha = 0$ 处的 k 点,称为转换点。

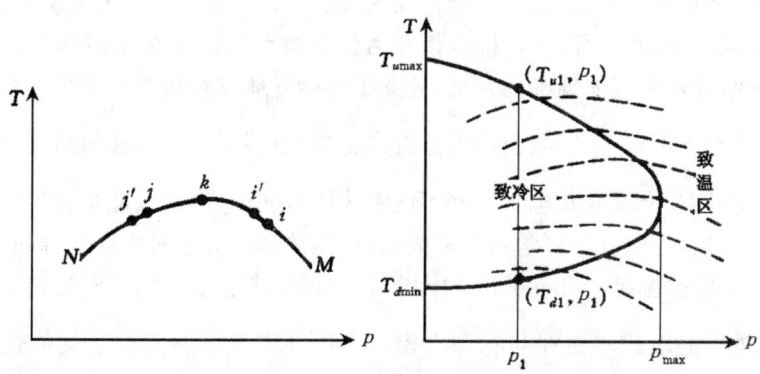

(a) 固定焓值的一条等焓线   (b) 等焓线族和绝热节流膨胀的转换曲线

图 6.6.4 等焓线与转换曲线

现于 T-p 平面上做一族等焓线,如图 6.6.4(b)中一族虚线所示,连接各条虚线上的转换点(即各虚线上的最高点),得图中粗实线,称为绝热节流过程的转换曲线。对于不同种类的气体,转换曲线是不同的。

从转换曲线我们可以知道:

(1) 在 T-p 平面上,处于转换曲线内侧的任一点若作为微小绝热节流膨胀的初始状态代表点,则会发生致冷过程,$\alpha > 0$,所以把曲线内侧叫做致冷区;曲线外侧就是致温区,$\alpha < 0$;转换曲线便是致冷与致温区的分界线。

(2) 当初始压强大于图 6.6.4(b)中所示的 p_{max} 时,无论初始温度若何,都不能得到 $\alpha > 0$ 的正焦耳-汤姆逊效应。

(3) 对应某一具体的初始压强 p_1 ($< p_{max}$),当初始温度介于图中所示的 T_{u1} 和 T_{d1} 之间时,将得到正焦耳-汤姆逊效应;而初始温度恰为 T_{u1} 和 T_{d1} 时,绝热节流膨胀后温度不变,否则将得到负效应。称 T_{u1} 和 T_{d1} 分别为与 p_1 相对应的上转换温度和下转换温度。

(4) 转换曲线与温度轴的交点,对应最大上转换温度 T_{umax} 和最小下转换温度 T_{dmin}。

焦耳-汤姆逊效应已成为工程中获取低温和使气体液化的重要手段之一[①]。为得到致冷的正焦耳-汤姆逊效应，必须使气体的初温低于它的最大上转换温度，因此各种气体的 $T_{u\max}$ 是低温工程中的重要数据。表 6.6.1 列出一些气体的最大上转换温度[②]。可以见到，除氖、氢、氦之外，多数气体的最大转换温度都高于室温，所以液化氖、氢、氦时，必须先对它们预冷。

表 6.6.1 一些气体的最大上转换温度

气体	CO_2	Ar	O_2	空气	N_2	Ne	H_2	He
最大上转换温度(K)	~1500	780	764	659	621	231	202	~40

如果气体的内能只是温度的函数，而且又遵从状态方程 $pV=\nu RT$，那么焓 $H=U+pV$ 也只是温度的函数，则在绝热节流膨胀前后焓不变，温度就也不变，那便不可能有正和负焦耳-汤姆逊效应。事实表明，实际气体不仅其状态方程不像理想气体状态方程那样简单，而且内能也不仅仅是温度的函数，只有在这样的基点上才能对焦耳-汤姆逊效应作出正确的解释（见§6.6.5）。

6.6.4 理想气体的定义

在热力学中给理想气体下定义，要以全面反映理想气体性质的独立的实验定律为基础。在§2.4.2 里我们已经强调玻意耳-马略特定律和阿伏伽德罗定律仅在压强趋于零的极限情况下才严格成立，并结合理想气体温标的定义，建立了实际气体仅在压强趋于零的极限情况下才严格遵从的状态方程 $pV=\dfrac{M}{\mu}RT$。我们已设想有一种理想化的气体，在任何压强下都严格遵从这一状态方程。但在宏观上仅有状态方程并不能解决所有问题，当涉及能量转换以及各种有用的热力学函数（例如焓，还有以后要学习到的熵、自由能等）时，必须对内能的性质予以明确。这时，焦耳实验提供了实验基础。在§6.6.2 中指出：焦耳定律也是在气体压强趋于零的极限情况下才严格成立的，因此，焦耳定律与状态方程 $pV=\dfrac{M}{\mu}RT$ 既各自反映了气体性质的不同方面，又都有属于一种极限性质的共同之处。这样，自然而合理地要赋予前面已设想的那种理想化气体另一个性质：在任何压强下严格遵从焦耳定律。也就是说，我们所定义的理想气体是在任何压强下都严格遵从状态方程 $pV=\dfrac{M}{\mu}RT$ 及焦耳定律的气体。

我们曾从理想气体微观模型推导出理想气体压强公式，它与理想气体状态方程的等价形式 $p=nkT$ 是协调的。用理想气体微观模型也能解释焦耳定律。理想气体分子之间无相互作用力，所以理想气体的内能不包括与分子力相关的势能，当然就与分子平均间距的变化无关而不会是气体体积的函数。

按照理想气体的定义，它的焓必然也只是温度的函数。其定容及定压热容量与内能及焓的关系变得简单了，(6.5.1)及(6.5.3)式用于理想气体就可以改写为：

$$C_V = \dfrac{dU}{dV}$$

[①] 使气体液化，除采用焦耳-汤姆逊正效应外，还可以采用在低于临界温度的条件下对气体进行压缩、绝热膨胀和逆向斯特令循环等途径。

[②] 此表数据取自：肖国屏. 热学. 北京：高等教育出版社，1991.345

和
$$C_p = \frac{dH}{dT}$$

(6.5.2)及(6.5.4)式也相应改为：
$$C_{m,V} = \frac{dU_m}{dT}$$

和
$$C_{m,p} = \frac{dH_m}{dT}$$

进而，因 $H_m = U_m + pV_m = U_m + RT$，所以

$$C_{m,p} = \frac{d}{dT}(U_m + RT) = C_{m,V} + R \tag{6.6.3}$$

此式指出理想气体定压摩尔热容与定容摩尔热容之间相差一摩尔气体常量。当年迈耶就是由这一公式出发去推算热功当量的，所以(6.6.3)式也叫迈耶公式。

对于理想气体，由定容和定压热容量来计算内能和焓也变得容易，(6.5.6)和(6.5.7)式可简化为：

$$U(T) - U_0 = \int_{T_0}^{T} C_V dT$$

和
$$H(T) - H_0 = \int_{T_0}^{T} C_p dT$$

6.6.5 对焦耳-汤姆逊效应的初步解释

从气体分子动理论的观点来看：实际气体分子间有相互作用力，所以内能中除包括分子热运动动能 E_K 之外，还应包括分子间相互作用势能 E_p（见§3.2和§3.3），它的大小与分子间平均距离有关，即与气体体积有关。这样，实际气体的内能与焦耳定律必然有所偏离。内能的变化可以写作

$$\Delta U = \Delta E_K + \Delta E_p$$

其中
$$\Delta E_K = \frac{M}{\mu} C_{m,V} \Delta T$$

这是依据§4.4.4中对理想气体内能的讨论结果写出的。至于 ΔE_p，它与实际气体的状态方程有关，在下一章中我们还要专门讨论。对于范德瓦尔斯气体，我们先引用其结果。当气体由体积 V_1 变化为 V_2 时，E_p 的变化为：

$$\Delta E_p = -\left(\frac{M}{\mu}\right)^2 \left(\frac{a}{V_2} - \frac{a}{V_1}\right) = -\frac{M}{\mu}\left(\frac{a}{V_{m2}} - \frac{a}{V_{m1}}\right)$$

其中 V_{m1} 和 V_{m2} 是总体积变化前后相应的摩尔体积。

内能和焓是温度和体积的函数，这等效于内能和焓是温度和压强的函数。如果涉及到用偏微商计算所定义的物理量（如 C_V、C_p、焦耳-汤姆逊系数 α 等），应选择合适的独立变量；但这里写焓的改变量时不妨让 p, V, T 同时出现：

$$\Delta H = \Delta U + \Delta(pV)$$

将上面的讨论结果代入，得

$$\Delta H = \frac{M}{\mu} C_{m,V} \Delta T - \frac{M}{\mu}\left(\frac{a}{V_{m2}} - \frac{a}{V_{m1}}\right) + (p_2 V_2 - p_1 V_1) \tag{6.6.4}$$

为简单起见，取 1mol 范氏气体，由其状态方程 $(p+\frac{a}{V_m^2})(V_m-b)=RT$ 易得：

$$pV_m = RT + pb - \frac{a}{V_m} + \frac{ab}{V_m^2}$$

略去上式右边最后一项，有：

$$pV_m \approx RT + pb - \frac{a}{V_m}$$

由于在绝热节流过程前后 $\Delta H=0$，则(6.6.4)式为：

$$0 = C_{m,V}\Delta T - 2a(\frac{1}{V_{m2}} - \frac{1}{V_{m1}}) + R\Delta T + b(p_2 - p_1)$$

即

$$\Delta T = \frac{1}{C_{m,V}+R}\left[2a(\frac{1}{V_{m2}} - \frac{1}{V_{m1}}) + b(p_1 - p_2)\right]$$

经节流膨胀，式右的方括号内第一项必小于零，第二项必大于零。可见，分子固有体积（或分子间斥力）带来的修正是使节流膨胀升温，产生负焦耳-汤姆逊效应；而分子间吸引力是使节流膨胀降温，产生正焦耳-汤姆逊效应。这两种因素竞争，或得正效应，或得负效应。在转换曲线上的状态，分子引力与斥力的作用相抵。

理想气体的焦耳-汤姆逊系数 α 为零，节流膨胀前后温度不变。但应注意，并非 $\alpha=0$ 的气体就一定是理想气体[①]。据热力学导出：

$$\alpha = \frac{1}{C_p}\left[T(\frac{\partial V}{\partial T})_p - V\right]$$

只要状态方程形如

$$V = T\varphi(p)$$

$\varphi(p)$ 是 p 的任意函数，就都使 $\alpha=0$。

§6.7 理想气体典型热力学过程的分析

热力工程上实施热力过程的目的有二：一是实现预期的能量转换；二是达到预期的状态变化。

在热力设备中常以气体为工作物质（简称"工质"），分析气体在几种典型的热力学过程中状态的变化及能量的转换规律，是有实际意义的。为简单计，我们只以理想气体为工质，并一般地只限于讨论可逆过程。

这样，在我们将要讨论的几种过程中，就有共同点：热力学第一定律普遍成立，$\Delta U = A + Q$；上式中外界对系统做的体积功 $A = -\int_{V_i}^{V_f} p dV$（下标 i,f 分别标志初、末态）；工作气体严格服从理想气体状态方程和焦耳定律，内能的变化 $\Delta U = \frac{M}{\mu}C_{m,V}\Delta T$。

在分析各种过程时，还应注意它们各自不同的特点，是否有哪一量保持不变或为零，过程

[①] 参见：杜宜瑾. 气体的内能、焦耳-汤姆逊系数与理想气体，《大学物理》丛书，力学热学专辑，《大学物理》编辑部编. 北京：对外贸易教育出版社，1987.390~394

方程和过程曲线怎样,有些什么特别定义的物理量。对各过程进行对比,也是学习的好方法。

6.7.1 等温过程

若系统与外界之间传热良好,而外界的热容量又很大,这样,在它与系统交换热量时,其内部就只经历等温的可逆变化——称之为"恒温热源"(如大量的冰水混合物、沸水、某温度下的恒温水浴等),同时对系统的压缩或系统的膨胀又进行得十分缓慢,则这系统所经历的过程可认为是可逆的等温过程。

该过程的过程方程为 $pV=$ 常量 C,过程曲线为 $p\text{-}V$ 平面上的双曲线。

由于过程中无温度变化,故亦无内能变化,$\Delta T=0$,$\Delta U=0$。随之,$A=-Q$。即等温压缩时,外界所做正功完全转化为气体对热源放出的热量;等温膨胀时,从热源吸收的热量全部转化为气体对外做的功。

利用状态方程易得:

$$A=-\int_{V_i}^{V_f}p\mathrm{d}V=-\frac{M}{\mu}RT\int_{V_i}^{V_f}\frac{\mathrm{d}V}{V}=-\frac{M}{\mu}RT\ln\frac{V_f}{V_i} \tag{6.7.1}$$

还可用状态方程及过程方程将(6.7.1)式换成其他形式,如:

$$A=-p_iV_i\ln\frac{V_f}{V_i}=-\frac{M}{\mu}RT\ln\frac{p_f}{p_i}$$

该过程虽吸(放)热,但温度不变,故热容量为 $\pm\infty$,所以不能经由该过程的热容量来计算吸(放)热量,只能由 $Q=-A$ 而得 Q。

6.7.2 等容过程

过程方程为 $V=$ 常量,或 $\dfrac{p}{T}=$ 常量。在 $p\text{-}V$ 平面上其过程曲线是垂直于体积轴的一直线段。该过程不做体积功,$A=0$。吸热用系统的定容热容量进行计算:

$$Q=\frac{M}{\mu}C_{m,V}\Delta T=C_{m,V}(p_f-p_i)V/R$$

无论从理想气体内能变化的计算公式,还是从热力学第一定律,均可得到

$$\Delta U=Q=\frac{M}{\mu}C_{m,V}\Delta T \tag{6.7.2}$$

6.7.3 等压过程

过程方程为 $p=$ 常量,或 $\dfrac{V}{T}=$ 常量。在 $p\text{-}V$ 平面上其过程曲线是垂直于压强轴的一直线段。该过程外界所做体积功为:

$$A=-p(V_f-V_i)$$

由状态方程,又可将上式改写为

$$A=-\frac{M}{\mu}R(T_f-T_i)$$

该过程吸热可用系统的定压热容量直接计算:

$$Q=\frac{M}{\mu}C_{m,p}\Delta T=C_{m,p}p(V_f-V_i)/R \tag{6.7.3}$$

内能的变化仍可利用 $C_{m,V}$ 计算:

$$\Delta U = \frac{M}{\mu} C_{m,V} \Delta T$$

读者可以从热力学第一定律出发，将所求得的 A 和 Q 代入 $\Delta U = A + Q$，求出与上式相同的 ΔU。其实，既然内能是状态函数，理想气体又服从焦耳定律，因此只要知道任何热力学过程的初、末态温度，就可由其定容热容量及初、末态温差按上式求到内能变化。换一角度看，总可以经由一等温过程再接一等容过程而实现任何两态 i、f 间的转变，如图 6.7.1 所示。图上过 i、m 两态的是一条等温线，过 m、f 两态的是一条等容线，有：

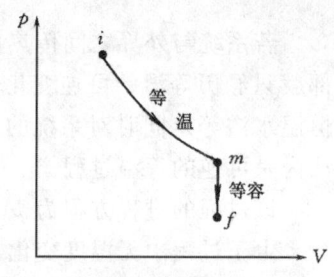

图 6.7.1 经等温和等容过程而连接任意两态

$$U_f - U_i = (U_f - U_m) + (U_m - U_i)$$
$$= \frac{M}{\mu} C_{m,V}(T_f - T_m) + 0$$
$$= \frac{M}{\mu} C_{m,V}(T_f - T_i)$$

其中用到等温过程是等内能过程的概念。

6.7.4 绝热过程

若系统在状态变化的整个过程中不和外界交换热量，就是绝热过程。绝对的绝热过程不可能存在。但一些与外界交换的热量只占内能很小比例的过程，可以被近似当做绝热过程。这有两种可能的情况：

一是过程中与外界交换的热量很少。这可能由于系统被良好的隔热材料包围着；或系统边界处导热性能差，过程进行得又很快，系统来不及同外界有显著的热交换，像蒸气机断气膨胀中水蒸汽的状态变化，还有汽油机压缩冲程（仅需 0.02 秒）中燃气的状态变化就是这样。又像空气中有声波传播时，疏部气体膨胀、温度降低，密部气体压缩、温度升高，但相邻疏、密部的温差并不大，两部中心距离却是半个声波长（对于 1000Hz 的声波，波长约为 0.34m），因此温度梯度很小，再加上气体是不良导热体，所以，每单位时间内在疏、密部之间传递的热量是很少的。

二是系统本身内能极大。这时过程进行的时间可以很长。例如深海中的洋流，循环一次常需数十年，洋流与外界交换的热量与其本身巨大的内能相比微不足道。又如星际云因引力而坍缩为恒星需数百万年甚至数十亿年，它向外散发的热量也只占内能极小的比例。

如此看来，绝热过程进行得可快可慢，也就有准静态与非准静态之分。我们需要有判断过程进行快慢的标准。通常认为过程进行的速度（例如移动活塞的速度）不大于声速就算是较慢的过程，这是因为气体由不均匀趋向均匀的速度在数量级上约等于声速，过程进行速度小于声速时，系统内部便可比较及时地得到调整而近乎均匀。

由于像理想气体绝热自由膨胀、爆炸等非准静态绝热过程经常遇到，所以这里我们不单单讨论可逆绝热过程。

(1) 理想气体任何（准静态或非准静态）绝热过程的特点

对任何绝热过程，均视其交换的热量 $Q = 0$，所以有：

$$\Delta U = A$$

而 $$\Delta U = \frac{M}{\mu} C_{m,V}(T_f - T_i)$$

$$= C_{m,V}(p_f V_f - p_i V_i)/R$$

将这几式联立，就可求出理想气体任何绝热过程的功。

在处理绝热过程中，习惯采用热容比 $\gamma = C_{m,p}/C_{m,V}$，γ 又称比热商，也叫绝热指数。对于理想气体，已知有迈耶公式：

$$C_{m,p} = C_{m,V} + R$$

易导出：

$$\gamma = 1 + \frac{R}{C_{m,V}} \quad \text{和} \quad C_{m,V} = \frac{R}{\gamma - 1} \tag{6.7.4}$$

因此，

$$\Delta U = A = \frac{M}{\mu} \frac{R}{\gamma - 1}(T_f - T_i) = \frac{1}{\gamma - 1}(p_f V_f - p_i V_i) \tag{6.7.5}$$

(2) 可逆绝热过程方程

可将可逆绝热元过程的特征 $dU = -pdV$ 写成：

$$\frac{M}{\mu} C_{m,V} dT = -p dV \tag{6.7.6}$$

再对理想气体状态方程两边微分，得：

$$p dV + V dp = \frac{M}{\mu} R dT \tag{6.7.7}$$

(6.7.6) 及 (6.7.7) 式联立，消去变量 T，有：

$$\frac{p dV + V dp}{-p dV} = \frac{R}{C_{m,V}}$$

利用 (6.7.4) 式把上式化为：

$$\frac{dp}{p} = -\gamma \frac{dV}{V} \tag{6.7.8}$$

当 γ 为常数时，由此式得到：

$$pV^\gamma = 常量\ C_1 \tag{6.7.9}$$

这是以 p、V 为变量的理想气体可逆绝热过程方程。利用理想气体状态方程，不难求出以 V、T 和以 p、T 为变量的另两个过程方程：

$$V^{\gamma-1} T = 常量\ C_2 \tag{6.7.10}$$

$$\frac{p^{\gamma-1}}{T^\gamma} = 常量\ C_3 \tag{6.7.11}$$

(6.7.9)、(6.7.10) 和 (6.7.11) 式合称为泊松公式。式中出现的绝热指数可按能均分定理求出。在常温下，单原子、双原子分子理想气体的 γ 分别是 5/3 和 7/5。

根据 (6.7.9) 式，在 p-V 平面上做出的绝热过程曲线如图 6.7.2 中的实线所示。过绝热线上的一点 A 做一条等温线，即图中的双曲线（虚线条），它一定不如绝热线陡。这意味着：由 A 点出发把体积绝热压缩 ΔV，与把体积等温压缩同样的 ΔV 相比较，总是在绝热压缩中压强的增量大。这很容易由 $p = nkT$ 来解释：在等温过程中，压强的增加仅由于体积压缩使分子数密度 n 加大；而在绝热过程中不仅 n 加大，而且温度是升高的，所以压强增加更多。

(3) 可逆绝热过程中的功

根据 (6.7.9) 式，若已知初始状态的压强 p_i、体积 V_i，可以给出可逆绝热过程中任何中间态的压强、体积关系：$p = p_i V_i^\gamma / V^\gamma$。由此可计算可逆绝热过程的功：

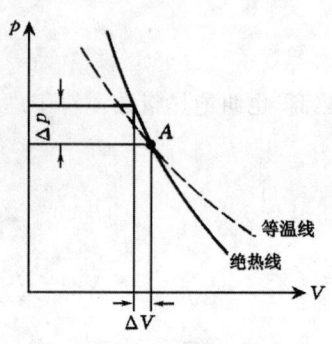

图 6.7.2 绝热与等温过程曲线的比较

$$A = -\int_{V_i}^{V_f} p\,dV$$
$$= -\int_{V_i}^{V_f} \frac{p_i V_i^\gamma}{V^\gamma}\,dV$$
$$= \frac{p_i V_i}{\gamma-1}\left[\left(\frac{V_i}{V_f}\right)^{\gamma-1}-1\right] \tag{6.7.12}$$

还可以利用泊松公式把上式改写成其他形式,例如有:
$$A = \frac{p_i V_i}{\gamma-1}\left[\left(\frac{p_f}{p_i}\right)^{\frac{\gamma-1}{\gamma}}-1\right]$$

也可以用过程方程(6.7.9)式沟通(6.7.12)和(6.7.5)式。

【**例 6.7.1**】 若两可逆绝热过程的初、末态温度均分别为 T_1、T_2,证明:同一理想气体系统在这两绝热过程中(1)初、末态的体积比相等;(2)对外做功相等。

【**证**】 将此二绝热过程示于图 6.7.3,它们分别由 1 态到 2 态和由 3 态到 4 态。1、3 两点在一条虚线所示的等温线上,2、4 两点在另一条虚线所示的等温线上。同一理想气体系统在两绝热过程中的绝热指数 γ 相同。

(1)根据(6.7.10)式,有:
$$\frac{T_2}{T_1} = \left(\frac{V_1}{V_2}\right)^{\gamma-1} \tag{6.7.13}$$

同理,
$$\frac{T_4}{T_3} = \left(\frac{V_3}{V_4}\right)^{\gamma-1}$$

而 $T_1=T_3, T_2=T_4$,所以
$$\frac{V_3}{V_4} = \frac{V_1}{V_2} \tag{6.7.14}$$

(2)由(6.7.12)式得 1→2 过程对外做功:
$$A_{12} = \frac{p_1 V_1}{\gamma-1}\left[\left(\frac{V_1}{V_2}\right)^{\gamma-1}-1\right]$$

利用 $p_1 V_1 = \frac{M}{\mu}RT_1$ 和(6.7.13)式,将参量 p、V 改成参量 T,得:
$$A_{12} = \frac{M}{\mu}\frac{RT_1}{\gamma-1}\left(\frac{T_2}{T_1}-1\right)$$

A_{12} 的大小在图 6.7.3 中用 1→2 过程曲线下阴影区的面积表示。
同理
$$A_{34} = \frac{M}{\mu}\frac{RT_3}{\gamma-1}\left(\frac{T_4}{T_3}-1\right)$$

既然 $T_1=T_3, T_2/T_1=T_4/T_3$,所以 $A_{34}=A_{12}$,3→4 过程曲线下与 1→2 过程曲线下两阴影区的面积应相等。

将此题结论推广而知:对于初、末态分别落在两条等温线上的各个绝热过程,它们初、末态的体积比都相等;它们对外做功都相等。

图 6.7.3 中 1→2→4→3→1 这一在图上顺时针方向进行的闭合过程,由两条等温线和两条绝热线组成,是著名的理想气体卡诺循环,在下一节和下一章会多次谈到这一循环。本例题的结论对研究卡诺循环是有用的。

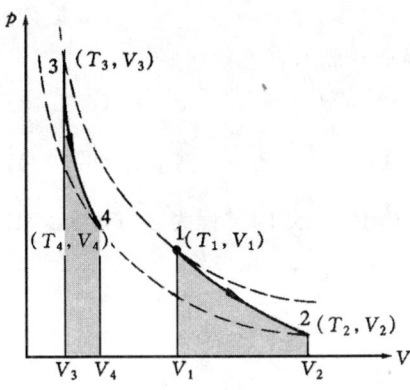

图 6.7.3 例 6.7.1 中的两绝热过程

6.7.5 多方过程

一个热力学过程可能既不等容又不等压，既不等温又不绝热，但在一定条件下也能求到其过程方程。

设在此热力学过程中理想气体的摩尔热容量为 $C_{m,n}$。按热力学第一定律及理想气体状态方程，有：

$$dU = dQ - pdV, \quad 即 \quad \frac{M}{\mu}C_{m,V}dT = \frac{M}{\mu}C_{m,n}dT - pdV$$

和

$$pdV + Vdp = \frac{M}{\mu}RdT$$

它们联立，消去变量 T，可得：

$$\frac{pdV + Vdp}{-pdV} = \frac{C_{m,p} - C_{m,V}}{C_{m,V} - C_{m,n}} = \frac{C_{m,p} - C_{m,n}}{C_{m,V} - C_{m,n}} - 1$$

比照推导(6.7.8)式时的作法，若令：

$$n = \frac{C_{m,p} - C_{m,n}}{C_{m,V} - C_{m,n}} \tag{6.7.15}$$

上式即可化成：

$$\frac{dp}{p} = -n\frac{dV}{V} \tag{6.7.16}$$

它与(6.7.8)式有相同结构，只是把绝热指数 γ 换成了 n。对于给定种类的理想气体，在不太大的温度范围内，其定容(或定压)摩尔热容量为常量，只要在当前讨论的这一热力学过程中摩尔热容量 $C_{m,n}$ 也是常量，由(6.7.15)式定义的 n 就是常数，(6.7.16)式便有解：

表 6.7.1 理想气体典型热力学可逆过程的主要公式

过程	过程方程	外界对系统做功	系统从外界吸热	内能增量	摩尔热容
等容	$V = C$ 或 $\frac{p}{T} = C'$	0	$\nu C_{m,V}(T_f - T_i)$	$\nu C_{m,V}(T_f - T_i)$	$C_{m,V}$
等压	$p = C$ 或 $\frac{V}{T} = C'$	$-p(V_f - V_i)$ 或 $-\nu R(T_f - T_i)$	$\nu C_{m,p}(T_f - T_i)$	$\nu C_{m,V}(T_f - T_i)$	$C_{m,p}$
等温	$pV = C$	$-p_i V_i \ln V_f/V_i$ 或 $-\nu RT_i \ln V_f/V_i$	$-A$	0	$\pm\infty$
绝热	$pV^\gamma = C_1$ $V^{\gamma-1}T = C_2$ $p^{\gamma-1}/T^\gamma = C_3$	$\frac{1}{\gamma-1}(p_f V_f - p_i V_i)$ 或 $\frac{p_i V_i}{\gamma-1}\left[\left(\frac{V_i}{V_f}\right)^{\gamma-1} - 1\right]$ 或 $\frac{\nu R}{\gamma-1}(T_f - T_i)$ 等	0	$\nu C_{m,V}(T_f - T_i)$，亦即 A	0
多方	$pV^n = C_1$ $V^{n-1}T = C_2$ $p^{n-1}/T^n = C_3$	$\frac{1}{n-1}(p_f V_f - p_i V_i)$ 或 $\frac{p_i V_i}{n-1}\left[\left(\frac{V_i}{V_f}\right)^{n-1} - 1\right]$ 或 $\frac{\nu R}{n-1}(T_f - T_i)$ 等	$\nu C_{m,n}(T_f - T_i)$ ($n \neq 1$)	$\nu C_{m,V}(T_f - T_i)$	$C_{m,n} = C_{m,V}\left(\frac{\gamma-n}{1-n}\right)$

$$pV^n = 常量\ C_1 \tag{6.7.17}$$

与得到(6.7.10)和(6.7.11)式类同,将那两式中的 γ 换成 n 就有:

$$V^{n-1}T = C_2 \tag{6.7.18}$$

$$\frac{p^{n-1}}{T^n} = C_3 \tag{6.7.19}$$

常把 n 叫做多方指数,称满足(6.7.17)、(6.7.18)和(6.7.19)三式的过程为多方过程。把(6.7.12)式中的 γ 换成 n,就得到多方过程的功。

由(6.7.15)式,还可解出多方过程的摩尔热容量为:

$$C_{m,n} = C_{m,V}\left(\frac{\gamma-n}{1-n}\right) \tag{6.7.20}$$

其实,等压、等温、绝热、等容过程分别是 $n=0$、$n=1$、$n=\gamma$、$n=\pm\infty$ 的特殊多方过程。当 $1<n<\gamma$ 时,由(6.7.20)式可见 $C_{m,n}$ 为负,正是曾在§6.5.4中提出过的一种负热容情况。

作为本节的结尾,我们列表(见表6.7.1)归纳了理想气体典型热力学可逆过程的主要公式,以便读者查阅和在对比中记忆这些公式。

§6.8 循环过程

热力学的建立与发展,是与热机的使用和改进密切相关的,当今制冷设备也愈益普及和精良,研究工作物质在热机和制冷机中所经历的热力学过程是有实际意义的。这里不能对此作专业性讨论,我们只着重介绍有关的基本概念。另外,著名的理想循环——卡诺循环,在热力学理论的发展上起着重要作用,该循环的主要特点也将在本节中予以介绍。

6.8.1 热力循环及其效率

常以蒸汽机的工作过程为例来介绍一般热力设备的主要构成。如图6.8.1所示,水泵 B 将水池 A 中的水打入锅炉 C 中,水被加热、汽化成水蒸气;进入过热器 D 中进一步加热成为高温、高压蒸气。这是一个吸热而使水内能增加的过程。蒸气经管道进入气缸 E,在其中膨胀,推动活塞对外做功,蒸气的一部分内能转化为机械功。最后,蒸气成为废气进入冷却器 F 中凝结成水,同时把它曾获得的内能之另一部分通过放热而传递给外界。水泵 G 再把冷却器中的水抽入水池 A,接下去重复上述过程。

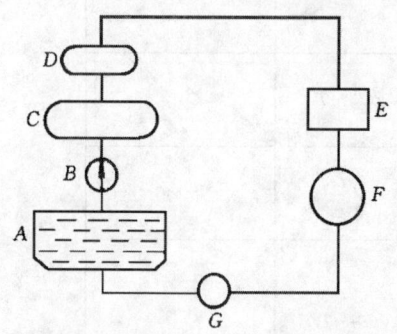

图6.8.1 蒸汽机的循环过程

在实际热机的工作过程中,有的由于工作物质已发生了化学变化,不再回复到初始状态(如在内燃机中的燃料和助燃空气,燃烧后则变为二氧化碳、水蒸气等),成为废气要被排出,需再吸进新的工作物质;即使像蒸汽机中的水这样的工作物质,虽不发生化学变化,却也不是一个完全封闭的热力学系统。为了使问题变得简单,只突出热机工作中的主要特征,我们现在设想热机中有固定量的工作物质,历经一系列状态变化,周而复始,循环不已,故把热机的工作过程称为循环过程。

一部热机至少应包括三个组成部分:(1)循环工作物质(工质);(2)最少两个具有不同温度

的热源(目前,我们可以把这一点说成是实际情况之总结,到下一章我们将知道这是热力学第二定律的要求);(3)做功的机械装置。无论何种工质,状态变化方面的最重要特点是:循环一周状态复原,所以内能变化 $\Delta U = 0$。

若是无摩擦准静态循环过程,必可用 $p\text{-}V$ 平面上一条闭合曲线表示,而且工质状态一定如图 6.8.2 所示顺时针地沿曲线变化,因为只有这样,在一循环中对外做的功(用 $ABCFEA$ 所包围的面积表示),才大于外界对系统所做的功(用 $CDAEFC$ 所包围的面积表示),也就是说才能获得对外所做净的正功。显然,循环一周对外做的净功大小就是循环曲线 $ABCDA$ 所围的面积。这种沿顺时针方向的循环简称为正循环。

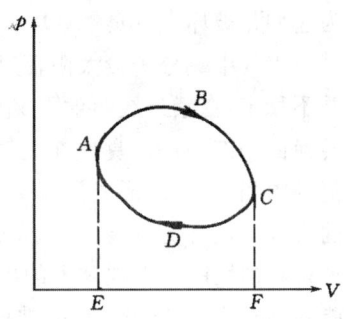

图 6.8.2 任意的无摩擦准静态正循环过程

现把热力学第一定律用于循环过程。既然循环一周 $\Delta U = 0$,对外所做之净功必等于从至少两个热源处的净吸热。而且以上述蒸汽机的工作为例,锅炉和冷却器作为两个热源,工质从前者吸热,向后者放热。普遍地说,一循环中工质肯定既有吸热过程也有放热过程。在处理循环过程时,习惯于将工质对外所做净功 A、以及吸热总量 Q_1 和放热总量 Q_2 都取为正值,则有:

$$A = Q_1 - Q_2 \tag{6.8.1}$$

上式表明,热机只能将所吸收的热量 Q_1 之一部分转换为有用的功 A,转换的比率越高,热机的效能越好。定义热机效率为:

$$\eta = \frac{A}{Q_1} = \frac{Q_1 - Q_2}{Q_1} = 1 - \frac{Q_2}{Q_1} \tag{6.8.2}$$

η 绝不可能达到 100%。

6.8.2 制冷循环和制冷系数

热的自然传导只能是从高温物体传到低温物体,最后使二者温度一致。但可以逆着热机的工作过程而行,以消耗一定的功为代价,从低温物体(热源)取热,向高温物体(热源)放热,即把热量由低温物体送至高温物体,以致低温物体温度变得更低,达到制冷的目的。这种装置叫做制冷机,冰箱、夏季的空调器正是。

无摩擦准静态工作着的制冷机中进行的循环,应当用 $p\text{-}V$ 平面上逆时针走向的一条闭合曲线表示。常称制冷循环为逆循环,不过,逆循环也可巧妙用于供热,后边要讲到的热泵即是。闭合曲线包围的面积等于外界对工作物质做的净功 A,这里仍取 $A > 0$。

逆循环一周,工质内能变化 $\Delta U = 0$,所以,A 必等于工质向高、低温热源的净放热。记向高温热源放热总量为 $Q_1(>0)$,从低温热源处吸热总量为 $Q_2(>0)$。与前面讲热机时相同,这里的下标"1"与"2"仍分别标志与高温热源和与低温热源有关的量。应当有:

$$A = Q_1 - Q_2 \tag{6.8.3}$$

此式虽与(6.8.1)式形式上相同,但式中各量的含义已比它们出现在(6.8.1)式中时有所变化,请读者注意。

制冷循环中的工作物质叫做制冷剂,它通过自身物理状态的变化来传递能量。理想的制冷剂应当是沸点低、汽化热大、蒸气比容小、不易燃、不易爆、无毒、无腐蚀性、环境友好。但样样如意的制冷剂很难找到,只能是根据不同情况在主要方面符合需要。在工业上应用最广的是氨

(NH_3，沸点为$-33.5℃$，汽化热$1\,366kJ/kg$)；民用上氟里昂自 20 世纪 30 年代问世之后曾几乎一统天下，尤以 F-12(CF_2Cl_2，沸点为$-29.8℃$，汽化热$165kJ/kg$)及 F-22(CHF_2Cl，沸点为$-40.8℃$，汽化热$234kJ/kg$)为直至 20 世纪 80 年代的传统制冷剂。但近年来却遭到禁用，因为它们是破坏大气臭氧(O_3)层的元凶。

大气中氧分子被太阳辐射光化分解后，所生成的氧原子与周围氧分子结合，成为臭氧。它并不稳定，在紫外线照射下又可还原为氧分子和氧原子。这样，大气中本可保持O_2与O_3相互转换的动态平衡。臭氧在大气中只占极小的一部分，其密度在平流层底部、距地面 18～25km 范围内相对较大，形成臭氧层。层中臭氧分布并不均匀，高纬度处较多。在对流层和近地面处的大气中也有臭氧，会引起光化学烟雾污染，影响到人类身体健康，不利于动植物生长，损坏多种材料的性能。但地球上的生物对于平流层中臭氧层的需要却如同依赖氧和水一样。臭氧层能强烈吸收$0.2～0.32\mu m$ 波段的紫外线，使来自太阳的紫外辐射只有不足1%到达地面，这就保护了地球上的人类和其他生物不致被太阳紫外辐射所伤害。这种伤害将是灾难性的：皮肤癌发病率升高、人体免疫功能下降、眼白内障发病率增加、农作物减产、森林减少、危及水生物等等。所以臭氧层有地球"保护伞"之称。然而人类的活动，向大气中释放的某些工业气体，特别是曾经被广泛用做制冷剂、清洗剂和发泡剂(保温材料)的含氯氟烃的一类化合物，严重地破坏了这一"保护伞"。

氟里昂是饱和碳氢化合物中全部或部分氢元素被卤族元素代替后的衍生物之总称。像 F-12 这类氯氟烃化合物(CFC_s)虽在大气的对流层中极为稳定，可以存在百年以上，但扩散到平流层便会在太阳紫外线辐照下光致离解，放出氯原子(氯自由基)。氯原子从臭氧分子中夺取一个氧原子，生成普通的氧分子和一氧化氯。这一氧化氯很不稳定，易与氧原子结合，并使氯原子再次游离出来。上述反应会重复进行，从而一个氯氟烃分子所产生的氯自由基就可毁掉上万个臭氧分子，这样便打破了大气中O_2与O_3的动态平衡，对大气臭氧层产生了持久的破坏作用。

自 1958 年开始对臭氧层进行观察以来，发现高空臭氧有逐渐减少的趋势。1985 年在南极哈利湾观测站工作的英国南极探险队队长法尔曼(J. Farman)宣布：自从 1977 年，每到春天南极上空的臭氧就会减少，臭氧层极其稀薄，与周围相比，像是形成了一个洞，南极"臭氧洞"由此而得名。这一臭氧洞时大时小，各年是有变化的。依据卫星探测资料，在 1998 年它的面积约是 2 720 万平方公里，超过了北美洲的大小，达到历史最高纪录。还发现这一臭氧洞异常之深，它切入平流层几乎达 24km，其中心部分事实上已无臭氧可言。这一又大又深的臭氧洞修复起来将非常困难。后来，还在北极上空发现：在每年二月份有臭氧低值中心，于 2000 年左右受天气系统影响，曾形成臭氧小洞。1994 年，我国气象科学家首次发现地处中低纬度的青藏高原在夏季存在臭氧总值异常区，成为地球上又一个臭氧低值中心。在拉萨地区上空，臭氧总量比同纬度地区偏低11%左右。1999 年有报道：据美国宇航局的观测资料，全球臭氧含量已减少了3%；而地球高纬度上空的臭氧含量当时还在以每 10 年$4\%～5\%$的速度减少。这种局面十分严峻。研究表明，平流层中大气臭氧含量每减少1%，抵达地球表面的有害紫外线将增加约2%，随之，皮肤癌和白内障的发病率将分别增加3%和$0.2\%～0.6\%$。另外，紫外线辐射的增加会促使接近地面的大气中臭氧浓度提高，加剧了光化学烟雾污染。

应当说，所有的空调器和制冷设备都是一个相对封闭的系统，氟里昂被禁锢在管道内部，很少泄漏，对环境并不构成严重威胁。问题出在设备维修或报废时任意倾倒陈旧氟里昂，再加上用作发泡剂、清洗溶剂、喷雾剂、灭火剂等的氯氟烃化合物，共同造成了污染。自 20 世纪 30

年代氯氟烃问世以来，迄今大气中氟氯烃含量已超过了 2 000 万吨。

高空臭氧层被破坏这一全球性的环境问题，其实早在南极臭氧洞被发现之前就引起了各国政府和科技工作者的极大关注。联合国环境规划署召开了多次国际会议，作出了一系列越来越急迫、越来越具体的保护臭氧层的决议[①]。在将近十年前期工作的基础上，1985 年在维也纳形成了《保护臭氧层维也纳公约》。1987 年 9 月，24 个国家在加拿大蒙特利尔签署了《关于消耗臭氧层物质的蒙特利尔议定书》。在它的前言中指出，本着预防审慎原则，国际社会应基于科学研究结果，并考虑有关经济和技术因素，采取积极措施，淘汰那些消耗臭氧层物质，加强研究和开发替代品。《议定书》规定了受控物质的种类，分别规定了在发达国家和发展中国家的控制限额基准、受控物质生产量和消费量的控制期限，还确定了评估机制。《议定书》至今已经过了四次修正和两次调整。它们分别是：《伦敦修正案》（形成于 1990 年 6 月）、《哥本哈根修正案》（形成于 1992 年 11 月）、《蒙特利尔修正案》（形成于 1997 年 9 月）和《北京修正案》（形成于 1999 年 11 月）；《维也纳调整案》（形成于 1995 年 12 月）和《蒙特利尔调整案》（形成于 1997 年 9 月）。中国政府派代表参加了 1987 年 9 月的蒙特利尔会议。在 1991 年 6 月宣布正式加入《伦敦修正案》。经过多次修正和调整，《议定书》扩大了受控物质的范围，加快了淘汰进程，并且更切实地考虑到发展中国家的具体情况，特别是在资金和技术上的需求。

按照《议定书》的规定，发达国家已从 1996 年 1 月 1 日起完全停止生产和消费氯氟烃 CFC_s 和氟溴烷烃化合物（CF_xBr_{4-x}，俗称 Halon）；它们在发展中国家将从 2010 年 1 月 1 日起完全停止生产和消费。为履行国际公约，中国国务院于 1992 年批准了《中国消耗臭氧层物质逐步淘汰国家方案》，2004 年 11 月又出台了《中国 Halon/CFC_s/CTC（四氯化碳）生产加速淘汰计划》，并已从 2007 年 7 月 1 日起实现了这一淘汰，比《议定书》规定的期限提前了两年半。

曾被广泛使用的 F-22 不是 CFC_s，它属于含氢氯氟烃化合物（$HCFC_s$），虽然对臭氧层的破坏力较小，但最终也要被禁，发达国家和发展中国家将分别从 2030 年 1 月 1 日起和 2040 年 1 月 1 日起完全停止消费。

人类要保护自己的生存环境，又不降低现代生活质量，正从三个途径探索解决 CFC_s 污染问题。一是对 CFC_s 制冷剂的更新替代；二是保留并扩大所谓"天然制冷剂"诸如氨、碳氢化合物（如 C_4H_{10}，异丁烷）和二氧化碳在制冷和空调领域的应用；三是研究和采用其他制冷方法（如吸收式制冷、斯特令循环制冷、电热制冷、磁热致冷和半导体致冷等）。

目前，国际上公认的 CFC_s 和 $HCFC_s$ 的替代物是不含氯的氢氟烃（HFC），它们的消耗臭氧潜能值 ODP(Ozone Depliton Potentials) 为零，全球增温潜能值 GWP(Global Warming Potentials) 大大低于 CFC_s。我国制冷业广泛使用的 R134a(CH_2FCF_3) 和 R152a($C_2H_4F_2$) 就属于这类替代品。当下也采用 R410A 和 R410B（均由 HFC-32 和 HFC-125 混配而成）。不过 HFC 类化学品毕竟是被《京都议定书》点名要减排的温室气体，它只能作为过渡性的制冷剂，国际社会将寻求对环境更为友好的替代品。至于氨和碳氢化合物这样一些"天然制冷剂"，在稳定性和安全性方面还令人们存有顾虑。

我们时常听到厂家和商家推销"无氟"冰箱，其实，除非是用碳氢化合物（如异丁烷，也称 R600a）做制冷剂，现用制冷剂的替代品 HFC 并没有做到不含氟元素，而且 HFC 作为乙烷系氟里昂也并没有脱离氟里昂家族，所以不管是指无氟元素还是指无氟里昂，称"无氟"都是不准

[①] 可登录中华人民共和国环境保护网站 http://www.zhb.gov.cn 查阅相关资料。

确的。

人类对自己的生存环境造成了破坏,修复起来谈何容易。即使从今往后我们再不向大气排放任何消耗臭氧层物质了,大气中已积存的污染物对臭氧层的破坏作用也足以持续几十年甚至上百年啊!

现在来说制冷机,从1910年制成第一台机械制冷机以来,制冷机不断完善,种类不断增多,其制冷原理也不尽相同。至今,一直是压缩式制冷占主要地位,此外还有喷射式、吸收式、半导体式、电磁式等。

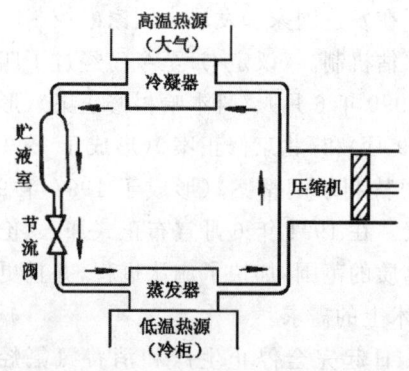

图 6.8.3 氨蒸气压缩制冷机

图 6.8.3 是氨蒸气压缩制冷机的工作原理示意图。经压缩机压缩的氨蒸气压强可达 0.87MPa,通入冷凝器。冷凝器与大气相接触,温度为室温,它相对于冷柜,自然可称为高温热源。高压氨的沸点就在室温附近,所以将在冷凝器中冷凝并放出汽化热,也就是氨气向高温热源放热成为液态氨,其流经贮液室通过节流阀降压、降温可到 0.3MPa、$-10°C$ 左右再进入蒸发器。蒸发器与低温热源(即冷柜)相接触。低压的液氨在蒸发器中很易汽化,并需大量汽化热,这由冷柜供给,从而达到了在冷柜中制冷的目的,使得冷柜的温度接近于低压氨气的沸点。氨在冷凝器和蒸发器中都处于等温、等压的气液两相共存状态。另外,由于有节流过程,所以这一循环是不可逆的,不能在 p-V 平面上准确地表示为一闭合路径。

能够从冷柜中抽取尽量多的热量而消耗功尽量少的制冷机,效能就高。定义制冷系数(或性能系数)为:

$$\varepsilon_r = \frac{\text{从冷柜中吸收的热量} Q_L}{\text{外界对工质做的净功} A} = \frac{Q_L}{Q_1 - Q_2} \tag{6.8.4}$$

这里用到了(6.8.3)式。当在制冷的逆循环中,从其吸热的低温热源不只是冷柜时,Q_L 与 Q_2 的意义就有所区别,Q_L 只是 Q_2 中的一部分。

【例 6.8.1】 早在 1816 年由苏格兰人罗伯特·斯特令(R. Stirling)提出斯特令循环。1827 年制成按此循环工作的热空气发动机,虽有较高效率,但并不经济。本世纪 30 年代后期,荷兰菲力浦实验室重新研究了斯特令循环,以氢或氦作为工作物质,并有多处技术改进,使其具有不少优点:可利用多种能源(太阳能、核能、石油天然气等),排气污染小,噪声低,振动小,效率高,寿命长,体积小等。50 年代后,斯特令逆循环成为广泛使用的制冷循环,不仅普遍应用于生产液化空气和液氮,而且可做成超导器件所用的微型制冷机(制冷头可达 3K 低温)。还曾见报道人造心脏的动力源采用了钴-60 斯特令发动机。另外在太阳能发电装置、潜艇动力装置上也有应用斯特令发动机的。

在相同的原理之下,斯特令循环的具体装置可以有所变化,现以其中一种称为"回热式"的装置为例,看斯特令循环的两大特点。

(1)气缸中有两个活塞。一是动力活塞(或称主活塞),它使气体工质压缩或随气体膨胀而动作;二是配气活塞(或称压出器),它的移动与气体的压缩或膨胀无关,当其占有气缸上部空间时,气体只能在气缸下部,而其占有下部空间时,气体只能在气缸上部。

(2)气缸与一回热器(或蓄冷器)相通。工质除与高、低温恒温热源接触外,还要通过此回热器,并发生热交换。回热器要有很大的热容,且两端维持有一定温差,当气体由其冷端流向热端时,从回热器吸热,反之,向回热器放热。

现以制冷循环为例,说明斯特令循环的工作原理。

(1) 见图 6.8.4(a),动力活塞在下止点,配气活塞在气缸上部。气缸内气体有最大体积。然后,动力活塞上移,配气活塞不动,对气体进行等温压缩,对应 6.8.4(e)循环曲线的 $A \to B$ 段,向高温热源放热 Q_1。

(2) 动力活塞不动,配气活塞下移,将气体经蓄冷器等容转移到气缸上部,如图 6.8.4(b)所示,气体向蓄冷器等容放热 Q_1',对应图 6.8.4(e)中的 $B \to C$ 段。

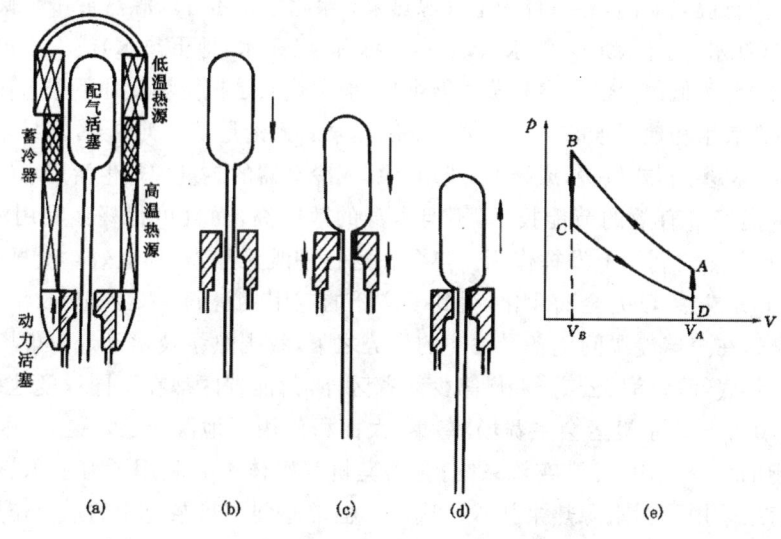

图 6.8.4 斯特令逆循环工作原理

(3) 气体等温膨胀,动力活塞与配气活塞一同下移,如图 6.8.4(c)。过程曲线是图 6.8.4(e)中的 $C \to D$ 段,气体从低温热源吸热 Q_2。

(4) 如图 6.8.4(d),配气活塞上移,将气体经蓄冷器等容转移到气缸下部,气体从蓄冷器等容吸热 Q_2',升压,升温,对应 6.8.4(e)中循环曲线的 $D \to A$ 段,完成一循环。

若工质是理想气体,高、低温热源温度分别为 T_1、T_2,试计算斯特令逆循环的制冷系数。

【解】 设理想气体工质共 ν 摩尔,在 $A \to B$ 和 $B \to C$ 过程中放热分别为:

$$Q_1 = \nu R T_1 \ln(V_A/V_B)$$
$$Q_1' = \nu C_{m,V}(T_1 - T_2)$$

在 $C \to D$ 和 $D \to A$ 过程中吸热分别为:

$$Q_2 = \nu R T_2 \ln(V_A/V_B)$$
$$Q_2' = \nu C_{m,V}(T_1 - T_2)$$

外界对制冷机做净功:

$$A = (Q_1 + Q_1') - (Q_2 + Q_2') = Q_1 - Q_2$$

计算制冷系数的(6.8.4)式中的 Q_L 就是本例中的 Q_2。要注意的是,本例中的 Q_2' 是从蓄冷器吸的热,不是自欲制冷处取的热,所以不应计入 Q_L 之中。得制冷系数为:

$$\varepsilon_r = \frac{Q_2}{Q_1 - Q_2} = \frac{\nu R T_2 \ln(V_A/V_B)}{\nu R(T_1 - T_2)\ln(V_2/V_B)} = \frac{T_2}{T_1 - T_2} \tag{6.8.5}$$

6.8.3 热泵及热泵效能[①]

夏季使用的空调器就是一台制冷机,不过附加有通风设备。其低温热源是室内空气,高温热源是室外空气。到了冬季可利用同样原理的制冷循环向室内供暖,而与夏季空调器不同的是,要把室外大气作为低温热源,室内空气作为高温热源,即逆循环中的蒸发器放在室外,冷凝器放在室内,这样就能把热量从室外"泵"入室内,所以称这种设备为"热泵"。其效能定义为:

$$\varepsilon_p = \frac{\text{向室内放热 } Q_h}{\text{外界对工质所做净功 } A} \tag{6.8.6}$$

以空气作为低温热源的热泵,称为空气源热泵。除此之外还有水源热泵和地源热泵。水源热泵是把地表水(江水、河水、湖水、海水)、地下水(深井水、泉水、地下热水)或人工再生水源(生活废水、工业废水)作为低温热源向室外蒸发器供热;地源热泵是把土壤或地下岩石作为低温热源。也有人把利用地表水和地下水的热泵归类为地源热泵。无论是哪一类热泵,都易于改成制冷机。热泵可以做到一机多用,或供暖,或降温,或用"泵"入冷凝器的热量加热生活用水等等。

热泵技术是经济有效的节能技术,不但本身的效能高,而且可很好地利用清洁可再生能源,还可在工业余热的利用上发挥作用。热泵在运行中既无污染,环境效益也显著。在欧美国家,热泵技术十分成熟,已完全商业化,得到了广泛的应用。我国自20世纪50年代就开展了热泵研究。近年来,在全球能源问题备受关注的形势之下,我国热泵技术已走向市场,发展势头看好。截至2006年底,除青海、云南、贵州等少数省区外,其他省区都在不同程度地推广应用热泵技术。例如:2008年北京奥运会主赛场"鸟巢"大面积使用了地源热泵,从土壤中抽取热量,用于补偿体育场的冬季供暖、夏季空调系统;青岛奥帆赛媒体中心利用了海水源热泵系统;新建的北京火车南站采用了污水源热泵技术。这些工程都起到了热泵应用的示范作用。

6.8.4 卡诺循环

19世纪初,拿破仑彻底失败后,法国进入稳定发展工业和经济的相对和平时期。当时的法国青年知识分子有强烈的振兴国家之心,迫切要求向英国学习新的蒸汽动力技术并进入第一次工业革命,使世界科学中心向法国转移。青年工程师萨迪·卡诺(Sadi Carnot,1796~1832)特别关心蒸汽机的功率和最大热效率的问题。他于1824年写了一本小册子——《关于火的动力和产生动力的机器的见解》,提出了一种理想热机的可逆循环和一个定理,后人称之为卡诺热机的卡诺循环和卡诺定理。尽管当时热力学定律尚未建立,卡诺还以热质说作为指导思想,但他的理论仍不失为热力学发展的重要基础。关于卡诺定理我们将在下一章学习。

所谓"卡诺热机",无论使用何种工质(不限于气体,更不限于理想气体),都只与两个恒温热源交换热量,没有漏热、摩擦等因素存在。因此,它的循环,即卡诺循环,必含有与两个恒温热源分别相接触的两段等温过程,而在这两个等温过程之间的只能是两段绝热过程;另外,卡诺循环是准静态的循环过程。恩格斯高度评价卡诺热机:"这样一部机器就像几何学上的线和面一样是决不能制造出来的。但是它按照自己的方式起了像这些数学抽象所起的同样作用,它表现纯粹的、独立的、真正的过程。"[②]

卡诺热机循环一周中的热功转换情况可用图6.8.5表示,工质循环一周,状态复原,内能变

[①] 对热泵技术有兴趣的读者,可登录中国能源网 http://www.china5e.com 查阅更多资料。
[②] 马克思恩格斯全集.第3卷.北京:人民出版社,1966.590

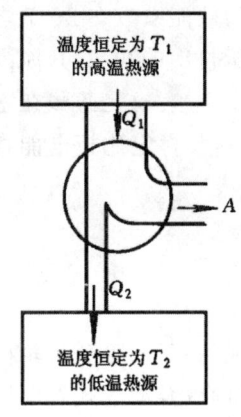

图 6.8.5 正卡诺循环的热功转换

化 $\Delta U=0$,从高温热源(温度恒为 T_1)取热 Q_1,向低温热源(温度恒为 T_2)放热 Q_2,对外做功为 A。这都符合§6.8.1中所述循环过程的特点,而且按(6.8.1)式,这里有:

$$A=Q_1-Q_2$$

假设一卡诺循环以理想气体为工质,则其在 p-V 平面上的循环曲线就由两条理想气体等温线及两条理想气体绝热过程曲线所围成,如图 6.8.6 所示。

现在来计算理想气体卡诺循环的效率。在图 6.8.6 中等温过程 ab 和 cd 的吸、放热分别为:

$$Q_1=\nu RT_1\ln(V_b/V_a)$$
$$Q_2=\nu RT_2\ln(V_c/V_d)$$

式中 ν 为工质的摩尔数。根据例 6.7.1 中证得的(6.7.14)式,这里应有:

$$V_c/V_b=V_d/V_a$$

即 $\ln(V_b/V_a)=\ln(V_c/V_d)$

由热机效率的定义(6.8.2)式,得理想气体卡诺循环的效率为:

$$\eta=1-\frac{Q_2}{Q_1}=1-\frac{\nu RT_2\ln(V_c/V_d)}{\nu RT_1\ln(V_b/V_a)}=1-\frac{T_2}{T_1} \tag{6.8.7}$$

由此可见,理想气体卡诺循环的效率只由高、低温热源的温度决定。所以若以理想气体作为工质,进行在 p-V 平面上的两给定等温线间的一切卡诺循环,其效率皆相等。而且从(6.8.7)式的推导,看出理想气体工质在卡诺循环中与高、低温热源交换热量之比 Q_1/Q_2 等于高、低温热源温度之比 T_1/T_2。这都是颇为重要的结论。

逆向卡诺循环用于制冷,其功热转换情况示于图 6.8.7。它与图 6.8.5 相似,但功 A 和热量 Q_1、Q_2 的施、受和吸、放恰与图 6.8.5 代表的情况相反,图 6.8.7 与(6.8.3)式中出现的 A、Q_1、Q_2 是相同的。

利用刚得到的结论:$Q_1/Q_2=T_1/T_2$,不难求出理想气体逆向卡诺循环的制冷系数

$$\varepsilon_r=\frac{Q_2}{Q_1-Q_2}=\frac{T_2}{T_1-T_2} \tag{6.8.8}$$

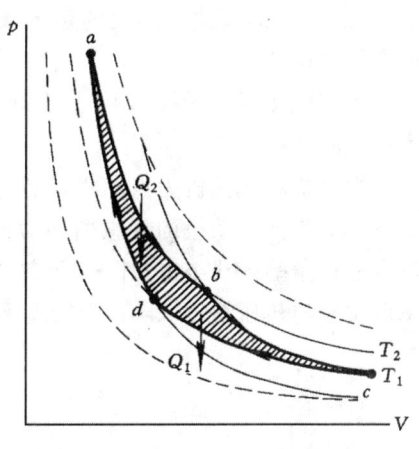

图 6.8.6 理想气体卡诺循环

比较(6.8.8)与(6.8.5)式,知例 6.8.1 中理想气体的斯特令逆循环与逆卡诺循环有相同的制冷系数。

逆向卡诺循环用于热泵时,其效能为:

$$\varepsilon_p=\frac{Q_1}{A}=\frac{Q_1}{Q_1-Q_2}$$
$$=\frac{T_1}{T_1-T_2} \tag{6.8.9}$$

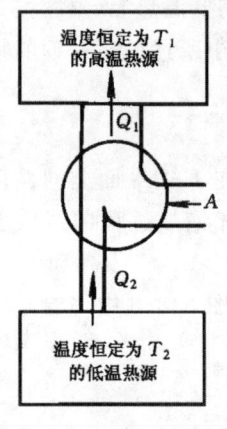

图 6.8.7 逆卡诺循环的功热转换

由此式看出,热泵效能总是大于 1 的(商品热泵的效能系数在 2~7 之间)。这说明热泵向室内所供的热量 Q_1 总是大于付出的功 A,其原因是 Q_1 中还包含了从室外抽取的热量 $Q_2(Q_1=A+Q_2)$。这是蕴藏在室外大气、甚至江河湖海中的免费内能,所以使用热泵肯定比把电能直接供给电炉来取暖要经济得多。

*6.8.5 常用的理想动力循环简述

1. 气体动力循环

燃气动力装置的气体动力循环按其工作方式的不同,可分为轮机型(如燃气涡轮机装置)、活塞型(如往复式内燃机)以及喷气式发动机等。

(1)燃气涡轮机的定压加热循环

如图 6.8.8,循环曲线由两条等压线、两条绝热线组成,称为勃莱敦(Brayton)循环。热效率取决于绝热过程增压比 $\varepsilon_p = p_2/p_1$,

$$\eta = 1 - \frac{1}{\varepsilon_p^{(\gamma-1)/\gamma}}$$

式中 γ 为绝热指数。

(2)往复活塞式内燃机的定容吸热循环、定压吸热循环和混合加热循环

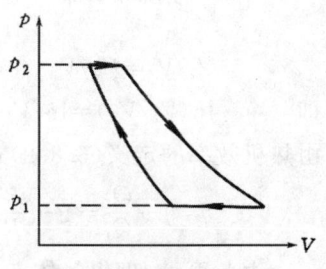

图 6.8.8 勃莱敦循环

内燃机按所用燃料的不同,有煤气机、汽油机和柴油机之分;按燃料燃烧方式的不同,可分为点燃式和压燃式。

煤气机和汽油机为点燃式,燃料与空气的可燃混合物经压缩,被电火花点燃。四冲程火花塞点燃式汽油发动机的理想循环为奥托(Otto)定容吸热循环,如图 6.8.9,循环曲线由两条绝热线和两条等容线组成。1→2 绝热压缩终了时,火花塞点燃可燃混合气体,在定容下燃烧。效率取决于绝热压缩比 $R = V_1/V_2$(见习题 6-39):

$$\eta = 1 - \frac{1}{R^{\gamma-1}}$$

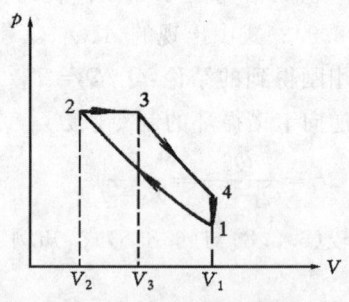

图 6.8.9 奥托循环　　　　图 6.8.10 狄塞尔循环

柴油机为压燃式,其理想循环为狄塞尔(Diesel)定压吸热循环。图 6.8.10 是它的循环过程曲线,由两条绝热线、一条等压线和一条等容线构成。空气在 1→2 被绝热压缩终了时,经高

压喷油嘴喷入柴油,定压燃烧。其效率也取决于绝热压缩比 $R=V_1/V_2$,并与定压膨胀比 $\rho=V_3/V_2$ 或绝热膨胀比 V_1/V_3 有关(见习题 6-42):

$$\eta = 1 - \frac{1}{\gamma}\frac{1}{R^{\gamma-1}}\frac{\rho^\gamma-1}{\rho-1}$$

在相同的压缩比下,狄塞尔循环低于奥托循环的效率。

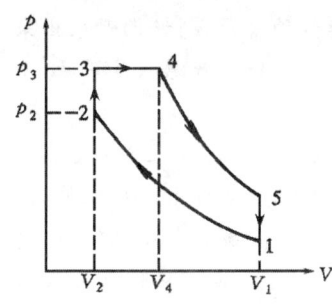

图 6.8.11 萨巴德循环

压缩比很大时,气缸必须很粗重,方可承受压缩终了时的压强。现代柴油机采用定压、定容混合加热循环,称为萨巴德循环。其循环过程曲线由两条绝热线、两条等容线和一条等压线组成,如图 6.8.11 所示。其效率取决于绝热压缩比 $\varepsilon=V_1/V_2$、定容升压比 $\lambda=p_3/p_2$ 和定压膨胀比 $\rho=V_4/V_2$,即:

$$\eta = 1 - \frac{1}{\varepsilon^{\gamma-1}} \cdot \frac{\lambda\rho^\gamma-1}{(\rho-1)\gamma\lambda+(\lambda-1)}$$

(3) 喷气式发动机的定压加热循环

航空、航天动力装置的类型很多,有活塞式发动机、喷气发动机和特种发动机(如等离子体发动机、核能发动机等)。其中,喷气发动机又分空气喷气发动机、火箭发动机和组合发动机。喷气发动机和火箭发动机是一代新型的称之为"直接反作用式发动机",它的能源与能量转换机构有机地结合为一体,并不需要中间的传动装置就可以对外做功。实质上是推进剂或燃料燃烧所形成的燃气直接给发动机内表面一个作用力,该力的作用方向与燃气流喷射方向相反,故得名为喷气式发动机。

涡轮喷气发动机是空气喷气发动机的一种,它的涡轮是为带动进气口处的压缩机而设。这种发动机的理想循环与一般燃气涡轮机装置的定压加热循环类同,只不过绝热压缩和绝热膨胀过程都分为两段,如图 6.8.12 所示。$1\rightarrow a$ 是在扩压管中压缩,$a\rightarrow 2$ 是在压气机中压缩;$3\rightarrow b$ 在燃气轮机中膨胀做功,以带动压气机,$b\rightarrow 4$ 在尾部的喷管中膨胀加速,以增加气流的动能。

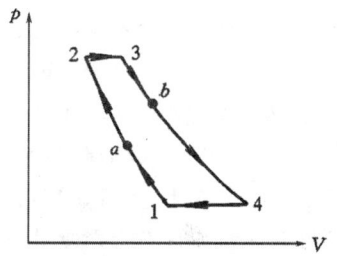

图 6.8.12 喷气发动机的理想循环

2. 蒸气动力循环

水及其蒸气是使用得最早、最广的工质。这种工质不能燃烧,只能从外界向它传入热量,必需制备蒸气的锅炉,因此又称之为"外燃动力装置"。锅炉可以使用液体、气体、固体及核燃料等任何燃料,并便于利用劣质煤资源和太阳能、地热等。

典型的蒸气动力循环是兰金(Rankine)循环,由于工质不是单一地处于气态,因此不能用气体的热力过程分析求其效率。

附 6.1 能源与能源新技术简述[①]

存在于自然界而能被人类用来获取能量的自然资源称为能量资源。它的范围随着科学技

[①] 参考:王革华,艾德生. 新能源概论. 北京:化学工业出版社,高等教育教材出版中心,2006;左玉辉、孙平、柏益尧. 能源—环境调控. 北京:科学出版社,2008;宋健主编,惠永正副主编. 现代科学技术基础知识. 北京:科学出版社,中共中央党校出版社,1994. 第四章第二节、第五章第二节;清华大学物理系讲义,近代与高新技术管理基础. 1994,第八章;温家宝. 政府工作报告. 北京;2009 年 3 月 5 日。

术的发展而扩大。

能量资源按其来源可分为三类：第一类是太阳能。除了直接的太阳辐射能之外，化石资源（煤、石油、天然气等）、生物质能、水能、风能、海洋能等资源也间接来自太阳能。第二类是蕴藏于地球本身的地热和核裂变能资源（铀、钍等）及核聚变能资源（氘、氚、锂等）。第三类是地球和月球、太阳等天体之间互相作用所形成的能量，如潮汐能。

严格说，"能源"并不是"能量资源"的简称。能源指人类取得能量的来源，包括已开采出来可供使用的自然资源与经过加工或转换的能量的来源。尚未开采出来的能量资源只是资源，不列入"能源"范围。

能源有不同的分类方法：可以分为可再生能源（如水力）与非再生能源（如石油、天然气等）；或分为常规能源（如煤、石油、天然气等）与新能源（如核聚变能）。从资源开采、运输、储存、加工转换、输送、分配到最终使用这一系列环节组成了能源系统。从能源系统的各个环节看，能源形式又可分为一次能源（如原煤、原油、流过水坝的水等，开采或收集后，未经任何改变或转换）；二次能源（如各种石油制品、电力、氢能、沼气等）；终端能源（经输送、储存和分配的一次和二次能源）和有用能源（终端能源经过各种用能设施满足了用户的需要）。从使用时对环境的污染情况来看，分为无污染或少污染的清洁能源（如太阳能、水能、氢能等）和非清洁能源（如煤炭、油页岩等）。

能源是人类社会活动的物质基础。特别在近百余年，全球能源消费快速增长，1900 年世界能源消费为 6.8 亿吨标准煤[①]，预计到 2010 年将增加到 151.6 亿吨标准煤。而同期全球人口从 16 亿预计增加到 69 亿。也就是说，人口增加了 3.3 倍，而能源消费却增长了 21.3 倍！这足以表明能量资源对于人类生存、经济发展、社会进步和现代文明不可或缺的重要性。能源问题不仅关乎国家的经济命脉，而且紧系国防安全，也是国际外交舞台上的重要筹码，能源方面的利害得失往往成为引发军事冲突和战争的缘由。

另一方面，能源的使用又是环境污染的来源。在世界能源消费构成中，一直以传统的化石燃料（煤、石油、天然气）为主（在 2008 年，约占 87% 左右）。化石能源从开采、加工、运输到使用的全过程都存在着严重的破坏环境问题。20 世纪中叶以来的全球变暖（见 §5.1.3），绝大多数人认为是由于人类活动造成的，特别是使用化石燃料向空气中排放了大量 CO_2，导致过甚的温室效应，威胁着人类生存。

我国幅员辽阔，能量资源总量比较大。但以世界人均拥有量为基本单位计算，我国能量资源并不充裕。在可再生能源中，我国可开发水电资源占世界总量的 15%，居世界第一位，但人均水电资源量只占世界平均水平的七成。在不可再生能源方面，除煤炭人均剩余可采储量占世界平均水平的 58.6% 之外，其他重要能量资源都不足相应世界平均水平的一半，如石油仅占 7.69%，天然气仅占 7% 左右。

作为全球最大的发展中国家，我国在能源生产和能源消费上，都是仅次于美国、位居世界第二位。以 2004 年为例，一次能源在中国的生产总量折合为 18.4 亿吨标准煤，占世界一次能源生产的比重为 12.51%，其中中国煤炭生产量占世界比重 1/3 强，列世界第一，发电量占世界比重 12.53%，列世界第二。同年，我国能源消费总量折合为 19.8 亿吨标准煤，占世界能源消费比重为 13.56%，煤炭及石油消费量分别列世界第一和第二位。这一年我国能源生产和消费分别较上一年增长了 12.11% 和 15.11%，均远高于同期世界相应的平均增长速率。而且从

---

① 标准煤是计算各种能源量时所用的综合换算指标。我国 1 千克标准煤的热当量值按 29.3 兆焦（7 000 千卡）计。

世界范围看,能源生产量及其增长率都是比同期的消费量及其增长率要高,但在我国情况却相反,由上述 2004 年数据可见一斑。特别是中国本国的石油生产远不敷需求,2004 年石油对外依存度高达 48.5%。在我国,能源的供需矛盾相当突出。另外,虽然我们是能源消费大国,但人均能源消费水平并不高,仅为世界平均水平的 3/4、美国的 1/8~1/7、日本的 1/4。再者,我国能源消费结构不佳。以 2005 年为例,在一次能源消费中,原煤消费比重高达 68.9%、石油占 21%,而作为清洁能源的天然气和一次电力只分别占 2.9% 和 7.2%。对比其他国家,煤炭和石油消费一般分别占 10%~20% 和 30%~40%。在产煤大国澳大利亚煤炭消费也不过占 43.4%;在俄国,天然气消费高达 54.4%;在法国,一次电力消费高达 44%。

还应指出,在资源开采和能源开发使用过程中,推广先进技术、提高效率,这对于任何国家都是非常重要的。改革开放以来,我国的能源技术已取得很大进步,但与国际先进水平相比依然差距很大。一些核心设备在我国还不能完全自主设计和制造,可再生能源、清洁能源和替代能源的技术开发相对滞后,节能降耗技术未能广泛应用。技术的落后制约了效率的提高,加之高耗能产业发展较快,一些地方经济增长方式粗放,使得能源消耗量不断增加。有统计和折算表明:我国单位 GDP 能耗要比世界平均水平高 2.2 倍左右,比日本、欧盟和美国分别高出 8 倍、4.6 倍和 2.4 倍!

能源消费的增长极有可能伴随着大气环境污染的加重,在我国 20 世纪 80 年代就是这样。在我国,大气污染排放物还处在很高水平,SO_2 排放量居世界之首,导致区域性环境酸化,态势严峻。

总之,在我国,能源的相对短缺及能源开发与利用过程中的低效率和所造成的环境污染,是经济与社会可持续发展的重要制约因素。

世界能源发展已步入一个新的变革时期,各国的能源策略总体上都是发展多元结构的能源系统,减少对化石能源的依赖,而且从开采到使用各种资源的各个环节上着力发展高效、清洁的新能源技术。

根据我国的资源情况以及当前的技术水平,预计到 21 世纪中叶,在我国能源消费结构中,化石能源、特别是煤炭还将占据主要地位。作为不可再生能源,化石燃料的储量正逐步消耗和减少,人们一边在不懈地进行资源勘探,一边在发展高效开采技术和能源的高效转化与利用技术。并且特别注重化石能源的清洁化转化,例如煤炭的燃烧新技术和污染处理技术,以及经过煤的气化与液化,把煤转化为能够高效、清洁地利用的气态和液态燃料。自 20 世纪 90 年代初,在与化石能源相关的诸多新技术中,不少已在我国陆续得到产业化应用,还有一些正处于工业示范或研究开发阶段,将会出现技术上的巨大转折,从而避免在化石燃料的开采、使用过程中对水、土资源的破坏,以及对大气的污染。由于不断的治理,我国单位 GDP 的 SO_2 及烟尘排放量从 1989 年开始呈现了逐年递减,自 2006 年至 2008 年累计,我国单位 GDP 能耗下降了 10.08%,化学需氧量、SO_2 排放量分别减少了 6.61% 和 8.95%。

水能在可再生能源中是能量密度大的能源,又是清洁能源。在水能资源丰沛的我国,加速水电建设对缓解能源供需矛盾、保障能源安全有着重要意义。经过多年努力,我国水电建设已突破了以往技术和资金的制约,进入快速发展的新阶段。在水电设备制造方面,我们已具有国际竞争能力,水电施工技术也日臻完善,水电工程从规划、设计到施工、运行管理已形成完整体系。经 16 年建设、将于 2009 年完工的长江三峡水电站大坝高程 185 米,蓄水高程 175 米,水库长 600 余公里,安装有 32 台 70 万千瓦水轮发电机组、2 台 5 万千瓦电源机组,总装机容量 2 250 万千瓦。三峡水电站是我国"西电东送"工程中线的巨型电源点,也是当今世界上最大的水力发电站。在建设大型水电站的同时,我国还高度重视数量众多、分布广泛的中小型水电站的合理开发,以形成分布式能源。在水电开发中,如何做到生态保护,实现环境友好,妥善安置移民,都是一直备受关注的问题。要始终坚持贯彻"在开发中保护、在保护中开发"的原则,方能实现人与自然和谐、社会和谐。

上世纪初发现了原子核能,这是人类历史上划时代的重大成就。它首先被应用于军事目的,其后实现了核裂变能的和平利用。早期人们对核能的预期相当高,在经济利益的驱动下,核电工业在一些国家迅速扩张,却对其安全隐患防范不足。1979 年 3 月 28 日美国三里岛核电站反应堆芯熔毁,冷却水和放射性散粒外溢,所幸无人员伤亡,对周围环境和居民危害不很大。1986 年 4 月 26 日苏联切尔诺贝利核电厂的第 4 号反应堆发生了迄今世界核电史上最严重的一次事故,堆芯熔毁,石墨砌墙燃烧,31 名工作人员死亡,其放射性云团直抵西欧。有报道称:这次核事故殃及 8 000 余人罹患核辐射导致的各种疾病。核灾难对全球核能发展造成强力冲击,诱发了全球、特别是欧洲反核势力的迅速增长,使新建核电站的经济竞争力明显下降。然而面对能源短缺和日益紧迫的环境和气候问题,调整能源结构,以核能替代化石燃料是一条现实之路。1kg 的 U^{235} 若全部裂变,释放出的核能是同质量煤燃烧时放出能量的 250 万倍!而且核电厂运行时不排放 CO_2、SO_2 和强致癌的苯并芘,不产生粉尘和灰渣。如此明显的优势使核电在全球又得以复苏。

我国的核电工业在上世纪 80 年代起步。第一座自行设计和建造的实用型核电站是秦山核电站一期工程,其装机容量 30 万千瓦,1984 年破土动工,1991 年 12 月并网发电,从此结束了中国大陆无核电的历史。投产以来,机组运行情况良好,成为我国自力更生和平利用核能的典范。秦山核电站二期工程是国家"八五"期间的重点工程,依然由中国自主承担设计、建造和运营;三期工程是中国与加拿大合作建设的,2004 年 3 月并网发电。秦山核电站总装机容量为 295.6 万千瓦,是我国一处大型的核电基地。另一处在大亚湾,在它的筹备期间,不少人对核电安全感到忧虑和恐惧,为了增强人们对核电安全的信心,大亚湾核电站引进了法国的核岛技术装备和英国的常规岛技术装备进行建造和管理,并由一家美国公司提供质量保证。1994 年两台 90 万千瓦核电机组全部并网发电。随后又在大亚湾核电站西侧建设了岭澳核电站,两者共同组成大型核电基地。到 2006 年底,我国核电装机容量达 685 万千瓦,核电发展成绩显著。但与世界水平相比,差距还相当大。目前我国核能发电量只占全国总发电量的 1.9%,而世界核电比重平均在 16% 左右,发达国家在 20% 以上,法国高达 78.5%。为了赶上先进步伐,我国已将过去的"适度发展核电"方针改为"积极发展核电",把"发展核电作为当前调整能源结构的优先选择"。中国要在 2020 年左右形成比较完整的自主化核电工业体系,具备批量化建设先进核电站的能力,并建立完善的核电法规和标准体系。

核电的广泛应用,表明人类对核裂变能的应用技术已经走向成熟。核反应堆按照燃料类型分为天然铀堆、浓缩铀堆、钍堆;按照引起裂变的中子能量,分为热中子(能量在 0.1ev 左右)反应堆及快中子(能量约在 0.1Mev)反应堆;按所需的慢化(减速)剂,热中子堆又分为石墨堆、轻水堆、重水堆、熔盐堆、铍堆等;按冷却(或载热)剂可分为水冷堆(轻水和重水可同时作为减速剂和冷却剂)、气冷堆、有机液冷堆、液态金属冷堆。按热工状态的不同,轻水堆又分为沸水堆、压水堆。我国核电发展走的是轻水堆技术路线,在秦山和大亚湾,除秦山三期工程采用了加拿大提供的重水反应堆技术外,其余均为压水堆。世界上核电的利用已有半个多世纪的历史,核电技术经历了四代的发展。第一代核电技术是指上世纪五六十年代从当年的军用核反应堆转为和平利用原子能的验证性核反应堆;第二代是指上世纪七八十年代专门为发电而设计的核反应堆,实施了标准化、系列化;第三代是在上世纪90年代开发、研究的技术已成熟的先进轻水堆,对原有堆型进行了重新设计,特别提高了安全性能;第四代是正在开发的核电技术。它有四大目标:1)可持续发展(应节约资源、保护环境);2)经济方面,在建设投资、燃料费、运行费、电价等方面具有竞争力;3)安全可靠;4)易于防范核扩散和外部袭击。目前最有前途的第四代堆型有:用于制氢或制氢/发电共用的甚高温氦冷反应堆(VHTR);分别用氦气、钠、铅合金做载热剂的快中子反应堆(GFR、SFR和LFR);超临界水堆(SCWR)和熔盐反应堆(SR)。

我国于2009年在浙江三门和山东海阳开工建设的核电站,所采用的AP1000核电堆型就是从美国引进的第三代核电技术。2009年在山东荣成石岛湾开建的20万千瓦高温气冷堆核电站标志着中国自主设计的、具有第四代核能系统主要技术特征的、先进核电反应堆已进入了工程示范阶段。在2020年之前将建成的其余核电装机,采用的都是二代改进型技术。

从原理上讲,消耗铀资源的热中子反应堆核电是不可持续的能源。据估计,如果想在2050年前后以核能取代化石能源而使CO_2的排放得到显著控制,就得把世界核电装机容量比现在增加10倍。于是,核燃料不足就成为要害问题。这可以通过采用快中子增殖反应堆使核燃料增殖来求得解决。在第四代核电技术中,就有三种快中子堆型。快中子堆中不用慢化剂,以^{239}Pu或浓缩度较高的铀(含^{235}U达12%～30%)为裂变燃料,以^{238}U为增殖原料。^{239}Pu或^{235}U的链式反应放出大量快中子,不被慢化,被周围增殖区的^{238}U俘获,生成核燃料^{239}Pu。当新产生的核燃料与所消耗的核燃料的比值大于1时就称为增殖。一般地,一座快中子堆核电站在5～15年的时间里所增殖的核燃料就可和起初投入的燃料一样多。这样,快中子堆利用了不能被热中子堆利用的^{238}U,使自然界中天然铀资源的利用率由1%～2%提高到60%～70%,以前因品位低而被认为开采价值不大的铀矿便有了开采价值,而且还正好解决了因有热中子堆而造成的贫铀堆积问题。快中子堆的堆芯体积小而发出的功率却较大,因此要求冷却剂传热性能非常好,而且还不能有中子慢化性。快中子堆冷却回路的工艺技术比较复杂,而且需要实现核燃料的闭式循环(包括热中子堆乏燃料的后处理、快中子堆燃料制备和乏燃料的后处理等),其研究开发的难度极大。目前世界上只有少数国家拥有快中子堆。我国首座实验快中子增殖反应堆(热功率6.5万千瓦,净发电功率2.0万千瓦)将于2010年实现并网发电,2015年建成示范快中子堆并实现商用。

在发展核电的同时,再发展一部分核能供热以减少煤炭用量也是很有意义的。这采用的是低温核供热反应堆和高温气冷堆。它们也可同时兼做发电和其他多种用途。

现代核能的运行历史表明它可以是安全的。尽管发生过美国三里岛和苏联切尔诺贝利事故,但在设计、设备、建造和运行诸方面做了许多有针对性的改进后,再没有出现过类似的严重事故。不过,这绝不是说今后对核能的安全就可以放心无忧。就目前核能技术水平而言,包括"第三代"甚至"第四代"核技术,仍然存在着发生严重事故的可能性。而且核裂变产生的放射性核废料的最终处置目前尚未找到完全安全、有效的方法。再有,核武器扩散的风险也令人担忧。

除利用核裂变能之外,人们一直希望能实现受控热核反应,以获取取之不尽的核聚变能。适于做成实用能源的核聚变反应是D(氘)-T(氚)和D-D反应。氘核可以从海水中方便地提取,氚可以从中子和锂的核反应中产生。待日后人们开发了月球,取来月球表面丰富的^{3}He与氘聚变,所产生的聚变能量更加巨大。

核聚变反应产物基本无放射性,即使氚有一定放射性,也较易于处理。核聚变能是清洁能源。

热核聚变需要在几千万度甚至上亿度的高温下进行,反应物都已是等离子态。必须在足够长的时间内将这高温等离子体约束在一定区域内,才能使它们发生足够的聚变反应、释放出巨大的能量。人们采用磁约束和惯性约束两种方法。磁约束的核心装置叫"托卡马克"(Tokamak)又称环流器,自20世纪70年代对它的研究就不断有重大进展。20世纪80年代中期美、法等国发起国际热核实验反应堆(ITER)计划,我国于2003年加入该计划。目前已有美、俄、欧盟、日本、韩国和中国六方参与这一继国际空间站之后最大的国际科学合作计划。我国国内,在苏联赠送的 HT-7 托卡马克的基础上,于2006年建成了实验型先进超导托卡马克装置(EAST),是中国国家大科学工程,已成功实现了物理放电。惯性约束是随着激光技术的发展而提出的。激光束照射到聚变核燃料靶上,使靶材料成为等离子体,趁这些等离子体由于自身惯性还来不及逃散的瞬间,形成聚变反应的环境和条件。还可利用相对论电子束代替激光束来实现等离子体的惯性约束。由于惯性约束核聚变与军事目的贴近,各国都在秘密进行研究。

尽管在控制热核聚变方面人们已取得不少进步,但离实用还有相当距离。前景诱人,任重道远。

太阳能是各种可再生能源中最重要的基本能源,取之不尽,用之不竭,且对环境没有污染。如果把地球表面接收到的太阳能之0.1%转化为电能,设转换率为5%,那么每年的发电量可达 $5.6×10^{15}$ W·h,相当于目前全世界能耗的10倍。我国太阳能资源相当丰富,绝大多数地区年平均日辐射量在 4kW·h/m² 以上(西藏地区高达 7kW·h/m²),不同地区每年太阳辐射总量在 $3.3×10^6$~$8.4×10^6$ kJ/m² 的范围内,具有利用太阳能的良好条件。太阳能不受任何人控制与垄断,可灵活利用,又无污染物排放,这都是其他能源无法比拟的优点。但也有很多因素制约了太阳能的利用:太阳能的能流密度低(晴天平均为 1.0kW/m²,昼夜平均为 0.16kW/m²),大规模利用时所需的太阳能采集设备占地面积大,投资也不少;而且季节、天气、纬度、海拔等影响着太阳的辐照强度,夜间根本无辐照,所以还必须在太阳能的聚集、转移、储能、传输等方面不断改进、完善,才能实现大规模、稳定的能量供应。

近几十年来,材料和电子等新技术的进步为利用太阳能创造了有利条件。太阳能的转换和利用方式有:光-热转换(使用太阳能集热器或特别设计的建筑物来实现太阳能的热利用);光-电转换(利用硅、硫化镉、磷化铟、砷化镓等半导体的光生伏特效应制成太阳能电池,也称光伏发电);光-化学转换(利用在半导体和电解液系统中发生光致电离而制成光化学电池)。目前,人造卫星、宇宙飞船、航天飞机、空间站和宇宙探测器几乎都是使用太阳能电池。一般民用太阳能光伏发电在我国也要从边远地区独立供电走向城镇、走向并网。国家将对光伏发电和太阳能热发电给予更多政策支持和技术开发的投入。太阳能发电现时还只是作为常规能源的补充,通过规模化发展和技术进步,降低其发电成本,未来将会在能源结构中占有重要地位。

风,是太阳辐射造成地球各部分受热不均匀而形成的大气环流,大气流动的动能就是风能。大风吹不尽,风能可再生。

用于发电的风能资源包括陆地风力资源和近海风力资源。一般 10m 高度层年平均风速不低于 6m/s 的高风速区,就算做风能资源丰富区。

风能是洁净能源,以1台单机容量为 1MW 的风能发电机代替同容量的火力发电机,每年就可少排放 2 000 吨 CO_2、10 吨 SO_2、6 吨 NO_2。

与柴油、汽油等含能体能源不同,风能是一种过程性能源,无法直接储存。并且风能在空间上是分散分布的,在时间上可能是断续产生的,风力的强度又会随地理位置、季节、气候而发生明显变化,因此很难将风能作为唯一能源,必须解决储能问题,并要与其他能源相互配合,才能让用户获得稳定的能源供应,而这就增加了技术上的复杂性。风能的能量密度低,为获得足够能量,需要有林立的风电机塔架,因此在陆上建设的风电场多是占用了大面积土地,于是有人更青睐海上风电。

目前风力发电技术已相当成熟。许多国家对风电的投入都很大。例如欧盟计划到 2020 年风力发电装机要占整个欧盟发电装机的 15% 以上。在我国,风电发展也进入大型化、规模化阶段,风能发电量快速增长,2008 年比上一年翻了一番以上。下一步,我国要特别重视风力资源的勘测与评估,做好风电场的总体规划,除了发展大型风电场之外,还要重视分散的中小型风电场的开发,也支持家用风电的发展,既有并网发电又有就地利用,以提高风能利用效率、经济效益和市场竞争力。

另外,在有条件的地区,例如在英国,除利用海洋风能之外,还在开发潮汐能、波浪能。地热能也是人们积极开发利用的能源。

生物质能是指植物叶绿素通过光合作用把太阳能转化为化学能储存在生物质内部的能量。传统的生物质能源早已为人所熟悉,像农家使用的薪柴、木炭、植物性废弃物、动物粪便等。现代生物质能源则是将生物质资源(包括各种速生能源植物、富糖或富淀粉植物、富油脂植物及工农业废弃物和城市垃圾等)经加工处理后可以用来大规模地代替常规能源的各种含能体。在各种可再生能源中,生物质能是唯一可再生的碳源。水能、风能、太阳能的可再生循环不需要经过地球的碳循环,独有生物质能必须依靠一次碳循环来完成其可再生性。跟化石燃料跨地质年代的碳循环相比,生物质能实现了碳的当代循环。生物质能在转移过程中产生 CO_2,但作为一个闭式循环来看待,生物质能源燃料释放的碳元素,与其生长过程中完成的碳吸收互相平衡,总的来说,生物质能源的 CO_2 净排放量为零。同时生物质含硫含氮都较低。生物质能源是清洁能源。

生物质能的转化可以采用物理方法,将生物质块压密成型;也可采用化学方法,如直接燃烧、热裂解、酯交换等;还可采用生化方法,将糖类或淀粉类原料转变为气态或液态燃料,如发酵生产乙醇及生物柴油,用厌氧法处理禽畜粪便和高浓度有机废水(沼气技术)。

生物质不仅可制取优质燃料,还可转化为电力。但与其他发电方式相比并不具优势。生物质发电其规模不宜过大,应以分散式直接为用户服务为主。

生物质能技术还包括能源植物的物种培育和大面积栽培技术。但在发展能源植物的同时,必须使食用农产品的生产和供应得到保障,并且不可乱砍滥伐森林,还要保持地球上生物的多样性。

生物质能与已有的现代工业技术有最大的兼容性,可充分借鉴目前化工能源的利用技术,而且对常规能源利用技术有很好的传承性,改造设备所需成本较低,便于生物质能的推广应用。

在我国,利用生物质能的优先领域有:农村的秸秆发电;有机垃圾处理及其能源化;工业有机废渣与废水处理及其能源化;制取生物质液体燃料。我国在沼气利用方面处于世界领先地位。

氢是理想的含能体。它的发热值高达 142MJ/kg,是同质量汽油发热量的 3 倍。且燃烧性能好,以不同比例与空气混合时有宽泛的可燃范围,燃点高,燃烧速度快。氢能的利用形式多样,既可通过燃烧产生热量、供给热机转化为机械功,又可作为燃料用于燃料电池。氢的储存方式也很多:能以高压气态储氢、低温液态储氢、金属氢化物储氢、碳质材料(超级活性碳和碳纳米管)储氢,有机化合物储氢,等等。所以氢能可以适应多种应用环境的不同要求。氢燃料的自重很轻,用于航天、航空,就能增加飞行器的有效载荷。当使用气态氢时,可以用管道送气代替电力缆线,甚至替代煤气、暖气进入寻常百姓家中。

氢本身燃烧而进行能量转换时,只生成水和少量氮化氢(易于无害化处理),不会产生 CO_2、颗粒、粉尘等污染物,而且所生成的水还可继续制氢,循环使用。但从环境保护的角度来评价氢能,还得考虑制氢过程中对环境的负面影响。氢是一种二次能源,使用氢能的前提是要大规模制氢。可以使用的制氢方法有:天然气(主要成分为甲烷)制氢,水煤气法制氢,水电解制氢,生物质制氢,太阳能制氢,核能制氢,等离子化学方法制氢等。目前,以天然气制氢和电解水制氢为主,前者在制氢过程中会向大气排放大量CO_2,后者需大量能源。如果这些能源是由化石燃料提供的,还不是会造成环境污染?此外,在氢使用之前的压缩和运输阶段,如果用的是化石能源,也同样会危害环境。诚然,在上述制氢方法中也有用清洁可再生能源的,但一方面这些能源本身在现时人类采用的能源结构中所占比例不高,另一方面这些制氢方法效率都还很低。

氢能的安全问题也有待更妥善地解决。氢气极易泄漏,而它无色、无嗅,小的泄漏并不易被察觉,氢气扩散系数又大,所以很难控制。因此,不仅压缩氢气极易被点燃,就是空气中混入氢气一旦达到爆炸下限,也会发生爆燃,需严加防范才是。还有人顾虑氢原子的泄漏将会导致与大气中的氧原子结合产生大量的水,成为悬浮在大气中的雾,将会增强地球的温度效应。

氢能在生产、储存、运输和利用等方面尚处于技术开发阶段。近年来,我国和美国、日本、加拿大、欧盟等都制定了氢能发展规划。我国通过实施863计划,自主开发了氢燃料电池,用于车用发动机和移动发电站,并会尽早将其推向产业化。

大规模制氢所必需的基础设施和大量能源都不是轻易就能具备的。目前,制氢成本还很高,大约是汽油成本的2~4倍,欲将氢做为主导燃料仍存在不少问题,氢能的大量利用还有待时日。

当要具体评价某种能源时,通常是从下述五方面着眼。一要从自然的角度看能源储量和可开采储量,从而衡量一种能源的现实性和可用性,并要看能源本身的自然属性,包括能量密度如何(显然在这方面核能占优),或能流密度如何(例如由此可断定在本地区是否适于利用太阳能和风能),以及在能源利用之时对土地、水等自然资源的需求;二要从技术上看开发利用的可行性,技术成熟程度,与传统技术有无传承性(例如生物质能就有此特性),还要看储能的可能性与供能的连续性怎样(例如应用太阳能和风能就必须面对这方面问题);三要从经济上看此种能源的效益,其现在和未来的价格是否具市场竞争力;四是从社会视角看能源的安全程度和开发、使用过程中的社会影响和社会效益,包括在与此种能源相关的部门所能提供的就业容量,以及对解决现实社会问题所能起到的作用;五要看对环境有无污染,对生态平衡有无破坏。在开发和使用某种能源时,应当对这五方面做综合考虑,要通过科学规划和技术进步尽量达到各个方面的协同。

与能源开发并重的是节能。它在国际上有"第五能源"之称,与煤、石油及天然气、水电、核电四大能源并列。根据世界能源会议节能委员会的定义,节能是采取技术上可行、经济上合理以及环境和社会可接受的一切措施,来更有效地利用能源。我国多年来在产业结构调整、不断加大节能技术和产品推广应用的力度、健全节能方面的政策法规等方面都取得了较显著的效果。但能耗仍高于先进国家的水平,仍应在能源系统的所有环节上发掘节能潜力。下面仅简要介绍用能环节上的一些节能技术。

在火电设备方面,提高常规蒸气动力火电机组的蒸气初参数,是提高煤电转换效率的主要措施。按照相变理论(见本书§8.1.6),水在特定的压强22.1MPa、特定的温度647K条件下,处在一个特殊的状态,称为临界态。当压强大于22.1MPa时,若对液态水等压加热,它将直接全部转变为气态,而并不经由通常所见水沸腾时的气液共存的状态。如果蒸气机的主蒸气压力在24MPa左右,主蒸气和再热蒸气温度为540℃~560℃,则称其为超临界机组;若将上述压力和温度再分别提高到25~35MPa(及以上)和580℃以上,则是超超临界机组。这两种层次的超临界机组煤耗低、环保性能好,热机效率可达 45% 左右。如果进一步提高蒸气参数,还可以获得更高的效率和更好的环保性能。目前,超超临界机组已广泛应用于世界上许多国家,在我国也陆续投入运行。国内的发电设备制造业正努力实现超临界机组设计技术与核心制造技术的完全自主化。

余热回收技术普遍受到重视。据统计,我国各行业余热占其燃料消耗总量的 17%～67%,其中约有 60% 可以回收。在这方面,热电联产(CHP)技术备受重视。按热力学原理,这就是把在热力循环中必须向低温热源排放的那部分热量利用起来。这些余热可以用来产生蒸气,驱动汽轮机发电,余汽再用来供工业用热或民用取暖。热电联产可将总的能源利用率提高到 85% 以上,从而大大节约了初级能源。以热电联产方式运行的火电厂称为热电厂。在西方和东欧国家热电联产已达到较高水平,热电厂装机容量占电力总装机容量的 30%。在推广热电联产时,应考虑到:为了把发电厂与用热户紧密联系起来,不但降低了发电厂的灵活性,也增加了发电厂的投资,因此,只有对城市规划和集中供热区做统筹安排,在热负荷有充分保证的前提下,确定合理的建设方案,才能收到良好的综合效益。

热泵技术也有很好的经济节能效益。在 §6.8.4 中,(6.8.9)式给出理想热泵的效能,表明了热泵有很好的经济效益。例如一台 320 瓦家用热泵所供热量,可以在 20℃ 环境温度下使 380 升水从 15℃ 升温到 55℃,其消耗的电能仅相当于电炉加热消耗电能的 1/3 至 1/4。

在传热方面,近年来热管技术正在飞速发展。热管是集热传导、对流、蒸发、冷凝及毛细作用为一体的高效率传热管(见 §8.1)。热管技术作为一项传热新技术,广泛用于电子工业、空间技术和工业余热回收等方面。

其他的节能新技术还有:高效低污染锅炉,电力、电子和微电子技术相结合的综合性节能技术,采用新材料和改进设计的高效电动机,高效节能照明技术,远红外线加热技术等。在我们的日常生活和工作中,也大有节能潜力。我国政府号召开展全民节能减排行动,"集腋成裘",一定能收到可观效益。

能源的开发与节能不仅是技术问题,而且是一个综合性的社会问题。能源科学与自然科学、工程技术、环境科学、社会科学等都有密切的关系,而就其理论和技术基础而言,应是与物理学关系最为密切。燃烧、核裂变和太阳能等的利用都是由物理学的基础研究发展而来的;在核聚变成为一种有效的能源之前,必须有物理学家对等离子体、核聚变方式及装置有更透彻的了解;各种先进的能量转换器件又有赖于材料物理、光学、凝聚态物理的研究成果;能量对环境的影响也是靠物理学提供了监测装置,等等。物理学工作者责无旁贷地要对能源开发和节能继续作出贡献。

思 考 题

6—1 热力学第一定律的数学表述

$$U_2 - U_1 = A + Q$$

是否只适用于准静态过程?

6—2 理想气体内能的改变等于 $\dfrac{M}{\mu} C_{m,v} \Delta T$,其是否必须对准静态过程才能成立?是否必须是等容过程才能成立?

6—3 热力学中计算广义功时出现的各种广义力都是一些有何共同性的物理量?广义位

6—4 气体比热的数值可以有无穷多个,为什么?在什么情况下气体的比热是零?什么情况下气体的比热是无穷大?什么情况下是正?什么情况下是负?

6—5 下面各种说法是否正确?
(1)物体的温度越高,则热量越多;
(2)物体的温度越高,则热运动能越大;
(3)物体的温度越高,则内能越大。

6—6 在热力学中,"热"字具有多种含义。我们可以说:(1)夏季天气很热;(2)这是一个功变热的过程;(3)物体吸热了;(4)蒸汽机是一种热机。试区别上述四处所用"热"字的正确含义。

6—7 下列过程是否可逆?为什么?
(1)在恒温下加热使水蒸发;
(2)由外界做功,设法使水在恒温下蒸发;
(3)在一绝热容器中,不同温度的两种液体相混合;
(4)一容器的一半充有气体,另一半用隔板分成很多不相通的小格,各格内都是真空,现把隔板相继迅速抽去,使气体充满整个容器。

6—8 设某种电离化的气体由彼此排斥的离子组成,当这气体经历一绝热自由膨胀时,其内能和温度如何变化?范德瓦尔斯气体绝热自由膨胀其内能和温度又如何变化?

6—9 我们说:只有准静态过程,才能在以状态参量或温度为坐标的坐标平面上绘出其过程曲线。而讨论绝热节流过程时,我们在 T-p 平面上绘了等焓线族(线上的每一点都对应一平衡态),这样做,与绝热节流过程是非准静态过程相矛盾吗?

6—10 分别在 p-V 图、p-T 图和 T-V 图上,绘出下列过程曲线:(1)等容;(2)等压;(3)等温;(4)绝热。

6—11 我们一再强调做功的多少与所进行的过程有关,但为什么定义内能时用到的绝热功却仅与初、末态有关?再者,既然绝热功仅与初、末态有关,那为什么计算准静态绝热过程做功的公式不能用于非准静态绝热过程?

6—12 试证明任何气体的等温线和绝热线不能有两个交点。

6—13 如果有混合理想气体分别经历准静态的等容、等压、等温和绝热过程,你将怎样计算内能的变化、做功和传热?

6—14 自由绝热膨胀、准静态绝热膨胀和绝热节流膨胀都可以达到降温的目的,试比较它们的降温效果。

(思考题 6—15)

6—15 一定量的理想气体经历如图所示各过程,试讨论其比热是正还是负?
(1)过程 $A \to B$;
(2)过程 $A' \to B$;
(3)过程 $B' \to B$。

6—16 用符号 +、-、0 填写下列表格,+、-、0 分别表示 p、V、T 的增加、减小、不变,A 为 + 表示外界对系统做正功,Q 为 + 表示系统吸热,ΔU 为 + 表示系统内能增加。

过程\改变量	ΔT	ΔV	Δp	A	ΔU	Q
等压	+	+	0	−	+	+
	−					
等温		+				
等容			+			
			−			
绝热				+		

6—17 试判断下述三种说法的正误：
(1)工质经一循环过程后，其本身没有变化；
(2)工质经一循环过程后，其本身和外界都没有变化；
(3)工质经一正循环，再反向作一逆循环，则一切复原。

6—18 在一个房间里，有一台电冰箱正在运转，打开冰箱的门，能否使房间冷却？

习 题

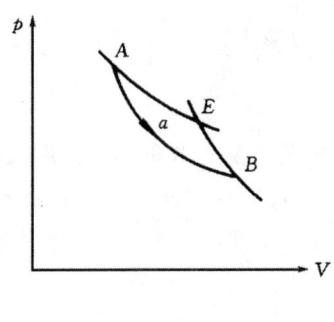

（习题 6—1）

6—1 对于一定质量的理想气体，图中 AE 是其一条等温线上的一段，EB 是其一条绝热线上的一段。当其由 A 沿路径 a 无摩擦准静态地到达 B 时，对外做功多少？内能变化多少？吸热多少？请用 p-V 图上的图形面积表示之。

6—2 有一由绝热壁包围着的刚性容器，其容积为 1m^3，内盛一定量的氢气，今用一电动机通过绝热轴带动桨片搅动氢气，使之压强由初始的 0.101MPa 升高到 0.202MPa，若将容器中的氢气视为理想气体，试求在这过程中：
(1)氢气内能的变化；
(2)桨片对氢气做了多少焦耳的功？
(3)传给氢气多少焦耳的热量？

6—3 图中实线表示一任意形状系统的界面。设在系统的界面由实线膨胀到虚线的微元过程中，系统总体积增加 $\text{d}V$，而在这过程中，界面上各处均受到与界面垂直的外界均匀压强 p_e。试证明：外界对系统所做体积功为 $-p_e\text{d}V$；若过程为无摩擦准静态的，则此功又可表示为 $-p\text{d}V$，其中 p 表示系统内部均匀压强。

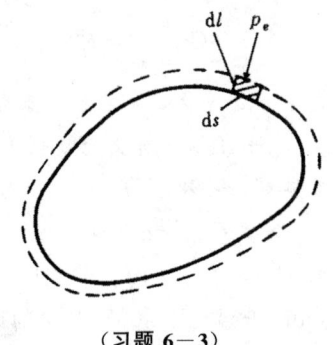

（习题 6—3）

6—4 一气缸内贮有 10 mol 的单原子分子理想气体，在压缩过程中，外力做功 209J，气体温度升高 1K。试计算气体内能的增量和所吸收的热量，在此过程中气体的摩尔热容量是多少？

6—5 如果理想气体的状态依照 $V = \dfrac{a}{\sqrt{p}}$ 的规律变化，求气体从 V_1 膨胀到 V_2 所做的功，膨胀时气体温度是升高呢,还是降低?

6−6　1mol 范德瓦尔斯气体从体积 V_1 等温膨胀到 V_2,做功多少?

6−7　0.02kg 的氮气温度由 17℃ 升高到 27℃,在升温过程中,它们分别地:

(1)体积保持不变;

(2)压强保持不变;

(3)不与外界交换热量。

试求出在每种情况下气体内能的改变、吸收的热量、外界对气体所做的功。

(设氮气可看做理想气体)

6−8　已知空气的定压摩尔热容量 $C_{m,p}=28.7\mathrm{J\cdot mol^{-1}\cdot K^{-1}}$,$C_{m,p}$ 随温度的变化可以忽略,并将空气视为理想气体。

(1)把标准状态下 27m³ 的空气定容加热到 20℃,需供给多少焦耳的热量?

(2)把标准状态下 27m³ 的空气定压加热到 20℃,需供给多少焦耳的热量?

(3)一室内空间的体积是 27m³,除有一小透气孔与室外相通外,房间的墙壁都是绝热的。现缓慢地将室内空气温度由 0℃ 加热到 20℃,问需供给多少焦尔热量(设室外保持为 0.101MPa)?

6−9　将 500J 的热量传给标准状态下的 2mol 氢。

(1)若体积不变,问这些热量变为什么?氢的温度变为多少?

(2)若温度不变,问这些热量变为什么?氢的压强及体积各变为多少?

(3)若压强不变,问这些热量变为什么?氢的温度及体积各变为多少?

(把氢看成理想气体,并已知 $C_{m,V}=\dfrac{5}{2}R$)

6−10　由气体热力学性质表可查到氮、氢、氨在 298K 时的焓值分别为 8 669J·mol⁻¹、8 468J·mol⁻¹ 和 −29 154J·mol⁻¹,若把这三种气体都视为理想气体,试求在定压下氨的合成热。已知氨的合成反应为:

$$\frac{1}{2}N_2+\frac{3}{2}H_2\rightarrow NH_3$$

6−11　每摩尔过热蒸气之内能是:

$$u=np(V-b)+c$$

其状态方程(也叫卡兰达公式)为:

$$p(V-b)=RT-\frac{ap}{T^n}$$

式中 n、a、b 及 c 为常数。求摩尔热容量 $C_{m,V}$、$C_{m,p}$ 的表达式。

6−12　分析实验数据表明,在 0.101MPa 下,从 300K 到 1 200K 范围内铜的定压摩尔热容量 $C_{m,p}$ 可表示为:

$$C_{m,p}=a+bT$$

其中 $a=2.3\times10^4\mathrm{J\cdot mol^{-1}\cdot K^{-1}}$、$b=5.92\mathrm{J\cdot mol^{-1}\cdot K^{-2}}$。求在 0.101MPa 下、1mol 铜从 300K 升温到 1 200K 时焓的改变。

6−13　设 1mol 某固态物质的状态方程可写作

$$V=V_0+aT+bp$$

内能可表示为

$$u = cT + \frac{V_0}{b}V - \frac{V^2}{2b}$$

其中 a、b、c 和 V_0 均是常数。试求：

(1) 该物质摩尔焓的表达式；

(2) 该物质的摩尔热容量 $C_{m,p}$ 和 $C_{m,V}$。

6—14 1mol 单原子分子理想气体贮于气缸内，气缸装有活塞。起初气体的压强为 0.101MPa、体积是 $1\times 10^{-3} m^3$。今将这些气体在定压下加热直至其体积加大一倍，然后再在定容下加热直至其压强加大一倍，最后再作绝热膨胀，使其温度降为起初的温度。将此过程在 p-V 图上表示之，并求其内能的改变和对外做的功。

6—15 2mol 理想气体氦起始温度是 27℃，体积是 $2.0\times 10^{-2} m^3$，这些氦先定压膨胀至体积为原体积的 2 倍，然后做绝热膨胀至其温度恢复到起始温度。

(1) 在 p-V 图上画出这过程的曲线；

(2) 在这过程中共吸热多少？

(3) 氦的内能总共改变了多少？

(4) 氦所做的总功为若干？

(5) 最后的体积为多少？

6—16 一定量的理想气体氦，原来的压强为 0.101MPa，温度为 27℃，若经过一绝热过程，使其压强增大到 3.232MPa，求终态时单位体积内的分子数。

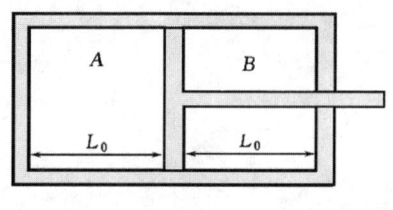

（习题 6—17）

6—17 如图所示，一个可以自由滑动的绝热活塞把体积为 $2L_0^3$ 的绝热容器分为相等的两部分 A 和 B，A 和 B 各贮有 1mol 的单原子分子理想气体，其温度均为 27℃，如果一外力作用于活塞上，缓慢地把 A 压缩为原体积的一半，求：

(1) 外力所做的功；

(2) 当 A 的体积压缩为 $\frac{1}{2}L_0^3$ 时，把活塞上的阀门打开，两边气体混合，求容器内最终温度。

（设活塞与容器壁之间无摩擦，并且活塞杆的体积可以忽略）

6—18 如上题所给出的贮有理想气体的绝热容器，A、B 两部分初始的温度、体积、压强均依次为 T_0、$V_0 = L_0^3$、p_0。设活塞的质量为 m，面积 $S = L_0^2$，活塞与容器之间的摩擦可忽略。活塞略受一外力，稍微偏离平衡位置，除去外力后，活塞开始振动，求振动周期 τ。

6—19 两端开口的 U 形管中注入水银，直到水银的全长为 L。

(1) 现将一侧管中的水银下压，然后使水银振荡，若不计摩擦，求振动周期 τ_1。

(2) 把管的一端封起来，使被留住的空气柱高度为 L，并再使水银柱振荡。设摩擦可以忽略，空气是理想气体，体积变化是绝热的，大气压为 h 水银柱高，求振荡周期 τ_2。

(3) 试证空气的绝热指数

$$\gamma = \frac{2L}{h}\left[\left(\frac{\tau_1}{\tau_2}\right)^2 - 1\right]$$

6—20 为了测定气体的 $\gamma\left(=\dfrac{C_{m,p}}{C_{m,V}}\right)$，可以用下述方法：一定量气体的初始温度、压强和体积

分别为 T_0、p_0 和 V_0，用一根通有电流的铂丝对它加热。设两次加热的电流强度和通电时间都相同，第一次保持气体体积 V_0 不变，而温度和压强各变为 T_1 和 p_1，第二次保持压强 p_0 不变，而温度和体积各变为 T_2 和 V_1。试证明：

$$\gamma = \frac{(p_1-p_0)V_0}{(V_1-V_0)p_0}$$

6-21 有一种测定 $\gamma(=\dfrac{C_{m,p}}{C_{m,V}})$ 的装置，经活塞将气体压入容器中，使容器内气体的压强 p_1 略高于大气压 p_0。然后迅速开启活塞，此时气体绝热膨胀到压强等于大气压 p_0，再迅速关闭此活塞，经过一段时间，容器中的气体温度又恢复到室温，压强变为 p_2。试求出 γ 的表达式。

6-22 如题图所示，瓶内贮有气体，一横截面为 A 的玻璃管通过瓶塞插入瓶内。玻璃管内放有一质量为 m 的光滑金属小球（像一个活塞）。设小球在平衡位置时，气体的体积为 V，压强为 $p=p_0+\dfrac{mg}{A}$（p_0 为大气压强）。现将小球稍向下压，然后放手，则小球将以周期 τ 在平衡位置附近作简谐振动。假定在小球上下振动的过程中，瓶内气体状态的变化经历了一个准静态的绝热过程，试证明：

(1)使小球进行简谐振动的准弹性力为

$$F = -\frac{\gamma p A^2}{V} y$$

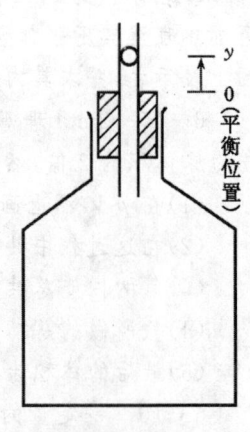

（习题 6-22）

这里，$\gamma = C_{m,p}/C_{m,V}$，y 为位移；

(2)小球进行简谐振动的周期为

$$\tau = 2\pi\sqrt{\frac{mV}{\gamma p A^2}}$$

(3)试说明如何利用上述现象测定 γ。

6-23 仍如前题装置，设开始实验时，维持小球所在的位置正好使得瓶内气体压强为大气压强 p_0、体积为 V_0。然后让小球在其重力作用下下落，它下落一段距离 L 后又开始上升。

(1)证明：在这过程中小球压缩气体所做的功为

$$\frac{\gamma p_0 A^2 L^2}{2V_0}$$

(2)上述的功由小球重力势能转化而来，试证明：

$$\gamma = \frac{2mgV_0}{p_0 A^2 L}$$

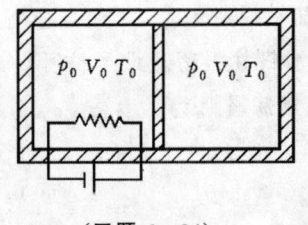

（习题 6-24）

6-24 用绝热壁作成一圆柱形的容器，在容器中间放置一无摩擦、绝热的可动活塞，活塞两侧各有 n mol 的理想气体，开始状态均为 p_0、V_0、T_0，如题图所示。设气体定容摩尔热容量 $C_{m,V}$ 为常数，绝热指数 $\gamma=1.5$。

将一通电线圈放到活塞左侧的气体中，对这部分气体缓慢地加热，左侧气体膨胀，同时通过活塞压缩右方气体，最后使右方气体的压强增大为 $\dfrac{27}{8}p_0$。问：

(1)对活塞右侧气体做了多少功？

(2)右侧气体的终温是多少？

(3)左侧气体是否经历一个多方过程？

(4)左侧气体的终温是多少？

(5)左侧气体吸收了多少热量？

6-25 试验用的一门大炮炮筒长为3.66m，内腔直径为0.152m，炮弹质量为45.4kg。击发后火药爆燃完全时炮弹已被推行0.98m，速度为311m·s^{-1}，这时膛内气体压强为2.43×10^8Pa。设此后膛内气体作绝热膨胀，直到炮弹出口，求：

(1)在这一绝热膨胀过程中气体对炮弹做功多少？设$\gamma=1.2$；

(2)炮弹的出口速度（忽略摩擦）。

6-26 如题图所示，有一除底部外都是绝热的气筒，被一位置固定的导热板隔成相等的两部分A和B，其中各盛有1mol的理想气体氮。今将334.4J的热量缓慢地由底部供给气体，设活塞上的压强始终保持为0.101MPa，求A部和B部温度的改变以及各吸收的热量（忽略导热隔板的热容量）。

若气筒内导热隔板可自由滑动，重复上述讨论。

若自由滑动的隔板是绝热的，又怎样？

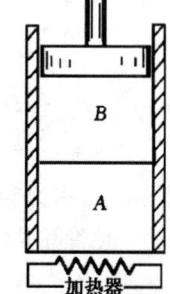

（习题6-26）

6-27 为确定多方过程方程$pV^n=C$中的指数n，通常取$\ln p$为纵坐标、$\ln V$为横坐标作图。试讨论在这种图中多方过程曲线的形状，并说明如何确定n。

6-28 室温下一定量的理想气体氧其体积为2.3×10^{-3}m^3，压强为0.10MPa，经过一多方过程后，体积变为4.1×10^{-3}m^3，压强为0.05MPa。试求：(1)多方指数n；(2)内能的变化；(3)吸收的热量；(4)氧膨胀时对外界做的功。

6-29 1mol的氧在节流过程中膨胀，其体积由高压强一边的4.0×10^{-3}m^3·mol^{-1}增至低压强一边的1.2×10^{-2}m^3·mol^{-1}。假定氧遵从范德瓦尔斯方程，并知摩尔内能的变化为：

$$u_2 - u_1 = C_V(T_2 - T_1) + a\left(\frac{1}{V_1} - \frac{1}{V_2}\right)$$

计算节流膨胀前后温度之变化。

已知氧的范德瓦尔斯常数：

$a = 0.137$N·m^{4}mol^{-2}

$b = 3.2 \times 10^{-5}$m^3·mol^{-1}

以及$C_{m,V} = 20.8$J·mol^{-1}·K^{-1}。

*6-30 可以把节流过程的转换温度写成摩尔体积的函数。

已知某气体的状态方程为：

$$p(v-b) = RTe^{-a/(RTv)}$$

其中a、b、R为常数，v为摩尔体积。试求这种气体转换温度的表达式。

（提示：焦汤系数$\alpha = \left(\frac{\partial T}{\partial p}\right)_H = \frac{1}{C_p}\left[T\left(\frac{\partial V}{\partial T}\right)_p - V\right]$）

*6-31 试计算遵从上题所给状态方程的气体之最高转换温度T_m。（最高转换温度的含意是：若气体初温高于T_m，则通过节流膨胀过程不会使气体冷却。）

6-32 某种不可压缩流体稳定地流经题图所示之设备 X,其进入之速度为 v_1,压强为 p_1;其离开之速度为 v_2,压强为 p_2。一小流块的质量为 m,在该设备内对外作功 W,并吸收热量 Q,它在进入与离开设备时的焓分别为 H_1 及 H_2,L 为出口与进口处的高度差。试证明,在此稳定状态中,有:

$$Q=W+H_2-H_1+m[gL+(v_2^2-v_1^2)/2]$$

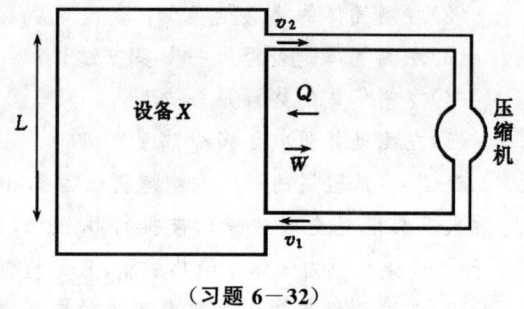

(习题 6-32)

6-33 大气温度随高度 z 降低的主要原因是:低处与高处各气层间不断发生空气交换,由于空气的导热性能不好,所以空气在升高时的膨胀及下降时的压缩可被认为是准静态绝热过程,试证明空气的温度梯度为:

$$\frac{dT}{dz}=-\frac{\gamma-1}{\gamma}\frac{T}{p}\rho g$$

其中 ρ、p、T 分别是空气的密度、压强、温度,r 为绝热指数。

(本题未考虑空气中有水分,故证明所得的 dT/dz 被称做空气的"干绝热递减率"。若空气中水蒸气达到饱和状态,则压强变化将引起水的相变,应当以"饱和绝热递减率"代替"干绝热递减率"。详情可见本书主要参考书目[2]之第三章。)

6-34 按绝热大气模型,并利用大气压随高度变化的微分公式

$$dp/p=-\mu g dz/(RT)$$

证明高度 h 处的大气压强为:

$$p=p_0(1-\frac{\mu g h}{C_{m,p}T_0})^{\gamma/(\gamma-1)}$$

式中 T_0 和 p_0 分别为地面处的温度和压强,μ 为空气的平均摩尔质量,$C_{m,p}$ 为空气的定压摩尔热容量。

6-35 绝热压缩系数 κ_s 的定义是

$$\kappa_s=-\frac{1}{V}(\frac{\Delta V}{\Delta p})_{绝热}$$

其中 ΔV、Δp 表示物质的压强、体积在绝热过程前后的微量改变。设某物质为理想气体,服从绝热过程方程 $pV^\gamma=C$。略去二级无穷小量,证明该理想气体的 $\kappa_s=\frac{1}{\gamma p}$。

6-36 理论上可以证明,在液体或气体中传播的声速 $c=\frac{1}{\sqrt{\rho\kappa_s}}$,其中 ρ 为物质密度,κ_s 为绝热压缩系数。由该式并利用上题的结果证明,对理想气体有:$c=\sqrt{\frac{\gamma p}{\rho}}$,并有 $c=\sqrt{\frac{\gamma RT}{\mu}}$。

6-37 1mol 理想气体由压强为 p_1、体积为 V_1 的初始状态绝热自由膨胀到体积为 V_2,然后准静态地在恒定压强 p_2 下压缩到 V_1,又在定容 V_1 下加热回到初态。这个循环称为迈耶循环。试用这个循环证明迈耶关系式:

$$C_{m,p}-C_{m,V}=R。$$

6-38 设燃气涡轮机的工作气体进行理想化的循环,如题图所示。试证该循环的效率为:

$$\eta=1-\frac{1}{\varepsilon_p^{(\gamma-1)/\gamma}}$$

其中 γ 为绝热指数 $\varepsilon_p = \dfrac{p_2}{p_1}$,称为绝热压缩过程的升压比。设工作气体为理想气体。

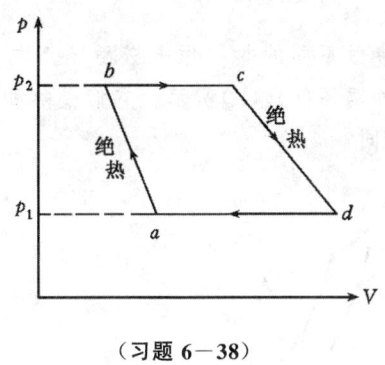

（习题 6-38）

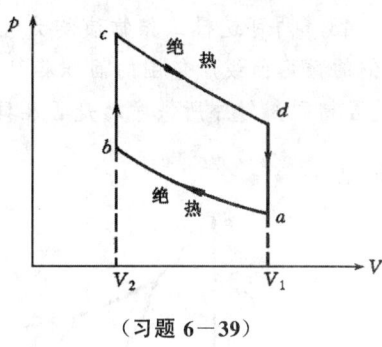

（习题 6-39）

6-39 奥托循环是理想的汽油机循环。它由两等容线与两绝热线组成,如题图所示。已知 V_1、V_2 和 γ 值,证明其效率为:

$$\eta = 1 - \left[\left(\dfrac{V_1}{V_2}\right)^{\gamma-1}\right]^{-1}$$
$$= 1 - (R^{\gamma-1})^{-1}$$

其中 $R = \dfrac{V_1}{V_2}$,叫做压缩比。

6-40 一内燃机其汽缸内径为 15cm,活塞冲程为 43cm,汽缸头间隙容积为 $2\times 10^3 \text{cm}^3$,$\gamma = 1.4$,以理想气体奥托循环为它的理想循环。求它的循环效率。

6-41 题图中是简化的 Sargent 理想气体循环的 p-V 图。所有过程都是准静态的。试证这种循环的热机效率为:

$$\eta = 1 - \gamma \dfrac{T_d - T_a}{T_c - T_b}$$

其中 γ 为绝热指数。设热容量均为常数。

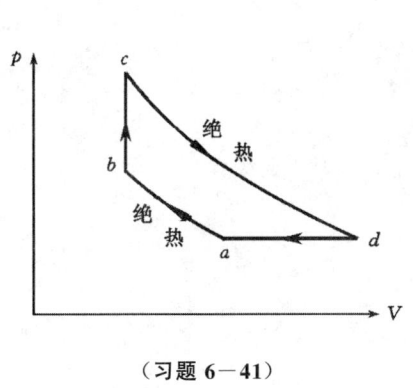

（习题 6-41）

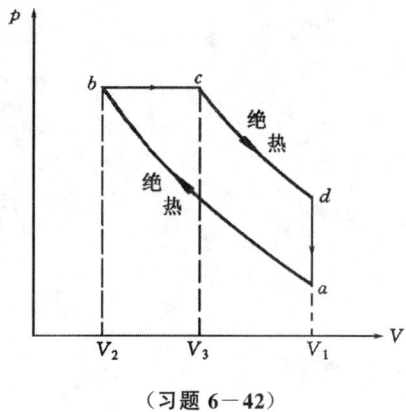

（习题 6-42）

6-42 理想化的柴油机进行的狄塞尔循环如题图中之 $abcda$ 所示。试证明其效率为:

$$\eta = 1 - \dfrac{1}{\gamma} \cdot \dfrac{(1/R_1)^\gamma - (1/R_2)^\gamma}{(1/R_1) - (1/R_2)}$$

其中 $R_1=\dfrac{V_1}{V_3}$，叫做绝热膨胀比，$R_2=\dfrac{V_1}{V_2}$，叫做绝热压缩比，γ 是绝热指数。

(设热容量为常数)

6—43 两可逆机工作物质均为理想气体，分别使用不同的热源作卡诺循环。在 p-V 图上，它们的循环曲线所包围的面积相等，但形状不同，如题图(a)、(b)所示。它们吸热和放热的差值是否相同？对外所做净功是否相同？效率是否相同？

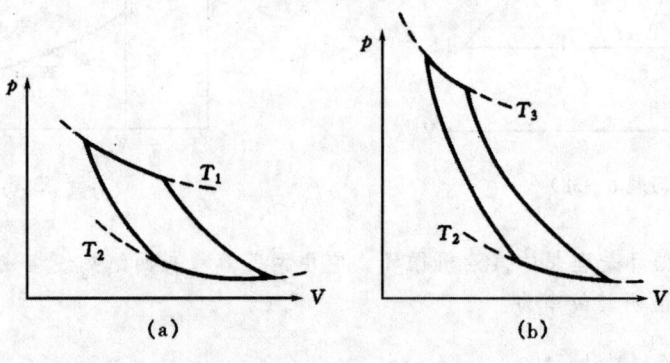

(习题 6—43)

6—44 若准静态卡诺循环中的工作物质不是理想气体，而是服从状态方程 $p(V-b)=RT$。试证明这卡诺循环的效率仍为

$$\eta=1-\dfrac{T_2}{T_1}$$

式中 T_1、T_2 是卡诺循环中高、低温热源的温度。

第 7 章 热力学第二定律

§7.1 问题的提出

在上一章学习的热学第一定律是热学中的能量转化和守恒定律。自然界各种热现象都遵循这一定律，但它却并不能决定一切。

例如，冷热物体接触后，总是热的变冷，冷的变热，最后达到相同的温度，而从未有人见过这一过程自发地反向进行。就是说，把温度相同的两物体放在一起，绝不会自发地有一个变热，另一个变冷，尽管这种未曾发生的过程并不违反热力学第一定律。又如，扩散的反方向过程、气体绝热自由膨胀的反方向过程都未曾发生过，尽管它们也不违反热力学第一定律。这表明：第一定律不能判定过程进行的方向，而应当有独立于第一定律的另一自然法则，要依据它去判定在全都遵守第一定律的各种过程中，哪些能真正发生，哪些并不能发生。

再例如，热机中能量转换关系为(6.8.1)式，热效率表示为(6.8.2)式，即 $\eta=1-Q_2/Q_1$，我们要问：η 能提高到什么限度？能否取消低温热源，以致循环中放热 $Q_2=0$，使 η 达到100%？这按第一定律应当是允许的，但实际上却办不到。显然，热力学过程中所涉及的限度问题也不能由第一定律解决。

现在要学习的热力学第二定律，就正是要解决第一定律无能为力的热力学过程进行方向及所涉及的限度问题。

这里对第二定律的讲解，与通常首先介绍它的经典表述有所不同。我们要把熵放在特别重要的地位，并在热力学第二定律的诸多表述中强调熵表述。

§7.2 热现象的不可逆性

7.2.1 热现象的进行方向

在§6.3.2中我们定义了可逆过程，而我们实际见到的热现象自然过程都是不可逆的。最值得注意的两个例子就是热传导的不可逆和功热转换的不可逆。前者是勿庸置疑的常见事实，而后者尚需对其做具体的剖析。譬如工厂中磨床的砂轮在切断电源之后转速会逐渐减低，直至完全停止。砂轮原本具有的宏观动能由于轮轴处的摩擦以及轮表面与空气之间的黏滞而转化为微观粒子热运动能量，并为空气所吸收；一般认为大气温度并不因此而升高，因为其热容量极大，在相当长的一段时间内可作为一恒温热源。总之，砂轮失去的动能等于周围大气所获得的能量，并转化为空气的内能，别无其他变化。我们把这一过程称作"功完全变为热"。这里，"功"是克服摩擦所作的功，"热"是指内能。也常把这类过程称作"摩擦生热"。现在，欲使砂轮再度旋转,只能靠着对它再作机械功,而绝不能使"摩擦生热"按逆序重演。即,砂轮不可能通过抽取周围大气的内能而重新转动作功。也可以说,功向热(内能)的转变是自然倾向,而在不引起其他变化或不产生其他影响的条件下,我们不会看到热(内能)再完全变为功。简言之,功变热的过程是不可逆的。

在§6.3.2中已经提到:不可逆过程并不是指过程不能反向进行。诚然,我们将一滴墨水滴进清水后,再也取不出同样的一滴墨水(扩散是不可逆的);但如果把密闭容器内的水加热升温后,还是有办法使其冷却到原先的温度的。应当说,在对外界条件做适当改变之后,有些过程是可以向相反方向进行的。这样,我们谈论热力学过程进行的方向,就要区分两种不同情况:一是针对孤立系(无外来干预),看其自发过程进行的方向;二是针对非孤立系,看其在确定的外界条件下,"受迫"过程进行的方向。有时,外界条件并不需要人为不断地变动,那么把这样的外界与它影响着的系统算作一个大系统,也就可以处理成孤立系了。

孤立系其状态若有自发变化,必起因于系统内部某些初始的不平衡因素。例如,绝热罩内进行的热传导,是因系统内不同部分的温度有所不同;气体绝热自由膨胀,是因容器内一边有气体,而另一边是真空,一开始,整个容器内气体的密度及压强分布很不均匀。孤立系统内部还可能存在耗散,它有时是消极地耗费能量,但也有时却可被利用来改变系统的状态。例如,焦耳测定热功当量的实验之一,是用重物下落(我们将地球也划归在系统之内)去带动水中的许多叶轮旋转,叶片搅动水,摩擦生热,便使水的温度升高了。总之,形形色色孤立系中自发的热力学过程,不可能完全避开§6.3.2中提到的不平衡效应和耗散效应这两个不可逆因素。因此,孤立系统中进行的自发过程都是不可逆的,过程的进行有着确定的单向性,总是从一非平衡态开始,以到达一平衡态而告终。

无摩擦准静态过程是一类特殊的受迫过程。在§6.3中我们已经知道这是可逆过程,而且是不能真正达到、只能无限趋近的理想过程。而实际的受迫热力学过程是不可能完全没有前述的不可逆因素的。在改变外界条件使之反向进行时,外界的情况一定与正向进行时不同。若外界条件确定,过程也是单方向进行的。

这样讲来,一切与热现象有关的实际宏观过程都是不可逆的。事实上,不单是在热力学范畴内,在所有自然过程中都能发现过程的单向性,如各种溶解过程、岩石的风化、细胞的分裂、生命的衰老,等等。难怪费曼说:"所有现象的最自然特征莫过于它们的明显的不可逆性。"[①]

7.2.2 各种不可逆过程都是互相关联的

依前所述,无论采用何种曲折、复杂、巧妙的方法,使一不可逆原过程进行时产生的效果全部抵消掉,都是要付出有共同性质的代价的,那就是,必定会导致另一个不可逆过程的出现;否则,原过程便不是不可逆的了。这意味着一个具体的不可逆过程会与另外一些不可逆过程发生联系。事实上,总能设法使各种不可逆过程彼此关联起来,由某一过程的不可逆性,推断出另一过程的不可逆性。以下试举两例。

1. 由功变热的不可逆性推断热传导的不可逆性

现在采用反证法,先假定所要推断的结论是不对的,即提出反论题:设热传导是可逆的,然后在此反论题的基础上推理得出与我们已知的真理——功变热是不可逆的——相悖的结论,于是证明了反论题之假,从而断定原论题——热传导是不可逆的——之真。

---

① 见:费曼物理学讲义,第1卷.上海:上海科学技术出版社,1983.458

有温度分别为 T_1 及 $T_2(T_1>T_2)$ 的两热源。若热传导是可逆的,则热量 Q 可通过某种方式由低温热源处传递到高温热源处而不产生其他影响,如图 7.2.1a 所示。那么,就可以在这高、低温热源之间设计一个卡诺热机,它在一循环中从高温热源吸热 Q_1,向低温热源放热 Q_2,对外作功 $A=Q_1-Q_2$,如图 7.2.1b。只要令 $Q_2=Q$,图 a、b 中两过程的总效果便如图 c 所示,只是从高温热源处吸热 $Q_1-Q=Q_1-Q_2$,并全部用来对外作了功 A。这显然与功变热的不可逆性相悖。而上述设计中卡诺热机无疑是可以实现的,错误只会是出在图 a 所示的过程,也就是说,一旦我们相信功变热是不可逆的,那么热传导也绝不是可逆的。

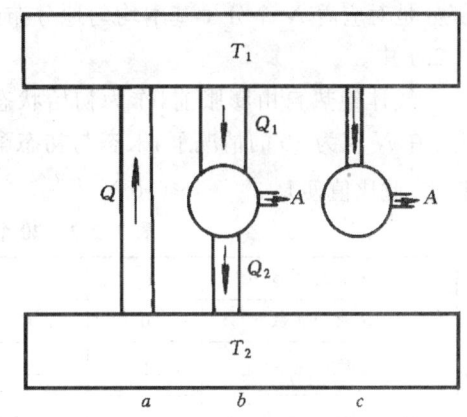

图 7.2.1 热传导的不可逆性与功变热的不可逆性相关联

2. 由功变热的不可逆性推断出理想气体绝热自由膨胀的不可逆性

还是采用反证法。假设理想气体绝热自由膨胀是可逆的,这等于说膨胀后的气体能自动收缩复原。我们把假设的这一过程称做 S 过程。

另外我们知道,理想气体等温膨胀是从单一恒温热源吸热完全变为对外所作的功,但引起了理想气体膨胀。

现继理想气体等温膨胀之后,配上前述 S 过程,这个总效果则是从一恒温热源取热使之完全变为有用的功而未发生其他影响。功变热岂不可逆了吗？这错误是 S 过程造成的,它本不应存在。由此证明了"功变热"及"理想气体绝热自由膨胀"这两种过程之不可逆性的关联。

7.2.3 自发过程初末态的差别

孤立系中自发过程的不可逆性,体现在不可能用任何办法由末态回到初态而不引起其他变化。因此过程的不可逆性与其说是过程本身的性质,还不如说其初态与末态在某种性质上一定有所不同。其实,要想判断某一过程是否可逆,无须研究该过程中的详情,只要研究初态与末态的差别就够了。也就是说,有可能找到一个新的状态函数(不是温度,不是内能,也不是熵),比较这个函数在不同状态下所取的数值,从而在两个状态中区分出哪个该是初态(另一个便是末态),这样就可以经由数学分析判断出过程进行的方向了。我们将在下一节中专门讨论这一状态函数,本段是要为此做好准备。

以理想气体绝热自由膨胀为例,当把置于容器中央的隔板撤走后,原先贮于隔板左侧的气体膨胀、占据左右两部,气体体积由 V 变为 $2V$。因为膨胀前后温度不变,即速度分布不变,所以我们只需关注由于分子活动范围之扩大而引起的空间分布之变化。

隔板撤走后,每一单个分子都是既可出现在左边,又可出现在右边;而且由于已假定左右两边体积相等,所以分子出现在左部或是右部的概率均为 $\frac{1}{2}$(见(2.5.1)式)。为简单起见,对于单个分子的空间分布,我们只区别它是在左部还是在右部,这样,容器中 N 个分子总共有 2^N 种置身于左或右的"配容",每种"配容"都是等概率出现的。

不同"配容",可能对应着分子在容器中的不同分布①。可以证明:在 2^N 种"配容"中,绝大部分是对应着 N 个分子基本均匀地分布于左、右两部。以 $N=20$ 为例,算一算,其结果列于表 7.2.1 中。

气体绝热自由膨胀前,作为初始状态,只对应一种"配容";而膨胀后的末态却有 2^N 种配容。在 N 仅为 20 的情况下,末态与初态配容数之比竟已达到百万倍;若是 1mol 气体绝热自由膨胀,此比值便是 $2^{6\times 10^{23}}\approx (10^3)^{6\times 10^{22}}$。

表 7.2.1 20 个分子在容器左右两部的分布

分布	左部分子数 n_l	20	19	18	17	16	15	14
	右部分子数 n_r	0	1	2	3	4	5	6
	配容数 $\dfrac{N!}{n_l!\ n_r!}$	1	20	190	1 140	4 845	15 504	38 760
	分布出现的概率 $\dfrac{N!}{2^N n_l!\ n_r!}$	9.5×10^{-7}	1.9×10^{-5}	1.8×10^{-4}	1.1×10^{-3}	4.6×10^{-3}	1.5×10^{-2}	3.7×10^{-2}
	总配容数 $2^{20}=1\ 048\ 576$							
分布	左部分子数 n_l	13	12	11	10	⋯	1	0
	右部分子数 n_r	7	8	9	10	⋯	19	20
	配容数 $\dfrac{N!}{n_l!\ n_r!}$	77 520	125 970	167 960	184 756	⋯	20	1
	分布出现的概率 $\dfrac{N!}{2^N n_l!\ n_r!}$	7.4×10^{-2}	1.2×10^{-1}	1.6×10^{-1}	1.8×10^{-1}	⋯	1.9×10^{-5}	9.5×10^{-7}
	总配容数 $2^{20}=1\ 048\ 576$							

当然,如上以分子在容器的左半部还是右半部来区分不同的"配容",未免太粗糙了。这样区分出的每一种"配容"都还对应着远不止一种微观状态②。设分子全部集中在左部(即初态)时所对应的微观状态数是 W_0 个,可以证明:当分子活动范围由 V 扩大到 $2V$ 时,微观状态数则是 $W_0(\dfrac{2V}{V})^N$。也就是说,初、末态的热力学概率③之比是 2^{-N}。这反映了理想气体绝热自由膨胀过程初、末态之间有重要差别。事实上,所有孤立系不可逆过程末态的热力学概率都远远大于初态的热力学概率。也正因为如此,过程才具有宏观不可逆性。假想把上述气体绝热自由膨胀末态所对应的 2^N 种"配容"中的每一种都用摄影机拍下,作为电影胶片上的一张张照片,然后将胶片在电影机上放映,观众不想分辨、也无法分辨银幕上分子的编号,只是看到由 N 个分子形成的空间分布图样。可以料到,观众看到的几乎总是分子在容器内均匀分布,因为对应这种分布的照片太多、太多了。尽管 2^N 张照片中确有一张是所有分子都集中在容器左半部,即恢复到初始状态,但在有限的放映时间内,这张照片很可能出现不了,即使出现也必定瞬息即逝。这里,让我们对"放映"时间做一做估算。如果气体分子总数 $N=6\times 10^{23}$(约 1mol 气体),则胶片上共有 $2^{6\times 10^{23}}\approx 10^{1.8\times 10^{23}}$ 张照片。若大胆设想放映速度是每秒 1 亿张照片,那也要在 $10^{1.8\times 10^{23}}/10^8\approx 10^{1.8\times 10^{23}}$ 秒内才能把胶片全部放映完,但宇宙年龄才不过 10^{18} 秒(百亿年)。总之,任何人在有生之年都绝对看不到气体恢复到初态的那幅照片。

对于给定的热力学系统,其宏观态热力学概率越大,所对应的微观状态越是变幻多样,这意味着系统内粒子的运动更加混乱或无序。既然孤立系的不可逆过程总是从热力学概率小的

---

① 关于配容和分布请重温本书 §2.5。
②③ 关于微观状态与宏观状态及热力学概率,请重温本书 §2.5。

状态发展为热力学概率大的状态,那也就总是从较有序的状态发展为更无序的状态。

§7.3 态函数熵

7.3.1 热力学概率与熵的定义——玻耳兹曼公式

由上节的分析可知,热力学概率这个物理量对于研究不可逆过程的进行方向是至关重要的。但热力学概率不具有可加性。例如,把一个大热力学系统分成两个彼此无相互作用的子系统,设在确定状态下,大系统对应的微观状态数(即热力学概率)为 W,两子系统各自的微观状态数为 W_1、W_2,显然应有

$$W = W_1 W_2 \tag{7.3.1}$$

再例如,单原子分子气体系统中的分子无论在空间位置上还是在速度上发生了变化,都会造成系统微观状态的变化。设气体分子在空间的各种布居方式有 Wsp 种,又独立于空间布居而在各速度范围内的不同配置方式有 W_v 种,于是该气体系统的热力学概率为

$$W = Wsp W_v \tag{7.3.2}$$

若是多原子分子气体,则还得考虑分子的转动和振动,情况要复杂些。

一般说来,处理具有可加性的量总是比较简便。让我们对(7.3.1)和(7.3.2)式取对数,得到:

$$\ln W = \ln W_1 + \ln W_2$$

$$\ln W = \ln Wsp + \ln W_v$$

上两式中的 $\ln W$ 和 $\ln W_1$、$\ln W_2$ 等,既具有了可加性,也能反映出相应的微观状态数目之多寡。

对于热力学概率为 W 的宏观态,定义一个物理量:

$$S = k \ln W \tag{7.3.3}$$

称 S 为熵,它是具有可加性的广延量。历史上,是克劳修斯(Rudolf Clausius,1822~1888,德国人)最先从热力学的角度考虑到有一个新的状态函数 S(见§7.5.3),并在 1865 年将其命名为"Entropy"。其概念在当时令人难于理解。1877 年玻耳兹曼论证了此 S 应与 $\ln W$ 成正比关系,从而把这一新状态函数与系统内部微观粒子的热运动联系了起来。后来,$S = k \ln W$ 虽然是由普朗克完整写出的,但人们为了纪念玻耳兹曼奠基性的工作,还是将此式冠以玻耳兹曼的英名。式中比例系数选为玻耳兹曼常数 k,是为了与热力学公式协调。1923 年我国物理学家胡刚复先生造了一个"熵"字,用作"Entropy"的中文译名。

7.3.2 理想气体熵的表达式

一定量理想气体作为最简单的热力学系统,其态函数熵与状态参量及温度的具体函数关系是容易求出的。一般地,这应当采用热力学方法(见§7.6),但为了展示熵的微观定义((7.3.3)式)与其热力学定义及宏观量表达式之一致,我们现在从(7.3.2)和(7.3.3)式出发,求 1 摩尔单原子分子理想气体熵的表达式[①]。

---

① 本段推导参照了:Savelyev I. V. Physics A General Course;Vol. I. Moscow:Mir Publishers,1980 §11.11

取气体体积 V 及温度 T 为独立变量。V 改变时,气体分子在空间的布居要发生变化;而 T 改变时,气体分子的速度分布要随之变化。先让我们求出(7.3.2)式中的 W_{sp} 及 W_v 及 V、T 的关系,然后依(7.3.3)式求出 $S(V,T)$。

1. 求 $\ln W_{sp}$

将气体所占之体积 V 划分成 r 个大小均为 ΔV、彼此相连的"元胞":
$$r = V/\Delta V \tag{7.3.4}$$

r 要远小于气体分子总数 N,以致每一"元胞"内都容纳有许多个分子。对于气体分子某种确定的空间分布,各"元胞"中的分子数就是确定的,即有一组确定的 $\{n_i\}$,$i=1,2,\cdots,r$,$\sum n_i = N$。这种分布对应的配容数便是 W_{sp},不难写出

$$W_{sp} = \frac{N!}{n_1! \, n_2! \cdots n_r!} \tag{7.3.5}$$

在平衡态下,气体密度均匀,即相等大小的"元胞"内所容纳的分子平均数目皆为
$$n = N/r$$

因此,(7.3.5)式化作
$$W_{sp} = \frac{N!}{(n!)^r}$$

对上式取对数,得到
$$\ln W_{sp} = \ln N! - r\ln n! \tag{7.3.6}$$

这里,N 是一个很大的数,n 也不小,所以可以使用斯特令近似公式
$$\ln x! \approx x(\ln x - 1) \quad (x \gg 1) \tag{7.3.7}$$

将(7.3.6)式写成
$$\ln W_{sp} \approx N\ln N - N - r(n\ln n - n) = N\ln \frac{N}{n}$$

而 $N/n = V/\Delta V$,所以
$$\ln W_{sp} = N\ln \frac{V}{\Delta V} = N\ln V - N\ln \Delta V \tag{7.3.8}$$

2. 求 $\ln W_v$

按照平衡态下气体分子的麦克斯韦速度分布律,在速度空间 (v_{jx}, v_{jy}, v_{jz}) 处小体元 $\Delta v_{jx} \Delta v_{jy} \Delta v_{jz} \equiv \Delta \Lambda_j$ 内分布的分子数为

$$n_{vj} = N\left(\frac{m}{2\pi kT}\right)^{3/2} e^{-m(v_{jx}^2 + v_{jy}^2 + v_{jz}^2)/2kT} \Delta \Lambda_j \tag{7.3.9}$$

在确定的温度下,分子有确定的速度分布,即有一组确定的 $\{n_{vj}\}$,$(j=1,2,3,\cdots)$,$\sum_j n_{vj} = N$。在速度空间,这种速度分布所对应的配容数是:

$$W_v = \frac{N!}{n_{v1}! \, n_{v2}! \cdots n_{vj}! \cdots}$$

取对数,得:
$$\ln W_v = \ln N! - \sum_j \ln n_{vj}!$$

仍然用斯特令近似公式(7.3.7),于是,
$$\ln W_v \approx N\ln N - N - \sum_j (n_{vj}\ln n_{vj} - n_{vj})$$

$$= N\ln N - \sum_j n_{vj}\ln n_{vj} \tag{7.3.10}$$

我们不妨取所有的 $\Delta\Lambda_j$ 大小都相等，记做 $\Delta\Lambda_j = \Delta\Lambda$。由(7.3.9)式可以计算(7.3.10)式中的 $\ln n_{vj}$：

$$\ln n_{vj} = \ln N + \ln \Delta\Lambda + \frac{3}{2}(\ln\frac{m}{2\pi k} - \ln T) - \frac{mv_j^2}{2kT}$$

将其代入(7.3.10)式，并整理得：

$$\ln W_v = -N\ln\Delta\Lambda - \frac{3}{2}N(\ln\frac{m}{2\pi k} - \ln T) + \frac{1}{kT}\sum_j n_{vj}\frac{mv_j^2}{2}$$

上式右边最后一项中，$\sum_j n_{vj}\frac{mv_j^2}{2} = N\overline{\frac{mv^2}{2}} = N(\frac{3}{2}kT)$。所以，

$$\ln W_v = \frac{3}{2}N\ln T - N\ln\Delta\Lambda + \frac{3}{2}N(1 - \ln\frac{m}{2\pi k})$$

注意到式右第二、三两项都与 V 和 T 无关，为简明计，令 $\alpha = 1 - \ln\frac{m}{2\pi k}$，则

$$\ln W_v = \frac{3}{2}N\ln T - N\ln\Delta\Lambda + \frac{3}{2}N\alpha \tag{7.3.11}$$

3. 求 $S(V,T)$

$$S(V,T) = k\ln W = k(\ln W_{sp} + \ln W_v)$$

将(7.3.8)及(7.3.11)式代入，即有

$$S(V,T) = kN\ln V + \frac{3}{2}kN\ln T - kN\ln(\Delta V \Delta\Lambda) + \frac{3}{2}kN\alpha$$

当气体的量是 1mol 时，$N = N_A$（阿伏伽德罗常数），$kN_A = R$。并且，对于单原子分子气体来说，$\frac{3}{2}R$ 就是其定容摩尔热容量 $C_{m,V}$，所以可将上式写成：

$$S_m(V,T) = R\ln V_m + C_{m,V}\ln T + S_{m0} \tag{7.3.12}$$

其中

$$S_{m0} = -R\ln(\Delta V\Delta\Lambda) + \frac{3}{2}R\alpha$$

这里加注了下标"m"，是为了表明(7.3.12)式只适用于 1 摩尔理想气体，与§7.6 中用热力学方法计算所得的(7.6.3)式相比较，可知(7.3.12)式对双原子乃至多原子分子理想气体也成立。我们还看到 ΔV 和 $\Delta\Lambda$ 的大小只影响到 S_{m0} 的值，而在比较不同 V,T 的两宏观态之熵（即求两态熵差）时，S_{m0} 的大小不起任何作用。

至于以 p、T 或 p、V 为独立变量时熵函数的具体表达式如何，我们留在§7.6 中再推演。事实上，计算两态间的熵差，采用热力学方法比从(7.3.3)式出发要实用得多，这也要在§7.6 中讲解。

7.3.3 熵的变化与热交换

倘若上述气体系统的体积和温度发生了变化：$V_m \to V_m + dV_m$，$T \to T + dT$，则熵的相应变化可由(7.3.12)式的微分求得：

$$dS_m = \frac{R}{V_m}dV_m + \frac{C_{m,V}}{T}dT$$

即:
$$TdS_m = \frac{RT}{V_m}dV_m + C_{m,v}dT$$

对于理想气体而言,$RT/V_m = p$,$C_{m,v}dT = dU_m$(摩尔内能的微分)。所以有:
$$TdS_m = pdV_m + dU_m$$

由于熵、内能和体积都是广延量,所以很容易把上式推广到不限于 1mol 气体。记任意量理想气体的熵、内能及体积分别为 S、U 及 V,便得到:
$$TdS = pdV + dU$$

如果此体积和温度的变化是在一可逆元过程中发生的,那么 $pdV = -dA$,就有
$$TdS = -dA + dU = dQ$$

所以,
$$dS = \frac{dQ}{T} \quad (可逆过程) \tag{7.3.13}$$

此式虽是针对单原子分子理想气体这种特定系统的熵而得出的,但其实对任何热力学系统的可逆元过程都成立,这一般是用热力学方法给予普遍证明。该关系式也令我们体会到当年胡刚复先生造出"熵"字作为"entropy"中文译名的匠心:"entropy"是热量除以温度所得的"商",而这些量都是热学量,"热"以"火"为象征,集"商"与"火"为一身,便是"熵"。

(7.3.13)式积分,
$$S_f - S_i = \int_{(i)}^{(f)} \frac{dQ}{T} \quad (沿可逆路径) \tag{7.3.14}$$

便从热力学角度给出 f、i 两态熵差的定义。对此,我们在 §7.5 中讲过卡诺定理后还要再加讨论。

在结束本节之前,让我们把关于熵的已有概念做一小结和讨论。

熵是一个状态函数。其独立变量可以选用不同的热力学参量,它的具体函数形式依具体的热力学系统而定。不论热力学系统是孤立的还是与外界有热交换(见(7.3.13)式),都具有熵,而且此熵只由系统本身的状态决定,状态变化了,熵就可能变化(言外之意是,状态变了也可能熵不变,(7.3.13)式中 $dQ = 0$ 时便是)。在熵函数中允许有一个与状态变化无关的熵常数。

熵是微观粒子热运动所引起的无序性的定量量度。熵的玻耳兹曼公式(7.3.3)给出这种定量关系。

熵是广延量。这正是令熵比例于热力学概率的对数,而并非简单地比例于热力学概率之用意所在。

熵的变化一方面来自过程的不可逆性,再一方面来自与外界的热交换。对此,可以这样理解:对于与外界没有热交换的孤立(或绝热)系统,所发生的不可逆过程总是从热力学概率小的状态演化为热力学概率大得多的状态,依熵的定义式(7.3.3),熵必然是增加的,而且可用熵增来量度不可逆的程度。但并非仅在不可逆过程中才有熵变。(7.3.13)式表明,排除不可逆因素,系统与外界环境之间的热交换就伴随着熵交换。这时系统未必熵增,若系统放热,$dQ < 0$,则熵减。若以 dS_e 表示系统边界上热量流动带来的熵变,称之为熵流,以 dS_i 表示由系统内部过程的不可逆性所产生的熵变,称之为熵产生,则综合各种情况(系统孤立或非孤立,过程可逆或不可逆),可将系统的熵变普遍地写成
$$dS = dS_e + dS_i \tag{7.3.15}$$

其中 $dS_e = \frac{dQ}{T}$,T 是系统与之接触的热源之温度,若是可逆过程,这也就是系统本身的温度;而

dS_i 总大于零。这样,对于一不可逆元过程,必有

$$dS > dS_e, \text{ 或 } dS > \frac{dQ}{T} \quad (\text{不可逆过程}) \tag{7.3.16}$$

读者可能已经注意到,按照(7.3.15)式,一个非孤立系即使发生着不可逆过程,熵也可能不变或减少呢,这将在§7.8.4中继续讨论。

§7.4 热力学第二定律

7.4.1 熵增加原理——热力学第二定律的熵表述

在上一节最后已经提到了:在孤立系发生的不可逆过程中熵总是增加的。这是非常重要的结论。不难推断:当不可逆过程最终使孤立系达到新的平衡态时,熵具有极大值。尽管总会出现围绕平衡态的涨落,但统计上,仍可将平衡态的熵视为常数。另外,如果把经历着无摩擦准静态过程的系统及其外界合之看成一个孤立系统,那么在这样的孤立系统中也可以发生可逆过程;既然可逆,过程中此孤立系宏观态的热力学概率就没有变化,因而熵保持不变。总之,可以说:

一个孤立系统的熵永不减少。

这称为"熵增加原理"。

其实"熵永不减少"的条件不必限定为孤立系。按照(7.3.13)及(7.3.16)两式,熵增加原理还表述为:

当热力学系统从一平衡态经绝热过程到达另一平衡态时,它的熵永不减少。若过程是可逆的,则熵不变;若过程是不可逆的,则熵增加。

我们可以通过熵差的计算定量地给出两态的差别,依据熵增加原理便可判定不可逆过程的进行方向。同时熵增加原理也给热力学过程提出了限制条件,这决定着热功转换设备理想性能的上限。如此说来,熵增加原理解决了在§7.1中所指出的热力学第一定律无能为力的过程进行方向及限度问题,因此,熵增加原理就是热力学第二定律的普遍表述。我们将看到它可以概括热力学第二定律的其他表述。

将(7.3.13)及(7.3.16)两式综合起来,得到

$$dS \geq \frac{dQ}{T} (\text{对可逆元过程取等号;对不可逆元过程取大于号}) \tag{7.4.1}$$

这就是热力学第二定律的数学表达式。结合热力学第一定律:

$$dQ = dU - dA$$

(7.4.1)式则可写成

$$TdS \geq dU - dA \tag{7.4.2}$$

它是热力学第二定律的另一种数学表述。

7.4.2 热力学第二定律的经典表述

1. 历史回顾

19世纪初,蒸汽机在工业、交通运输中的使用已相当广泛,但效率却只有3%到5%。如何提高其效率?能提高到怎样的限度?一大批科学家和工程师开始从理论上研究这些问题。

在§6.8.4中,我们曾经提到:1824年,年轻的法国工程师卡诺在题为《关于火的动力和产生动力的机器的见解》的小册子中,撇开了各种热机的具体结构及一切次要因素,提出了著名的卡诺循环(见§6.8)及卡诺定理(见下节)。他指出:"单独提供热不足以给出推动力,必须还要有冷。没有冷,热将是无用的。"这正是独立于热力学第一定律的另一条基本定律(即热力学第二定律)的思想萌芽。但卡诺生活于"热质说"大行其道的时代,他的定理固然正确,却使用了错误的"热质说"来进行证明。恩格斯评价说:"他差不多已经探究到问题的底蕴,阻碍他完全解决这个问题的,并不是事实材料的不足,而只是一个先入为主的错误理论"[①]。

到了19世纪中叶,人们已经知道了焦耳热功当量的实验工作。克劳修斯和开尔文(即威廉·汤姆逊)都注意到:卡诺认为,把热量从高温处传到低温处而作功,犹如水力机中的水从高处流到低处而作功,与水量守恒对应的是热量("热质")守恒;而焦耳的工作却表明,作功时必须消耗与功等量的热。这两者有尖锐的矛盾,同时,一方面暴露出"热质论"站不住脚,另一方面也看到焦耳的热功转化理论虽然正确但并不充分。克劳修斯和开尔文各自都要在焦耳热功当量实验的基础上重新修正卡诺理论,由此,他俩先后独立地提出了热力学第二定律的两种著名表述。

2. 热力学第二定律的克劳修斯表述

1850年克劳修斯在题为《论热的动力和由此得出的热学定律》的论文中提出了下面的表述:

不可能把热量从低温物体传到高温物体,而不引起其他变化。

我们必须完整地理解这句话。如果只记住"不可能把热量从低温物体传到高温物体"那就错了。如,制冷机不就是使热量从低温物体传到了高温物体吗?但制冷机运转时必须对它作功,在热量由低温物体向高温物体传递的同时,伴随有"功变热"这一"其他变化"。

3. 热力学第二定律的开尔文表述

1851年开尔文发表了《论热的动力理论》等三篇论文,其中为了重新证明卡诺定理,他提出一个公理,被后人叙述为:

不可能从单一热源吸取热量使之完全变为有用的功,而不产生其他影响。

这里所说的"单一热源",是指温度均匀、恒定的热源。另外,如果还有一热源,但工质在某阶段向这第二热源放的热,与在别的阶段从它吸的热正好相抵,那么总的来说,这第二热源不起作用,工质仍是只与第一热源交换热量。

再有,我们同样必须完整地理解开尔文表述。并不是不能从单一热源吸取热量使之完全变为有用的功,例如理想气体等温膨胀即是,但这伴随有理想气体的膨胀,有了热转化为功以外的"其他影响",所以并不与开尔文表述相悖。

开尔文表述还可以表述为:

第二种永动机是不可能造成的。

所谓"第二种永动机",并不违反能量转换与守恒定律,因此不同于第一种永动机。它是幻想中热效率 $\eta=100\%$ 的热机。要想使这一幻想实现,工质在一循环中必须不向低温热源放热(见(6.8.2)式,只有 $Q_2=0$,方可使 $\eta=100\%$),而只从单一的高温热源取热,并全部变成有用的功,且工质恢复原状。倘若这一幻想果真实现,那么人们就能把空气、海水、冰雪等等作为单一热源,将它们蕴藏的取之不尽、用之不竭的免费内能完全转化为有用的功。从经济观点看,这岂可以与不消耗任何能量的第一种永动机相媲美的,故也得名"永动机"。但无情的是,古往今来,抱有制造第二种永动机企图的人无不以失败而告终。事实证明了开尔文表述的正确。

[①] 恩格斯.自然辩证法.北京:人民出版社,1971.93

7.4.3 热力学第二定律的实质

1. 克劳修斯表述与开尔文表述的等价性

表面看来,克劳修斯与开尔文各自说的是两种不同的事情,何以都作为热力学第二定律的表述呢?这两种表述彼此等价吗?答案是肯定的。

其实,克劳修斯表述是指出了热传导的不可逆性,而开尔文表述又指出了功变热的不可逆性。在§7.2.2中我们已经论证了这两种不可逆过程是互相关联的,假定克劳修斯表述不正确,必定能得到开尔文表述也不正确的推论。但仅此还不能完全说明二者等价。只有当"没有甲就没有乙",且"没有乙也就没有甲"时,才表明甲、乙是等价的。所以为了说明这两种表述的等价性,还必须不厌其烦地来假定开尔文表述不正确,而推断出克劳修斯表述也不正确。

图7.4.1中,a 表示一部违反开尔文表述的热机。它从温度为 T_1 的高温热源取热 Q,全部变为有用的功 A,而未产生其他影响。

利用这部热机的输出功,去供给一部工作在相同高温热源及另一温度为 T_2 的低温热源之间的制冷机 b 运转。这部制冷机在一循环中得到功 A,从低温热源处吸热 Q_2,向高温热源处放热 Q_1,有

$$A = Q_1 - Q_2$$

这样,热机 a 与制冷机 b 联合运行的总效果便如图中 c 所示:高温热源净吸热

$$Q_1 - Q = (A + Q_2) - Q = Q_2$$

与低温热源 c 放热相等,别无其他变化。这是违反克劳修斯表述的。而在上述设计中,制冷机总是可以实现的,问题只会出在当初设想有违反开尔文表述的热机,所以只要开尔文表述不正确,克劳修斯表述就也不正确。

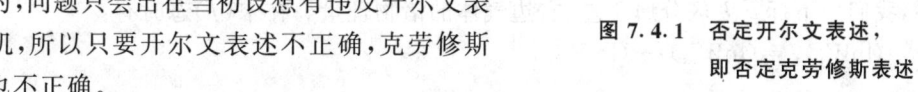

图 7.4.1 否定开尔文表述,即否定克劳修斯表述

至此,我们证明了两种表述的等价性。

2. 热力学第二定律的实质

克劳修斯表述与开尔文表述是分别挑选了一种典型过程,指出了它们的不可逆性。事实上,我们不仅能证明这两种表述的等价性,而且在§7.2.2中已经说明了各种不可逆过程都是互相关联的,所以每一个不可逆过程都可以选为表述热力学第二定律的基础,也就是说,热力学第二定律可以有多种不同的表述方式。而热力学第二定律的熵表述,即熵增加原理,又概括了所有文字表述(见§7.7)。但不管具体表述方式如何,全是不离其宗地指出了:一切与热现象有关的实际宏观过程都是不可逆的。这就是热力学第二定律的实质所在。

7.4.4 热力学第二定律的统计意义

热力学第二定律的各种文字表述,是从大量实验事实总结出来的客观规律,但只能让我们知其然却不知其所以然。而基于对热力学概率的分析(§7.2.3),由熵的玻耳兹曼公式(7.3.3)及熵增加原理就明白地揭示出了第二定律的微观本质:孤立系中的自发过程,总是由热力学概率小或有序性高的宏观态,向热力学概率大或无序性高的宏观态演化,而相反的过程虽然在微观上并没有被完全排除,但宏观上,在外界不发生任何影响的条件下是不可能实现的。这对于

由大量微观粒子所组成的宏观系统来讲,有勿庸置疑的可信度。

除了我们曾在§7.2.3中详细讨论过的理想气体绝热自由膨胀一例,现在,最好根据上述热力学第二定律的统计意义,把"功变热"的不可逆性及"热传导"的不可逆性也解释清楚。

功变热,实质上是机械能变为内能的过程。机械能,是所有的微观粒子都做同样的定向运动所对应的一种有序能量;而内能,则是与微观粒子无规热运动(平动、转动、振动、粒子间还可能有相互作用)联系着的无序能量。与有序运动所对应的机械能,极易通过耗散因素变为与无规运动对应的内能,并被按自由度均分,但相反的过程却只有非常之小的概率发生,实际上根本不会实现。

在热传导的初始状态,总能区分出物体系中温度不同的各部分。虽然整个系统的微观粒子都处于无规则热运动之中,但毕竟我们可以根据不同部分温度的高低,指出哪里的微观粒子热运动平均能量最大、运动最无序,哪里次之。这比起热传导的终了状态,不再能区分各处微观粒子的热运动激烈程度,显然初态较为有序。因此,热传导过程的方向,就是大量分子热运动更加无序化的发展方向。我们还可以通过一简例,看看热传导始末态的热力学概率的变化。假设在由绝热壁构成的容器内,中间用导热隔板分成体积相等的两部分,各盛有1摩尔同种单原子分子理想气体,若在开始时左边气体温度 T_a 高于右边气体温度 T_b,则经过足够长的时间后,两部分气体达到共同的热平衡温度

$$T = \frac{1}{2}(T_a + T_b)$$

由于两部分气体分子的空间分布始终未变,所以我们只需考虑与速度分布有关的热力学概率 W_v。根据(7.3.11)式,在初(i)态时有:

$$(\ln W_v)_i = (\ln W_{va})_i + (\ln W_{vb})_i$$
$$= \frac{3}{2} N_A \ln(T_a T_b) - 2 N_A \ln \Delta \Lambda + 3 N_A \alpha$$

上式中,我们用下标 a、b 区分属于左、右边气体的诸物理量。在末(f)态时有:

$$(\ln W_v)_f = (\ln W_{va})_f + (\ln W_{vb})_f$$
$$= \frac{3}{2} N_A \ln T^2 - 2 N_A \ln \Delta \Lambda + 3 N_A \alpha$$

不难证明

$$(\ln W_v)_f - (\ln W_v)_i = \frac{3}{2} N_A \ln \frac{T^2}{T_a T_b} = \frac{3}{2} N_A \ln \frac{(T_a + T_b)^2}{4 T_a \cdot T_b} > 0$$

可见热传导是由热力学概率小的状态向热力学概率大的状态进行的。

统计规律总是伴随有涨落现象,熵也会发生涨落。从统计物理的角度来看,熵增加定理并不是说熵断然不会减少,只是对于任何宏观系统,在宏观上可觉察的涨落出现的概率非常之小,以致热力学对于不可逆过程所作的论断总是有效的。

§7.5 卡诺定理及其应用

7.5.1 卡诺定理在热力学发展中的重要地位

在§7.4.2中我们回顾克劳修斯和开尔文提出热力学第二定律经典表述那段历史时,说

过热力学第二定律萌芽于卡诺定理,这足以表明卡诺定理的价值了。另外,出于卡诺的初衷,卡诺定理抓住了热机工作中的本质问题,原则上指出了提高热机效率的正确途径和提高热机效率所要受到的限制,这已经就对工程技术做出了卓著贡献。在热力学发展史上,卡诺定理的潜在价值被不断发掘,1848年开尔文将温度数值与卡诺热机的效率相联系,在卡诺定理的基础上建立了不依赖于任何测温质的热力学温标。1854年克劳修斯又从卡诺定理出发,得到了重要的"克劳修斯等式与不等式",据此,于1865年正式提出熵的概念。由卡诺定理还可以简便地导出一些有用的热力学关系,如内能和焓各自与状态方程的关系、一级相变的克拉珀龙方程(见§8.2)、表面张力随温度的变化等。

总之,卡诺定理在热力学发展中占有重要地位。

7.5.2 卡诺定理及其证明

卡诺是第一个指出热机必须工作于至少两个温度之间的人。后来人们知道只有这样才符合热力学第二定律。

卡诺定理表述为:

(1) 在两个给定温度的热源之间工作的一切可逆热机,其效率都相等,与工作物质无关;

(2) 在两个给定温度的热源之间工作的不可逆热机的效率,都小于可逆热机的效率。

这里不再给出当初卡诺自己的错误证明[1],而要用熵的概念,来依次证明这两条定理。

首先,应当明确在定理中所说的可逆热机就是卡诺热机。但它们并不一定就是你颇为熟悉的、其过程曲线如图6.8.6所示的理想气体卡诺循环。卡诺是要"从足够普遍的观点"去研究"由热得到运动的原理",为此,定理中的热机"必须不依赖于任何机械和任何特殊的工作物质……"[2]。于是,即使是这里的可逆机,我们也无法画出它们在p-V平面上的循环过程曲线。不过,既然是卡诺热机,那么无论工质如何,其卡诺循环总是由两个可逆等温过程和两个可逆绝热过程相间构成,这两个绝热过程都是熵变为零的。所以,我们可以在T-S平面上示意任意工质的卡诺循环,如图7.5.1,矩形的ab和cd边表示两等温过程,bc和da边表示两绝热过程。这种图叫做温熵图。

假设定理中所说的高、低温热源温度分别为T_1和T_2($T_1>T_2$);任意工质与高、低温热源交换的热量分别为Q_1、Q_2。循环的效率

$$\eta=1-Q_2/Q_1$$

现在关键要看Q_2/Q_1取决于什么。

根据(7.3.13)式,在可逆过程中

$$dQ=TdS$$

所以 $Q_1=\int_{(a)}^{(b)}TdS=T_1(S_2-S_1)$

Q_1也可以用图中矩形$abfea$的面积表示。同理

$$-Q_2=\int_{(c)}^{(d)}TdS=T_2(S_1-S_2)$$

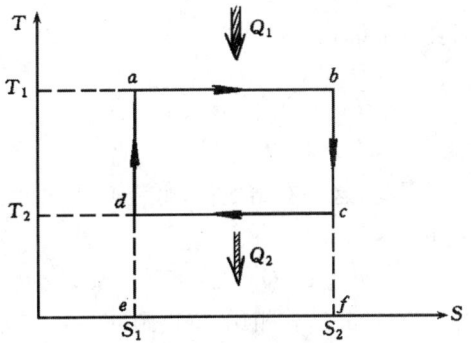

图 7.5.1 任意工质的卡诺循环

---

[1] 可参考:李椿,章立源,钱尚武. 热学. 北京:人民教育出版社,1978. 223~224,245~246

[2] 向义和. 物理学基本概念和基本定律溯源. 北京:高等教育出版社,1994. 58~59

Q_2 对应图中矩形 $dcfed$ 的面积。由上两式显然可得

$$Q_2/Q_1 = T_2/T_1$$

即,在给定高、低温热源之间工作的可逆热机的效率是:

$$\eta = 1 - T_2/T_1 \tag{7.5.1}$$

这一结果不依赖于任何具体工作物质的特性,也与 ab(或 cd)边的长短(即等温过程的长短或 Q_1、Q_2 各自的大小)无关,只取决于高、低温热源的温度,于是卡诺的第一条定理得到证明。

对于第二条定理中的不可逆热机,虽然在一循环中工质也是经历了两个等温过程和两个绝热过程,但因有不可逆环节,所以其循环过程不能表示在 $T\text{-}S$ 平面上。不过,每循环一周,工质状态依然要复原(请读者考虑:不可逆热机与可逆热机究竟区别在何处),而熵是状态函数,所以工质循环一周的熵变总是为零,表示为

$$\oint dS = 0$$

与此同时必须注意:不可逆热机工质的熵变 dS 和它与温度为 T 的热源交换的热量 dQ 应满足 (7.4.1)式:

$$dS \geqslant \frac{dQ}{T}$$

对于整个循环过程便有:

$$\oint dS > \oint \frac{dQ}{T} = \int_{(1)} \frac{dQ}{T} + \int_{(2)} \frac{dQ}{T} + \int_{(3)} \frac{dQ}{T} + \int_{(4)} \frac{dQ}{T}$$

这最后一个等式是将整个循环过程分解为四步:第一、三步分别是与高、低温热源有 Q'_1、Q'_2 热量交换的等温过程,对应有:

$$\int_{(1)} \frac{dQ}{T} = \frac{Q'_1}{T_1}, \quad \int_{(3)} \frac{dQ}{T} = -\frac{Q'_2}{T_2}$$

第二、四步是两个绝热过程,对应有

$$\int_{(2)} \frac{dQ}{T} = \int_{(4)} \frac{dQ}{T} = 0$$

综合以上诸式,得:

$$\frac{Q'_1}{T_1} - \frac{Q'_2}{T_2} < 0$$

即:$Q'_2/Q'_1 > T_2/T_1$。

因此,这些在给定高、低温热源之间工作的不可逆热机(不论何种工质,循环过程细节怎样)的效率

$$\eta' = 1 - Q'_2/Q'_1 < 1 - T_2/T_1$$

与(7.5.1)式相比,就得到 $\eta' > \eta$,卡诺的第二条定理得证。

这里再次申明:历史上是正确证明卡诺定理在先,而建立熵概念却在后。我们上面的做法虽然颠倒了历史,但突出了熵的作用,也使证明过程变得简单。这样做,似无碍于学习热力学第二定律的实质内容。不过,为尊重历史和教学中的习惯,我们将在下一段给出基于第二定律开尔文表述的卡诺定理证明,并介绍克劳修斯是如何引进熵的,以作为对本段内容的补充。

*7.5.3 历史上对卡诺定理的证明和态函数熵的引进

1. 根据热力学第二定律的开尔文表述证明卡诺定理

我们采用反证法先证明前述卡诺定理的第二条。任选一部在给定高、低温热源间运行的可逆机 R 和一部不可逆机 Ir,如图 7.5.2(a)。它们的效率各为

$$\eta = \frac{A}{Q_1}, \qquad \eta' = \frac{A'}{Q_1'}$$

为以下证明简单,令 $Q_1 = Q_1'$。

假定原论题不正确,即

$$\eta \leqslant \eta' \qquad (7.5.2)$$

这就相当于

$$A \leqslant A' \qquad (7.5.3)$$

由于热机 R 可逆,我们可使其改作逆循环成为制冷机。同时因有 (7.5.3) 式,所以该制冷机所需要的输入功 A 完全可由热机 Ir 供给

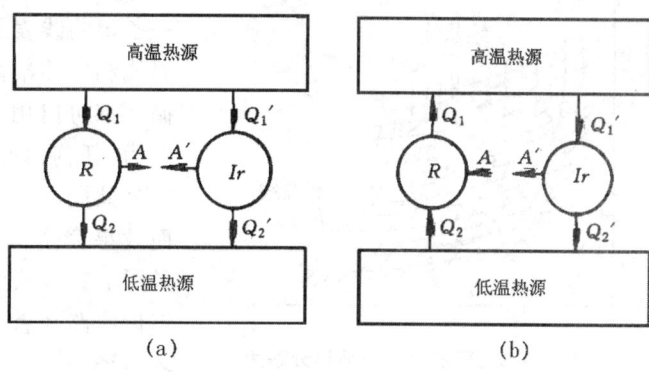

图 7.5.2 证明卡诺定理的装置

(如图 7.5.2(b) 所示),而且 Ir 的输出功 A' 可能除供给 R 之外尚有余额 $A'-A$。这样,图 7.5.2(b) 中联合装置每循环一周的净效果就是:

工质状态复原;

与高温热源交换的净热量为零;

从低温热源净吸热为 $Q_2 - Q_2'$;

向外输出净功 $A' - A = (Q_1' - Q_2') - (Q_1 - Q_2) = Q_2 - Q_2'$。

首先,若 $A' > A$,则此效果便是一部从低温热源取热、使之完全变为有用的功、而未产生任何其他影响的热机,这正违反了开尔文表述,所以不等式 (7.5.3) 不真。其次,若 $A' = A$,则必有 $Q_2 = Q_2'$,那么,联合装置循环一周,工质及高、低温热源都复原,也不留下作功的影响。但已认定热机 Ir 是不可逆的,在它循环过后,无论采用何种复杂曲折的手段,都不能完全消除它在循环中造成的影响而使一切复原。这表明 (7.5.3) 的等式亦不真。所以 (7.5.3) 和 (7.5.2) 式都不成立,只能是 $\eta' < \eta$,而且这一结果与工作物质无关,原论题得证。

再来证明前述卡诺定理的第一条。假设在两给定温度的热源之间工作着任意两部可逆热机 R_a 和 R_b。按上述同样步骤,令 R_b 改为逆循环的制冷机,则可证明 $\eta_a \not> \eta_b$;当然也可令 R_a 改为逆循环的制冷机,同样可证明 $\eta_b \not> \eta_a$。那么惟一可能就是 $\eta_a = \eta_b$,而且也与工作物质无关。就此完成了我们的证明。

2. 克劳修斯等式与不等式

若 T_1、T_2 分别是两恒温热源温度 $(T_1 > T_2)$,Q_1、$Q_2 (> 0)$ 是工作于这两个热源之间的任何热机(可逆或不可逆)分别与该二热源交换的热量,则由卡诺定理知:

$$\frac{Q_1}{T_1} \leqslant \frac{Q_2}{T_2} \text{(等号对应于可逆机,不等号对应于不可逆机)}$$

若规定工质所吸热量为正、所放热量为负,则应把上面的 Q_2 改为 $-Q_2$,便有:

$$\frac{Q_1}{T_1} + \frac{Q_2}{T_2} \leqslant 0 \tag{7.5.4}$$

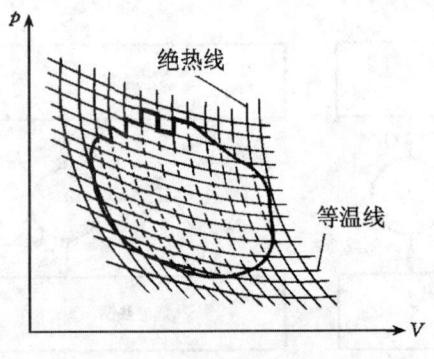

图 7.5.3 将任意可逆循环分解为一连串微小卡诺循环

而对一普遍的可逆循环过程,可用 p-V 平面上一条闭曲线表示,如图 7.5.3。再画上一族准静态等温线和一族准静态绝热线,我们看到:任意一个可逆循环都可以用 n 个一连串微小的卡诺循环代替。这因为:任何两个相邻的微小卡诺循环总有一段绝热线是共同的,但在这两个小循环中行进方向相反,从而效果完全抵消,因此这 n 个微小循环的总效果就是图上锯齿状路径所表示的循环效果。当 $n \to \infty$ 时,锯齿状路径就无限接近于原来所考虑的任意可逆循环路径。

设第 j 个微小卡诺循环对应的高、低温热源温度分别是 T_{j1} 和 T_{j2},工质与其交换的热量分别是 ΔQ_{j1} 和 ΔQ_{j2},那么按(7.5.4)式,就有:

$$\frac{\Delta Q_{j1}}{T_{j1}} + \frac{\Delta Q_{j2}}{T_{j2}} = 0$$

总共可列出 n 个这样的方程,相加便得:

$$\sum_{i=1}^{2n} \frac{\Delta Q_i}{T_i} = 0$$

式中已将热量及温度统一编号。令 $n \to \infty$,取极限,就得到:

$$\oint \frac{dQ}{T} = 0 \tag{7.5.5}$$

该式之含义为:在任意可逆循环过程中,工质可依次与许多热源接触,设在一段元过程中与温度为 T 的热源交换热量为 dQ(在可逆过程中热源温度 T 即工质温度;dQ 可大于、小于或等于零),那么在各元过程中的"热温商"$\frac{dQ}{T}$ 之累加为零。(7.5.5)式是克劳修斯在 1854 年建立的,故称之为克劳修斯等式。

与此同时,克劳修斯还证明了在任意不可逆循环中必有:

$$\oint \frac{dQ}{T} < 0 \tag{7.5.6}$$

称之为克劳修斯不等式[①],这正是(7.5.4)不等式的推广。式中 dQ 和 T 的含义同上,只是要注意 T 已不再等于工质的温度了。

3. 克劳修斯等式与态函数熵的引进

力学中,重力沿任意闭合路径作功为零,据此可引入重力势能;电学中,静电场中场强沿任意闭合环路的线积分恒为零,据此可引入电位能。现在看克劳修斯等式,又是一个环路积分为

———
① 关于克劳修斯不等式的证明可参考:李椿,章之源,钱尚武.热学.北京:人民教育出版社,1978.附录 6—2.

零,据此能证明存在一个态函数,那就是熵。

在图 7.5.4 所示的 p-V 平面上,x_0、x 两点代表两给定平衡态,可以有任意多条路径连接这两个平衡态,例如有 R_1、R_2 和 R_3 等。

现任选一条路径,例如 R_2,考虑它的逆过程,即从平衡态 x 出发逆着原路径 R_2 的方向到达 x_0。由于过程可逆,所以

$$\int_{\substack{(x)\\R_2}}^{(x_0)} \frac{\mathrm{d}Q}{T} = -\int_{\substack{(x_0)\\R_2}}^{(x)} \frac{\mathrm{d}Q}{T} \tag{7.5.7}$$

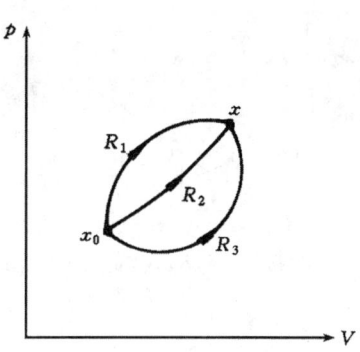

图 7.5.4　有任意多可逆路径连接两给定平衡态

同时,R_2 的逆过程与 R_1 构成了一可逆闭合路径,根据克劳修斯等式(7.5.5),有:

$$\oint \frac{\mathrm{d}Q}{T} = \int_{\substack{(x_0)\\R_1}}^{(x)} \frac{\mathrm{d}Q}{T} + \int_{\substack{(x)\\R_2}}^{(x_0)} \frac{\mathrm{d}Q}{T} = 0$$

将(7.5.7)式代入,便是:

$$\int_{\substack{(x_0)\\R_1}}^{(x)} \frac{\mathrm{d}Q}{T} = \int_{\substack{(x_0)\\R_2}}^{(x)} \frac{\mathrm{d}Q}{T}$$

对于连接 x_0 与 x 两态的任意其他可逆路径,也可以同于 R_2 得到一样的结果,即:

$$\int_{\substack{(x_0)\\R_1}}^{(x)} \frac{\mathrm{d}Q}{T} = \int_{\substack{(x_0)\\R_2}}^{(x)} \frac{\mathrm{d}Q}{T} = \int_{\substack{(x_0)\\R_3}}^{(x)} \frac{\mathrm{d}Q}{T} = \cdots$$

这就是说,积分 $\int_{(x_0)}^{(x)} \frac{\mathrm{d}Q}{T}$ 的值与从平衡态 x_0 到 x 的具体路径无关,只由初、末两平衡态 x_0、x 所决定。而且这里的 x_0 和 x 又是任意选定的,所以对任意两平衡态都可定义一状态函数之差:

$$S - S_0 = \int_{\substack{(x_0)\\R}}^{(x)} \frac{\mathrm{d}Q}{T} \tag{7.5.8}$$

积分路径是连接这两平衡态的任意一条可逆路径。该式便是前面已经给出的(7.3.14)式,克劳修斯就这样从卡诺定理通过克劳修斯等式引进了态函数熵。

4. 克劳修斯不等式与不可逆过程中熵的变化

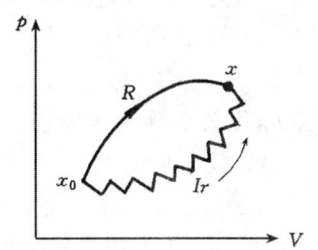

图 7.5.5　以可逆和不可逆路径连接两平衡态

在 x_0 与 x 两平衡态之间,除有任意多条可逆路径连接之外,当然也可能有不可逆路径。例如从理想气体的 (T,V) 状态,既可以经由可逆的等温过程,也可以经由不可逆的绝热自由膨胀到达同样的末态 $(T,2V)$。不可逆路径不能在 p-V 平面上表示出来,但权且用一条锯齿线示意如图 7.5.5 中的 Ir 路径。

现问:(1)x_0、x 两态以不可逆路径连接时两态间的熵差,与以可逆路径连接时两态间的熵差有无不同?(2)积分 $\int_{\substack{(x_0)\\Ir}}^{(x)} \frac{\mathrm{d}Q}{T}$ 与两态熵差 $S - S_0$ 有何关系?

回答问题(1):因熵是状态函数,两态熵差与状态变化的具体路径无关,它只有惟一的值,

必须符合(7.5.8)式。

再回答问题(2)：由图可见，R 路径的反向过程与 Ir 路径构成一不可逆闭合路径，按克劳修斯不等式(7.5.6)，应有

$$\int_{(x_0)\ Ir}^{(x)} \frac{\mathrm{d}Q}{T} + \int_{(x)\ R}^{(x_0)} \frac{\mathrm{d}Q}{T} < 0$$

即

$$\int_{(x_0)\ R}^{(x)} \frac{\mathrm{d}Q}{T} > \int_{(x_0)\ Ir}^{(x)} \frac{\mathrm{d}Q}{T}$$

而按(7.5.8)式，此不等式的左边就是 $S-S_0$，所以

$$S-S_0 > \int_{(x_0)\ Ir}^{(x)} \frac{\mathrm{d}Q}{T} \tag{7.5.9}$$

此不等式右边的积分往往是计算不出来的。即使在不可逆绝热过程中，由于 $\mathrm{d}Q$ 总是为零，而使得此积分简单地等于零，也只能让我们仅仅知道了 $S-S_0$ 大于零而已。

7.5.4 热力学温标的建立

单就本章而言，自从§7.3讲熵以来，公式中不断出现温度 T，不知读者是否想到追究一下此温度是用何种温标确定的；另外，读者是否注意到§7.5.3中证明卡诺定理时根本不必明确给出高、低温热源的温度数值。根据卡诺定理，工作于两个恒定温度之间的一切可逆卡诺热机的效率，与工作物质的性质及热量 Q_1 和 Q_2 的大小无关，它只是两热源温度的函数，其具体函数形式与温标的选择有关。另外，前面章节中屡屡出现 $Q_2/Q_1 = T_2/T_1$，式中 T_1 和 T_2 应当是用理想气体温标确定的温度。

现在设有温度为 θ_1、θ_2 的两个恒温热源，这里 θ_1、θ_2 可以是任意温标所确定的温度。按上述对卡诺定理的理解，应有

$$Q_2/Q_1 = f(\theta_1, \theta_2)$$

可以证明[①]，函数 $f(\theta_1, \theta_2)$ 必可写成下列形式：

$$f(\theta_1, \theta_2) = \Psi(\theta_2)/\Psi(\theta_1)$$

即，

$$Q_2/Q_1 = = \Psi(\theta_2)/\Psi(\theta_1)$$

其中 $f(\theta_1, \theta_2)$ 和 $\Psi(\theta)$ 的函数形式都与温标的选择有关。

1848年开尔文建议引入一个新温标，它确定的温度记为 T_{th}，以 T_{th} 代替变数 θ，令 $\Psi(T_{th}) \propto T_{th}$，于是：

$$Q_2/Q_1 = (T_{th})_2/(T_{th})_1 \tag{7.5.10}$$

称此新温标为热力学温标或开尔文温标，其温度单位为 K(开)。按国际规定，水三相点的热力学温度为 273.16K。

这就是说，要想确定某一物体的热力学温度 T_{th}，可设计一卡诺热机，以保持温度为 T_{th} 的此物体及水三相点管作为该热机的两恒温热源，度量出任意工质在一循环中与此二热源分别

---

① 可参考：李椿，章立源，钱尚武. 热学. 北京：人民教育出版社，1978. 第六章 §5

交换的热量 Q 及 Q_{tr},则根据(7.5.10)式就得到待测温度

$$T_{th}=273.16Q/Q_{tr} \tag{7.5.11}$$

可见,已把测温问题转化成了量热问题。同时,因为基于卡诺定理所得到的(7.5.10)式与卡诺热机的工作物质无关,那么,以上建立的热力学温标也就不依赖于任何测温物质了,它所能确定的温度范围不会被测温物质的性质所限。所以它是最科学的温标,也是国际上规定的基本温标。

但是,事实上,并不存在严格的卡诺循环,更不能制造出一部工作在任意待测温度和水三相点温度之间的卡诺热机,因此,从测温技术的角度看,前述测温方法不能使用。热力学温标这一理论温标是通过它与其他温标之间的关系而获得现实意义的。特别是,我们可以证明在理想气体温标所能确定的温度范围内,理想气体温标和热力学温标是完全一致的。为有明显区别起见,让我们以 T_{id} 表示理想气体温标确定的温度。大家早已熟悉在理想气体卡诺循环中有:

$$Q_2/Q_1=T_{id2}/T_{id1}$$

式中 T_{id1}、T_{id2} 分别是用理想气体温标所确定的高、低温热源温度,Q_1、Q_2 分别是理想气体工质与高、低温热源交换的热量。此式与(7.5.10)式相比(该式当然也适用于理想气体工质),得到

$$T_{th2}/T_{th1}=T_{id2}/T_{id1}$$

即,对于给定的两物体,用热力学温标确定的两温度之比值,等于用理想气体温标确定的两温度之比值。再注意到热力学温标和理想气体温标中水三相点的温度值都被定为273.16K。因此有

$$T_{th}=T_{id}$$

于是,人们一般也就不必用下标区分这两个温标的温度了。

最后我们再对热力学温标的零点——绝对零度做些讨论。由(7.5.11)式可见,若工质与某恒温热源接触,作可逆等温变化时交换的热量 Q 却为零,那么此热源的热力学温度便是零。也就是说,在绝对零度下,可逆等温过程与绝热过程是等同的。但实际上,"不可能在有限次数的操作中,把系统的温度降低到绝对零度",这就是热力学第三定律。不过,负热力学温度系统确实存在,这将在§7.8中作简单介绍。

7.5.5 物质的内能与状态方程的关系

应用卡诺定理可以求出物质某些平衡性质之间的关系。这里仅举一例,证明

$$\left(\frac{\partial U}{\partial V}\right)_T = T\left(\frac{\partial p}{\partial T}\right)_V - p$$

图 7.5.6 表示一以 p,V 为状态参量的物质系统所经历的微小卡诺循环。其中,AB 和 CD 分别是温度为 T 和 $T-\Delta T$ 的等温线,BC 和 DA 都是绝热线。设此循环足够小,$ABCD$ 可近似视为平行四边形。这个循环的功 ΔA 由 $ABCD$ 的面积确定。由图可见,若通过 A、B 两点各做一条等容线 AH 及 BG,并与 CD 及其延长线交于 E、F 两点,则 $ABCD$ 与 $ABEF$ 面积相等。

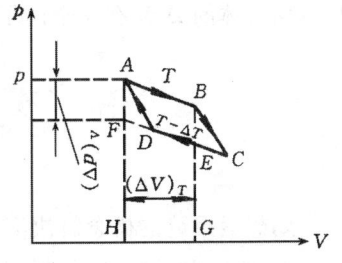

图 7.5.6 微小卡诺循环

因此,

$$\Delta A = ABEF\text{ 的面积} = (\Delta p)_V \cdot (\Delta V)_T \tag{7.5.12}$$

其中 $(\Delta p)_V$ 即图中的 AF 段,它代替在 $ABEFA$ 循环中等容条件下的压强变化;$(\Delta V)_T$ 即图中的 HG 段,它表示在等温过程 AB 中体积的改变。

为求出原卡诺循环 $ABCDA$ 的效率,在写出 ΔA 后还应求出等温过程 AB 中系统从外界

吸收的热量 ΔQ_1。注意，现在感兴趣的工作物质不是理想气体（对于理想气体 $(\frac{\partial U}{\partial V})_T = 0$，无须再求证什么关系了），一般地说，等温过程 AB 中吸收的热量并不等于对外所作的功（即 $ABGH$ 的面积），而应当按热力学第一定律写成

$$\Delta Q_1 = ABGH \text{ 的面积} + (\Delta U)_T$$

其中 $(\Delta U)_T$ 表示在此等温过程中内能的改变。设 A 点的压强为 p，在等温过程 AB 中压强的变化为 $(\Delta p)_T$，则 B 点压强就是 $p - (\Delta p)_T$。于是，梯形 $ABGH$ 的面积是 $[p - \frac{(\Delta p)_T}{2}](\Delta V)_T$，代入上式，即得：

$$\Delta Q_1 = [p - \frac{(\Delta p)_T}{2}](\Delta V)_T + (\Delta U)_T \tag{7.5.13}$$

于是卡诺循环 $ABCDA$ 的效率

$$\eta = \frac{\Delta T}{T} = \frac{\Delta A}{\Delta Q_1}$$

将(7.5.12)及(7.5.13)式代入，整理并略去三级无穷小量，可得

$$(\Delta p)_V (\Delta V)_T = [p(\Delta V)_T + (\Delta U)_T] \frac{\Delta T}{T}$$

进而化为

$$p + (\frac{\Delta U}{\Delta V})_T = T(\frac{\Delta p}{\Delta T})_V$$

令图 7.5.6 中的卡诺循环趋于无穷小，取极限，上式成为偏微商的形式，最后可得：

$$(\frac{\partial U}{\partial V})_T = T(\frac{\partial p}{\partial T})_V - p \tag{7.5.14}$$

以 p、V 为状态参量的物质系统，其内能 $U(V,T)$ 与状态方程 $T = f(p,V)$ 都应满足此式。这样的系统与气体系统一样，其内能的微分量 $dU(V,T)$ 都如(6.1.2)式而写成：

$$dU(V,T) = (\frac{\partial U}{\partial V})_T dV + (\frac{\partial U}{\partial T})_V dT$$

按定容热容量的一般定义(6.5.1)式，知上式右方第二项就是 $C_V dT$，而第一项正需要利用状态方程由(7.5.14)式求出。

学习过这一段，读者应该会自行求出范德瓦尔斯气体的内能，并对§6.6.5中提到的范德瓦尔斯气体的 ΔE_p 有完全的了解了。

§7.6 熵差的计算

要想运用熵的概念解决实际问题，必须会计算两平衡态的熵差。这有三种方法：

方法一，对给定系统，将作为状态函数的熵之具体函数形式求出来，再分别以初、末两态的状态参量代入，得到这两态的熵，求其差。但复杂系统的熵函数形式不易求解，该法只对简单系统（如理想气体、范德瓦尔斯气体）适用。

方法二，在给定系统的初、末两态之间任意设计一个可逆过程，然后按(7.3.14)式

$$S_2 - S_1 = \int_{(1)}^{(2)} \frac{dQ}{T} \quad \text{（沿所设计的可逆路径）}$$

计算出两态熵差。

方法三，工程上已对某些物质的一系列平衡态的熵值制成了图表(一些工程热力学的教科书后就附有这类图表)，有时便可查表求得给定两态的熵差。

以下，让我们举例说明前两种方法的应用。

(1) 方法一

【例 7.6.1】 求 1mol 理想气体的态函数熵 s。

【解】 根据热力学第二定律的数学表述，在可逆元过程中
$$T\mathrm{d}s = \mathrm{d}u - \mathrm{d}A$$
其中，$\mathrm{d}A = -p\mathrm{d}v$，$v$ 是摩尔体积。对于 1mol 理想气体，有：
$$T\mathrm{d}s = \mathrm{d}u + p\mathrm{d}v$$
$$\mathrm{d}u = C_{m,V}\mathrm{d}T$$
$$p = RT/v$$
由该三式易得
$$\mathrm{d}s = C_{m,V}\frac{\mathrm{d}T}{T} + R\frac{\mathrm{d}v}{v} \tag{7.6.1}$$

设参考态之温度、摩尔体积和摩尔熵分别为 T_0、v_0 和 s'_0，将 (7.6.1) 式两边积分，并视 $C_{m,V}$ 与 T 无关，得：
$$s - s'_0 = C_{m,V}\ln\frac{T}{T_0} + R\ln\frac{v}{v_0} \tag{7.6.2}$$
设 $s_0 = s'_0 - (C_{m,V}\ln T_0 + R\ln v_0)$，则
$$s - s_0 = C_{m,V}\ln T + R\ln v \tag{7.6.3}$$

【讨论】 对 ν 摩尔理想气体，以 S 表示其熵，V 表示气体总体积。容易看出，这时应将 (7.6.1) 及 (7.6.2) 式相应改为：
$$\mathrm{d}S = \nu C_{m,V}\frac{\mathrm{d}T}{T} + \nu R\ln\frac{\mathrm{d}V}{V}$$
$$S - S'_0 = \nu C_{m,V}\ln\frac{T}{T_0} + \nu R\ln\frac{V}{V_0}$$
$$= \nu C_{m,V}\ln\frac{T}{T_0} + \nu R\ln\frac{v}{v_0}$$

写出最后一式时，用到了在给定摩尔数之下，两态总体积之比等于摩尔体积之比。显然有：
$$S - S'_0 = \nu(s - s'_0)$$
令 $S_0 = S'_0 - \nu(C_{m,V}\ln T_0 + R\ln v_0)$，则
$$S - S_0 = \nu C_{m,V}\ln T + \nu R\ln v = \nu(s - s_0) \tag{7.6.4}$$
由此可见熵所具有的可加性。

请读者注意 (7.6.4) 式中出现的是摩尔体积。也可以改用总体积 V 为变量，但随之熵常数 S_0 就要变化。

理想气体的熵还可以表示为其他变量的函数。对 1mol 理想气体状态方程取微分，可以得到
$$p\mathrm{d}v + v\mathrm{d}p = R\mathrm{d}T$$
两边同除 pv，即是

$$\frac{\mathrm{d}p}{p}+\frac{\mathrm{d}v}{v}=\frac{\mathrm{d}T}{T}$$

利用此式可将(7.6.1)式改写成:

$$\mathrm{d}s=C_{m,V}\frac{\mathrm{d}p}{p}+C_{m,p}\frac{\mathrm{d}v}{v}$$

或

$$\mathrm{d}s=C_{m,p}\frac{\mathrm{d}T}{T}-R\frac{\mathrm{d}p}{p}$$

于是有

$$s-s_0'=C_{m,V}\ln\frac{p}{p_0}+C_{m,p}\ln\frac{v}{v_0} \tag{7.6.5}$$

和

$$s-s_0'=C_{m,p}\ln\frac{T}{T_0}-R\ln\frac{p}{p_0} \tag{7.6.6}$$

这里把 $C_{m,V}$ 和 $C_{m,p}$ 都视为常量。

【例7.6.2】 设 50.0g 空气经历一可逆多方过程从初态($p_0=1.0\times10^5\text{Pa}$,$T_0=303.0\text{K}$) 到末态($p_1=3.5\times10^5\text{Pa}$),多方指数 $n=1.30$。求空气的熵变。(将空气看作理想气体,其平均摩尔质量 $\mu=28.97\times10^{-3}\text{kg}\cdot\text{mol}^{-1}$,定压摩尔热容量 $C_{m,p}=29.07\text{J}\cdot\text{mol}^{-1}\cdot\text{K}^{-1}$。)

【解】 现将"方法一"用于求可逆过程中的熵变。

由多方过程方程(6.7.19)式可求得末态温度

$$T_1=T_0\left(\frac{p_1}{p_0}\right)^{(n-1)/n}=303.0\times\left(\frac{3.5\times10^5}{1.0\times10^5}\right)^{(1.30-1)/1.30}$$
$$=404.6\text{K}$$

基于(7.6.6)式,并考虑到题中空气的摩尔数 $\nu=50.0/28.97=1.73\text{mol}$,有

$$S_1-S_0=\nu C_{m,p}\ln\frac{T}{T_0}-\nu R\ln\frac{p}{p_0}$$
$$=1.73\times29.07\times\ln\frac{404.6}{303.0}-1.73\times8.31\times\ln\frac{3.5\times10^5}{1.0\times10^5}$$
$$=-3.47\text{J}\cdot\text{K}^{-1}$$

【例7.6.3】 求 ν 摩尔理想气体从 V_1 经绝热自由膨胀至 V_2 的熵变。

【解】 "方法一"也用于求不可逆过程的熵变。

理想气体经绝热自由膨胀后温度不变,初、末态分别是 (V_1,T) 及 (V_2,T)。按(7.6.4)式,熵变为

$$S_2-S_1=\nu R\ln\frac{V_2}{V_1}>0$$

(2) 方法二

【例7.6.4】 换用"方法二"重解例7.6.2。

【解】 现过程本身就是可逆的,所以

$$S_1-S_0=\int_{(0)R}^{(1)}\frac{\mathrm{d}Q}{T}$$

其中的积分路径就可以选用题目中的可逆多方过程。积分中的 $\mathrm{d}Q$ 必须完全符合积分路径(即所选用的可逆过程)的特点而写出。在本题的可逆多方过程中,

$$\mathrm{d}Q = \nu C_{m,n}\mathrm{d}T$$

$C_{m,n}$是多方过程摩尔热容量

$$C_{m,n} = C_{m,V}\left(\frac{\gamma-n}{1-n}\right)$$

式中的定容摩尔热容为：

$$C_{m,V} = C_{m,p} - R = 29.07 - 8.31 = 20.76 \text{ J}\cdot\text{mol}^{-1}\cdot\text{K}^{-1}$$

绝热指数

$$\gamma = C_{m,p}/C_{m,V} = 29.07/20.76 \approx 1.40$$

于是

$$S_1 - S_0 = \nu C_{m,n}\int_{T_0}^{T_1}\frac{\mathrm{d}T}{T} = \nu C_{m,V}\left(\frac{\gamma-n}{1-n}\right)\ln\frac{T_1}{T_0}$$

将数据代入，得：

$$S_1 - S_0 = \frac{50.0}{28.97}\times 20.76\times\frac{1.40-1.30}{1-1.30}\times\ln\frac{404.6}{303.0}$$

$$= -3.45 \text{ J}\cdot\text{K}^{-1}$$

与例 7.6.2 的计算结果基本相符。

【例 7.6.5】 已知在 $p = 1.01\times10^5\text{Pa}$、$T = 273.15\text{K}$ 的条件下，冰融化为水时的熔解热（即等压条件下单位质量水与冰两相的焓差）$l_m = 334\text{kJ/kg}$。求 1kg 冰融化为水时熵的变化。

【解】 冰的融化过程在实际发生时是不可逆的，但为了计算熵变，要把它理想化为可逆的。设想有一恒温热源，其温度只比 273.15K 大一无穷小量，令冰和后来出现的冰水系统与此热源接触，不断取得热量，使冰极其缓慢地融化。这是准静态过程，是可逆的，过程中冰水系统的温度可看作保持在 273.15K。设原来冰的质量为 M，熔解前后的状态分别记为 1 态和 2 态，可逆融化过程记为 R，则熵为：

$$S_2 - S_1 = \int_{(1)R}^{(2)}\frac{\mathrm{d}Q}{T} = \frac{1}{T}\int_{(1)}^{(2)}\mathrm{d}Q = \frac{1}{T}Ml_m$$

$$= \frac{1}{273.15}\times 1.0\times 334 = 1.22 \text{ kJ}\cdot\text{K}^{-1}$$

【例 7.6.6】 求等压加热过程的熵变。1kg 水在恒压下从 $T_1 = 273.15\text{K}$ 被加热到 $T_2 = 373.15\text{K}$，设水在此温度范围的平均定压比热容为

$$\overline{c_p} = 4.18 \text{ kJ}\cdot\text{kg}^{-1}\cdot\text{K}^{-1}$$

求水的熵变。

【解】 为了计算熵变，在认定初、末状态的前提下，要将此定压加热过程理想化。设想有一系列热源，它们的温度依次为 $T_1, T_1+\mathrm{d}T, T_1+2\mathrm{d}T, \cdots, T_2$。在定压条件下，水依次与此系列热源接触，被准静态地加热，总熵变为各无穷小过程熵变之和：

$$S_2 - S_1 = M\left(\frac{c_p\mathrm{d}T}{T_1} + \frac{c_p\mathrm{d}T}{T_1+\mathrm{d}T} + \cdots + \frac{c_p\mathrm{d}T}{T_2}\right)$$

$$= \int_{T_1}^{T_2}\frac{Mc_p\mathrm{d}T}{T} = M\overline{c_p}\ln\frac{T_2}{T_1}$$

式中 M 为水的质量。将数据代入，得

$$S_2 - S_1 = 1\times 4.18\times\ln\frac{373.15}{273.15} = 1.30 \text{ kJ}\cdot\text{K}^{-1}$$

【例 7.6.7】 换用"方法二",再解例 7.6.3。

【解】 现在要计算的是不可逆绝热过程的熵变。将该过程记为 Ir,由(7.3.16)或(7.5.9)式知

$$S_2 - S_1 > \int_{(1) \atop Ir}^{(2)} \frac{\mathrm{d}Q}{T} = 0$$

欲知 $S_2 - S_1$ 究竟是多少,可在初、末态之间设计一可逆路径 R 来作出积分。本题中选用可逆等温膨胀过程连接 (V_1, T) 及 (V_2, T) 两态就很便当,有

$$S_2 - S_1 = \int_{(1)}^{(2)} \frac{\mathrm{d}Q}{T} \quad \text{(沿可逆等温膨胀过程积分)}$$

式中 $\mathrm{d}Q$ 要符合理想气体可逆等温过程的特征,

$$\mathrm{d}Q = p\mathrm{d}V = \nu RT \frac{\mathrm{d}V}{V}$$

所以

$$S_2 - S_1 = \nu R \int_{V_1}^{V_2} \frac{\mathrm{d}V}{V} = \nu R \ln \frac{V_2}{V_1}$$

显然,与例 7.6.3 的结果相同。

【例 7.6.8】 求热传导过程的熵变。设有一质量为 m_1、比热容为 c_1、温度为 T_1 的 A 物体与另一质量为 m_2、比热容为 c_2、温度为 T_2 的 B 物体相接触。它们被放在一绝热箱中,原来 $T_1 > T_2$,两者最后达到平衡温度 T_0。在此过程中没有作机械功。计算该过程的熵变。

【解】 这是一典型不可逆过程,而且整个大系统含有 A、B 两个子系统。初态 A、B 温度已知;末态平衡温度待求。由热平衡方程

$$m_1 c_1 (T_1 - T_0) = m_2 c_2 (T_0 - T_2)$$

易得

$$T_0 = \frac{m_1 c_1 T_1 + m_2 c_2 T_2}{m_1 c_1 + m_2 c_2}$$

为计算系统总熵变 ΔS,可先分别计算两个子系统的熵变 ΔS_A 和 ΔS_B,自然有

$$\Delta S = \Delta S_A + \Delta S_B$$

而 ΔS_A 和 ΔS_B 只分别取决于 A、B 的初、末态,所以,抛开它们原来实际经历的不可逆热传导过程,选择一条连接物体 A 的初、末态的可逆路径计算 ΔS_A,再选择另一条连接物体 B 的初、末态的可逆路径计算 ΔS_B。

先设想在 $T_1 \sim T_0$ 温度范围内,有一系列温度依次是,$T_1, T_1 - \mathrm{d}T, T_1 - 2\mathrm{d}T, \cdots, T_0$ 的热源,物体 A 依次与它们接触,准静态地降温至 T_0,则

$$\Delta S_A = \int_{T_1}^{T_0} \frac{\mathrm{d}Q}{T} = \int_{T_1}^{T_0} \frac{m_1 c_1 \mathrm{d}T}{T} = m_1 c_1 \ln \frac{T_0}{T_1} < 0$$

再设想另外在 $T_2 \sim T_0$ 温度范围内,有一系列温度依次是 $T_2, T_2 + \mathrm{d}T, T_2 + 2\mathrm{d}T, \cdots, T_0$ 的热源,使 B 与之接触,准静态地升温至 T_0,则

$$\Delta S_B = \int_{T_2}^{T_0} \frac{\mathrm{d}Q}{T} = \int_{T_2}^{T_0} \frac{m_2 c_2 \mathrm{d}T}{T} = m_2 c_2 \ln \frac{T_0}{T_2} > 0$$

最后得

$$\Delta S = m_1 c_1 \ln \frac{T_0}{T_1} + m_2 c_2 \ln \frac{T_0}{T_2}$$

读者可以证明这 ΔS 总是大于零的。

【例 7.6.9】 求恒温热源的熵变。温度分别为 T_A 及 $T_B(T_A>T_B)$ 的两恒温热源 A 和 B 之间有热接触,并传递了热量 $Q(Q>0)$。忽略两热源与其他物体的热交换(即认为两热源与外界绝热),求两热源的总熵变。

【解】 这里是把两热源的热容量视为无穷大,所以虽有热量的吸或放,却仍保持恒温。

总熵变 ΔS 等于两热源各自熵变 ΔS_A 和 ΔS_B 之和。

两热源间的热传递是不可逆过程。但既然两热源温度恒定,那么我们可选择两个可逆等温过程分别连接 A、B 热源的初、末态。于是

$$\Delta S_A = \int \frac{\mathrm{d}Q}{T_A} = \frac{1}{T_A}\int \mathrm{d}Q = -\frac{Q}{T_A} \quad (A \text{ 放热}) \tag{7.6.7}$$

$$\Delta S_B = \int \frac{\mathrm{d}Q}{T_B} = \frac{1}{T_B}\int \mathrm{d}Q = \frac{Q}{T_B} \quad (B \text{ 吸热}) \tag{7.6.8}$$

$$\Delta S = \Delta S_A + \Delta S_B = Q\left(\frac{1}{T_B} - \frac{1}{T_A}\right) > 0$$

如上选择两个可逆等温过程,也等效于引进两个中间热源 C 与 D。令热源 C 的温度 $T_C = T_B + \mathrm{d}T$。假设 A 将热量先传给 C,再由 C 传给 B,C 本身净吸热为零,状态不变,而 B 从 C 吸热则是等温可逆的了,于是有:

$$\Delta S_B = \int \frac{\mathrm{d}Q}{T_C} = \frac{1}{T_C}\int \mathrm{d}Q = \frac{Q}{T_B}$$

同理,令热源 D 的温度 $T_D = T_A - \mathrm{d}T$,假设 A 先将热量传给 D,再由 D 传给 B,D 状态不变,而 A 的放热就是等温可逆的了,于是有:

$$\Delta S_A = \int \frac{\mathrm{d}Q}{T_D} = -\frac{Q}{T_A}$$

【例 7.6.10】 电流强度为 I 的电流通过电阻为 R 的电阻器,历时 t 秒。(1)若电阻器置于温度为 T 的恒温水槽中,问水及电阻器的熵变各是多少?(2)若电阻器包在一绝热壳中,其熵变为多少?已知其初温为 T,质量为 m,比热容为 c。

【解】 (1)水作为恒温热源,从电阻器吸热 $Q = I^2Rt$,用例 7.6.9 中的(7.6.8)式,可得其熵变

$$\Delta S_{\text{水}} = \frac{I^2Rt}{T}$$

电阻器放热,但计算其熵变却不能用例 7.6.9 中的(7.6.7)式。因为电阻器作为一耗散元件,它的放热过程是不可逆的,按照(7.3.16)或(7.5.9)式,应有

$$\Delta S_{\text{电阻器}} > \int \frac{\mathrm{d}Q}{T} = -\frac{I^2Rt}{T} \tag{7.6.9}$$

由于电阻器置于恒温水槽中,虽通有电流,但其温度、体积及所受压强均不改变,即状态不变,所以态函数熵也不变,应有

$$\Delta S_{\text{电阻器}} = 0$$

这与(7.6.9)式是不矛盾的。

(2)设通电 t 秒之后电阻器末温为 T',应当有热平衡方程:

$$mc(T' - T) = I^2Rt$$

解出:

$$\frac{T'}{T} = \frac{I^2 Rt}{mcT} + 1$$

设计一可逆升温过程，使电阻器温度由 T 升至 T'，则熵变为：

$$\Delta S_{电阻器} = \int_T^{T'} mc\, \frac{dT}{T}$$

$$= mc\ln\frac{T'}{T}$$

将以上求得的 T'/T 代入，得：

$$\Delta S_{电阻器} = mc\ln\left(\frac{I^2 Rt}{mcT} + 1\right) > 0$$

§7.7 熵及熵增加原理的实际应用

熵增加原理也就是热力学第二定律，在工程技术上有多方面的实际应用。另外，通过熵的玻耳兹曼公式(7.3.3)，熵获得了统计解释，这为熵概念的推广及热力学进入其他学科领域开辟了道路。本节总结与讨论的是熵及熵增加原理在工程热力学方面的应用，下节将介绍与热力学第二定律有关的其他一些有趣问题。

1. 熵增加原理概括了热力学第二定律各种文字表述

图 7.7.1 示意的是一台违反热力学第二定律克劳修斯表述的制冷机，让我们计算一下这样的制冷机循环一周的总熵变。

工质循环一周状态复原，熵变 $\Delta S_{工质} = 0$；温度恒为 T_1 的高温热源吸热 Q，由(7.6.8)式知其熵变 $\Delta S_{高温热源} = \dfrac{Q}{T_1}$。

温度恒为 T_2 的低温热源放热 Q，由(7.6.7)式知其熵变 $\Delta S_{低温热源} = -\dfrac{Q}{T_2}$。这由工质及高、低温热源所构成的绝热系统的总熵变

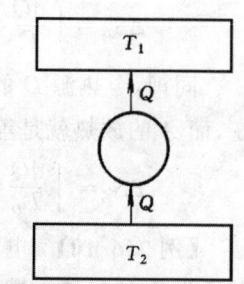

图 7.7.1 违反克劳修斯表述的制冷机

$$\Delta S = \Delta S_{工质} + \Delta S_{高温热源} + \Delta S_{低温热源}$$

$$= Q\left(\frac{1}{T_1} - \frac{1}{T_2}\right) < 0$$

这是违反熵增加原理的，所以不能允许有这样的制冷机。这里我们看到熵增加原理涵盖了克劳修斯表述。

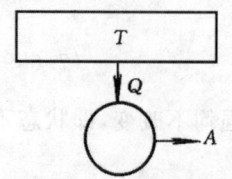

图 7.7.2 违反开尔文表述的热机

图 7.7.2 示意一台违反开尔文表述的热机，它循环一周的总熵变

$$\Delta S = \Delta S_{工质} + \Delta S_{热源}$$

$$= 0 - \frac{Q}{T} = -\frac{Q}{T} < 0$$

这是违反熵增加原理的，不能允许有这样的热机。可见，熵增加原理也涵盖了开尔文表述。

热力学第二定律的其他文字表述无外乎是指出其他一些宏观过程的不可逆性，也一定能被熵增加原理所涵盖。

2. 熵增加原理用于判断过程进行的方向

这是熵增加原理显而易见的功用。关键是要正确组构一个绝热系或一个孤立系，并且正确

计算系统不同状态的熵差,这样才能正确判断过程进行方向。

3. 熵增加原理确定了热功转换设备理想性能的上限

前面图 7.7.1 所示的是制冷系数为无穷大的制冷机,而图 7.7.2 是效率为 100% 的第二种永动机。熵增加原理否定了它们,使一些人对它们的奢望归于破灭。另外,在沿正确途径提高热功转换设备效能时,熵增加原理仍然要给出限制条件,现举例说明之。

【例 7.7.1】 如图 7.7.3 所示,令制冷机的工作物质在热源 T_1(环境温度)和被冷却物体之间进行若干次循环,使物体从室温 T_1 降到低温 T_2。试求制冷机所需消耗的最小功。设被冷却物体的热力学性质(如:在一定温度范围内温度发生变化时需要吸或放的热量、熵的改变等)可查表得到。

【解】 在把待冷却物体的温度由 T_1 降至 T_2 的若干次制冷循环过程中,设工作物质总共从该物体吸收了热量 Q。现取物体、工作物质和热源为一绝热系统,在冷却的全过程中:

被冷却物体熵的变化 $\Delta S_物 = S_2 - S_1$;

制冷机工作物质熵的变化 $\Delta S_{工质} = 0$;

热源(环境)熵的变化 $\Delta S_{环境} = \dfrac{Q+A}{T_1}$。

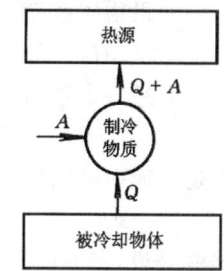

图 7.7.3 用制冷循环冷却物体

整个系统熵的变化
$$\Delta S = \Delta S_物 + \Delta S_{工质} + \Delta S_{环境}$$
$$= S_2 - S_1 + \frac{Q+A}{T_1}.$$

按熵增加原理应有 $\Delta S \geq 0$,可得
$$A \geq T_1(S_1 - S_2) - Q$$

由此可见,制冷机所需的最小功
$$A_{\min} = T_1(S_1 - S_2) - Q$$

4. 给出系统的平衡态判据

按照熵增加原理,一切孤立系中所发生的不可逆过程,是以系统达到熵最大的平衡态而告终。于是这可以作为系统是否处于平衡态的判据。

一个简单的孤立系统其内能和体积是不变的。在此前提下,对于一切可能的变动(包括理论上假想的虚变动)而言,其平衡态的熵最大。这叫做热动平衡的熵判据。

一些系统不是孤立的,但如果把与它发生相互作用的物体也考虑进来构成复合系统,那就是个大的孤立系,上述熵判据便可用了。所以原则上熵判据可以作为一切热动平衡的判据。然而在实际应用中,对于一些处于常规物理条件下的非孤立系统,往往根据熵判据而推导出更方便的平衡判据。重要的情况有两种:

(1)定温定体(积)条件下的自由能判据;

(2)定温定压条件下的吉布斯函数判据。

关于自由能和吉布斯函数以及这两条判据都将在后续的统计物理与热力学课程中详细讲到,这里我们只做一概要性介绍。

上述两条判据有一共同条件,即温度不变。为此,物体系要与一热容量非常大的恒温热库有热接触,并且合在一起构成孤立系。物体系与热库当然可以交换热量。再从一般的情况说起,允许物体系与热库之间有作功发生。设物体系从热库吸热为 Q、接受的功为 A,则其内能改变为：
$$\Delta U = Q + A$$
同时,物体系熵变 ΔS 与热库熵变 ΔS_0 应满足：
$$\Delta S + \Delta S_0 \geqslant 0$$
其中,$\Delta S_0 = -Q/T$,T 为热库及物体系的共同温度。综合以上诸式不难得到
$$\Delta(U-TS) - A \leqslant 0 \tag{7.7.1}$$
如果物体系除了温度不变体积也不变,那么实际上 A 就为零,(7.7.1)式化为
$$\Delta(U-TS) \leqslant 0 \tag{7.7.2}$$
引进一个新的热力学函数
$$F = U - TS$$
它是内能中可以用作自由作功的部分,故称之为自由能(*free energy*)。(7.7.2)式就可写作
$$\Delta F \leqslant 0$$
这就是说,在温度和体积不变的情形下,物体系各种可能的变动都倾向于使自由能减少,而平衡态的自由能应是最小。这是自由能判据。

另外的一种情形是温度和压强不变。这时功 $A = -p\Delta V = -\Delta(pV)$。代入(7.7.1)式,得
$$\Delta(U - TS + pV) \leqslant 0 \tag{7.7.3}$$
引进另一热力学函数
$$G = U - TS + pV$$
称之为吉布斯函数,或吉布斯自由能(*Gibbs free energy*)。(7.7.3)式可写为
$$\Delta G \leqslant 0$$
即,在温度和压强不变的情形下,物体系各种可能的变动都倾向于使吉布斯函数减少,而平衡态的吉布斯函数最小。这是吉布斯函数判据。

在后续课程中读者会学习到这两个判据的许多重要应用。

5. 熵增导致能量品质的衰退

在附录 6.1 中我们已简述过能源与能源新技术。能量不但有量的多少,还有质的高低。热力学第一定律表述了能量在转换过程中数量上的守恒性;热力学第二定律则提供了评价能量品质的方法。

对于各种形态的能量,是以其转换为功的不同能力与程度来判别它们的品质的。高质能是指可全部转换能,像机械能、电能;低质能是指可部分转换能,或有限制转换能,像通常所谓的"热能"(即内能)、化学能;废能是指不转换能,像我们排给环境的能,在设法利用之前就是废能。低质能又有品位高低之分。能量载体与环境介质之间的状态差别越大,其品位就越高。

举例说,设物体 A、B 温度各为 T 和 T',$T' < T$,周围环境温度为 T_0。令 A、B 各与环境之间都工作着一部卡诺热机,如图 7.7.4 所示,A、B 输出热量均为 Q。热机甲提供的可用能 $A = Q(1 - \frac{T_0}{T})$。废能为 $Q\frac{T_0}{T}$;热机乙提供的可用能 $A' = Q(1 - \frac{T_0}{T'}) < A$,废能为 $Q\frac{T_0}{T'}$。这表明:以与环境温度差距较大的 A 为能量载体时,热量 Q 的品位就较以 B 为载体时高。现设想我们并没有直接从 A 取热作功,而是先将这部分热量传给了 B,如图中虚线部分所示,然后热机乙再利用这样传递来的热量 Q 工作。

显然,在热量 Q 由高温物体传递到低温物体后,其作功的价值就贬低了,因为乙机的无用能 $Q\frac{T_0}{T'}$ 比甲机的无用能 $Q\frac{T_0}{T}$ 要多。

注意到在 A、B 两恒温热源之间进行不可逆热传导的过程中,熵增(见前例7.6.9)为

$$\Delta S = Q(\frac{1}{T'} - \frac{1}{T})$$

而上述乙机比甲机无用能的增加恰是 $T_0 \Delta S$。可见,熵增的过程使能量的可利用程度降低了,也就是使能量贬值了。

能量的品质可以用它"携带"的熵来量度①。比较1焦耳不同类型能量所"携带"的熵值,会知道宏观物体的动能和势能是熵最低的有序能。作为无序能的热能,其载体温度越高,所"携带"的熵就越小,能"质"就越高。低熵的有序能可以完全转变为无序能,高熵的能量却仅可部分地转换为低熵能量。按热力学第二定律,能量的一部分必须转换为熵更高的能量,以保证总熵增加。

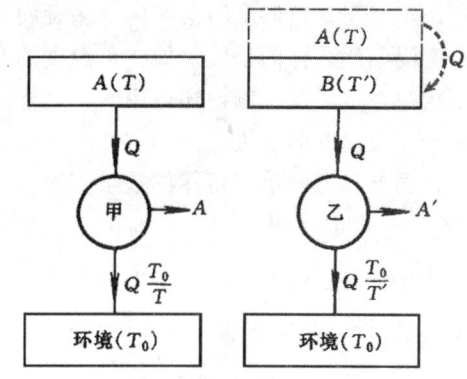

图 7.7.4 两部卡诺热机高温热源温度不同

其实,如果仅按热力学第一定律考虑能量在"量"上的守恒,我们并无能源危机。但热力学第二定律指出:我们使用能量的结果是世界的熵在无情地增加,是能量品质的降退,于是才把人类自己扔到能源危机之中。现代文明靠消耗自然界储存的能量而发展,我们要做的,不是如何保住它的数量,而是要珍惜它的质量。人类必须找到一种途径,用较低的熵增加来推进和维持我们的文明。提高能量利用效率和不断开发新能源,正是我们现实可做的努力。

如果把熵增原理推广到整个宇宙,它的消极方面就带来了"热寂说"的哀叹。对此,我们将在下一节中再做讨论。

由以上的讨论可以看出,熵分析法是从耗散功入手研究不可逆性及能量的贬值性;但如果改换角度,从有用功入手研究,便可以正面地在数量和质量上衡量能量的利用程度和水平,从而评价某一热力学过程或某动力设备的完善程度了。按照这一思想,1956年朗特(Z. Rant)定义了两个新的热力学量②——㶲(exergy)和㶲(anergy)。热力学系统由一初始状态经可逆过程直至变化到与周围环境状态相平衡时所作出的最大功,就定义为内能㶲(对于非流动工质)和焓㶲(对于流动工质);在总热量中最大限度地转换为有用功的那一部分,被定义为热流㶲。一切形式的能量扣除了㶲,所剩的就是㶲③。近年来,在㶲的基本理论、㶲图、㶲表及㶲分析计算方面,都有了广泛迅速的发展。

*§7.8 熵及热力学第二定律的拓展

7.8.1 负温度

这里所说的"负温度"并非指摄氏温标下比冰点还低的温度,而是指热力学温度中的负温

---

① 陈宜生,刘书声. 谈谈熵. 长沙:湖南教育出版社,1993. 第二章§4
② 张管生. 科学用能原理及方法. 北京:国防工业出版社,1986
③ 常树人,李子元."㶲"和"㶲"——两个新流行的热力学量. 大学物理. 1994(12):31

度。乍一听到"负温度",会产生很多疑问:绝对零度尚且不能达到(热力学第三定律),还会有负温度吗?什么样的系统是处在负温度的?这样的系统是不是非常的"冷"?已有的热力学概念及定律在负温度范围内还适用吗?这样一些问题是在20世纪50年代之后才逐步搞清楚的。

1. 负温度的引进

根据热力学第二定律的数学表述(7.4.2)式,在可逆元过程中

$$TdS = dU - dA$$

其中 $dA = \sum_i Y_i dy_i$(见(6.4.9)式),Y_i 表示广义力,y_i 是与此广义力对应的广义位移。现为简单起见,设只有体积功,即 $dA = -pdV$,则可写出:

$$dU = TdS - pdV = \left(\frac{\partial U}{\partial S}\right)_V dS + \left(\frac{\partial U}{\partial V}\right)_S dV$$

从中不难比较得到

$$T = \left(\frac{\partial U}{\partial S}\right)_V, \text{或} \ 1/T = \left(\frac{\partial S}{\partial U}\right)_V \tag{7.8.1}$$

这可以算做温度的热力学定义,表明了温度、熵和内能这三个状态函数之间的关系。显然,温度能够反映系统微观无序度(熵)随系统能量变化的情况。

对通常的热力学系统,能量愈高无序程度愈甚,就是说,熵是内能的单调上升函数,因此,按(7.8.1)式,温度总是正的。但如果有一些特殊的热力学系统,在低内能和高内能态都是低熵的有序态,即,当体积(或其他广义位移)不变时,它们的熵与内能之间有如图7.8.1所示的对应关系,并设在曲线上的B点处有

$$\left(\frac{\partial S}{\partial U}\right)_V = 0$$

那么,B处所对应的温度就是 $\pm\infty$;AB段曲线斜率为正,对应温度为正;而BC段曲线斜率为负,对应温度便是负的了。

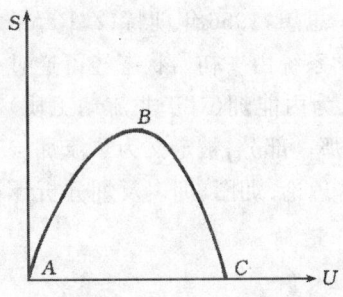

图 7.8.1 特殊热力学系统的 S-U 曲线

习惯上我们说,随着内能的增加,系统是由冷到热。对照着图7.8.1,温度乃是由 $+0$ 到 $+\infty$,随即到 $-\infty$,再于负温度范围内变化至 -0。就是说,在热力学温标下,温度为 $+0K$ 时最冷,负温度比正温度时为热,$-0K$ 时最热!(请读者考虑能否引入一个新的温标,使得在此温标下定义的温度的正负、高低与通常的数学习惯相符,也符合"温度越高物体越热"的日常观念,同时还便于表述热力学第三定律。)

引进负温度概念,并不是在热力学公式之间做数学游戏。现在让我们分析一个简化的例子,看看负温度与热力学系统的物理特征有怎样的对应。

有 N 个彼此近独立的粒子,为简单起见,设每个粒子只具有 ε_1 和 $\varepsilon_2(\varepsilon_2 > \varepsilon_1)$ 两个能量状态。它们在这两个能级上的布居数分别为 N_1 和 N_2。用玻耳兹曼分布律(§4.1)可以得到:

$$N_2/N_1 = e^{-(\varepsilon_2-\varepsilon_1)/kT} \tag{7.8.2}$$

显然,在绝对零度时,$N_2 = 0, N_1 = N$,所有粒子都在低能级上,是有序的低熵态。温度升高,高能级上的粒子数 N_2 增多。直至 $T \to +\infty, N_2 \to N/2$,此时应当是热力学概率最大,最为无序,熵达到极大值。

能否使占据高能级的粒子数 N_2 超过低能级上的粒子数 N_1 呢?原则上,并无物理禁戒规

定着 N_2/N_1 不能大于 1。只要外界供给一定的能量，也不在乎偏离了平衡态，就总是能够设法把低能级上的粒子抽运到高能级的。不过，这当然不再符合上面看到的在正温度范围内的粒子数分布，常称 $N_2/N_1>1$ 的分布是"粒子数反转"。一旦粒子数反转，由(7.8.2)式可见，温度就应当是负值了。随着负温度的绝对值减小，N_2 加大、N_1 减小，系统的总能量变大，热力学概率和熵却在减小。当 $T\to 0^-$ 时，所有粒子都在高能级上，系统总能量最大，同时也是最为有序的低熵态。总之，温度、能量和熵的变化情况正如图 7.8.1 所示。

由此我们看到，一个可以出现负温度的系统，其熵作为能量函数的曲线一定具有极大值。对于能级数目无穷多的系统，这一点是做不到的，因为这样的系统能量越高，粒子在各个能级上的布居方式越多，热力学概率越大，越是无序，熵越大。所以实现负温度的一个必要条件是系统的能级个数有限，而且最高的能级有上界。另外，负温度是出现在远离平衡态的非平衡态系统中的，但就粒子在我们感兴趣的相关能级（例如上述的 ε_2、ε_1）上的布居而言，是在一定时间内相对稳定地维持着局域平衡的。

因为负温度比无限大的正温度还要"热"，所以负温度系统必须与正温度的外界完全绝热隔离，否则就有热量迅速从负温度系统流向正温度的外界，使得负温度状态不能维持。要获得负温度是很困难的，只有在为数不多的情况下才能得以实现，接下来的两大段内容就是两个实例。

2. 核自旋系统

能够满足上述产生负温度的各种所需条件的系统，最早是在 1951 年由庞德（R. V. Pound）、珀塞尔（E. M. Purcell）和拉姆齐（N. F. Ramsey）找到的，它就是 LiF 晶体中的锂离子核所组成的核自旋系统。

核中的质子、中子与核外的电子一样，都具有内禀的量子力学属性——自旋，并具有自旋磁矩。当然，荷电的质子和电子还应具有与轨道角动量相联系的磁矩。核内所有质子及中子的自旋和轨道角动量按一定规则合成为原子核的总角动量，称为核自旋，其相应的磁矩叫做核自旋磁矩。在有外磁场时，各个核的自旋磁矩相对于外磁场方向只可能有几个特定的取向。例如 ^{7}Li 核，就只有四种特定取向，并且 ^{7}Li 核的最低一条能级在磁场中就要分裂成四条子能级。所述这些知识的详情，读者将在《原子物理学》或《近代物理学》课程里学到。不同核的自旋磁矩之间是要发生弱相互作用的，而且当自旋磁矩相对于外磁场的取向有了改变，以致能量也要改变时，还要和周围晶格的热振动进行能量交换。所以每当原来的平衡态受到破坏，便有两类弛豫过程（见第 5 章），一类是与自旋-晶格相互作用有关，弛豫时间记为 T_1；另一类是与自旋-自旋相互作用有关，弛豫时间记为 T_2。对于固体样品，$T_2 \ll T_1$，特别是在 LiF 晶体中，^{7}Li 核之间可以在 10^{-5} 秒内达到平衡，而与点阵达到平衡却需要 2 分钟或更长时间。于是，可以把 LiF 晶体中的 ^{7}Li 核当作一个子系统，称做核自旋系统，而晶格是它的环境。在子系统内部重建平衡态的期间内，与环境几乎没有发生作用，所以这核自旋系统好像是孤立的。

在庞德等人的实验中，先将 LiF 晶体放在强磁场中，使绝大多数 ^{7}Li 核磁矩方向沿外磁场方向排列，这时核自旋系统处于磁能很低的正温度状态；然后使外磁场突然反向，其急骤程度令 ^{7}Li 核磁矩来不及跟着反向，结果使绝大多数 ^{7}Li 核磁矩取向变得与磁场方向相反。于是，这核自旋系统进入了高能量状态，但磁矩排列的有序程度与低能态时并无不同。熵随能量的变化正如图 7.8.1 所示，在子系统尚未与晶格有显著作用之前，短暂地处于负温度状态。

3. 激光与"粒子数反转"

实现与负温度相对应的粒子数反转，使激光——20 世纪最重要的发明之一得以问世。

1917年爱因斯坦发表了辐射的发射和吸收理论。他指出：原子体系由高能级到低能级的跃迁，除了在不受外界条件影响下的自发跃迁（即自发发射）外，还应当有受激辐射（或受激发射）。这是指原子在外来光子的刺激下，由高能级向低能级跃迁。这外来光子的能量应正好等于该高、低能级间的能量差，方可起到促激作用，而且受激发射产生的光子在频率、传播方向、相位和偏振状态上都和外来的入射光子完全相同。另外，在原子体系与外加辐射场相互作用时，由辐射场提供能量，原子体系势必还有从低能级向高能级跃迁的过程，这叫做受激吸收过程。爱因斯坦综合上述自发发射、受激发射和受激吸收这三种过程，成功地重新导出普朗克黑体辐射公式，证明了受激发射概念的引进是符合实际的。

在普通光源中，自发跃迁的速率总是大于受激跃迁的速率，因此产生的光辐射大部分是自发发射。各原子独立、自发地发射光子，其频率、相位、偏振状态、传播方向各不相同，得到的是非相干光。同时在处于一般平衡态的物质中，总是布居在下能级 E_1 的原子数 N_1 大于布居在上能级 E_2 的原子数 N_2，则当光通过时，总是吸收大于受激发射，效果就是光被吸收。只有设法使布居数反转（也就是粒子数反转），即 $N_2>N_1$，才会在光通过时受激发射大于吸收，也才有可能得到大量的处于同一量子状态的出射光子。这意味着把入射的光信号进行了放大，所以称此为"受激辐射光放大"（Light amplification by stimulated emission of radiation，简写为 Laser）。按钱学森的建议简称之为"激光"。由激光的产生机理，决定了它的单色性、方向性、相干性都非常之好，而且亮度也会很高。我们把激光器中具有一定能级结构并实现了粒子数反转的介质称为激活介质。为了产生并维持介质的激活状态，需要外界供给能量，不断将下能级的原子抽运到上能级，称之为对原子体系进行泵浦。要得到稳定的激光输出，还需考虑如何使光场的能量密度足够大，以及使增益大于损耗等等问题。但实现粒子数反转是必不可少的首要条件，也就是说，必须造成负温度体系。

激光器的发明是以20世纪50年代美国哥伦比亚大学汤斯（C. H. Townes）的工作作为先导的。这离爱因斯坦提出受激发射的概念已经过去了将近40年。由于电子顺磁共振和微波技术的发展，汤斯等人对氨分子束能级实现了粒子数反转，并于1954年研制成功了利用受激发射放大产生微波振荡的微波激射器（Maser）。它的优良性能激起许多物理学家开拓更短波长相干辐射的热情。美国贝尔电话实验室的肖洛（A. L. Schawlow）与汤斯联手合作，于1958年他们和苏联的普洛霍洛夫（A. M. Прохоров）几乎同时提出了用平行平面镜作为光频谱谐振腔，实现了光的反馈和选模，这是激光器发展的起点。1960年5月，休斯实验室的梅曼（C. M. Maiman）采用红宝石晶体为工作物质，用氙灯作泵浦源，制成世界上第一台激光器。我国的第一台激光器也紧接着在次年9月于长春问世。此后，激光技术不断地迅速发展，并得到日益广泛的应用。

4. 负温度系统的热力学

人们已经肯定：在正温度范围内建立的内能概念、熵的概念以及热力学第一定律、第三定律都适用于负温度体系，熵增加原理以及热力学第二定律的克劳修斯表述也不用修改。但开尔文表述却在遇到负温度时出了问题。

现举一例：设卡诺热机的高、低温热源温度分别为 $T_1=-100\mathrm{K}$ 和 $T_2=-200\mathrm{K}$，可以算出其热机效率

$$\eta=1-\frac{T_2}{T_1}=-1<0$$

这意味着在两个负温度恒温热源之间运行着的卡诺正循环非但不对外作功，反倒需要外界对

它作功!

在如上两个负温度恒温热源之间运行的逆循环又如何呢?不难算出:向高温热源放热 Q_1 与从低温热源吸热 Q_2 之比为 1/2,而外界作功 $A=-Q_1<0$,就是说,在负温度范围里的制冷机非但不需要外界对它作功,而且竟会对外界作正功!

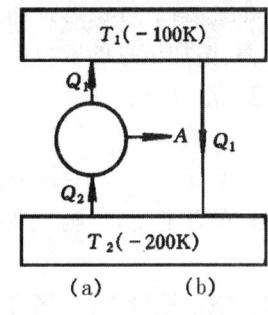

图 7.8.2 第三类永动机

这真是前所未闻!而有悖于成规之事还不止于此。试看示于图 7.8.2 中的组合。在高、低温热源间运行着一部卡诺"制冷"机,向高温热源放热 Q_1,对外作功 $A=|Q_1-Q_2|$,如图 7.8.2a 所示;再将高温热源所吸热量悉数传给低温热源,如图 7.8.2b 所示。总的效果竟是从单一的低温热源取热 $|Q_1-Q_2|$,全部变成对外有用的功而不产生其他影响。这与热力学第二定律的开尔文表述相矛盾,但在负温度范围内却是在理论上可以实现的。由此表明热力学第二定律的开尔文表述在负温度范围内不成立。人们把图 7.8.2 所示的从单一负温度热源吸取热量对外作功、效率是 100% 的装置称为第三类永动机。

在负温度范围内如何修改开尔文表述,至今仍在讨论之中。拉姆齐最先提出一种表述:不可能从单一正温度热源吸取热量使之完全变成有用功而不产生其他影响;也不可能通过作功把热量传给一个负温度热源而不产生其他影响。这种表述的前半部分就是原来的开尔文表述,而后半部分则是针对前述在两负温度热源之间做正循环的一类装置的运作所做的总结。要通过对工作物质作功变成热量传给一负温度(例如 $T_2=-200K$)热源,必定伴随着另一较高温度的负温度(例如 $T_1=-100K$)热源放出一定热量。也就是说,通过作功把热量传给一负温度热源时,必定引起另一个负温度热源的变化。

这样看来,在正温度范围功变热是不可逆的,而在负温度范围却是热变功不可逆。

7.8.2 熵与信息①

人类自古就需要互通消息,而今,身处信息社会的我们,更是每天都要获取、了解、掌握和利用信息。所谓"信息",不仅包括用语言、文字、符号或图像所传递或交流着的所有知识,还包括通过我们的五官所感觉到的一切。人类社会赖以生存的基本要素,与物质和能量并列的,就是信息了。人们可以从自然科学、工程技术、人文社会等各个不同角度去研究信息,其中,由电气工程师香农(Claude E. Shannon)于 1948 年创立的"信息论"是以研究信息量为出发点的。怎样确定信息量呢?即便只局限于用文字和符号表达的信息,若以文字和符号的个数来计量信息的量也不能算是妥当的方案,因为各种语言文字和符号系统千差万别,不同的人表述的简练程度又并不相同,实在难以有统一标准。高明的香农摆脱了具体文字和符号系统的限制,也撇开了事件发生的具体时间、地点、内容,以及人们的情感和反应,而只顾及事件可能出现的状态数目及每种状态发生的可能性,从概率的角度给出了信息量的定义。于是"信息量"就与"熵"的概念发生了联系。

---

① 可参阅:冯端,冯步云. 熵. 北京:科学出版社,1992. 第八章
赵凯华,罗蔚茵. 新概念物理教程·热学. 北京:高等教育出版社,1998. 第二章 8.3 节
陈宜生,刘书声. 谈谈熵. 长沙:湖南教育出版社,1996. 第三章

1. 信息熵

一个人在什么时候需要获得信息呢？那是在他面对的事件具有某种不确定性，他因情况不明或无知而捉摸不定，却又要做出判断和抉择的时候。假如有一个问题可能存在多种解答，而且不给任何提示是哪种解答更符合实际情况，这时，我们没有掌握任何信息，解答的不确定程度最高；当我们得到某些信息后，原先可能的解答中的某些解答便会被排除，剩下可供选择的答案数目就减少了；在我们有了足够的信息时，就将得到惟一的答案。因而，增加信息的效应就是减少了解答问题的不确定性，那么，信息也就可以用它所排除的不确定性来度量。

用来描述事件不确定性的量，应该有这样一些特点：

(1) 事件的可能状态或结果越多，该量越大；

(2) 当事件可能出现的状态数目给定时，若各可能状态出现的概率分布有了变化，则该量也有所变化；

(3) 当事件可能出现的状态数目给定，而各可能状态以等概率出现时，该量达极大值；当可能出现的状态数目为最大允许值、且各可能状态以等概率出现时，对应着事件的不确定程度最甚，该量达最大值；

(4) 当事件只有惟一状态或结果时，谓之完全确定，该量为零。

我们以 $1,2,\cdots,N$ 来标记事件的不同状态或结果，设各状态的概率分布为：$P_1,P_2,\cdots,P_N$，有 $\sum_{i=1}^{N}P_i=1$。定义

$$S=-K\sum_{i=1}^{N}P_i\ln P_i \tag{7.8.3}$$

作为该事件不确定性的量度，称之为信息熵。它满足上述的四个特点。式中 K 为比例系数，其值与信息熵选用的单位有关，待我们在后边予以确定。

现在让我们用 (7.8.3) 式来计算一下猜扑克牌的信息熵。某人给出一张无任何信息的面朝下的扑克牌，则它可能是整套扑克牌 54 张中的任一张。此时，(7.8.3) 式中的 $N=54, P_i=\frac{1}{54}$ ($i=1,2,\cdots,54$)，算出这种情况下的信息熵：

$$S_1=-K\sum_{i=1}^{54}P_i\ln P_i=K\ln 54=3.99K$$

若被告知是一张 "A"，则它只能是四个 "A" 中的任一张。此时，(7.8.3) 式中的 $N=4, P_i=\frac{1}{4}$ ($i=1,2,3,4$)，相应的信息熵为：

$$S_2=-K\sum_{i=1}^{4}P_i\ln P_i=K\ln 4=1.39K$$

显然，由于获得此信息的不确定度减少，因而信息熵变小。若又被告知是黑桃，则这张牌确定无疑是黑桃 A。此时 (7.8.3) 式中的 $N=1, P_i=P=1$，算出的信息熵 $S_3=0$。

由上例看到，随着掌握的信息逐渐增多，事件可能出现的状态或结果数目（即 (7.8.3) 式中的 N）愈来愈小，各种可能性的概率分布就愈来愈集中。在上面的计算结果中，S_1 是信息熵的最大值，让我们把它记作 S_{max}。不同事件的 S_{max} 当然会有所不同，但只要在具体事件中信息达到了最大值，无论它究竟是多少，都对应着不确定度最大。

再举一例，看看气象预报中的信息熵。令 $i=1$ 和 2 分别代表下雨和不下雨的情况。如果预报员说 "明日降水概率为 60%"，这句话的信息熵是多少呢？由此话得知 $P_1=0.60, P_2=0.40$,

按(7.8.3)式得：
$$S_1 = -K(0.60\ln 0.60 + 0.40\ln 0.40) = 0.673K$$
若预报员改说"明日降水概率为80%"，则改算出信息熵：
$$S_2 = -K(0.80\ln 0.80 + 0.20\ln 0.20) = 0.500K$$
如果没有任何迹象表征明日是倾向于下雨或是不下雨，那么明日下雨与否，情况最不确定，此时 $P_1 = P_2 = 0.50$，信息熵为最大，算出：
$$S_{max} = -K(0.50\ln 0.50 + 0.50\ln 0.50) = K\ln 2 = 0.693K$$

为什么要把(7.8.3)式定义的 S 叫做信息"熵"呢？试看在诸可能状态或结果等概率出现时，信息熵的表达式

$$S = K\ln N \tag{7.8.4}$$

将此与熵的玻耳兹曼关系式((7.3.3)式)比较，二者何其相似！这里的 N 相当于(7.3.3)式中的热力学概率 W，系数 K 对应于(7.3.3)式中的玻耳兹曼常数 k。可见信息熵定义式(7.8.3)、(7.8.4)已将热力学熵包含在自身之中，所以也有人称信息熵为广义熵。熵概念的这一推广，不单为熵概念从热力学进入信息科学，也为其进入生物、经济及其他社会科学领域开拓了道路。

2. 信息量

信息量可以有两种含义：一是从对事物全然无知（不确定度最大，信息熵最大），到有所知，绝对地获得了多少信息量；二是从掌握了一定素材、已提炼出一定量信息，到掌握了更多素材、提炼出更多信息，在这两步之间相对地获得了多少信息量。让我们把前者所指的信息量记作 I，后者记作 ΔI，并称后者为信息增量，以区别于前者。

既然如上所述，信息可以用它所排除的不确定性来度量，而不确定度又以信息熵为表征，信息有所得，信息熵必有所失，那么，如果规定这里的得失总是相抵的，就可以通过信息熵来计算出信息量 I 了。信息论有一定律：一个体系的信息量与信息熵之和保持恒定，并等于该体系在恒定条件下所能达到的最多信息量 I_{max} 或最大信息熵 S_{max}。即：

$$I + S = I_{max} = S_{max} \tag{7.8.5}$$

按照这一定律，我们就得到：在前述猜扑克牌的例子中，一开始，$S_1 = S_{max}$，信息量 $I_1 = 0$；知道是一张"A"时，信息量
$$I_2 = S_{max} - S_2 = K\ln(54/4) = K\ln 13.5$$
又知道是黑桃时，信息量
$$I_3 = S_{max} - S_3 = K\ln 54 = I_{max}$$

同理，在气象预报的例子中，预报员说"降水概率为50%"时，信息量为0；说"降水概率为60%"时，信息量为$(0.693 - 0.673)K$；说"降水概率为80%"时，信息量为$(0.693 - 0.500)K$。

由(7.8.5)式，容易得到

$$\Delta I = -\Delta S \tag{7.8.6}$$

这就是说，信息增量等于信息熵的减少。例如天气预报员告诉我们"降水概率为80%"，比之说"降水概率为60%"时，由信息熵的减少量可以计算出所提供的信息增量 $\Delta I = (0.673 - 0.500)K$。

3. 信息熵和信息量的单位

在所有不确定性事物中，最简单的情况是只具有两种可能性，如：是或非，生或死，黑或白，等等。现代计算机普遍采用二进制，数据的每一位非0即1，也是两种可能性。即使是复杂事物，也往往可以通过一连串适当的"二择一"，来做到完全确定。所以，从两种可能性中做出判

断,可以作为排除不确定性的基本过程。香农就把从等概率的两种可能性中作出判断所需要的信息量当成信息量的单位,称为 1 比特(bit,这是据英文中"二进制数字" binary digit 的缩写)。这样一来,我们就可以确定(7.8.3)式中的系数 K 了。面对有两种可能性的一个随机事件,如果最不能确定哪个可能性会真的发生,那就不得不认为各自发生的概率都是 50%,对应着有最大信息熵。按(7.8.3)式计算:

$$S_{\max} = -K(0.50\ln 0.50 + 0.50\ln 0.50) = K\ln 2$$

再按(7.8.5)式,可求出欲将其完全确定应得到的最大信息量为:

$$I_{\max} = S_{\max} = K\ln 2$$

而香农规定:这 $I_{\max}$ 就是 1bit 的信息量,所以

$$K = 1/\ln 2 \quad (\text{bit}) \tag{7.8.7}$$

(7.8.3)式便可写为:

$$S = \frac{-1}{\ln 2}\sum_{i=1}^{N} P_i \ln P_i = -\sum_{i=1}^{N} P_i \log_2 P_i \tag{7.8.8}$$

在前面依据(7.8.3)式推导或计算出的结果中,若采用"bit"作信息量或信息熵的单位,就都要让 K 等于 $1/\ln 2$,或者去掉 K,同时把自然对数换成以 2 为底的对数。

香农这样选定信息量的单位,对于使用二进制数字有很大方便。位数为 r 的二进制数字序列,可以是 2^r 个不同的二进制数,例如 $r=3$,则可以有 000、001、010、011、100、101、110 和 111 八个二进制数。它们可以用来标记一个体系 2^r 个不同的状态。从完全不确定,到惟一确定了其中某状态,得到的信息量按(7.8.4)、(7.8.5)和(7.8.7)式计算,得

$$I_{\max} = -\log_2 2^{-r} = r \quad (\text{bit})$$

这就把信息量与二进制序列的位数 r 直接对应起来了。另外,如果需要连续回答 r 个"是"或"否"才能把一件事彻底搞清楚,那么与这件事相关的最大信息量就是 r 比特。

4. 获取和处理信息必须消耗能量

热学中,熵的单位是(J/K)。如果信息熵不用 bit 而是也用 J/K 为单位,就需要把(7.8.3)式中等于 $1/\ln 2$ 的系数 K 换成玻耳兹曼常数 k。不难求出两种单位的换算关系:

$$1\text{bit} = k\ln 2 (\text{J/K}) \tag{7.8.9}$$

另一方面,既然信息增量等于信息熵的减少(见(7.8.6)式),那么,(7.8.9)式便表明每获得 1bit 信息就相当于减少 $k\ln 2$(J/K)的信息熵。按照热力学第二定律,环境必须有熵增加作为补偿。若环境温度为 T,就对应有 $kT\ln 2$(J)的功转变为向环境放的热。可见,对于一个孤立或绝热系统,在总熵不减的限制下,想获取信息是不可能的。

实际上,一部具体的信息处理装置,例如一台电子计算机,进行信息操作所消耗的能量取决于技术水平。计算机工作时,有许多不可逆因素会使能耗增加。随着电子技术的飞速发展,每处理 1bit 信息所需的能量,每 10 年约下降 2 个数量级。但按照上面的讨论,信息处理时的能量消耗不可能无限降低,$kT\ln 2$ 就是每处理 1bit 信息耗能的理论下限。定性地说,"kT"标志着微观粒子热运动的能量,在各种进行信息处理的元器件中,这也就是热噪声水平。所以当元器件实现"开关"或"读写"时,需要消耗的能量正应当不低于这一水平。近年来,IBM 公司的朗道尔(R. Landauer)对计算机信息处理的能耗研究表明,在理想化的计算和测量过程中,不可避免的能量消耗仅在于将存储的信息抹去,他所得到的信息处理耗能下限竟和以上的结论相同。现实中,信息处理的能耗还相当高,目前最先进的微电子元件的每 bit 耗能也要比这下限值高出好几个数量级呢!

5. 麦克斯韦妖

我们已经知道信息与熵是有密切联系的,是什么事情最先启示了人们去探求它们的联系呢？这要追溯到 1867 年。麦克斯韦为了阐明热力学第二定律只具有统计上的可靠性,在给友人泰特(P. G. Tait)的信中虚构了一个小精灵。在他于 1871 年写就的教科书中,讲到热力学第二定律的局限性时,对这精灵的描述最为充分:其官能是如此敏锐,使之得以追踪每一个运动中的分子,虽然它的本领仍然和我们一样有限,却能做出我们所做不到的事情。当容器之中装满的空气处于等温状态时,虽然任取大量分子的平均速率是均一的,但单个分子的速度并不均一。现设想容器分为 A、B 两部分,在界壁上留一小孔,而让这个能够看得见单个分子的精灵守在孔旁并开关这小孔,只令快速的分子从 A 进入 B,而慢速的从 B 进入 A,如图 7.8.3 所示。这样,此小精灵无须作功,就使 B 的温

图 7.8.3 麦克斯韦妖

度升高、A 的温度降低,与热力学第二定律产生了矛盾。这一精灵被开尔文称为"妖精"。后来,知道了它的内涵比麦克斯韦起初设想得更为丰富,从而引起了几代物理学家的关注。

物理学家们为了捍卫热力学第二定律,提出了各种"降妖"的见解。在思辨之中,逐渐加深了对信息的认识,明白了信息与熵的关系。1929 年匈牙利物理学家西拉德(L. Szilard)著文题为"论由智能生灵导致一个热力学系统中熵的减少"。他强调了麦克斯韦妖有获得信息、存储信息和运用信息的功能,而且指出在妖精发挥作用的过程中必然有熵的产生,否则就不得不承认热力学第二定律遭到破坏。随后,香农纯粹就通信理论进行研究,发表了信息论的一系列奠基性论文。比照着玻耳兹曼熵公式,他定义了信息熵,用以度量一个体系的统计描述的不确定程度。但人们还是要追究西拉德说的熵产生到底发生在哪一环节。法国物理学家布里渊在他于 1956 年出版的专著《科学与信息论》中回答了这一问题:在麦克斯韦妖工作时,首先它要看得见运动的分子,并且能够判断其运动速度,就必须另有一束光照在分子上,被分子散射的光子为妖精的眼睛所吸收。这一过程涉及到热量从高温热源转移到低温热源的不可逆过程,致使熵增加。另一方面,麦克斯韦妖运用信息而操作的结果,使高、低速分子得以分离,又使熵减少。这正是信息的获得与信息熵的减少相当。前述熵的增加超过信息熵的减少,系统总熵不减,就不违背热力学第二定律了。

其实,不必把麦克斯韦妖想得那样玄虚,它代表着一个可以从环境引入负熵的开放系统,它的智能意味着信息的作用而已。

7.8.3 时间箭头[①]

"时间",是个太普通的字眼,人人都在不断地提及它;"时间"又是人类深感困惑的一个谜。古罗马哲学家圣奥古斯汀在回答"时间是什么"时说:"如果没有人问我,我知道;如果我想向提问的人解释,我不知道。"当今《辞海》里解释"时间"为"时候",这也实在算不上"时间"的明确定义,而要对"时间"做科学诠释,更是绝非易事。单就常言所道"光阴似箭"来推究,"光阴",即是

[①] 可参阅:冯端,冯步云. 熵. 北京:科学出版社,1992 年. 第四、五章;
彼得·柯文尼,罗杰·海菲尔德著. 江涛,向守平译. 时间之箭. 长沙:湖南科学技术出版社,1995;
苏汝铿,倪光炯. 物理学中的时间箭头. 自然杂志,1981,4(7):507~512.

"时间",但"时间"果真像箭一样,朝着箭头的指向一去不复返吗?

从我们日常生活的体验看来,时间总是从过去,到现在,到将来,所以似乎总是有箭头,有方向的。放映一段电影胶片,如果我们看到的是:被打碎的瓷器重新嵌配为完好的杯皿;破瘪的橡皮膜自动膨胀,并密封成气球;香气神秘地凝结成香水,又钻入瓶中;池塘里的水波向中心汇聚,再弹出一粒石子;人从坟墓里升出,越变越年轻,然后回到母胎……观众一定会惊呼:胶片被倒着放映了。因为我们知道这样一些画面有悖常理,荒诞无稽,是绝对不可能真实发生的。而其中的实质正是:当这段胶片按正常顺序放映时,我们所看到的事件都是不可逆的。热力学第二定律总结出实际过程的不可逆性,也就是指出了时间流逝的单向性。早在 1927 年,英国天文物理学家爱丁顿(Arthur Eddington)在《物理世界的本质》一书中,就把熵喻为"时间之箭"。用熵增加原理可以明确定义出热力学时间方向或热力学时间箭头。对于一切孤立系统,"未来"就是熵增加的方向。

我们似乎已经轻而易举地对本节一开头提出的问题做出了回答,但事情却不是这样简单可以作罢。

物理学中除了热力学第二定律破天荒地引进了时间之矢,其他基本定律都是时间可逆的。在牛顿力学方程 $F=m\dfrac{\mathrm{d}^2 r}{\mathrm{d}t^2}$ 中,如果把 t 换成 $-t$,则方程不变;把满足牛顿方程的解 $r(t)$ 中的 t 换成 $-t$,仍然是同一个牛顿方程的解。这就是所谓的"时间反演不变性"。电磁学的麦克斯韦方程组同样具有时间反演不变性。电磁波传播所服从的波动方程是关于时间 t 的二阶微分方程,推迟波(收到信号迟于信号源发出信号)和超前波(收到信号早于信号源发出信号)都是该微分方程的解。所以,在力学和电磁学中,时间的正向与反向是等价的。

当进一步把各种物理过程联系起来思考时,人们便产生了困惑。先是开尔文,继而是洛施密脱在 1876 年提出,体系的宏观实际过程固然具有不可逆性,但是构成体系的微观粒子服从的却是可逆的牛顿力学规律。如果作时间反演,则按牛顿力学,体系中的所有微观粒子都将循原路沿相反方向回到初态,从而宏观体系也应自发复原,就根本不应该有宏观不可逆过程;但宏观过程又确实是不可逆的。这就是历史上有名的热力学"不可逆性佯谬"。对此,玻耳兹曼曾经给出过初步解释。他指出熵增加原理是统计性的,熵增加的概率最大,却并不排斥熵减少的可能。正如我们在 §7.4 中讨论热力学第二定律的统计意义时所讲,由于孤立系统的熵自发减少的概率极小,以致可以忽略,所以微观可逆与宏观不可逆的矛盾看来可以调和。一百多年以来,对这一问题又作了许多更为深入细致的分析。人们并不满足于仅是计算熵增加的概率,而是进一步探讨是否可以把统计方法和可逆的力学定律结合在一起,来严格地导致不可逆性。答案基本为否定的。

热力学时间箭头还面临另一更为尴尬的局面。1890 年法国数学家庞加莱(Henri Poincarè)证明了一个重要定理:处在有限空间内的保守力学体系,在经历足够长时间后,总有可能任意接近地回到它的初始运动状态,统计物理上把这叫做在等能面上的"准各态历经"。接着,1896 年,策尔梅洛(E. Zermelo)便据此提出诘难:既然在足够长的时间后,体系总有可能近似回到原来的状态,岂不意味着,不可逆过程、熵的增加、时间箭头等等都仅仅是暂时现象而已?从长远看来,一切过程都是可逆的,根本不存在时间方向了吗?不久之后,确有人证明:一个具有大量自由度但有限的、完全孤立的系统,在时间上的演化将是对称的。这样,就再现了矛盾:一方面,统计物理学基本原理的确立有赖于"各态历经",我们虽不能严格证明"各态历经",但总可以证明"准各态历经";另一方面,经过统计考虑,这统计物理确实能给出熵增加原理。也就是说,有时间箭头的结论是建立在近似没有时间箭头的理论基础之上的。人们不能不追问:到底是在什么地方,在理论的哪一步引入的时间箭头?

另外,在电磁学上,尽管可逆的电磁波动方程具有可逆的解,但人们总是只选择推迟波,因为超前波没有物理意义。于是,出现了由推迟波定义的电磁学时间箭头。可是与电磁场紧密相关的带电粒子,例如电子,它的运动(速度不很高时)仍然是用牛顿运动方程来描述,它所受的洛伦兹力和其自身的质量决定着它的加速度。这可逆的力学描述与电磁学时间箭头之间,也构成了"不可逆性佯谬"。

不仅如此,不可逆性还不是宏观世界所特有的。以原子辐射为例,原子中的电子可以自发地由高激发能级跃迁到低能级,放出光子,这是自发辐射;但电子不再能自发地回到高能级,电子必须受到外界的激发,从外界吸收能量,才能从低能级跃迁到高能级。而且,在自发辐射过程中,整个体系,包括发光的原子、发出的光子和吸收这些光子的环境,总熵是增加的。就是说,自发辐射是一个不可逆过程,可以根据自发辐射来定义量子力学时间箭头。但是,量子力学中描述电子运动的薛定谔方程是具有时间反演不变性的,于是又出现了可逆和不可逆的矛盾。关于量子力学,还有一个更令人伤脑筋的难点,那就是"测量"。问题产生于微观的原子分子世界和宏观世界碰头,测量仪器指针颤动、荧光屏闪光的那一时刻。试想有一个满足薛定谔方程的波函数,它在数学上代表着一个没有被观测的电子的行为。该波函数储存了有关这个电子行为的所有信息。一旦我们用某种测量手段去进行观测,例如用一个荧光屏,电子的行为就立即显现出来了。这样,波函数以及系统本身必定在进行测量时经受了某种瞬时的转换,从测量前它反映所有可能出现的情况,变成只相应于实测中记录到的单一值。这样一来,在系统的过去状态(潜在性)和现在状态(现实性)之间的对称性就被取消了。我们不能从一个给定的测量结果来反推"过去"。于是,测量操作本身,就把时间箭头引入到量子力学描述的现象中去了。但这样引入的时间箭头照样无法纳入薛定谔方程的框架,仍然有可逆和不可逆的矛盾。由于在量子力学中,量子测量过程本身就存在许多吸引人的问题,并且引起了许多佯谬(例如著名的"薛定谔猫佯谬"[①]),因而近年来,通过分析量子测量过程来研究时间箭头的工作与日俱增。有人设想一束波被一个半透明的反射镜分裂为透射束和反射束,那么根据量子力学,观察者如果对这两束波中的一束作观测,就能相应地知道粒子是否存在于另一束波里。就是说,无须对另一束波进行测量,便能明确预言它的情况。所以,量子测量是一个"预测"而不是"回测"过程,它能展现未来,而不是追溯过去。因而就等于定义了一个时间箭头。

综上所述,我们看到,可以定义各种时间箭头,而如何能把它们与力学、电磁学、统计物理学、量子力学等一些基本物理规律协调起来,还真是一个难以解决的问题。特别是,对于一个个可逆的方程,为什么却偏要选具有时间箭头的不可逆的解?是否有什么更根本的原则指导我们必须选择这种不可逆的解呢?从理论上说,不可逆性究竟从何而来?各种不同的时间箭头之间,也就是各种不可逆性之间应当有所联系,这当中有没有最基本的时间箭头,可以利用这个箭头导出其他的一切?这些问题构成了物理学中时间箭头讨论的核心,很是引人注目,国际上多次为之专门召开会议,许多不同的学派提出了各种见解。下面让我们来做些简单介绍。

一些坚持在统计方法中寻找不可逆性起源之踪迹的物理学家认为,不可逆性来自从统计物理导出热力学规律时常用到的热力学极限(即体系的粒子数 N 和体积 V 均趋于无穷大,而

[①] 关于"薛定谔猫佯谬"易懂的解释,除可参阅我们已介绍过的《时间之箭》第四章有关段落之外,还可见:Philip Yam. 物理学发展趋势——让薛定谔的猫苏醒过来. 科学(Scientific American). 1998.(2):70~76.

粒子数密度 N/V 为常数）。因为这样做时，便把一个有限自由度问题拓宽成了无限自由度问题。于是，庞加莱定理不再适用，策尔梅洛的诘难也就失去了意义。同时，在取热力学极限时所派生出来的不对称性，或许就是不可逆性。另外，用统计方法给出熵增加原理时必须采用"粗粒平均值"。与粗粒平均相似的一种变形是"时间光滑化"处理，有人便把不可逆性的起源归结于此，不过，争议颇多。从统计方法上寻求不可逆性起源的方案还有许多，其中，认为不可逆性来自系统不绝对孤立，也是较有影响的一种观点。通常在统计物理、热力学中的所谓孤立系，只是指体系和外界交换的能量和信息比起体系自身来说小得可以忽略，但其实仍然有可能对系统的动力学行为产生影响，从而产生不可逆性。

有人认为统计物理学和宇宙学有着密切的联系，而且我们对于时间本质的认识，总是要追溯到对宇宙结构的认识。不可逆性是否就来自宇宙大爆炸呢？如果能通过宇宙膨胀来定义宇宙时间箭头，那么由于宇宙学与电磁学、热力学、信息论乃至生命现象的联系，是不是由宇宙时间箭头就能推出其他一切时间箭头呢？特别是近年来，人们普遍认为，通过大统一理论，在最大尺度上探寻宇宙演化和起源的宇宙学，竟能和在最小尺度上研究物质深层次结构的粒子物理学奇妙地衔接起来，于是，"宇观"时间箭头与"微观"时间箭头是否就有望建立联系？

其实，谈及宇宙和生命，它们的演化和奥秘是对熵增加原理的直接挑战。我们知道，熵的增加意味着系统内部无序程度的增加，于是从结构上看，系统就要越发缺少组织性；而正是组织性才使得系统具有内部多样性。所以，随着从有序到无序的演变，系统间的差异就要减少，"熵增"这时间之矢指向的是一个逐渐均匀的未来。但就生命进化而言，其情景却截然相反。达尔文的进化论指出：生命的演变是从简单到复杂，从低级到高级，从无甚区别的结构到层次众多、式样纷繁的结构。这是从无序走向有序。而且生物学的有序性又独树一帜，它既是结构上的，又是功能上的。生物的所谓"活"，都是靠生物体中成千上万个生物化学反应高度有序、协同一致来实现的。如此看来，由热力学第二定律给出的进化规律与达尔文的生物进化论是针锋相对的。但经过长期研究，人们的认识深化了，知道这两者应当统一在开放系、且远离平衡态的热力学理论之中。无生命世界中的许多复杂现象也能够由这个新理论得到说明。对此，我们就要在§7.8.5中予以简单介绍。至于宇宙，熵增加原理曾导致可怕的宇宙"热寂"之说，但事实上，天体演化所显示的图像与朝向"热寂"过渡迥然不同，对此我们也要在后边的段落中再做些讨论。

可以说，在寻找时间之箭的历程中，人们调查研究了现代科学中所有的主要学说，从而已经带来了、并还将继续带来理论上和认识上的深化和飞跃。

7.8.4 非平衡的定常态

在§2.1.3中我们讨论了对非平衡态的描述，说到要用局域平衡的假设来作为处理近平衡区的非平衡态问题的基础。在第5章，我们看到输运过程都是由系统中的某种不均匀性引起的，其不均匀程度分别用温度梯度、定向流速的梯度和密度梯度来表示。普遍地讲，与各种梯度联系着的是广义的作用"力"。而像在(5.1.3)、(5.1.4)和(5.1.8)式中分别出现的定向动量、热流密度和扩散通量，就是在广义"力"驱动下所产生的各种"流"。在近平衡区的输运过程中，"流"与"力"成线性关系。这里，我们并没有简单地按刚提到的(5.1.3)、(5.1.4)和(5.1.8)式所表述的那样，说"流"与相应的一种"力"成正比，乃因在普遍情形下，广义"力"和"流"之间还可能存在着交叉的影响。例如，密度梯度也可能对热流产生影响，而温度梯度又可能影响扩散的粒子流。详细情形由荷兰物理学家昂萨格(L. Onsager)已在1931年做出研究结论，对此在后续课程中会进行讲解。现在，我们只注重熵及非平衡系统的状态。

在没有外界影响的条件下,也就是在孤立系中,输运过程的进行,必使系统趋向熵值最大的平衡态。但如果有外界影响,即当有热量交换时,就存在熵流 dS_e,系统熵变应表示为(7.3.15)式:

$$dS = dS_e + dS_i$$

而且在外界条件的限制下,系统并不能达到一个平衡态。但是系统状态也未必一定要不停地随时间变化,像在§2.1.2中举例提到的那根两端分别浸在沸水和冰水之中的弯曲金属杆,就是处在宏观性质不随时间变化的状态,也称之为定常态(stationary state)。既然状态不随时间变化,那么作为状态函数的熵也就不随时间变化,所以

$$\frac{dS}{dt} = 0, \qquad \frac{dS_e}{dt} = -\frac{dS_i}{dt} \tag{7.8.10}$$

这后一式表明:在定常态下,熵产生与熵流相抵,熵产生 dS_i 总是正的,这时熵流 dS_e 就是负的,系统要向外界输出熵。

定常态毕竟是一种特别的非平衡态。类似于§7.7中所述,有在各种情况下热力学系统到达平衡态的判据,是否也有可以告诉我们何时达到定常态的判据呢?这就是1945年比利时科学家伊里亚·普里高津(I. Prigogine)的最小熵产生原理。

定义在单位体积中、单位时间内的熵产生为熵产生率,用 σ 表示。(7.8.10)式中出现的 $\frac{dS_i}{dt}$ 与 σ 之间的关系就是:

$$\frac{dS_i}{dt} = \int_V \sigma dV$$

上式右端是对系统的体积变量积分。熵产生率的大小有赖于各种不可逆过程的流和力的大小。流和力的增大都会导致熵产生率的增大。最小熵产生原理是说,在接近平衡态的情况下,与外界强加的控制条件相适应的非平衡定常态的熵产生率具有极小值。值得注意的是,论证最小熵产生原理时,要用到流和力之间的线性关系,就是说,系统应距离平衡态不远。当系统远离平衡态时,最小熵产生原理不再适用。

最小熵产生原理意味着熵产生率 σ 对时间的微商小于或等于零,即:

$$\frac{d\sigma}{dt} \leqslant 0 \tag{7.8.11}$$

如图7.8.4所示,图中曲线的斜率只能为负值或等于零。当 $\frac{d\sigma}{dt} = 0$ 时,系统处在定常态;当 $\frac{d\sigma}{dt} < 0$ 时,系统处在离开定常态的非平衡态;随着时间演化,系统总是朝着熵产生率减小的方向发展,直到定常态。这一原理反映了在偏离平衡态不远时系统有"惰性",其状态仍趋向于不随时间变化。同时,系统又是"吝啬"的,总是选择与外界条件相适应的能量耗散最小的状态。该原理也给出了在线性非平衡区开放系统中的时间箭头。

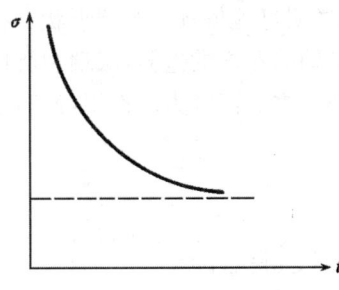

图 7.8.4 线性非平衡区熵产生率随时间的变化

孤立系在线性非平衡区的演化也可纳入最小熵产生原理的制约。对于孤立系,(7.8.11)式仍成立,不过因熵流 $dS_e = 0$,所以演化的终极目标不但 $\frac{d\sigma}{dt} = 0$,而且是 $\sigma = 0$(见(7.8.10)式),熵就达到了最大值,且不再随时间变化,孤立系处于平衡态。

7.8.5 耗散结构[①]

最小熵产生原理在近平衡线性区的成功,使普里高津力图将它推广到远离平衡态的系统中去。然而经过多年努力,证明此尝试是失败的。在远离平衡时,具体系统表现出多样性,问题变得相当复杂。流和力之间的线性关系不再成立,熵产生率不再随时间单调地减小,而是根据不同的系统和不同的条件,可增、可减,甚至可随着时间振荡变化。总之,远离平衡态的系统的热力学性质可能与平衡态、近平衡态时有重大原则区别。以普里高津为首的布鲁塞尔学派,从1947年到1967年花费了近20年的心血,终于建立了"耗散结构"的概念。为此,普里高津获得了1977年的诺贝尔化学奖。

1. 自组织现象

在前面的章节中,多数情况我们是在讲从非平衡趋向平衡,从有序趋向无序,系统演化的目标是均匀和简单,因而也是低级的。但自然界和社会却是多彩纷呈的,我们常常看到的是从无序走向有序,从低级发展到高级。下面举几个对建立耗散结构概念富有启发性的例子。

(1) 贝纳德对流

1900年,法国人贝纳德(H. Benard)在做博士论文时研究了热对流。他向水平放置的扁平圆形容器注入液体,有一自由液面,从容器底均匀加热。开始时液体没有任何宏观运动,传热以热传导方式进行。当液面与容器底部的温差达到一定程度时,突然发生对流现象。俯视液面,看到状似蜂房的规则六边形图案,如图7.8.5(这是现代用硅黄做实验拍摄的照片)[②]。照片中每个小六角形中心较暗处的液块向上浮(或向下沉),边缘较暗处的液块向下沉(或向上浮),在二者之间较明亮的环状区域里液块作水平运动。图7.8.6是纵剖面图,对流花纹好似蛋糕卷。这样,液体中的对流就形成了一个个六角形柱体,叫做对流胞。液体中这种有规则的结构称为"贝纳德花样"。从对称性的角度看,原先没有花纹的均匀液体,空间对称性最高;出现花纹后,对称性降低了,叫做出现了"对称破缺"。对流胞的产生真是令人感到惊奇。当上下温差逐渐加大时,为什么对流不是积微渐著,而是突然从无到有呢?在起初的热传导状态下,液体分子是在各个方向上作杂乱的热运动,是通过无规则的碰撞传递着能量;而这对流的突然出现,就好像液体中的分子能够互通信息,一旦"时机成熟",就能自动组织起来,协同行动,形成空间的有序结构。后来,人们就把这种现象称为自组织(*self-organization*)。

为了解释贝纳德花样,1916年英国学者瑞利(Lord Rayleigh)提出一个理论模型,该模型是基于一个类似于贝纳德对流的实验。瑞利用扁平容器盛满液体,然后从底部徐徐均匀加热。当上下温差达到临界值时,也是突然出现对流图案,不过俯视图样明显地依赖于容器形状。在圆形容器中,俯视图不再是六边形图案,而是一些同心环。它与贝纳德花样的差异,跟瑞利所用容器中无自由液面是直接有关的。这样,在瑞利的实验中就不必考虑表面张力的作用,使问题变得简单一些。

[①] 可参阅:沈小峰,胡岗,姜璐. 耗散结构论. 上海:上海人民出版社,1987
伊·普里高津,伊·斯唐热著. 曾庆宏,沈小峰译. 从混沌到有序. 上海:上海译文出版社,1987
冯端,冯步云. 熵. 北京:科学出版社,1992. 第五章
赵凯华,罗蔚茵. 新概念物理教程:热学. 北京:科学出版社,1998
罗辽复. 物理学家看生命. 长沙:湖南教育出版社,1995
陈宜生,刘书声. 谈谈熵. 长沙:湖南教育出版社,1996

[②] 这张照片取自:彼得·柯文尼,罗杰·海菲尔德. 时间之箭. 长沙:湖南科技出版社,1995

一层硅黄,一毫米厚,其中的六角形对流图案的全貌(上)与特写(下)

图 7.8.5　贝纳德花样(俯视)

在热力学上,贝纳德和瑞利实验中的液体都是开放系统,与外界有热量交换,同时也就有熵的流进流出。设流进与流出的热量相等,那么一定是从较冷的液体上部流出的熵的绝对值大于从较热的底部流入的熵值。就是说,这系统存在着负熵流。另外,当出现对流胞时,液体中的上下温差 ΔT 必须足够大,这意味着液体系统是远离平衡态的。那么,自组织现象是怎样在远离平衡态的开放系统中出现的呢?让我们就瑞利实验系统作一简单分析。在对流胞出现之前,虽然液体看似均匀平静,但上层液体比下层的温度低,密度就大,所以液体系统"头重脚轻",就隐含着不稳定因素。容器中任何一个小液滴,只要由于涨落向上偏离了它的力学平衡位置,它的密度就比周围液体的低。于是浮力大于重力,它便有可能不断地上浮;而若液滴由于涨落向下偏离平衡位置,它的密度就比周围液体的高,所受重力大于浮力,便有可能不断地下沉。这里,我们说"可能"上浮或下沉,是因为:并非在液体里一有温差就有对流,还必须考虑到另外两个因素是抑制对流的。这一个因素是在液滴上浮或下沉过程中的黏滞阻力;另一个因素是热扩散,上浮液滴要向温度较低的周围液体散热,自身温度有所下降,密度加大,净的上浮力减小;对于下沉液滴,情况正好相反,但效果同样是减慢其运

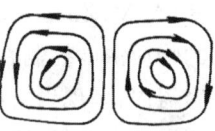

图 7.8.6　贝纳德花样(纵剖面)

动速度。这两个因素都属于耗散效应。能否出现对流，就取决于这耗散因素与上述造成不稳定性的各种因素（温差、重力、热胀冷缩等）之间的抗衡了。既然如此，抗衡着的一方就会在某一临界点上"败退"，于是出现突变。在瑞利液体系统中，由于处于远离平衡态，所以不稳定因素压倒了耗散因素。同时，涨落对于形成对流胞也功不可没。如上所述，正是涨落触发了失稳，失稳又反过来"放大"了涨落。并因为是存在负熵流的开放系统，所以允许从高熵的无序态，演进到有组织结构的低熵有序态。

类似于瑞利-贝纳德花样的热对流也可以在大自然中发生。例如天空中有时会有许多一块块很规则的云，实际上就是出现了对流胞；又如地幔中呈流动性的物质其处境与瑞利实验中的液体相似——下部靠近地核，温度很高；上部贴着地壳，温度就低，因此也会出现对流胞。这对于大陆板块的运动、地震和火山爆发等都有一定作用。

(2) 激光

在§7.8.1中，我们把激光作为负温度系统的典型之一进行过介绍，已经明确了激光是处于远离平衡的非平衡态。当外界向激光器输入的功率不够高时，介质中的原子都是独立且无规则地发射光子，其发射方向、偏振方向及频率、相位各不相同，整个光场系统处于无序状态，激光器就像个普通灯泡。但当输入功率超过某一临界值时，若外界再注入适当的光信号（相当于外界给予一个适当的扰动，或出现了一个合适的涨落），形势就会发生急剧变化。各个激活原子似乎自动组织了起来，以与入射光信号相同的频率、位相和偏振方向，朝同一方向发出光波，实现了"受激辐射光放大"。显然，由于发光原子间的这种协同，使得输出光不但光强高，而且单色性、方向性和相干性极好，具有高度有序化的动态稳定结构。光源发光的有序，应归为时间有序，因为观测这种有序的光不再有任意时间间隔上的"时间平移不变性"，也就是说，时间对称性发生了破缺。因此也称激光为时间有序的自组织现象。

(3) B-Z 反应

化学反应中也有自组织现象。20世纪50年代初，苏联生物物理学家别鲁索夫(B. P. Belousov)发现，以铈(Ce)离子为催化剂和指示剂，柠檬酸在稀释的硫酸中被溴氧化时，铈离子在3价与4价之间振荡，溶液也就在无色透明和黄色之间变化。当时，这一现象被斥为违背热力学第二定律的荒诞之事而不被重视。到了60年代，另一位年轻的苏联生物物理学家扎鲍廷斯基(A. M. Zhabotinsky)改用丙二酸被溴酸氧化，仍用铈离子做催化剂，再做实验。当参加反应的物质浓度控制在接近平衡态的比例时，在均匀边界条件下，生成物也均匀地混合分布在整个容器内，呈现出对称性最强的无序态；但适当控制某些反应物和生成物的浓度而使反应条件偏离平衡态时，反应介质的颜色竟时而是红、时而是蓝，像钟摆一样发生规则的时间振荡，因此称这现象为化学钟或化学振荡。后来就把别鲁索夫和扎鲍廷斯基的这项实验叫做B-Z反应。本来，化学反应是通过单个分子之间的相互作用而实现的，每次相互作用发生的时间、地点都是随机的。一般化学反应中，若有颜色变化，也总是逐渐发生。但在B-Z反应中却不然，颜色的变化是遍及反应介质瞬间完成的，不同时刻、不同位置的反应分子出现了长时和长程的关联，使得无数微观粒子好像接受统一命令，有组织地一致行动。所以B-Z反应的化学振荡是一种时间有序的自组织现象。妙事还不止于此。后来扎鲍廷斯基又发现在某些条件下，化学反应容器中会呈现出许多漂亮的花纹，表明各种成分的浓度在空间有规则的分布。甚至在适当条件下发现那些花纹会或呈同心圆向外扩展，或呈螺旋状向外扩展，像波似的在介质中传播，形成动态的时空有序的自组织结构。

表现出化学振荡的大部分化学反应的动力学过程十分复杂。为了从理论上认识化学振荡，人们陆续提出一些反应模型。最早的一个模型是 1968 年由普里高津及其合作者勒费尔(Lefever)提出的,常被称作布鲁塞尔器(Brusselator),在数学上比较便于处理。它虽与真实反应还有很大距离,但能总结出化学反应中出现自组织现象的若干要素。首先,这种化学反应系统必须是开放系,在反应中不断消耗的反应物要不断从外界得到补充,而某些生成物要即刻取走。再有,必须存在自催化反应。所谓"自催化"就是:某种物质既是反应物,又是生成物,虽然它本身参加反应,但反应完毕后其分子数反而增加了。另外,在反应速率的计算上还要有非线性项。

(4) 生命过程的自组织

要给生命下定义,就像给时间下定义那样,是非常困难的,尽管它们对于我们的直觉来讲都十分简单、自然。从构成生物体的物质基元来说,与非生命物体的并无不同(两者不都是由同一个元素周期表上的元素原子组成的吗?)。生命与无生命物都在大自然中经受着演化,而且早已证明生命是从无生命发展而来的。现代分子生物学家和生物化学家证实了,在一定的温度、湿度、压力等物理化学环境中,简单的生物分子(氨基酸)可以通过无机原子的自组织产生,并且 RNA、DNA 等生命物质也都能用酶催化反应合成。这样看来,生物体应当遵从物理学、化学所阐明了的那些规律。但是,活的生物体能够生长、发育、繁殖和新陈代谢,毕竟不同于无生命物体。尤其在人类的生命过程中,是采取了一种远较在非生物中复杂和高级的运动形式,因此它必有自身独特的、比之描写简单系统的物理学化学更为复杂和高级的规律。生命最显著的独特之处,就是生物体从分子、细胞到个体和群体的不同层次上高度而且持续的有序。在生物进化论中,生命的起源,还有遗传和变异,是两大根本问题。前者是说如何从无生命的物质变为有生命的物质,亦即如何从无序到有序;后者则是讨论如何从一种有序到另一种有序。在 §7.8.3 的末尾,我们已经提到,生物的这种进化规律与熵增原理给出的演化方向针锋相对;但如果注意到,凡活的生物体都是一个远离平衡态的开放系统,这一矛盾就可迎刃而解——虽然还不能说已经探得了生命的全部奥秘。

远离平衡态的开放系统中所发生的自组织现象,在生命过程中得到了最高的体现。生命系统在结构和功能上的组织精良、分工微妙令人叹为观止。倍受世人瞩目的生命信息的遗传和表达,可以作为展示生物体自组织现象的极好例证,下面让我们略做介绍。

生命的基本单位是细胞,它主要包含三个部分:细胞膜、细胞质和细胞核。细胞膜,是细胞与环境或与相邻细胞交换物质的通道;细胞质是进行新陈代谢之处;细胞核是细胞的基因库,遗传的全部秘密就保存在每一个细胞核内。而生命的物质基础主要是蛋白质和核酸。在细胞膜、细胞质和细胞核中都有蛋白质,其种类繁多、功能各异。而核酸仅存在于细胞核中。细胞核由核膜、核质组成。核质中悬浮着核仁和染色体。核仁是形成核糖体的部位,核糖体产生后,通过核膜上的小孔进入细胞质内。蛋白质就在细胞质的核糖

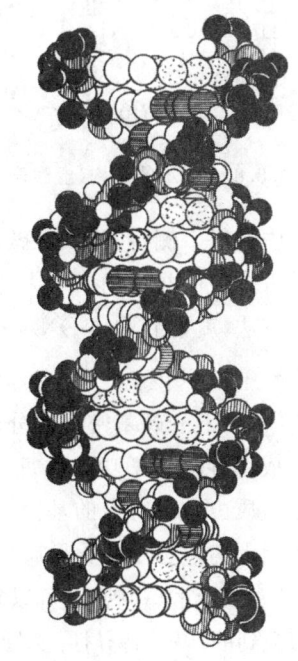

图 7.8.7 DNA 的双螺旋结构[①]

---

① 此图选自:陆果.基础物理学(下卷).北京:高等教育出版社,1997

体里合成。染色体是丝状或棒状小体,由细长的染色纤维盘旋而成。它的成分是蛋白质和核酸。而核酸有 DNA(脱氧核糖核酸)和 RNA(核糖核酸)两种,染色纤维就是其中的 DNA 盘绕在一种叫做组蛋白的特殊蛋白质所构成的八聚体上而形成的。1953 年美国生物学家沃森(J. D. Watson)和英国生物物理学家克里克(F. H. C. Crick)在剑桥的卡文迪许实验室共同发现了 DNA 分子的双螺旋结构(见图 7.8.7)。这是两支各呈右手螺旋状的分子链再相互缠绕而成的。染色纤维上的 DNA 实际是多股的双螺旋 DNA 分子链。在人的体细胞中共有 46 条这种纤维,在生殖细胞中则有 23 条。所谓染色体,其实本身洁白如雪,但易被碱性染料着色而呈五彩缤纷。除病毒、噬菌体少数例外,核酸中的 RNA 都是单链。

核酸的结构单位是核苷酸。核酸(DNA 和 RNA)可以看成是由几百到几千(或更多)个核苷酸组成的长链。每个核苷酸包含一个五碳糖(糖基)S,一个磷酸基 P 和一个碱基。DNA 中的核苷酸的五碳糖环的第二位上较 RNA 中核苷酸的五碳糖环缺少了一个氧原子,故 DNA 才得名"脱氧核糖核酸"。碱基共有五种:腺嘌呤 A、鸟嘌呤 G、胞嘧啶 C、胸腺嘧啶 T 和尿嘧啶 U。对于 DNA,出现的是 A、G、C、T;对于 RNA,出现的是 A、G、C、U。在沃森和克里克获得成功的道路上,关键性的突破是发现了"碱基特异性配对原则"。这是说,在 DNA 双链之间是靠碱基配对而结合的,但有一定的配对规则:G 和 C 相配,通过三根氢键联结;A 和 T 相配,通过两根氢键联结,如图 7.8.8 所示。这样,DNA 的双链就有彼此的互补性:从一股碱基的排列就可推知另一股。

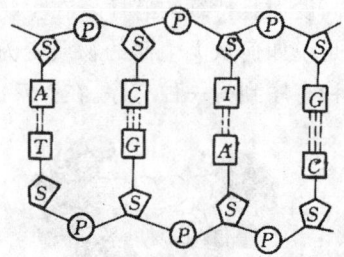

图 7.8.8 DNA 的结构(虚线表示氢键)

就 DNA 而言,其上四种碱基好似某种语言的字母,它们在链上的某种排列,就如同这种语言的词句,代表着一定的信息或对生命过程的指令。生物越高级,DNA 分子越大,碱基对的总数就越多,包含信息量也越多。一般病毒的 DNA 分子含有数千对碱基;比病毒高级些的细菌,其 DNA 分子含有数百万对碱基;而人类 DNA 分子中碱基高达 30 亿对。人体总共含有 150 克 DNA 物质,相当于 3×10^{23} 对碱基。如图 7.8.8 所示,对于 DNA 单链中的每个侧链,可以取碱基 A、T、G、C 之中的任何一个,所以 3×10^{23} 个碱基共有 $4^{3\times10^{23}}$ 种排列方式。而具体的一个人的 DNA 碱基已作了惟一的排列,按 §7.8.2 中介绍过的信息量的计算方法,就得到人体 DNA 包含的信息量是:

$$I=\log_2 4^{3\times10^{23}}=6\times10^{23} \quad (\text{bit})$$

DNA 上的碱基密文是分段书写的,每一段都有确切的生物学含义。DNA 上具有控制蛋白质合成这种生物学功能的每一段碱基序列就称为一个基因(Gene)。新近查明,人类平均每三种蛋白质由一个特定的基因控制。一个基因 DNA 序列的平均长度约 1 200 个碱基对。哺乳类的基因大约包含 10^9 个碱基对。

DNA 上的碱基密文可以复制。当一个细胞分裂为二时,DNA 数量加倍,就是复制而得的。前面提到的"碱基特异性配对原则"给出了 DNA 复制的可能性。在复制过程中,DNA 双螺旋的氢键在多种酶的作用下被解开,DNA 拆散成两股单链。每条单链处在细胞核里具有 A、T、G、C 单体的环境溶液之中,各自作为"模板",按其上的碱基,以 A、T 相联,和 G、C 相联的方式装配成另一条与之互补的 DNA 链。再经反复缩聚,便由上述两股拆散的单链形成两对同原来完全一样的双螺旋。这种复制方式保证了基因的稳定,也保证了先辈特征向后辈的遗传或信息的传递。

如果把生命比作一座楼宇,那么 DNA 就像生命的蓝图和指令表;建成这座楼宇所需要的建筑材料、建筑机械和工匠则是蛋白质。它不仅是生物体的结构成分,而且提供了在各种生化反应中起催化作用的酶和免疫系统的抗体,它还是生物体内的运输工具和代谢的调节者。所以说蛋白质是生命功能的执行者。生物的遗传特征最终也是要通过蛋白质加以表达。总之,DNA 分子上的生命意图要通过蛋白质分子来体现。

蛋白质种类繁多,人体中有 10 万种。一个细胞中也有几千种。与核酸分子相似,蛋白质也是长链式大分子。其基本构成单位是氨基酸。两个氨基酸相联时要脱去 1 个分子水而形成肽键,所以在蛋白质分子链上留下来的是氨基酸残基。每个残基上有一个侧链,已经查明侧链共有 20 种,也就是说,构成蛋白质的氨基酸共有 20 种(还有一些它们的衍生物)。而不同种的蛋白质,就对应着不同的氨基酸排列结构。具体而言,氨基酸不同的排列次序,同环境条件一起决定了蛋白质折叠缠绕而成的空间构象,从而决定了蛋白质的功能和活性。这里,又要把 20 种氨基酸比喻成某种语言中的 20 个字母了。不同种类的蛋白质,就是用这 20 个字母写成的不同短文。

既然 DNA 是生命的指令表,那么,DNA 上的碱基序列就应该规定着蛋白质上的氨基酸序列。值得强调的是,并非所有 DNA 序列都能控制蛋白质的合成,只有前面已经提到的称之为"基因"的那些 DNA 片段能够做到。于是,DNA 基因上的信息是如何传递到蛋白质上的,就成为分子生物学要研究的关键问题。形象地说,人们要知道用 4 种碱基书写的碱基语言与用 20 种氨基酸书写的氨基酸语言之间有怎样的联系。这就是所谓的"遗传密码"问题。

核物理学家和天体物理学家伽莫夫(G. Gamov,大爆炸宇宙论的创始人)对上述问题深感兴趣。他于 1954 年从信息论的角度最先提出要由 DNA 的 4 种碱基来给 20 种氨基酸编遗传密码。但他编出的所谓"金刚石密码"在基本概念上有错误。他认为蛋白质合成的模板是双链 DNA,其实应是单链。从伽莫夫密码的具体形式来看,是交叠的四联体,那也不正确。

为看出解决遗传密码问题的途径,让我们先来计算一下为了决定一种氨基酸所需要的信息量。由 §7.8.2 中提供的计算公式,不难得到此信息量是 $\log_2 20 = 4.322\,\text{bit}$。而碱基语言中的一个字符可以是 A、G、C、T 中的某一个,就是说,这一个字符只包含 $\log_2 4 = 2\,\text{bit}$ 的信息量,显然不足以决定一个氨基酸。两个碱基字符组合,其信息量也只有

$$\log_2 4^2 = 4\ \text{bit}$$

这也不够用。而三个碱基字符组合,其信息量:

$$\log_2 4^3 = 6\ \text{bit}$$

这就够用且有余了。

三个碱基字符组成的"三联码"共有 64 个,因此就出现了可能有几个不同的三联码对应同一种氨基酸的情况,这正好可以减少变异带来的不良影响。另外,还可以有一些三联码对应起始密码和终止密码。这种三联体密码也叫密码子。至于如何具体地与 20 种氨基酸及起始、终止符对应,就归结到密码的破译了。历史上这件事是通过 1961 年至 1966 年间蛋白质的生物合成实验获得解决的。

有了遗传密码,还要知道氨基酸在核糖体上是怎样得到 DNA 指令来按密码装配成不同蛋白质的。其间的信息传递需要"信使",并分为"转录"和"转译"两个过程。核酸的另一种——RNA 扮演了主角。RNA 分为 mRNA、rRNA 和 tRNA。mRNA 也叫做信使 RNA,它是 DNA 的副本,是以 DNA 为模板复制出来的单链,不过以碱基 U 代替了 DNA 中的 T,所以 mRNA 是用 A、C、G、U 四种碱基编写的长句。随着条件的变化,要求生产不同的蛋白质,那些不用的副本就可销毁,但原本 DNA 仍然保留,信息不会丢失。按 DNA 合成 mRNA 的这一步就叫转

录。其具体过程很是复杂，除了要有装配 RNA 的原料外还要有各种酶；DNA 双螺旋链既要能一段段松开以供转录，还得能再缠绕复原；聚合酶必须沿 DNA 单链螺旋式前进；有多种化学物质沿 DNA 模板扩散和反应。转译任务的执行者是 tRNA，它叫做转移核糖核酸，具有识别 mRNA 上的密码的能力，可以将一段 mRNA 序列按遗传密码"翻译"成一段氨基酸序列。还有 rRNA，它就是前面说到细胞时提及的在核仁里产生的核糖体。rRNA 和 mRNA 都通过核膜的小孔运送到细胞质中，在那里 rRNA 就作为合成蛋白质的"工厂"。

转录和复制过程尽管是如此的复杂，误差却相当小。转录的相对误差只有 10^{-4}，复制误差还要小。仅就生命信息的遗传和表达这一件事情，就足以让我们在形容生命的自组织现象时，无论用多么好的赞美之辞都不显得过分。

这里，还需要提一下如何看待 DNA 复制中的错误。由于化学、辐射作用或其他内在因素，DNA 的复制可能出错，使遗传性状发生突变。这既可能产生有害的后果，也可能是有益的。所谓有害，对人体来讲就是指可能造成各种疾病；而所谓有益，是指 DNA 通过变异不断增加和创造新的信息，再以遗传方式保存下来，就是生物的进化。

现代分子生物学理论和技术迅猛发展，人们可以在基因（DNA）的水平上对生命体进行操作，这就是基因工程。它又称为重组 DNA 技术，就是将 DNA 在生物体外或体内进行重新组合，然后把重组后的 DNA 分子转移进我们操作的生命体中。这显然具有划时代的重大意义。基因工程的产生使整个生物技术跨入了一个新的发展时期，各种相关新技术正日臻成熟。其中，DNA 序列的测定是重组 DNA 的先行。作为人体基因工程的重大里程碑，1999 年 12 月 1 日，国际人类基因组计划联合研究小组宣布，已确定出人体第 22 对染色体上所含的约 3 400 万个碱基对的排序。2000 年 5 月，德、日等国科学家宣布，已基本完成了人体第 21 对染色体的测序工作。同年 6 月 26 日，美、英、日、德、法及中国六国科学家宣布首次绘成人类基因组"工作框架图"。2003 年 4 月 14 日，上述六国科学家宣布人类基因组序列图绘制成功，人类基因组计划的所有目标全部实现。我国是在 1999 年 9 月获准加入国际人类基因组计划的，承担了人类基因组序列的 1%（即第 3 对染色体上约 3 000 万个碱基对）的测序任务。

生命出现如此神奇的自组织现象，其物理原理却很简明，那就是，与生命过程伴随着的是熵的减少。早在 1943 年，物理学家薛定谔在他所著的《生命是什么》的小册子里就指出："有机体是赖负熵而生的。"我们应当把这句话理解为：生命是以汲取负熵为必要条件的。生命体作为不断新陈代谢的开放系统，一方面不断向体外排出高熵物质，另一方面又不断从外界摄入低熵物质，以形成负熵流。这样，虽然在生命活动中从食品的发酵到生物体的动作都要发热，使熵增加，但总的效果仍是维持在低熵状态，与生命的高度有序相适应。生物体中本来也蕴含着随机性，像 DNA 中碱基对的排列似乎就有极其多的可能。但具体的人只取了惟一的一种排列，这种概率极低的事件在生物体上确实发生了，难道真有像麦克斯韦妖一类的精灵在生命过程中起作用吗？有人说，使得那些在通常条件下根本不可能实现的生化反应都能在生物体内高效率进行的酶，就充当着这样的角色。

事实上，生物系统中的自组织还应区分为物质的自组织和能量的自组织。对于前者，就一些简单和静态的情形可以用统计物理中的模型进行讨论；而对后者的处理，虽然有些物理学家作了多种尝试，但并未解决其机理问题。

2. 耗散结构

在上述几个例子中都出现了经自组织而形成的有序结构，这就是耗散结构（dissipative structure）。一般说，耗散结构形成的条件是：

(1) 耗散结构发生在开放系统之中。这种结构在具体系统中的具体花样虽然不是由外界力量直接排布的(否则,就不可以称作"自"组织),却必须靠不断耗散从外界获取的能量或物质而得以维持。例如,在贝纳德对流中,液体必须不断与高、低温热源交换热量,以保持液体上、下部的足够大温差,只要中断这种热量交换,对流也会随之停止;对于激光而言,泵浦是不可少的,否则不能形成原子布居数的反转,即不可能产生激光;在 B-Z 反应中,如果中断与外界的物质交流,溶液将变得淡黄透明,不再有化学振荡;而生物体必须进行新陈代谢方可生存。从熵的角度看,开放系统才会有熵流,也才会有负熵流用以抵偿不可逆过程的熵产生。

(2) 只有当控制参量(例如贝纳德对流中的温度差,激光中的泵浦水平等)达到一定的"阈值"时,耗散结构才会出现。也就是说,外界必须足以驱动系统离开非平衡线性区,到达远离平衡态的区域,从而为触发系统本身的特别"功能"创造条件。

(3) 系统本身有一定的功能。这是指系统既要有不稳定因素,还要有使失稳得以放大、形成巨涨落的"正反馈"机制。例如在激光现象中的受激辐射,在化学反应中的自催化和交叉催化,就是这种正反馈。

(4) 系统的动力学行为要体现出系统中大量个体相互作用的非线性和相干性。否则,虽然在一定条件下,正反馈能产生宏观有序结构,但并不是稳定的。

耗散结构中出现的有序,不同于晶体中的有序,前者除了要求有如上所述的形成条件外,还表现出一定的特征。首先,耗散结构是自发出现的。例如在贝纳德对流现象中,液体虽然受到外界环境的影响,然而这种影响并未强迫微观分子作统一的"蛋糕卷"式的对流。从对称性的角度讲,液体中每个水平面内的温度都是均匀的,即外界影响中并不包含着在水平面内对称性破缺的因素,但当对流发生时,水平面内不同部分却可以具有不同的宏观流速。显然,与对流相应的对称性破缺是系统内部自发产生的。耗散结构的另一显著特点是:它总是通过某种突变过程而出现。这一特点是与上述控制参量存在"阈值"联系在一起的。再有,耗散结构虽然是自组织前的旧状态失稳的产物,但耗散结构一旦产生,就具有相当的稳定性了,小的扰动不会将其破坏。

值得注意的是,形成耗散结构并不是开放系统状态变化的终极。拿贝纳德实验来说,如果继续加大温差,将会出现对流花纹图案的周期更替,最终导致湍流。那么,一般的发展规律是怎样的呢? 这在下一节中予以介绍。

耗散结构理论并不是关于自组织现象的惟一理论,几乎在与普里高津提出耗散结构理论的同时,在 20 世纪 70 年代出现了好几种自组织系统的模型和理论。例如哈肯的协同论、托姆的突变论等,各自强调了自组织系统的某一方面。

7.8.6 从平衡态走向混沌[①]

在这一节里,我们要对一个热力学系统随着外界作用的逐渐增强,从稍偏离平衡态、到出现耗散结构、最后走向混沌的状态变化历程做一统观。

假定 x 是热力学系统中的一个有代表性的状态参量,λ 是表征外界对系统作用的控制参量。当系统离开平衡态后,x 就有可能随时间 t 变化。dx/dt 应是 x 及 λ 的函数,即

$$dx/dt = f(x, \lambda)$$

[①] 可参阅:于渌,郝柏林. 相变与临界现象. 北京:科学出版社,1984.第十章
向义和. 大学物理导论—物理学的理论与方法、历史与前沿. 北京:清华大学出版社,1999
沈小峰,胡岗,姜璐. 耗散结构论. 上海:上海人民出版社,1987

$f(x,\lambda)$ 的具体函数形式依热力学系统的具体性质及外界作用的具体方式而定。此式称为实际系统所发生的实际过程的动力学方程。设系统刚刚离开平衡态时状态参量和控制参量的值分别为 x_0 和 λ_0。λ 偏离 λ_0 越大，则体系偏离平衡态的程度也越大。就是说，λ 的值表征了体系偏离平衡态的程度。

当下在我们讲热力学的时候，为什么要牵涉到动力学方程呢？原来，在系统远离平衡态时，不仅最小熵产生原理一般要失效（也许对于特殊的生命系统还能有效），而且使用熵这样的状态函数也不足以反映体系复杂多样的个性。因此这时过程发展的方向已不能依靠纯粹的热力学方法来确定，必须同时详细研究系统的动力学行为。这样给出的结果如图 7.8.9 所示。在 λ 较小时，系统离开平衡态不远，"流"和"力"成线性关系，处在 §7.8.4 所讨论的线性非平衡区。最小熵产生原理将保证与外界条件（用 λ 值代表）相适应的定常态

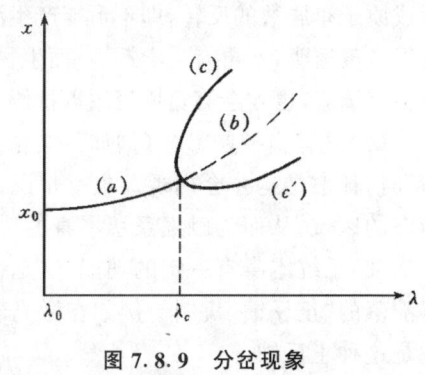

图 7.8.9 分岔现象

的稳定性。表示这种定常态的状态代表点在图中形成的曲线(a)是平衡态的延伸，x 随 λ 的变化是连续且平滑的。由于定常态的行为与平衡态的相类似，所以把曲线(a)这一段叫做热力学分支。当控制参数增大到某一阈值 λ_c 时，定常态失稳了，一个很小的扰动便可引起系统的突变。图中用虚线画出的曲线段(b)是(a)的延续，表示在没有任何扰动或涨落的情况下才会出现与(a)段上性质相同的定常态。而事实上，当 $\lambda=\lambda_c$ 时，系统要进入时空有序的耗散结构。动力学方程的耗散结构的解往往是多重的，在图上表示为有 (c) 和 (c') 两个耗散结构分支。系统究竟取哪一个解纯属偶然。选择了一个解后，就按此解演化，又是确定的了。如上所述，在 $\lambda=\lambda_c$ 时所发生的事情，叫做分岔（或分支）现象。λ_c 的大小、分支的数目以及各支的演化行为当然取决于具体系统的动力学性质。

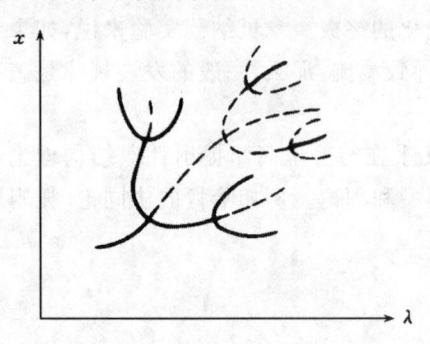

图 7.8.10 高级分岔现象

随着控制参数 λ 的进一步增大，系统更加远离平衡态。各个曾经稳定的耗散结构分支又会变得不稳定。而导致二级分岔，出现更多的分支。若 λ 继续增大，则分岔现象可以多次发生，如图 7.8.10 所示，称为高级分岔现象。这表明系统在离平衡态相当远时，会有许多种可能出现的有序结构，因而使系统有很复杂的时空行为。特别是，当系统偏离平衡态足够远时，分岔一再地发生，分支越来越多，系统将进入混沌区。前面提过的贝纳德对流在温差足够大时变为湍流即如此。在混沌态下，系统呈现出在确定论规律（动力学方程）支配下的随机性。

7.8.7 热寂说[①]

"热寂"在英文中是"heat death"。最早提出热寂说的是开尔文。1852 年他在一篇论文中断

[①] 关于宇宙可参阅：陆埮. 宇宙——物理学的最大研究对象. 长沙：湖南教育出版社，1996
赵凯华. 定性与半定量物理学. 北京：高等教育出版社，1991. 第四章

言:在自然界中占统治地位的趋向,是能量转变为热而使温度趋于相同,最终导致所有物体的工作能力减小到零,达到热死状态。开尔文的这一观点得到克劳修斯的认同。他们都是把宇宙看作一个孤立的绝热系统。开尔文说过,对宇宙中物质的广延设想出一个界限是不可能的,因此宁可认为宇宙在空间和时间进程上是无限的,既然如此,就没有任何体系存在于宇宙之外了,难道它还不"孤立"吗?于是,1865年克劳修斯根据热力学第一、第二定律,就得出他的宇宙基本定律:

(1)宇宙的能量是常数;

(2)宇宙的熵趋于一个极大值。

当宇宙的熵达到最大值的极限状态时,宇宙不会再出现进一步的变化,将永远处于一种死寂状态。

尽管对于热寂说人们无法用观测和实验做出最后的判决,但由于热力学第一、第二定律在有限空间和时间所观察的现象上所取得的成功,和能量守恒定律向全宇宙的顺利推广,使得人们很难抵制熵增原理的同样推广和热寂说。那恐怖的"世界末日"不能不令人沮丧。而人们也并不甘心宇宙沦为热寂的命运,不少人希望拆除热寂说的牢网,因此,进行了一百多年的激烈争论。有人就想动摇热寂说的前提,对于"宇宙无限"之说表示了怀疑。

依照平直空间的几何概念,"宇宙是否无限"等价于这样两个问题:一是宇宙是否有边界,二是宇宙是否有中心。不难论述,如果宇宙有边界、有中心,那么,从不同的地方看,宇宙就会有明显的不同。这是与人类在宇观尺度上对宇宙观测的结果相违背的。有一条大家公认的宇宙学原理:在宇观尺度上,任何时刻三维宇宙空间是均匀和各向同性的。宇宙无限论者便以此为"杀手锏"。但宇宙有限论者也有"武器",著名的是"奥伯斯之谜"和"西利格之谜"。奥伯斯在1823年问道:夜晚的天空为什么是黑暗的?这个问题其实是对宇宙无限论者的诘难,因为如果宇宙无限,就有推论:无论白昼还是夜晚,任何方位的天空都应和太阳一样耀眼。这显然不符合事实。而在1894年提出的"西利格之谜",是就宇宙中物质密度分布与引力势的对应关系在宇宙无限的假设下将出现自相矛盾的结果,来攻击宇宙无限论的。后来人们逐渐搞清,上述争辩的双方都有严重的片面性。例如:不存在中心,也没有边界,并不意味着一定是无限的,比方说,一个球面就既为有限又没有中心和边界。爱因斯坦创立的广义相对论断言,有引力场存在的空间一定是弯曲的。其实,满足宇宙学原理的宇宙可以是有限的,也可以是无限的。至于奥伯斯和西利格的谜,也可以破解:如果承认宇宙在时间上有限,人们现时能看到的最远距离就有限,那么奥伯斯之谜便不再存在;而在广义相对论中其实没有力,也就无所谓"西利格之谜"了。总之,宇宙是有限还是无限,至今尚无定论。

在历史上对热寂说的各种批判意见中,不能不提及玻耳兹曼的"涨落说"。他认为当整个宇宙处于平衡态时,地球却可以恰好处在大的涨落状态而偏离平衡。但是这种说法一是缺乏事实根据,二是平衡态附近的大涨落极为罕见,而小涨落又不足以触发失稳。就是说,靠平衡态附近的涨落仍然难逃"热寂"之劫。除非在远离平衡态时,涨落才对于形成各式各样的自组织结构有相当关键的作用。

热寂说是关乎宇宙命运的。宇宙到底如何演化呢?当考虑像宇宙这样宏大的区域时,万有引力的作用是很重要的。但牛顿引力定律在处理宇宙问题上存在着根本性的困难。爱因斯坦在1916年建立了广义相对论之后,很快就将广义相对论下的引力理论运用到宇宙学中去。他特意在引力场方程中加进一个宇宙常数项,得到了静态宇宙解。这是现代第一个宇宙学模型,爱因斯坦为宇宙学的研究开辟了一条新路。但这一宇宙模型有一严重缺点,就是它的不稳定性。这与"静态"很不协调,为了得到静态解而引进的宇宙常数项也就显得多余了。而去掉这一项,弗里德曼(A. Friedmann)在1922年得到了膨胀宇宙解。1927年勒梅特利(G. Lemaitre)又进一步指出,当时已经发现的星系谱线普遍有红移,若用多普勒效应来解释,就意味着星系普遍离银河系而退行,这可能就是宇宙膨胀的表现。20世纪20年代中期,美国天文学家哈勃(E. P. Hubble),利用威尔逊山天文台当时世界上最大的光学望远镜,观测到银河系以外遥远星系都纷纷离地球而去,并在1929年总结出著名的哈勃定律——星系退行速度与其到地球的距离成正比。这正好证实了弗里德曼—勒梅特利宇宙模型的预言。既然宇宙在膨胀已是确切事实,那么就可根据现今宇宙的膨胀速度推知宇宙的历史。这导致伽莫夫和他的同事们在1948年提出了"大爆炸"宇宙理论,宣称今日的宇宙是创生于一、二百亿年以前的一次遍及整个空间的大爆炸,从一个极高密度、极高温度的状态逐渐膨胀降温演化而来,已经远离了平衡态。

就宇宙是一个自引力系统而言,它是不稳定的,虽然有宇宙学原理告诉我们:宇宙从整体上说来,在大尺度上($10^{24}\sim10^{25}$m)是均匀的,各向同性的,但宇宙各处的细节是可以在演化过程中形成多种多样的结构的。可以证明,引力系统中,物质可以凝成团块。人们确实观测到宇宙中星球创生、能量重新聚积的现象。

总之,不存在宇宙的平衡态,也没有宇宙熵的极大值。现实中,完全看不到有任何"热寂"的迹象。与之相反,展现在人们面前的宇宙完全是一幅丰富多彩、变化万千、生机盎然的景象。看来,热寂说只是让我们虚惊了一场。

思 考 题

7—1 为什么热力学第二定律可以有许多不同的表述?

7—2 试用反证法从理想气体绝热自由膨胀的不可逆性推断出热力学第二定律的开尔文表述。

7—3 试用反证法从理想气体绝热自由膨胀的不可逆性论证热传导的不可逆性。

7—4 如题图所示,一定压强下的氢气和氧气进入燃烧室发生化学反应,其产物是高温水蒸气。试由热力学第二定律的开尔文表述论证这个过程是不可逆的。

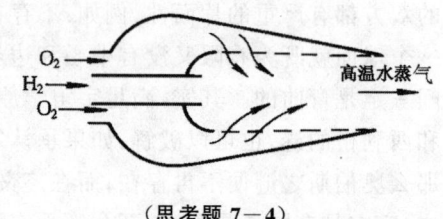

(思考题 7—4)

7—5 把盛有1mol气体的容器等分成100个小格,如果分子处在任一小格内的概率都相等,试计算所有分子都跑进同一指定小格内的概率。

7—6 一封闭容器其容积为$3V$,含有N个理想气体分子,试计算在某一时刻气体均匀占据全部容积与都挤到容积V内的概率比。

7—7 普朗克针对焦耳热功当量实验指出:不可能制造一个机器,在循环动作中把一重物升高而同时使一热库冷却。这就是热力学第二定律的普朗克表述。试由开尔文表述论证这一表述成立。

7—8 用热力学第二定律证明绝热线与等温线不能相交于两点。

7—9 用热力学第二定律证明两条绝热线不能相交。

7—10 一系统从确定的A态变化到另一确定的B态,如经历一可逆过程,其熵变为:S_B

$-S_A = \int_{A \to B} \dfrac{\mathrm{d}Q}{T}$；如经历一不可逆过程，有：$S_B - S_A > \int_{A \to B} \dfrac{\mathrm{d}Q}{T}$。这是否与"熵是态函数"相矛盾？

7—11　A、B为一给定系统的两平衡态，S_A、S_B分别为两态的熵。根据熵增原理，若由 A 可经一可逆绝热过程到达 B，则应 $S_A = S_B$；但若由 A 经一不可逆绝热过程到达 B，则应 $S_B > S_A$，这岂不与"熵是态函数"矛盾了吗？

7—12　是否"凡经可逆过程系统的熵都不变"？是否"凡经不可逆过程系统的熵都增加"？

7—13　外界温度保持均匀恒定时进行的任意一循环过程是否可能对外做正功？是否可能做负功（指总功）？如果循环过程是可逆的，那么是做正功还是做负功（指总功）？

7—14　由热力学第一定律得到了可逆卡诺循环的效率

$$\eta = 1 - \dfrac{Q_2}{Q_1} = 1 - \dfrac{T_2}{T_1},$$

这已经表明：在两给定的恒温热源之间进行的可逆卡诺循环效率都是相等的，何必再用第二定律证明卡诺定理呢？上式也表明：$\dfrac{Q_2}{Q_1} = \dfrac{T_2}{T_1}$，那么开尔文建立热力学温标时何必还要定义 $\dfrac{Q_2}{Q_1} = \dfrac{T_2}{T_1}$？

7—15　若习题 7-16 中两容器盛的是同一种惰性理想气体，隔板移开后，熵变如何？还能照该题同法计算吗？

这一问题引出了著名的"吉布斯佯谬"，在后续课中你要把它搞明白。

7—16　在 T-S 图上（T为纵坐标、S为横坐标），画出下列理想气体准静态过程曲线：(1) 等容过程，(2) 等压过程，(3) 等温过程，(4) 绝热过程。

7—17　本章习题中有的是关于卡诺循环的，为什么不能把它们安排在第 6 章的习题里？

习　题

7—1　一卡诺热机，低温热源的温度为 7.0℃，效率是 40%，今欲将该机效率增高到 50%，

(1) 若低温热源温度不变，高温热源的温度需增加几度？

(2) 当高温热源温度不变时，低温热源的温度需降低几度？

7—2　(1) 在夏季为使室内保持凉爽，须将热量以 2000 J·s⁻¹ 的散热率排至室外。此项工作用制冷机完成，设室温为 27℃，室外为 37℃，求制冷机所需的最小功率。

(2) 冬天令制冷机从室外取热传入室内而保持室内温暖，此机器即为"热泵"。设冬天室外温度为 -3℃，室温需保持为 27℃，仍用上述功率，则每秒给室内热量的理论值是多少？

7—3　一定质量的煤燃烧时可产生 100 kJ 的热量。现以下述两种不同的方式向房间供热：其一是将这些煤供给高温热源温度为 200℃、低温热源（大水池）温度为 5℃ 的发电厂，所发出的电输送给房间的民用电炉取暖；其二是以上述发电厂发出的电能供给热泵作为动力，该热泵工作于 5℃ 的室外大气与 20℃ 的房间之间。试问在理想情况下，这两种方式分别最多能为房间提供多少热量？

7—4　如题图所示，热机 I 与 II 串联使用，已知热机 I 在高温 T_1 与低温 T_2 两热源间工作，热机 II 在高温 T_2 与低温 T_3 两热源间工作，热机 I 由高温热源处吸热 Q_1，对外做功的最大

值为 A_1，热机Ⅱ利用热机Ⅰ所放的热对外做功的最大值为 A_2；热机Ⅲ在高温 T_1 与低温 T_3 两热源间工作，从高温热源吸热为 Q_1，对外做功的最大值为 A。试问 A 与 A_1、A_2 有何关系？

7-5 被称为动力暖气装置的设备是由一热机和一制冷机组合而成。热机靠燃料燃烧时放出的热量工作，向暖气系统中的水放热，并带动制冷机，制冷机自天然蓄水池中吸热，也向暖气系统放热。设热机锅炉的温度为 $t_1=210℃$，天然水的温度为 $t_2=15℃$，暖气系统的温度为 $t_3=60℃$，燃料的燃烧热为 $20.92×10^3$ kJ·kg^{-1}，试求燃烧 1kg 燃料暖气系统所得的热量。假设热机和制冷机的工作循环都是理想卡诺循环。

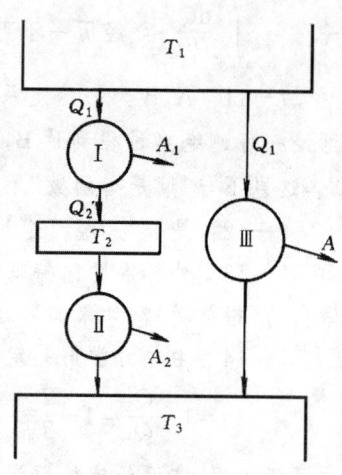

（习题 7-4）

7-6 地球人登月存在一大问题，就是如何保持他们在月球上起居室内的温度适宜。试考虑用卡诺循环装置调节室温。设月球昼间和夜间温度分别为 100℃ 和 -100℃，又设起居室墙壁导热率为每 1℃ 温差 0.5kW。现欲将起居室温度保持在 20℃，求昼间与夜间各需供给卡诺循环装置的功率。

7-7 试证明：任意循环过程的效率，不可能大于工作于它所经历的最高热源温度与最低热源温度之间的可逆卡诺循环的效率。

（提示：先讨论任一可逆循环过程，并以一连串微小的卡诺循环代替此循环过程）

7-8 利用公式

$$\left(\frac{\partial u}{\partial V}\right)_T = T\left(\frac{\partial p}{\partial T}\right)_V - p$$

(1) 证明：对一摩尔范德瓦尔斯气体有

$$\left(\frac{\partial u}{\partial V}\right)_T = \frac{a}{V^2};$$

(2) 进而证明：

$$u = u_0 + \int_{T_0}^{T} C_{m,V} dT + a\left(\frac{1}{V_0} - \frac{1}{V}\right);$$

(3) 设 $C_{m,V}$ 为常数，证明上式可写为

$$u = u'_0 + C_{m,V}T - \frac{a}{V},$$

其中 $u'_0 = u_0 - C_{m,V}T_0 + \frac{a}{V_0}$。

7-9 对一摩尔范德瓦尔斯气体，证明其准静态绝热过程方程为：

$$T(V-b)^{R/C_{m,V}} = 常量$$

设该气体的定容摩尔热容量 $C_{m,V}$ 为常数。

7-10 利用习题 7-8 的结果求 1mol 范德瓦尔斯气体的态函数熵。

7-11 求 1mol 范德瓦尔斯气体由体积 V_1、温度 T_1 绝热自由膨胀到体积 V_2 时的熵变，设气体的 $C_{m,V}$、a、b 为已知常数。

7-12 如题图所示，1mol 理想气体氢在状态 a 的体积 $V_a=0.02m^3$、温度 $T_a=300K$；在状态 c 的体积 $V_c=0.04m^3$、温度 $T_c=300K$，图中 ac 为等温线，ad 为绝热线，ab、dc 为等压线，

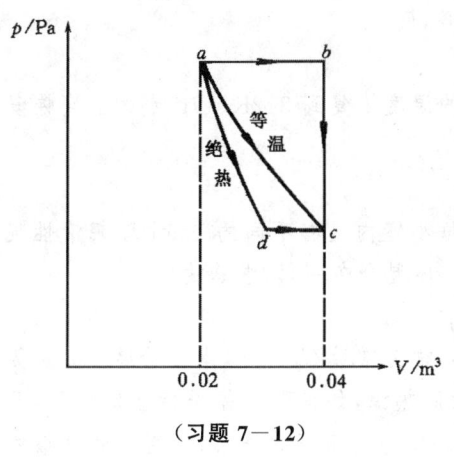

(习题 7—12)

bc 为等容线。试分别由三条路径：(1)$a \to b \to c$，(2)$a \to c$，(3)$a \to d \to c$ 计算 $S_c - S_a$。

7—13 定压摩尔热容量 $C_{m,p}$ 为定值、温度为 T_2 的 1mol 某物质与温度较高的热源接触，热源温度为 T_1。该物体与热源达成平衡的过程中压力保持一定。试证物体与热源所组成的系统的熵值变化为：

$$\Delta S = C_{m,p}[X - \ln(1+X)]$$

其中 $X = -(T_1 - T_2)/T_1$，并证明这熵值变化是正值。

7—14 成人平均一天向周围环境散发 8×10^6 J 热量，试估算一个人一天和环境的总熵变是多少（忽略人进食时带进体内的熵。人的体温和环境温度分别按 36℃ 和 0℃ 计算）。

7—15 燃料电池是把化学能直接转化为电能的装置。它的反应物是以固定速率通入，生成物不断被抽出，电池可以得到稳定的电流。见该装置的简图，氢和氧连续通入多孔电极，电极可由金属或碳棒制成，浸放在氢氧化钾的电解液中。电极上的孔直径很小，可以使电解液因毛细现象而渗入。氢到达负极上可与电解液中的氢氧离子结合，生成电子和水：

$$H_2 + 2OH^- \longrightarrow 2H_2O + 2e^-$$

电子通过电极跑到外电路，水与剩余的氢则被排走，氧与电解液中的水、电子在正极上结合为氢氧离子：

$$O_2 + 4e^- + 2H_2O \longrightarrow 4OH^-$$

总的反应效果是：

$$H_2(气) + \frac{1}{2}O_2(气) \longrightarrow H_2O(液)$$

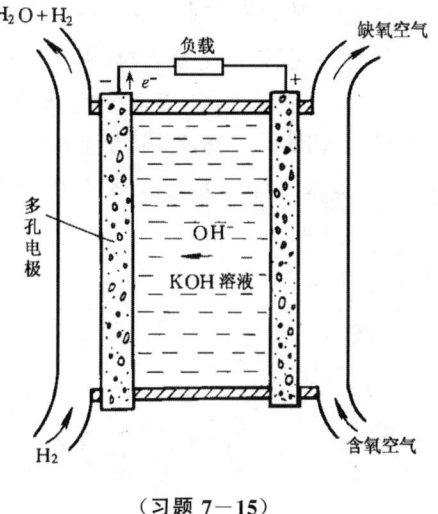

(习题 7—15)

今有一燃料电池，在 298K、0.101MPa 下稳定工作。

(1) 燃料反应成水后比反应前的总焓增加：

$$\Delta H = -2.86 \times 10^5 \text{ J} \cdot \text{mol}^{-1}$$

两极间的电压为 1.23V，试求该电池的效率；

(2) 设在温度为 0K、压强为 0.101MPa 时，氢、氧、水的焓及熵均为零，而在 298K、0.101MPa 时的焓及熵分别为：

$$h_{O_2} = 1.72 \times 10^4 \text{ J} \cdot \text{mol}^{-1}, \quad S_{O_2} = 201 \text{ J} \cdot \text{mol}^{-1} \cdot \text{K}^{-1}$$

$$h_{H_2} = 8.10 \times 10^3 \text{ J} \cdot \text{mol}^{-1}, \quad S_{H_2} = 128 \text{ J} \cdot \text{mol}^{-1} \cdot \text{K}^{-1}$$

$$h_{H_2O} = -2.69 \times 10^5 \text{ J} \cdot \text{mol}^{-1}, \quad S_{H_2O} = 66.7 \text{ J} \cdot \text{mol}^{-1} \cdot \text{K}^{-1}$$

试求该电池的最大电动势 ε。

7—16 一绝热容器被一隔板分为 A、B 两部分，A 与 B 里面分别盛着不同的惰性气体，温度均为室温 T，压强为 p，A、B 的容积分别为 V 及 $2V$，求当把隔板移开两种气体均匀混合前后总熵的变化。

7—17 设 312K 的 2kg 水与 300K 的 1kg 水相混合,问:

(1)混合后的熵改变多少?

(2)在达到热平衡后,由于涨落的缘故而使 2kg 水的温度恢复到 312K、1kg 水的温度恢复到 300K 的概率是多少?

(设水的比热为 $4.18 \text{J} \cdot \text{g}^{-1} \cdot \text{K}^{-1}$)

7—18 一绝热容器分成三个容积为 V 的小室。每小室内盛有不同的 1mol 理想惰性气体,温度都相同。把三个小室之间的隔板拿开后,三种气体混合在一起,求总熵的变化。

再试用热力学概率的概念求混合后熵的改变。

7—19 两个完全相同的物体,它们的定压热容量可视为常数 C_p,两物体初始温度分别为 T_1、$T_2(T_1>T_2)$,现把它们作为一热机的高温热源及低温热源,如果两物体保持在定压下,且不发生相变(即不发生蒸发、凝结等变化),而由于热机工作物质循环的结果,使得两物体最终达到同样的末温 T_f,试证明:

(1)在此过程中获得的功
$$A = C_p(T_1 + T_2 - 2T_f);$$

(2)如果获得的是最大功,则 $T_f = \sqrt{T_1 T_2}$。

7—20 室温 25℃,现要用电冰箱把 1×10^3kg 室温下的水制成 0℃ 的冰,假如每千瓦小时的电费是人民币 0.36 元,问如上制冰过程所需要的最少电费是多少钱?

(已知冰的熔解热是 $3.34 \times 10^5 \text{J} \cdot \text{kg}^{-1}$,水的比热是 $4.186 \times 10^3 \text{J} \cdot \text{kg}^{-1} \cdot \text{K}^{-1}$。)

第8章 相 变

在热力学平衡态下的系统内,称每一个在物理、化学性质上均匀的部分为一"相"(phase)。在一个系统中,不同的"相"是可以区分的,彼此有着清晰的分界面。而同一个"相"就具有可复现的成分与结构。

通常还把物质分为固、液、气三种聚集态(物态)。这三种聚集态作为不同的"相"而存在,但聚集态与"相"并不是完全等同的两个概念。按照上述"相"的定义,同是一种物质的固态,却可区分为不同的"相"。例如冰,它有九种不同的结晶形式,所以应区分为九种不同的固相。石墨和金刚石则是碳的不同固相。物质的液态一般说只有一相。但氦却有正常液氦(称氦Ⅰ)和超流液氦(称氦Ⅱ)两种液相。一些有机物质在固态与液态之间会呈现一种特殊的物态,这种物态既具有液体的流动性,又具有晶体的各向异性,故称之为液晶态[①]。根据分子的不同排列情况,液晶又区分为近晶相、胆甾相和向列相。液晶独特的物理、化学性质不仅使其在显示技术领域大显身手(例如有液晶显示手表、计算器显示屏、液晶显示彩色电视等),也在与生命系统的联系方面倍受重视。

一系统包括两个或两个以上的"相"时,称其为复相系;只含一个"相"时,是单相系。如果系统是一个化学纯的物质,就叫做单元系,与其相对的是多元系。例如:纯水是单元系,而盐水就是二元系。

一般说来,在一定外界条件的约束下,例如温度和压强处于某一区间时,物质的某一相是稳定存在着的;可是在另外的条件下,会使单独某一个相的出现不再是稳定的,它要往另一相转变,或者变成复相系才稳定。复相系也可能由于外界条件的变更,而破坏了几相的平衡共存,使得有一部分物质要由一相转变为另一相。上述情形中,相与相之间的转变,就称相变(phase transition)。这是在自然界中普遍存在着的一类突变现象,可以表现为:

——从一种结构变为另一种结构;
——化学成分在空间分布上发生不连续变化,例如固溶体的脱溶分解或溶液的脱溶沉淀;
——某种物理性质的跃变,如金属由正常相转变为超导相时,出现零电阻及完全抗磁性。

相变时,总是系统的有序程度发生了变化,而且有与之相伴的对称性质的变化。

相变现象十分广泛,相变的机制也多种多样,可以是纯经典的相互作用,也可以是宏观的量子效应。但各种相变的相似之处,远超过它们之间的差异。本章主要讲固、液、气三相间的相变,虽然是最简单常见的相变,却也能体现出一类相变的共性。

[①] 关于液晶,有很多书籍及文章可供参阅。在李椿、章立源和钱尚武编著的《热学》及秦允豪编著的《热学》中就都有关于液晶的简单介绍。

§8.1 气-液相变

8.1.1 汽化和凝结

物质由液相转变为气相的过程叫做汽化。这又分为蒸发与沸腾两种不同形式。蒸发是发生在液体表面的汽化过程，在有液体存在的温度范围内，蒸发总在进行。而沸腾是整个液体（包括其内部及表面）发生的汽化过程。一定压强下，一种液体要达到某固定的温度方能沸腾。汽化的相反过程——物质由气相转变为液相，叫做凝结。

8.1.2 蒸发与饱和蒸气压

从微观上看，蒸发就是液体分子从液面逸出的过程，但液面上方气相中的分子还会不断返回到液体中去。因此，蒸发量是以上的前述过程被后述过程抵消了一部分的剩余部分，也就是逸出液面的液体分子数目，减去返回液体的蒸气分子数目。

分子从液面跑出时，需要在表面层中克服液体分子的引力作功，所以，只能是一些热运动能量足够大的分子才能跑出。一定温度下，液体分子有确定的能量分布，所以，在单位时间内，平均看来，逸出液面的分子数目是一定的。而单位时间内由蒸气返回液体的分子数目，一方面与气相分子同液面碰撞的频繁程度有关，在温度一定时，这与蒸气的分子数密度成正比；另一方面与气相分子碰到液面的凝结概率有关，在液面干净的情况下，凝结概率就比较大。当凝结概率固定后，一定温度下，返回液相的分子数只与蒸气密度有关了。

如果液面是敞开的，液面上方的蒸气分子要向远处扩散，因此蒸气密度不会高，以致返回液体的分子数目总是小于逸出液面的分子数。于是液体不断蒸发，直到它蒸发殆尽。对于给定种类的液体，蒸发的快慢取决于温度、通风状况和液体表面积。

如果液体是在密闭的容器里，那么，在一定温度下，随着蒸发过程的进行，容器内蒸气的密度会不断增加，因而单位时间内返回液体的分子数目也不断增多，直到液相分子逸出液面和气相分子返回液体二者达到动态平衡。这时，液体的量不会再变化，液面上方蒸气的密度也保持为恒定，我们就说蒸气达到了饱和，它的压强便是与其温度相对应的饱和蒸气压。简言之，饱和蒸气压就是气液两相平衡共存时的气相压强。

饱和蒸气压与液体的种类有关。相同温度下，容易挥发的液体饱和蒸气压就高。例如，20°C时，水、酒精和乙醚的饱和蒸气压分别为2.3kPa、5.9kPa和63kPa。饱和蒸气压虽然是气体的压强，但与一般的单相气体系统之压强有所不同。对于单相的气体系统，压强p和温度T可以作为两个独立的热力学变量，但一种液体的饱和蒸气压p_s与温度T却不互相独立，在确定的温度下，对应有确定的饱和蒸气压值。当温度升高时，饱和蒸气压也随之升高（读者可自己思考其中的道理）。另外，单相的气体系统在等温条件下，总是以压强的变化来适应其体积的变化。但是，一定温度下，同种液体的p_s却与蒸气所占的容积无关。气—液两相系统在等温条件下，是以质量由一相到另一相的转移来适应体积的变更。例如等温压缩饱和蒸气时，虽然总体积变小，但p_s不变，饱和蒸气的分子数密度也不变，而是饱和蒸气的总质量减少，也就是说，在压缩中有一定的蒸气转变为液体了。

尽管饱和蒸气与气体单相系统有上述差异，但在一般温度下，因为饱和蒸气压并不高，所

以常用理想气体状态方程来处理饱和蒸气。对于单位质量的饱和蒸气,有:
$$p_s v_{比容} = RT/\mu \tag{8.1.1}$$
式中 μ 是摩尔质量。这时要特别注意 p_s 与 T 有一一对应的关系,两者并不互相独立;$v_{比容}$ 也不能任意变更,意味着定温下蒸气密度是一定的。

再有,液面上方的总压强应等于饱和蒸气压 p_s 与其他气体分压之和。p_s 本身的大小与其他气体的分压无关。

饱和蒸气压的大小还与液面的形状密切有关,这一性质对解释气-液相变中的许多现象都很重要。实验及理论证明:在同一温度下,对于同一种液体,凸液面上方的饱和蒸气压比平液面时的大,凹液面上方的却比平液面时的小,即:
$$(p_s)_{凸液面} > (p_s)_{平液面} > (p_s)_{凹液面} \tag{8.1.2}$$
同温度下,$(p_s)_{弯液面}$ 与 $(p_s)_{平液面}$ 之差,与液体的表面张力系数、液体密度及液面的曲率半径有关。特别是,这一差值仅在弯曲液面曲率半径极小时才显著。当水滴半径 r 为 10^{-7}m 数量级时,$(p_s)_{凸液面}/(p_s)_{平液面} \approx 1.011$;当 $r \sim 10^{-9}$m 时,这一比值约为 2.93。当我们考虑与蒸气中的极小液滴相平衡的饱和蒸气压,或者液体中极小气泡里的饱和蒸气压时,就要注意到(8.1.2)式。

8.1.3 沸腾

在一定压强下,液体开始正常沸腾时的温度,就是沸点。

液体内一般都溶解有空气,其溶解度随温度升高而降低。所以在加热液体时,一部分空气将脱溶而变成附着于容器内壁上的气泡,泡内既有液体的饱和蒸气,也有空气。当沸腾发生时,液体内部也出现许多气泡,于是从器壁及液体内部有大量气泡一同涌出,整个液体上下翻滚剧烈汽化。

现在,我们根据气泡在液体中的力学平衡条件来分析一下沸腾的条件。气泡是由球形液面包围起来的。液面上的表面张力有使液面收缩的趋势,所以对于弯曲的液面来说,总是凹侧的压强大于凸侧的压强。记弯曲液面因表面张力而引起的附加压强为 Δp,它等于:来自液体内部对液面所施之压强减去来自液体外部对液面所施的压强。可以得到[①]:

$$\Delta p = \begin{cases} \dfrac{2\alpha}{r} > 0 & (对于凸球状液面) \\ -\dfrac{2\alpha}{r} < 0 & (对于凹球状液面) \end{cases} \tag{8.1.3}$$

式中 r 为球形液面的曲率半径,α 为表面张力系数。

设液体中气泡如图 8.1.1 所示,其体积为 V,泡里空气的摩尔数为 ν,液体的饱和蒸气压为 p_s,泡所在处液体的压强为 p,则根据(8.1.3)式列出气泡的力学平衡方程为:

$$p_s + \frac{\nu RT}{V} - \frac{2\alpha}{r} = p \tag{8.1.4}$$

这里,由于液体沸腾前的气泡半径都比较大,故式中的 p_s 就可以取作平液面上方的饱和蒸气压,它主要是随温度升高而增大。另外,如果容器中有限的液体并不很深,(8.1.4)式右的 p 就可看作是外界的大气压强,在液体加热到沸腾的过程中,它不随温度变化。

[①] 可参阅:李椿,章立源,钱尚武.热学.北京:人民教育出版社,1978.第八章

令 $\beta = 2\alpha\left(\dfrac{4\pi}{3}\right)^{1/3}$，(8.1.4)式可化为：

$$p_s + \frac{\nu RT}{V} = p + \frac{\beta}{V^{1/3}} \tag{8.1.5}$$

让我们根据此式用图解法讨论气泡平衡体积随温度的变化。如图 8.1.2 所示，分别作 $p_s + \dfrac{\nu RT}{V}$ 及 $p + \dfrac{\beta}{V^{1/3}}$ 随 V 变化的函数曲线。这两条曲线的交点就对应气泡的平衡体积 V^*。

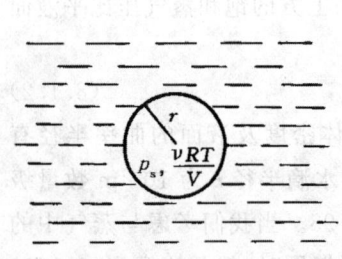

图 8.1.1　液体中气泡

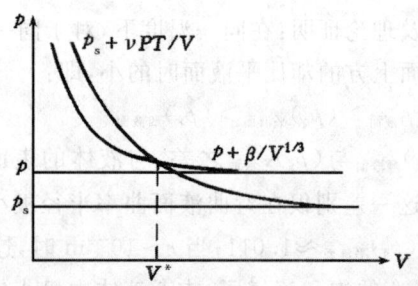

图 8.1.2　液体中气泡平衡体积的图解法

当 V 变大时，图上两曲线应分别以高度为 p_s 及 p 的两条水平线为渐近线。两曲线相比较，应是 $p_s + \dfrac{\nu RT}{V}$ 随 V 增大而衰减得快一些。每当 T 升高，p_s 和 νRT 都变大，但 $p + \dfrac{\beta}{V^{1/3}}$ 基本不动，这导致两曲线的交点右移，即气泡平衡体积变大。

(8.1.4) 及 (8.1.5) 式仅考虑了球形液面凹、凸两侧的压强平衡问题，其实气泡整体在液体中还受到向上的浮力。但气泡可以吸附在器壁上并不因受浮力而上升，原来是器壁对气泡还作用着亲和力，仅当浮力大于极限亲和力时，气泡才能挣脱器壁而升起。

在温度不断升高时，p_s 愈来愈接近大气压强 p，图 8.1.2 中两条曲线的渐近线就愈来愈靠近。当温度升高到 $p_s = p$ 时，两渐近线合二而一，两曲线的交点在 $V \to \infty$ 处，似乎气泡的平衡体积 $V^* \to \infty$。但在气泡急剧胀大的过程中，必经过浮力刚能超过极限亲和力的时刻，于是气泡边胀大边上升，并在原处留下剩余小气泡，继续胀大、上升，再留下剩余气泡……这样，液体就沸腾了。

如上的解释有很多不严格之处，但可以初步阐明液体发生沸腾的条件是：液体的饱和蒸气压等于液体上方的大气压强。所谓沸点，就是在给定的外界压强下，使饱和蒸气压等于这外界压强时所对应的温度。沸点总是随外界压强的增大而升高。

8.1.4　汽化热和凝结热

液体汽化时，跑出液面的分子要挣脱液体分子对它的吸引力而作功，所以需要吸收热量。只要供给适当的热量，汽化可以在等温条件下进行。也就是说，液体吸取这些热量，只是发生了汽化，并没有显出温度升高，所以称等温条件下汽化过程吸的热为汽化潜热，简称汽化热。一般所说的汽化热是指：单位质量液体或 1 摩尔液体汽化为同温度的气体时所吸收的潜热，其单位分别是 $J \cdot kg^{-1}$ 或 $J \cdot mol^{-1}$。

汽化热可以从三种不同角度去理解和计算：

(1) 汽化热应包括物质汽化时内能的变化，以及在恒定外界压强下体积膨胀所作的功。

第 8 章 相 变

记汽化热为 l，液、气两相单位质量物质（或物质的量为 1 摩尔）的内能分别为 u_1、u_2，体积分别为 v_1、v_2，外界压强为 p，则：

$$l = u_2 - u_1 + p(v_2 - v_1) \tag{8.1.6}$$

上式右边的第一项和第二项分别叫做内潜热和外潜热。

(2) 汽化是在等压条件下吸热，汽化热应等于物质由液相转变为同温度的气相时焓的增量。记液、气两相单位质量物质（或物质的量为 1 摩尔）的焓分别为 h_1、h_2，则（见例 6.5.1）：

$$l = h_2 - h_1 \tag{8.1.7}$$

(3) 气、液两相有序程度不同，汽化过程是熵增过程。若单位质量物质（或物质的量为 1 摩尔）在由液相等温转变为气相时，熵增为 $S_2 - S_1 = \Delta S$，则

$$l = T\Delta S \tag{8.1.8}$$

不难看出，(8.1.6)、(8.1.7) 及 (8.1.8) 式是互相协调的。

如果在液体蒸发时外界不供热或供热不够，那只能消耗液体内能，于是温度降低，这是制冷的一条途径。

与汽化时吸热相反，凝结时是放出相变潜热的，这就是凝结热，在数值上等于同温度下的汽化热。

8.1.5 过饱和蒸气与过热液体

1. 凝结核与汽化核

当液面上方的蒸气压大于该温度下的饱和蒸气压时，由蒸气进入液体的分子数目就大于同一时间间隔内逸出液面的分子数目，一部分蒸气要凝结成同温度的液体。

当蒸气与较大一片液面接触时，凝结多是发生在液面处。这时的饱和蒸气压就是平液面上方的饱和蒸气压。在蒸气内部也能凝结成液滴，这需要有凝结核。带电的粒子和离子都是很好的凝结核，蒸气中的尘埃和杂质等小微粒也起着凝结核的作用。器壁能吸附气相中的分子，所以在器壁上往往会形成较稳定的凝结核。当在凝结核表面凝结了一层液体后，便是一粒液滴。如果它的半径足够大，与之相平衡的饱和蒸气压就几乎等于同温度下平液面上方的饱和蒸气压 $(p_s)_{平液面}$。所以只要蒸气的实际压强比 $(p_s)_{平液面}$ 超出 1%，液滴就能逐渐长大，凝结便易于发生。

从前面关于沸腾的讨论中我们可以看出：沸腾前就已经存在的气泡对于发生沸腾是多么的重要。液体内部和器壁上的小气泡起着汽化核的作用，它使液体在其周围汽化。

2. 过饱和蒸气

如果在蒸气中缺少凝结核，或凝结核过小，那么即使蒸气压超过该温度下的饱和蒸气压，甚至高出了几倍，液滴仍不能形成并长大，这就叫过饱和现象。这样的蒸气称为过饱和蒸气。它也叫做过冷蒸气——因为按其实际蒸气压，应在较高的温度下就能发生凝结，但现处在比它低的温度下仍不凝结，岂不过冷？

由于饱和蒸气压与液面形状有关（见 (8.1.2) 式），所以有必要指明：一般饱和蒸气压数值表所给的数据，和这里说的实际蒸气压所超过的那个饱和蒸气压值，都是相对平液面的情况而言。明确了这一点，我们就很容易解释过饱和现象了。当凝结核很小时，气、液两相动态平衡时的饱和蒸气压 $(p_s)_{凸液面} > (p_s)_{平液面}$。在实际的蒸气压强大于 $(p_s)_{平液面}$ 时，可能仍是小于 $(p_s)_{凸液面}$，因此，小凝结核周围的蒸气，相对于这有着很小曲率半径的凸液面的液滴来说，并未达到饱和，所以液滴越小越要继续蒸发，凝结不能进行。

这种过饱和状态是一亚稳状态。外界稍加干扰,例如加入灰尘、杂质或带电粒子,就可作为足够多、并足够大的凝结核,而使过饱和蒸气中出现可以长大的液滴,由亚稳态变为稳定的气、液两相平衡共存的状态。

3. 过热液体

久经煮沸的液体冷却下来后,因缺少汽化核,即使再加热已到沸点之上仍不沸腾,这样的液体叫做过热液体。通常所说的沸点,是指正常沸腾时,尺度较大的汽化核内的饱和蒸气压等于液面上方外界压强时的温度。所说的饱和蒸气压几乎就等于$(p_s)_{平液面}$。但在过热液体中形成的汽化核,是由于涨落使某些分子具有了足够大的能量所彼此推开从而生成的极小气泡。这种气泡的线度仅数倍于液体分子间的平均距离,凹液面的曲率半径为10^{-10}m量级,因此$(p_s)_{凹液面}$明显小于$(p_s)_{平液面}$(见(8.1.2)式)。当这样的液体被加热到所谓"沸点"时,其实外界压强还远高于$(p_s)_{凹液面}$,并未达到极小汽化核急剧胀大的条件,所以不能沸腾。当过热液体被继续加热,使得极小气泡中的$(p_s)_{凹液面}$达到外界压强值时,气泡急剧增大,饱和蒸气压也迅速增大为$(p_s)_{平液面}$,于是气泡膨胀得非常之快,甚至发生容器爆炸。这种现象称为暴沸,必须设法避免。

过热液体也是亚稳态。增加些汽化核,过热液体很容易转变为气、液两相平衡共存的稳定状态。

4. 云室和气泡室

能够显示高能带电粒子在空间运动轨迹的仪器,叫做径迹探测器。它的种类有很多,其中的云室和气泡室的工作原理就与过饱和蒸气及过热液体有关。

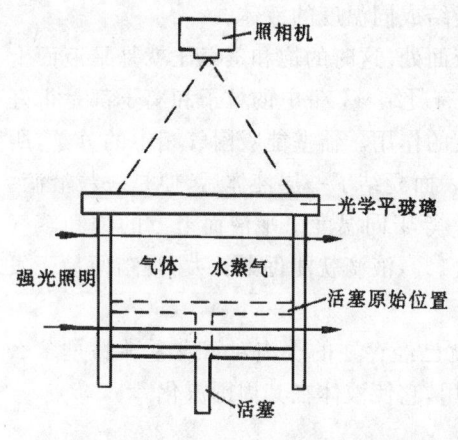

图 8.1.3 威尔逊膨胀云室示意图

图 8.1.3 是云室的构造示意图[①],室内原先充满着水(或水—酒精混合液)的饱和蒸气。开始工作时,令活塞迅速下移,室内气体便经历一个绝热膨胀过程,于是温度下降,使原来的饱和蒸气在变低的温度下成为过饱和的。这时如果有一个荷电粒子穿过云室内部,它在一路上就会引起气体电离而产生许多正离子,成为过饱和蒸气分子的凝结核。这时若用强光照明,半径长大到10微米的小液滴就能被看到或对其做立体摄影。这一串小液滴的形成便显示出那荷电粒子的运动轨迹。1932年安德森(C. D. Anderson)就是通过观测云室照片发现了正电子的。宇宙射线产生的Λ粒子,也是1947年在云室中发现的。

利用过热液体来显示带电粒子径迹的探测器是气泡室,它的工作液体是透明的液氢或丙烷。以常用的液氢为例,开始若保持温度为27K,只要压强超过5大气压,它就不会沸腾。工作时,在一二十毫秒时间内突然把压强降至2大气压左右,液氢便处于一种"过热状态"。此时,如有一带电粒子通过气泡室,在其径迹上产生的离子,就立刻在过热液氢中作为形成气泡的中心。这些气泡很快胀大,把它们拍摄下来,则得到那带电粒子的径迹。1964年,在美国布鲁克海

---

① 此图取自:倪光炯,李洪芳.近代物理.上海:上海科学技术出版社,1979

文国家实验室(BNL)发现了重要的 Ω^- 粒子,所用的径迹探测器就是气泡室。

云室和气泡室的发明都获得了诺贝尔物理奖,利用它们在高能物理领域所做的研究工作也有多项获得诺贝尔物理奖。

8.1.6 气液等温转变　临界点

影响相变的因素很多,相变的现象丰富多彩,即使是相变中最简单的气液相变也不例外。在研究复杂事物的规律时,常用的一个方法是:将某些因素固定,只变动少数、甚至一个因素,看看事物将如何发展。现在,就让我们来讨论在等温条件下,只改变气体压强时所发生的现象。

1. 真实气体等温线

历史上最早是英国物理学家安德鲁斯(Andrews)系统地观测了 CO_2 的等温压缩,于1869年宣布了他的研究结果。图8.1.4是后人做类同测量所得的 CO_2 等温压缩曲线族。把曲线族中的一条等温线画在了图8.1.5中。

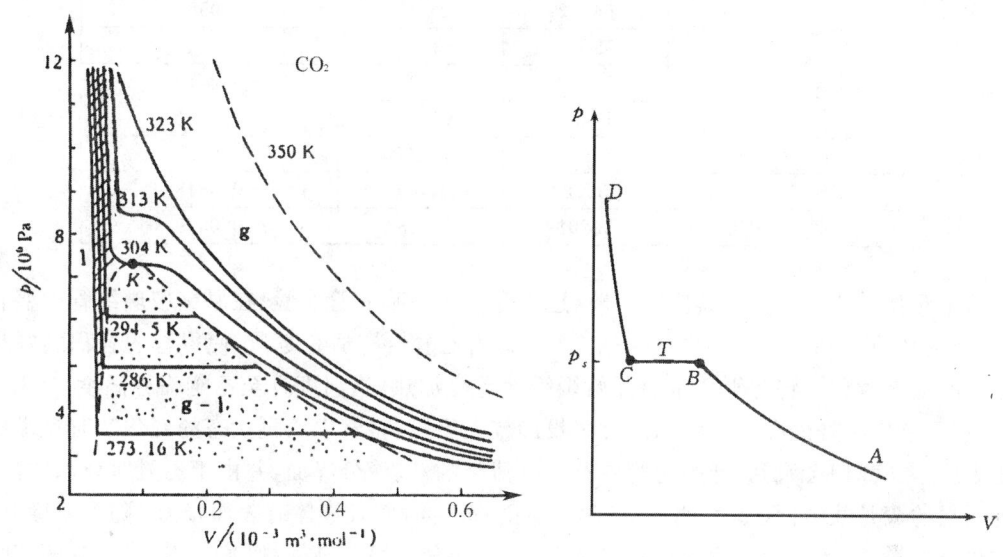

图 8.1.4　CO_2 的等温压缩曲线族　　　图 8.1.5　CO_2 的一条等温压缩曲线

将一定量的 CO_2 气体在等温条件下缓慢压缩,视其为准静态过程。图8.1.5中的AB段是气态的压缩过程,对于实际的 CO_2 气体,AB这段曲线与理想气体的等温线有所不同。当压强增至该恒定温度 T 所对应的 CO_2 饱和蒸气压 p_s 时,如被压缩气体中不缺少凝结核,便有液相出现,对应着图上的 B 点。定温下继续压缩,压强却不发生变化,只是液相质量逐渐增多,直至全部液化,对应着图上的 C 点。BC段上各点所代表的状态有共同之处,除了温度、压强明显地相同之外,还都是气、液两相共存的。但BC段上不同状态代表点对应着气、液两相的质量百分比不同,总体积也不同。工程上分别称B、C两态为干饱和蒸气与饱和液体,而BC段上的其余状态为湿蒸气。

待这一定量 CO_2 被全部压缩为液体后,再行压缩,体积变小就很困难,因而等温线的CD段很陡。

统观图8.1.4所示的 CO_2 等温压缩曲线族,发现在 $T<304K$ 时,每条等温线上都有一段与上述BC段类似的"平台";而温度越高,"平台"的左、右端点就越是凑近,就是说,液相与气相的

比容越是接近。特别值得注意的是 $T=304$K 的那条等温线。它没有平台,代之出现的是一个拐点。比这条等温线高的那些等温线再也不出现"平台",表明在 $T>304$K 的等温压缩过程中,CO_2 不会出现气液两相平衡共存的状态,这时无论压强多么大,CO_2 气体也不会经等温压缩而液化。

2. 临界等温线和临界点

上述这条特别的等温线称为临界等温线,线上的拐点叫临界点,它所对应的就是临界状态。每种物质在临界状态时都具有特定的温度、压强及摩尔体积值,分别称为临界温度、临界压强及临界摩尔体积(或以临界比容代之),统称为临界参数。表 8.1.1 给出了一些物质的临界参数值[1]。

表 8.1.1 一些物质的临界状态参数

物质	临界温度 T_c/K	临界压强 p_c/(MPa)	临界体积 V_c/(m³·kmol⁻¹)
二氧化碳 CO_2	304.2	7.39	0.0941
水 H_2O	647.3	22.09	0.0558
乙醚 $C_2H_5OC_2H_5$	193.4	3.55	—
氟里昂 CCl_2F_2	385.0	4.01	0.2410
氧 O_2	154.4	5.05	0.0741
氮 N_2	126.2	3.398	0.0897
氢 H_2	33.2	1.315	0.0648
氦 He	5.201	0.23	0.0579

为了对临界状态有比较具体的了解,这里介绍一个临界管实验。在厚壁玻璃细管内盛有乙醚,小心地加热、排除空气后,密封起来[2]。设管内乙醚恰有适宜之量,使得管的容积刚好是这些乙醚的临界体积。将此管从室温开始缓缓地定容加热,当温度升至乙醚临界温度(193.4K)时,这些乙醚应正好处在临界状态。可用投影放大手段,将管中乙醚状态的变化实时投影到墙上的大屏幕。我们会看到,开始时管内乙醚有清晰的气、液分界面,并由于乙醚对玻璃的浸润,出现明显的弯月状液面。这表明气、液两相折射率不同,而且液体有表面张力。随着温度升高、向临界点的逼近,弯月状液面变得越来越平直,气液分界面逐渐模糊。这又表明气、液两相的差别已越来越小。突然,气液分界面会完全消失,而且屏幕上乙醚管的像变黑。这时乙醚呈现临界状态,气液不分,也不再透明。由于很难保持在临界温度,所以这种状态不会持久,接下来看到的管中乙醚又是透明的了,要么全呈气相(温度高过临界温度),要么又呈分明的气、液两相(撤去加热源,温度回落到临界温度以下)。

透明的物质在临界状态时变得浑浊,呈现的是乳白色,这就是著名的临界乳光。它是光的一种散射现象。在表面上看来均匀纯净的介质中所观察到的光散射,是由于介质中存在着局部的密度涨落,破坏了介质的光学均匀性所导致的,叫做分子散射。一般情况下,分子散射的光强与波长的四次方成反比(瑞利定律)。由此可以解释旭日和夕阳呈红色,而晴朗的天空呈蓝色。但当介质处于临界状态时,不仅密度涨落很大,而且不同地点的涨落不再是相互独立的,即使分子间的作用力是短程的,却可以出现长程的关联(其实也正是这种长程关联,才造成涨落的增强)。这使得临界态下分子散射的光强不再是反比于波长的四次方,而是反比于波长的平方。

---

[1] 此表中大部分数据摘自:肖国屏.热学.北京:高等教育出版社,1991.表 7.4

[2] 乙醚易燃、易爆,封管操作时要十分谨慎。

这样,不同波长的散射光强差别就减小了,看到的散射光便成了乳白色。

在临界状态时,物质的热膨胀系数会变得很大,比热也出现反常。临界状态真是引人入胜的状态。

在临界等温线上,比临界压强高的那一段也是气、液不分的状态代表点,但不叫临界态了。

3. p-V 平面上的分区

在图 8.1.4 中,把临界等温线以下的各条等温线上"平台"的左、右端点分别连成虚线,再用上临界等温线,就把 p-V 平面分成了三大区域。虚线间标有小点子的区域,是气、液两相平衡共存的状态代表点所在区域;此区左侧和临界等温线左下侧画斜线的区域是单一液相存在的区域;平面上其余区域则是单一气相存在的区域。不过,还应区分出临界等温线以上的气相区是不能经由等温压缩而液化的气相区,这不同于临界等温线以下的气相区。由此可知,若要用压缩的方法使气体液化,首先需使气体的温度降到临界温度以下。从表 8.1.1 中看到,氦的临界温度最低,有很长一段时间人们没有办法使它液化,误认为氦是"永久气体",在认识到物质具有临界温度这一事实之后,努力提高低温技术水平,才使氦在 1908 年被液化。

8.1.7 范德瓦尔斯等温线　临界参量

考虑了分子作用力的范德瓦尔斯方程,不仅能比理想气体状态方程更好地描述实际气体的状态,还能在一定程度上反映液体的状态,以及用来讨论气液相变的特点。其实,对于气液相变,至今,除了对临界现象的认识大大前进了之外,我们的知识并不比范德瓦尔斯增加了多少。

1. 范德瓦尔斯等温线

将 1mol 气体的范德瓦尔斯状态方程 $\left(p+\dfrac{a}{V_m^2}\right)(V_m-b)=RT$ 改写为:

$$V_m^3-\dfrac{pb+RT}{p}V_m^2+\dfrac{a}{p}V_m-\dfrac{ab}{p}=0 \tag{8.1.9}$$

取此式中的温度 T 为恒量,便可按其绘出 p-V_m 平面上的范德瓦尔斯等温线,多次改变恒量 T 的值,就得到等温线族,如图 8.1.6 所示。

与实际气体等温压缩曲线族相比较,范德瓦尔斯等温曲线族中也有一条等温线上有拐点,相当于临界等温线。但在它以下的较低温度的等温线却与实验等温线有明显差别。如图 8.1.6(a)所示,曲线上的 GA 段对应于气态,BL 段对应于液态,这和实验等温线倒是一致;但范德瓦尔斯等温线上并没有气液共存的水平部分,特别是 DEF 段本不应该存在。这 DEF 段对应着 $\left(\dfrac{\partial p}{\partial V_m}\right)_T>0$,意味着:在等温条件下物质越被压缩其体积越大,这是不可能的。麦克斯韦指出,DEF 段应取消,而要增加一段水平线,如图 8.1.6(a)中的虚线 AEB。AEB 的位置应刚好划分得使面积 BEFB 与面积 EDAE 相等。这称为"麦克斯韦等面积法则"[①]。

至于图 8.1.6(a)中范德瓦尔斯等温线上的 AD 段,应表示过饱和蒸气状态,BF 段则应表示过热液体状态。由此,范德瓦尔斯方程还说明了气液相变中亚稳态的存在。

2. 临界参量

根据范德瓦尔斯临界等温线在拐点处的条件:

$$\left\{\dfrac{\partial p}{\partial V_m}\right\}_{T=T_c}=0; \quad \left\{\dfrac{\partial^2 p}{\partial V_m^2}\right\}_{T=T_c}=0$$

---

① 它的正确证明要用到热力学中的相平衡条件,读者可查阅任何一本热力学教材。

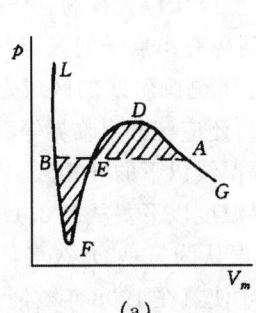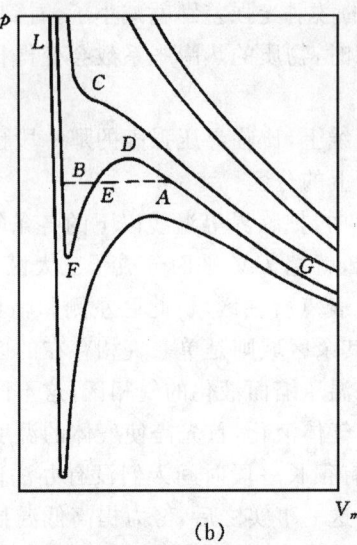

图 8.1.6 范德瓦尔斯等温线

可以求出在临界点处三个临界状态参量 T_c、p_c、V_c 与范德瓦尔斯常数 a、b 之间的关系。还可以从(8.1.9)式出发,用初等数学的方法得到同样结果。(8.1.9)式是 V_m 的三次方程,在低于临界温度时,每给定 p、T,它有三个根;高于临界温度时,三个根中有两个是虚根;而在临界温度时,三个根重合为 V_c,即:

$$(V_m - V_c)^3 = 0$$

或

$$V_m^3 - 3V_c V_m^2 + 3V_c^2 V_m - V_c^3 = 0$$

把此式与(8.1.9)式比较,同幂次的系数应相等,就可进一步解出:

$$T_c = \frac{8a}{27Rb}, \quad p_c = \frac{a}{27b^2}, \quad V_c = 3b \tag{8.1.10}$$

并可得临界压缩因子:

$$Z_c = \frac{p_c V_c}{RT_c} = \frac{3}{8} = 0.375 \tag{8.1.11}$$

这临界压缩因子是一常数,与气体种类无关。但事实上,各种气体的 Z_c 值不尽相同,而且都比 0.375 要小,只有氢、氖、氦的 Z_c 达到或稍超过 0.300。这说明,当气体接近临界点时,已较明显地偏离范德瓦尔斯方程所表达的规律了。

8.1.8 物态对比方程 对应态定律

各种物质在临界状态时都具有极其相似的性质。范德瓦尔斯就选取临界状态为参考状态,以临界性质为对比其他状态的性质的参照,先把状态参量及温度用 T_c、p_c 和 V_c 来约化,定义

$$\pi = p/p_c, \quad \tau = T/T_c, \quad \omega = V_m/V_c$$

分别为对比压强、对比温度和对比(摩尔)体积。然后将 p、V_m、T 以 π、ω、τ 表示之,代入范德瓦尔斯状态方程,就得到

$$(\pi + 3/\omega^2)(3\omega - 1) = 8\tau \tag{8.1.12}$$

此式称为物态对比方程,它已不出现任何与具体物质有关的常数,因此,它是对任何化学纯的

经典气体都普遍适用的方程。

由(8.1.12)式可见,任何两种气态或液态物质,只要有两个对比参数相同,第三个参数就也一定相同,我们称这两种物质处于对应状态。

在§2.4.4中,我们已经说过,压缩因子 $Z = pV_m/RT$ 可以用来表示实际气体相对于理想气体的偏离。而 Z 也可用对比参量表示:

$$Z = \frac{\pi\omega}{\tau} \cdot \frac{p_c V_c}{RT_c}$$

利用(8.1.11)式,即得:

$$Z = \frac{3}{8} \cdot \frac{\pi\omega}{\tau}$$

因此,处于相同对应状态的任何气体,具有相同的压缩因子,即与理想气体有几乎相同的偏离,这一结论称为对应态定律。

实际上,由于范德瓦尔斯方程本身就有一定的近似性,所以对应态定律也不可能在任何情况下都严格成立。不过,物态对比方程和对应态定律确实为物理、化学及热工计算带来方便,得到了广泛应用。

物态对比方程还首次向人们揭示了一个事实:相变具有某些普适性规律。后来,相变理论研究的一个重要任务,就是从纷繁的相变现象中透过个性,抓住共性,概括和说明那些最普遍、最本质的事情。

8.1.9 汽化曲线

在§8.1.6中讲述的气体等温压缩过程也可以用 p-T 图表示。

图8.1.5中的等温线在 p-T 图中表示出来即是一铅直线,在图8.1.7中用一虚线段表示。图8.1.5中等温线上的"平台"部分——BC 段,在 p-T 图上就对应一个点。把图8.1.4等温曲线族中各条等温线上的"平台"部分都在 p-T 图上找到对应点,则连成一条曲线 OK,叫做汽化曲线。

汽化曲线有起始点 O,它对应着能同时出现气相和液相(还可能有固相)的最低压强和最低温度,这就是三相点。汽化曲线还有终止点 K,比这一点对应的温度再高,就不可能有气液两相平衡共存。该点就是临界点。

在一定温度范围内等压升温,例如图8.1.7中由 M 到 N 的过程,应是能由液相经两相平衡共存状态到全部转变为气相的过程。可见,在汽化曲线左方区域内的点,是液相的状态代表点;而汽化曲线右侧则是气相区。汽化曲线本身既可看作是饱和蒸气压与温度之间的关系曲线,也可以看作是外界压强与沸点之间的关系曲线。

图8.1.7也叫气液二相图。不同物质的汽化曲线,其始点 O 与终点 K 的位置各不相同,而且曲线的斜率也不相同,这要由后边讲到的克拉珀龙方程来确定。

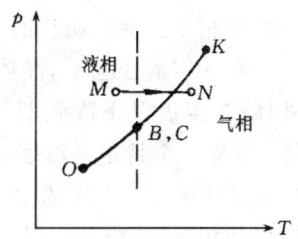

图 8.1.7 汽化曲线

8.1.10 热管

1963年格鲁佛(G.M.Grover)利用传导、对流、蒸发、凝结及毛细作用,发明了一种高效率的传热管。现在它已成为广泛用于航天、军事工程、核反应堆、电力工程、电子工业、医疗设备及科学研究中的导热元件,称之为热管(thermotube)。

热管的结构及工作原理如图8.1.8所示。它的外壳材料可以是黄铜、镍、不锈钢、钨等金属或合金。紧贴管壳有一层多孔性材料的毛细物体,叫做管芯,这可以是金属细丝、丝毡等。在把管内抽成真空之后,向管芯注入工作液体,直到浸润芯子达到饱和,然后将整个管的两端密封。工作液体可以是液态的钾、钠、钼、铯、锂、铋,或水银、水、丙酮冷冻剂、液氮、液氧等。热管的一个端面与热源相接触,叫做蒸发端;另一端则是冷凝端,使用时,这一端也可以是与散热器接触着的。

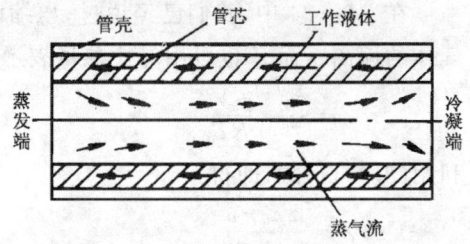

图 8.1.8 热管

在蒸发端,热量经金属管壁传到管芯,工作液受热、温度升高而快速蒸发,同时从热源吸收汽化热。这一端附近的蒸气有较高的温度及分子数密度,压强就高,于是形成向冷凝端运动的蒸气流。到达冷凝端时,蒸气冷凝,放出凝结热。这就通过相变潜热的吸放,把热量从蒸发端带到冷凝端。蒸气冷凝成液体后又渗入管芯,通过毛细作用返回蒸发端。如此构成管内的气——液对流循环,不断将热量由热端传递到冷端。这种由定向气流携带相变潜热的传热方式其有效热导率可以是金属导热的几百倍到几万倍。热管技术是重要的节能技术之一(见附录6.1),各种新型热管正不断出现。

§8.2 固-液相变和固-气相变 三相图

8.2.1 固-液相变

晶体从固相转变为液相的过程叫做熔解,相反的过程叫凝固或结晶。冰熔解为水,水冻成冰,就是最常见的固-液相变。

有一些"固体"是非晶体,例如玻璃、松脂、沥青、橡胶、塑料等。这类"固体"也可以通过加热使其变为液体,但并没有相应的熔解过程,只是随着温度升高不断软化,逐渐地出现流动性,这不属于相变。我们所说的固液相变,是指晶体的熔解及液体的结晶。

在一定的压强下,晶体要升高到一定的温度才熔解,并可能持续进行下去,直至全部变为液体;若温度又下降到低于这个值,液体便要凝固,并可能持续进行下去,直至全部结晶为晶体。这样一个特定的温度就是晶体的熔点,它与晶体种类及外界压强有关。大多数晶态物质的熔点随压强增大而升高,它们在熔解时体积一定膨胀,即液相比容比固相的大;少数晶态物质情况却相反,压强增大对应熔点降低,它们的液相比容较固相的小,像冰、铋、锑和老式印刷用的活字铅合金就是这样。

在 $p\text{-}T$ 图上划出熔点随压强的变化,就得到熔解曲线。如图 8.2.1 中的 OL 所示。由于在压强增大时,不同物质的熔点升降走势不同,所以熔解曲线的斜率或者是正的,或者是负的,其正负和大小由克拉珀龙方程决定。

在熔点时,是固-液两相平衡共存的,所以熔解曲线也就是固-液两相平衡共存的状态代表点所连成的曲线。在给定压强下,温度低于熔点时物质以固相存在,高于熔点时则以液相存在,

所以在 p-T 平面上,熔解曲线左方是固相存在的区域,右方与汽化曲线 OK 之间是液相存在的区域。

熔解时,晶体中原本规则排列着的粒子要转变为不规则的排列,也就是晶体的所谓"点阵结构"要被破坏。这是从远程有序变为远程无序的熵增过程,必须由外界供给一定能量,即要吸收相变潜热,称之为熔解热。显然,熔解热可以用来衡量晶体中结合能的大小。

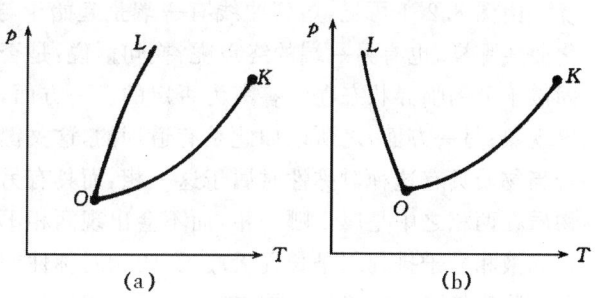

图 8.2.1 熔解曲线
(a)熔解时体积膨胀;(b)熔解时体积收缩

表 8.2.1 给出一些元素和物质的熔解热和汽化热[1]。熔解热或汽化热的每一个具体数值当然只有与相应的熔点或沸点一并给出才有意义。而熔点和沸点又都与外界压强有关,表 8.2.1 中的"正常熔点"和"正常沸点",就是指在标准大气压下的熔点和沸点。液氦在标准大气压下不可能凝固,表中所给的是对应着 26bar 的熔点。

表 8.2.1 某些元素和物质的熔解热和汽化热

元素	正常熔点(K)	熔解热(kJ/kg)	正常沸点(K)	汽化热(kJ/kg)
氦 He	0.95(26bar)	—	4.216	25.2
氢 H_2(平衡)[2]	14.01	58.6	20.28	454.2
氖 Ne	24.48	14.2	27.102	85.8
氧 O_2	54.75	13.8	90.188	213.2
氮 N_2	63.29	25.5	77.348	199.2
汞 Hg	234.288	11.3	629.73	293.0
钠 Na	370.96	113.2	1156.05	4211.1
锡 Sn	505.108	60.3	2543	3013.9
铅 Pb	600.652	24.3	2013	879.1
锌 Zn	692.73	113.0	1180	1775.8
铝 Al	933.52	393.5	2740	9209.2
锗 Ge	1210.6	466.7	3103	4607.5
银 Ag	1235.08	104.7	2485	2356.3
金 Au	1337.58	67.5	3080	1710.8
铜 Cu	1356.6	205.1	2840	5399.9
硅 Si	1683.2	697.7	2628	
铁 Fe	1808	314.0	3023	6279
铂 Pt	2045	107.1	4100	2739.7(升华)
钨 W	3683	255.3	5933	4952.0
水 H_2O	273.15	334	373.15	2257.0
苯 C_6H_6	278.7	126	353.3	393.9
二氧化碳 CO_2	216.6	180.8	194.7(升华)	554.2(升华)
酒精 C_2H_5OH	158.7	109.3	351.5	837.2
氨 NH_3	195.5	351.6	239.7	1366.3
氟里昂-12 CF_2Cl_2	—	—	243.4	165

---

[1] 此表摘自:肖国屏.热学.北京:高等教育出版社,1991.表 7-2
[2] 关于平衡氢,可见本书§2.3.3 注释。

由图 8.2.1 可见,熔解曲线有一端是起始于与汽化曲线的交点,就是三相点;它是否像汽化曲线那样,也有另一端的终点呢?换句话说:是否像存在气液不分的临界状态那样,也存在着固液不分的临界状态呢?答案为否定的。一方面,在实验上,施以很高压强却从未出现固液临界现象;另一方面,之所以如此是有道理的,这关键在于固相与液相在对称性上有本质的差别。若当物质具有这种对称性时属于这一相,而具有另种对称性时则属于另一相,我们就总能指出物质在两相之中是属于哪一相,而不会出现两相不分的状态,固相与液相之间就是这样。而气相和液相分子排列都是长程无序的,两相对称性差异不太大,才有可能出现气液不分的状态。

物质熔液温度略低于熔点时,原子的规则排列成为稳定的结构。先是少数原子按一定规律排列起来,形成晶核,原子再围绕这些晶核重复按一定规律排列其上,使晶体点阵得以发展,生长起晶粒,再成为大块晶体,这就是结晶。晶核可以是由液体中的原子在适当条件下聚集而成,有时是引入事先人工制备好的小块籽晶。以熔液中所含杂质为中心也容易形成晶核。缺少晶核的熔液在温度低于熔点很多时也不结晶,就成为过冷液体,这也是一种亚稳状态。

结晶时,若只从一个晶核长大,则生长出单晶体。若多个晶核同时长大,便生长出多晶体。

结晶时要放出相变潜热。

8.2.2 固-气相变

在压强低于一种物质的固、液、气三相点压强时,对固相的这种物质加热,就会有物质从固相到气相的转变,这称为升华。其相反过程叫做凝华。我们平时能嗅到某种晶体的气味,就是固体升华为气体的见证。

把一块固体置于密闭容器之中,在一定温度下升华与凝华过程可以达到动态平衡。这时容器中固体上方也是饱和蒸气,其压强与温度的关系就是升华曲线,如图8.2.2中的 OS 所示。升华曲线上的点是固气两相平衡共存的代表点。OS 左侧是固相存在的区域,右侧是气相存在的区域。O 点是三相点。

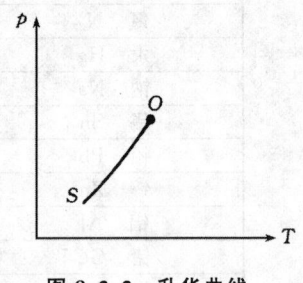

图 8.2.2 升华曲线

升华时,粒子直接由点阵结构转变为气体分子,因此,一方面要克服粒子间的结合力作功,另一方面还要克服外界的压强作功。这样,固体升华时必须吸收相变潜热,也就是升华热。气体凝华为晶体时则要放出凝华热。

升华曲线的斜率总是正的,其具体大小由克拉珀龙方程决定。

8.2.3 三相图

让我们把同一种物质的汽化曲线、熔解曲线和升华曲线绘在一起,就得到固、液、气三相图。图8.2.3(a)是 CO_2 的三相图,它代表了大多数在熔解时体积膨胀的物质的三相图。图8.2.3(b)是水的三相图,它代表了一些在熔解时体积缩小的物质的三相图。图中 p、T 坐标的标度是不均匀的。

热力学可以证明:对于纯净物质(独立组元个数为1),最多只能三相平衡共存,而且三相点处的压强和温度不能任意。像水的三相点压强和温度值分别固定为 0.6107kPa 和 273.16K;而 CO_2 的三相点压强和温度固定为 0.518MPa(即 5.11atm)和 216.6K。

值得指出的是:一般说,三相点并非一定是固、液、气三相平衡共存的状态。许多固体在不同温度和压强下能有不同的点阵结构,即有不同的固相。固体从一种固相转变为另一种固相的

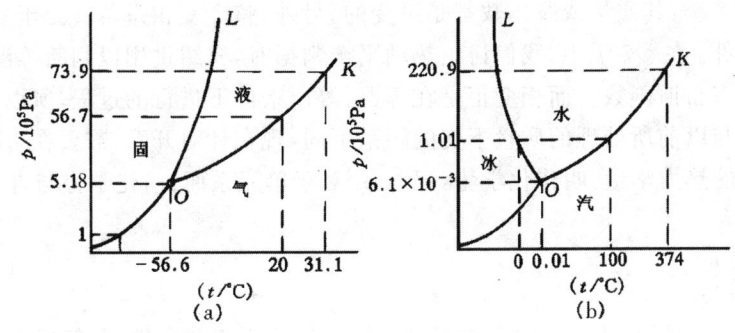

图 8.2.3 三相图
(a)熔解时体积膨胀 (b)熔解时体积缩小

过程,叫做同素异晶转变。对于能发生同素异晶转变的物质,相图上出现的就不止三个相了。例如,固态硫有单斜晶硫和正交晶硫两种,其相图如图 8.2.4 所示。这时有六种两相共存的曲线和三个三相点,其中只有一个是固、液、气三相平衡共存。又如氦有正常相及超流相两个液相,以致氦的相图也不是简单的三相图。

相图能够帮助我们分析物质在某一压强或温度下的状态。例如拿 CO_2 来说,因为它的三相点压强较高,所以在通常大气压下 CO_2 不可能是液相,固相 CO_2 只能升华,不会熔解,故有"干冰"之称。欲得液态 CO_2,必须使其处在高于 5.11atm 的状态下,因此液态 CO_2 都贮存在高压钢瓶之中。从三相图图 8.2.3(a)可见,若室温为 20°C,则钢瓶中压力约为 56atm。使用时,打开钢瓶阀门,喷出的液态 CO_2 的压强骤降至 1atm,它会迅速汽化,并要吸收大量汽化热。但这时没有外界供热,于是只能导致一部分 CO_2 气体降温(低达 -78°C 左右)而凝固成干冰。

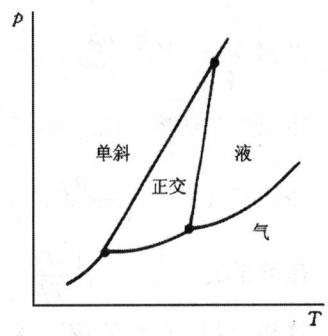

图 8.2.4 硫的相图

我们已经看到,为了描述一个系统包括相变在内的状态变化过程,既可用 p-V 图也可以用 p-T 图。在物质以单相存在时,p-T 平面与 p-V 平面上的状态代表是一一对应的;但当两相或三相共存时,p-T 平面上的一个点则要对应 p-V 平面上的一条线。读者可以试将图 8.2.3 中的相图在 p-V 平面上表示出来。

§8.3 一级相变的普遍特征 克拉珀龙方程

8.3.1 气-液、固-液、固-气相变的共同特征 一级相变

回顾前边所讲的气、液、固三相之间的相变,可以看出它们有共同的特征:相变时比容发生了突变;并要吸收或放出相变潜热,即两相的熵也有突变。另外,还可以出现亚稳态(如过饱和蒸气、过热液体、过冷熔液等)。具有如此特征的相变还有固态物质的同素异晶转变、磁场中超导相与正常相之间的转变等。

在热力学中,讨论相变时,必须用到"开系"的概念,因为现在物质要由一相变到另一相,每

一相作为一个子系统,其质量或摩尔数都是可变的。另外,整个复相系若要处于平衡,则必须满足一定的平衡条件。在§7.7中,我们讨论热动平衡判据时,介绍过用以判断等温、等压条件下过程进行方向的吉布斯函数。而相变正是在等温、等压条件下进行的过程,所以自然又想到了吉布斯函数。但与以前所处理的质量不变的闭系不同,现在针对开系,需要在吉布斯函数的基础上定义一个新的热力学量,叫作化学势,记为 μ。对于单元系而言,化学势与吉布斯函数 G 的关系是:

$$\mu = \left(\frac{\partial G}{\partial \nu}\right)_{T,p}$$

式中 ν 为摩尔数。就是说,化学势等于在温度和压强保持不变的条件下,每增加1摩尔物质时吉布斯函数的改变量。对于单元系,μ 也就是摩尔吉布斯函数。

热力学理论证明,复相系的相平衡条件是各相化学势相等,即:

$$\mu_\alpha = \mu_\beta \tag{8.3.1}$$

式中下标 α 或 β 是区分不同的相的。

热力学理论还给出了化学势与其他热力学量的关系:

摩尔熵　　　$s = -\dfrac{\partial \mu}{\partial T}$;

摩尔体积　　$V_m = \dfrac{\partial \mu}{\partial p}$;

定压摩尔热容　$C_{m,p} = -T\dfrac{\partial^2 \mu}{\partial T^2}$;　　　　　　　　　　　　　(8.3.2)

膨胀系数　　$\alpha = \dfrac{1}{V_m}\dfrac{\partial^2 \mu}{\partial T \partial p}$;

压缩系数　　$k_T = -\dfrac{1}{V_m}\dfrac{\partial^2 \mu}{\partial p^2}$

这样,与上述气-液-固相变有共同特征的这类相变,在相变点处两相的化学势相等,但化学势的一级偏导数(s 及 V_m)却有突变。1933年厄伦菲斯特(Ehrenfest)在给相变分类时,称这类相变为一级相变。

8.3.2 克拉珀龙方程

克拉珀龙方程体现了一级相变具有的普遍特征,而且决定了相平衡曲线的斜率。先让我们认识这一方程,搞清楚方程中各量及符号的含义。方程为:

$$\frac{dp}{dT} = \frac{l}{T(v_2 - v_1)} \tag{8.3.3}$$

式中 p、T 分别为相变点的压强和温度,l 为相变潜热,v 为比容。l 与 v 或同时相对于单位质量而言,或同时相对于1摩尔质量而言。$\dfrac{dp}{dT}$ 就是 p-T 平面上相平衡曲线的斜率。下标1、2是区分不同相的,我们规定:等压条件下物质吸收相变潜热是由1相经两相共存而过渡到2相的。所以在气、液相变中液相是1相;而在固、液相变中液相是2相。现在我们用卡诺定理来证明这一方程。

设想某物质先是处于图8.3.1(a)中相平衡曲线上的 $M(p,T)$ 点所代表的状态。然后使其状态代表点变为曲线上的另一点 $N(p-\Delta p, T-\Delta T)$;再回到 M 点,状态完全复原。令其状态的变化是经过一个如图8.3.1(b)所示的微小可逆卡诺循环 $ABCDA$ 而完成的。在等温过程

第 8 章 相 变

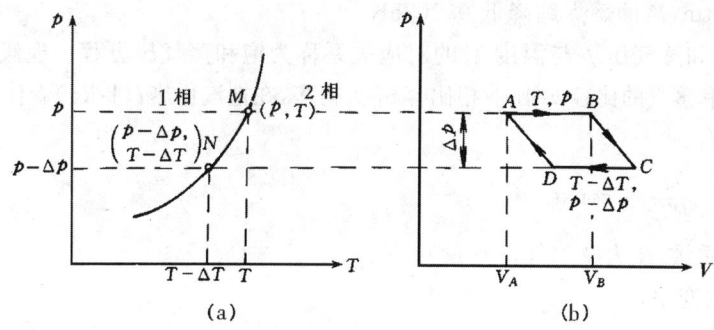

图 8.3.1 与一级相变过程对应的卡诺循环

AB 中,于恒压 p 之下将有 $\Delta\nu$ 摩尔的物质从 1 相转变为 2 相。然后经绝热过程 BC、等温过程 CD、绝热过程 DA,这 $\Delta\nu$ 摩尔物质又由 2 相全部转变为 1 相,回到初态。

不论工作物质如何,此卡诺循环的效率都是:

$$\eta = \Delta T/T$$

在高温热源处吸热:

$$Q_1 = (\Delta\nu)l \quad \text{(此处 } l \text{ 为每摩尔物质的相变潜热)}$$

对外做功:

$$A = ABCDA \text{ 之面积} \approx \Delta p(V_B - V_A)$$

其中 $V_B - V_A$ 是 AB 过程中体积的变化,它正是由于 $\Delta\nu$ 摩尔物质从 1 相转变为 2 相时比容发生变化所致。应有:

$$V_B - V_A = \Delta\nu(v_2 - v_1)$$

而 $A/Q_1 = \eta$,所以:

$$\frac{(\Delta p)(\Delta\nu)(v_2 - v_1)}{(\Delta\nu)l} = \frac{\Delta T}{T}$$

即:

$$\frac{\Delta p}{\Delta T} = \frac{l}{T(v_2 - v_1)}$$

在 ΔT 足够小时,就得:

$$\frac{\mathrm{d}p}{\mathrm{d}T} = \frac{l}{T(v_2 - v_1)}$$

于是,克拉珀龙方程得证。

【例 8.3.1】 冰在 $1atm$(约 $0.1\ MPa$)下的熔点是 $T=273.15K$。实验测得,在此情况下,冰和水的比容分别是 $v_1=1.0908\times10^{-3} m^3/kg$ 和 $v_2=1.00021\times10^{-3} m^3/kg$,熔解热 $l_m=334 kJ/kg$。求在 $1\ atm$ 附近冰的熔点随压强的变化情况。

【解】 由克拉珀龙方程(8.3.3)式可见,当 $(v_2-v_1)<0$ 时,$\frac{\mathrm{d}p}{\mathrm{d}T}$ 便为负。这反映了:在熔解时若体积缩小,则其熔点必随压强升高而降低。冰的熔解正是如此。将数据代入(8.3.3)式,得:

$$\frac{\mathrm{d}p}{\mathrm{d}T} = \frac{334\times10^3}{273.15\times(1.00021-1.0908)\times10^{-3}} Pa/K$$

$$= -1.350\times10^7 Pa/K$$

$$\approx -133 atm/K$$

即，压强每增加 1atm，冰的熔点约降低 0.0075K。

【例 8.3.2】 饱和蒸气压 p 与温度 T 的对应关系称为饱和蒸气压方程。现假定饱和蒸气为理想气体，并且饱和蒸气的比容 v_2 比液相比容 v_1 大得多，在把汽化热 $l(\text{J/kg})$ 看作常数的条件下，证明蒸气压方程为：

$$\ln p_s = -\frac{\mu l}{RT} + \text{const.}$$

（μ 为蒸气的摩尔质量，R 为摩尔气体常量）

【证明】 气液相变中，

$$\frac{dp_s}{dT} = \frac{l}{T(v_2 - v_1)}$$

因为 $(v_2 \gg v_1)$，所以

$$\frac{dp_s}{dT} \approx \frac{l}{Tv_2} \tag{8.3.4}$$

又，对于单位质量的饱和蒸气，按理想气体处理，有：

$$p_s v_2 = RT/\mu \tag{8.3.5}$$

(8.3.4)、(8.3.5) 两式合之，可得：

$$\frac{dp_s}{p_s} = \frac{\mu l}{R}\frac{dT}{T^2}$$

积分得：

$$\ln p_s = -\frac{\mu l}{RT} + \text{const.} \qquad 得证。$$

*§8.4 连续相变简介[①]

8.4.1 一级相变以外的一些相变现象

从微观上看，不同的"相"，就对应着不同的"序"。而微观粒子的相互作用是有序的起因，多种多样的相互作用就导致了形形色色的"相"和相变现象。除了以上讲过的气-液-固相变，现再举两例，它们呈现出与一级相变不同的特征。

1. 铁磁-顺磁相变

顺磁物质的原子（或分子）都具有稳定的固有磁矩。当外磁场为零时，由于热运动的作用，原子磁矩的取向是无规的；有了外加磁场，原子磁矩有沿磁场方向取向的趋势，才出现弱的磁性。铁磁性属于物质的强磁性，但其实顺磁物质和铁磁物质在力学、热学、电学等特性上并不具有特定的区别，并且在很多场合下，两者可以有相同的化学组分。顺磁性和铁磁性的根本区别在于：低于一定温度（居里温度）时，铁磁性物质存在自发磁化[②]。为了说明在一般情况下，铁磁物质宏观总磁矩为零，还需进一步假设自发磁化只存在于一个个称之为"磁畴"的小区域内，这一假设后来被实验观测所证实。但现在我们只关心自发磁化的出现，而不去管磁畴的形成。

[①] 参阅：于渌，郝柏林．相变和临界现象．北京：科学出版社，1978
[②] 可重温本书 §6.4.2 关于顺磁质磁化过程的讲述。

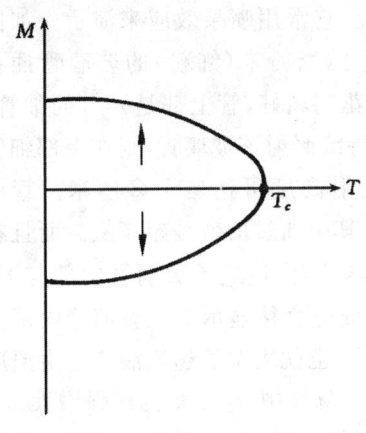

图 8.4.1 自发磁化与温度的关系

理论上最简单的是单轴各向异性的铁磁体,它具有一个易磁化轴,磁矩取向只能平行或反平行于这个轴。在温度足够高时,热运动占优势,两种取向机会均等,所以宏观的平均磁化强度 $M=0$,也就是说,没有自发磁化。原子磁矩之间,本来是有耦合的,相邻磁矩取向一致时,相互作用能较低。当温度降低到居里温度 T_c 以下时,原子磁矩之间的相互作用压倒热运动的干扰,于是自发地出现宏观磁矩 M。其方向或是平行、或是反平行于易磁化轴,二者择一,由偶然因素决定。温度继续降低时,M 的数值有所增加。M 随温度 T 的变化如图 8.4.1 所示。显然,居里温度 T_c 就是铁磁-顺磁的相变温度,也称这一相变发生之处为居里点。

2. 氦的相变

氦有许多奇特之处。我们已经讲过,氦气是最后被液化的气体(见 §8.1),曾一度被称为"永久气体";而液氦又极难固化,常压下,它是"永久液体",只在 2.5MPa 以上的高压下才有固态氦。按经典理论,只要把温度降到足够低,原子热运动能量趋于零,物质就应该结晶,所以,常压下液氦在多么低的温度下都不凝固,是经典物理所无法解释的,必须考虑到氦的量子效应——"零点运动"非常显著,才能给予说明。量子效应一般在宏观尺度上往往被掩盖,但对于氦来说却不然,这便很引人注目。

氦有两种同位素——^{4}He 和 ^{3}He。^{3}He 原子的自旋量子数是 1/2,为费米子;^{4}He 原子的自旋量子数是零,为玻色子[①]。它们服从的量子统计规律不同,所以性质也不相同。天然的氦中,绝大部分是 ^{4}He,^{3}He 的丰度只有 0.000 137%。直到 20 世纪 50 年代,人们才从人工核反应中得到了稍多些的 ^{3}He,开始了对它的研究。1971 年由奥舍罗夫(D. D. Osheroff)等人在 2.7mK 以下的低温,发现 ^{3}He 有三个超流(黏滞系数为零)相。下面,我们只针对 ^{4}He 来进行讨论。

在 20 世纪 30 年代前后,人们发现了液氦(^{4}He)的超流性质,这也是一种宏观量子效应。^{4}He 的正常液相和超流液相常被简称为 He I 和 He II。

He II 的超流性最先是由苏联物理学家卡皮查(Kapitza)于 1937 年发现的。He II 能流过管径约为 0.1 微米的极细毛细管而毫无阻滞,即黏度为零。不过有两点值得注意:一是当 He II 的整体宏观流速超过某一临界值时,其超流性就消失;二是当 He II 盛在较粗大的容器中时,其黏度并不特别小。

He II 的热导率异乎寻常地大,以致在它的内部不会有温度梯度。这使得从加热器壁传入的热量总是能被 He II 立即全部地传到液面,汽化就总是在液面进行,而不会发生沸腾。由于热导率极大,还出现了奇特的"爬膜效应"。它的物理现象是:盛在杯中的 He II 会沿着杯壁形成液膜,并自动爬出杯外,直到爬完为止。普通流体盛入杯中,当然没有爬膜效应。这是由于普通液体的导热能力有限,杯壁与液体之间总是存在温差,当杯壁温度略高时,杯壁上浸润的液膜就要迅速蒸发;而当杯壁温度略低时,则有更多蒸气分子凝结在液膜上,形成的液滴落回液体之中,因此液膜厚度要随高度而减小,这浸润薄层就不可能不断上爬。但 He II,由于其极高的热导率而不存在上述温差,则在杯壁上能形成较厚的浸润液膜,并沿壁爬行。

[①] 本书 §2.4.4 提到过费米子和玻色子。

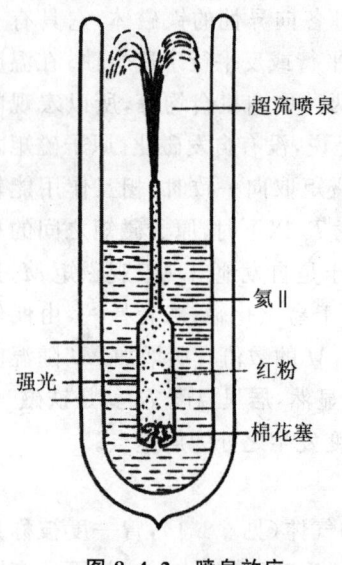

图 8.4.2 喷泉效应

HeⅡ 还有温差致压效应,它常用喷泉效应来演示。如图 8.4.2,一密实填充着 Fe_3O_4 抛光粉末(红粉)的玻璃管插在 HeⅡ中,管的下端开口用棉花塞堵好,管上部是开口的细管,并露出液氦表面。若用强光持续照射该玻璃管,则在上部细管开口处就有液氦喷出,其喷射高度可达三十多厘米。管中 Fe_3O_4 里只有极细小的缝隙,其中通过的就是超流氦。而且在有光照射时,管中 Fe_3O_4 吸热升温,造成了玻璃管内部与 HeⅡ液池之间的温度差。喷泉效应直接显示了在玻璃管内部温度升高的同时,压强也变大了。也就表明了超流液氦会由温度较低的液池涌入温度较高的玻璃管中,才使管内压强增大。这种由于温度差而导致出现压强差的现象,就简称为"温差致压",也称作热-力效应或热-机械效应。反之,当 HeⅡ由容器中通过多孔塞(或极细毛细管)流出时,容器内温度会升高,这是温差致压的逆效应——压差致热。

HeⅡ 的这些奇异性质激起了人们对液氦的理论研究兴趣。蒂萨(L. Tisza)和朗道比照超导电性的解释,先后在1938年和1941年提出了 HeⅡ的"二流体模型"[①]。此模型虽然只是唯象的,却也获得了一定成功。而对液氦的深入理解,必须用到量子统计的概念和方法。

现在来看氦的相变。图 8.4.3 是 ^4He 的相图,图中 C 点是氦的临界点,对应的温度和压强分别为 5.2K 及 0.23MPa(见本书表 8.1.1)。从 C 往左的曲线是汽化曲线。沿此线减压降温,氦似应总是处在沸腾状态。曲线上的 D 点是氦的正常沸点,对应温度为 4.2K。但在 $T_\lambda = 2.1768K$ 处,原来沸腾着的氦突然变得"平静"了,意味着发生了从 HeⅠ 到 HeⅡ(它不会沸腾)的相变,在图上对应着 B 点。继续降低饱和蒸气压,所对应的汽化曲线就是 HeⅡ 与氦气的平衡共存线了。

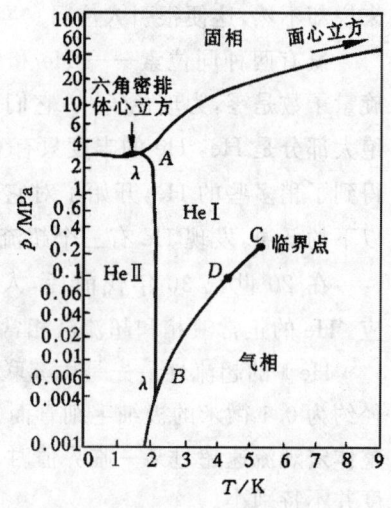

图 8.4.3 ^4He 的相图

图中还绘出了固态氦、HeⅠ、HeⅡ 的分界线。现在特别要注意的是 HeⅠ 与 HeⅡ 之间的相变曲线 AB。它常被叫做 λ 线,而 B 点叫做 λ 点。有人说,这是因为 AB 线与汽化曲线合起来好像是希腊字母"λ",但为什么不把汽化曲线也称为 λ 线呢?其实是因为 AB 线上的相变点有特殊之处,这是我们下面就要讲到的。

3. 一些相变的比热反常

在以上所举的铁磁-顺磁相变,HeⅠ-HeⅡ 相变中,人们发现并无相变潜热的吸放和两相比容的变化,也没有亚稳态出现,所以它们不是一级相变。

厄伦菲斯特当初定义一级相变时,还同时定义了二级乃至更高级的相变。他定义的二级相变是:在相变点处,两相化学势及化学势的一阶偏微商全相等,但化学势的二阶偏微商不全相

[①] 关于超导电性的"二流体模型",可见本书 §6.5.4 注释。

等。他所谓的高级相变也可依次类推而定义。由(8.3.2)式可见，这就是说，厄伦菲斯特定义的二级相变没有相变潜热、没有两相比容的变化，却应在比热、膨胀系数、压缩系数等物理量上出现有限的跃变。那么，上述两例相变是不是二级相变呢？先让我们考察一下它们在相变时的比热变化，再做决断。

图 8.4.4 绘出了铁磁化合物 EuO 和 EuS 在居里点时的比热尖峰，表示了在相变点邻域比热趋于无穷大。图 8.4.5 显示了液氦在 2.17K 发生正常-超流相变时比热趋于无穷大的反常行为。曲线的形状很像希腊字母 λ，因此称这超流相变点（即图 8.4.3 中的 B 点）为 λ 点，相应的温度 2.17K 记为 T_λ。其实，图 8.4.3 中 AB 线上各点对应的 HeⅠ-HeⅡ 相变，也都有同样的比热反常，AB 就叫 λ 线，A 点叫做上 λ 点。

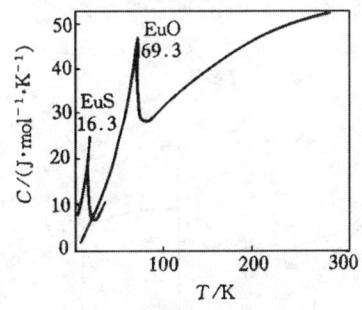

图 8.4.4　铁磁化合物在居
里点的热容尖锋
（图中数字是居里温度）

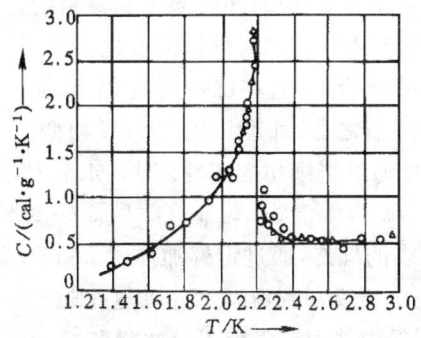

图 8.4.5　液氦的比热反常

还有许多相变，如合金的有序-无序相变、液晶中的某些相变、铁电-反铁电相变、金属-绝缘体相变等，都与本节所举的两例相变有相同特征。它们常被划为二级相变，但严格说来，却并不完全遵从厄伦菲斯特的二级相变理论。至今发现，在零磁场下超导-正常导电态的相变才是严格的厄伦菲斯特二级相变。自然界中，除了一些特殊的二维体系之外，也并未看到高于二级的相变。

8.4.2 连续相变

与前述两例相变有相同特征的一些相变，在现代相变理论中被称作连续相变。本节中，让我们从几个角度来理解连续相变的物理含义。

1. 连续相变现象等同于临界现象

气-液相变是一级相变，但气液临界点却与其他气液平衡相变点有本质不同。气液临界点上的反常现象不只是临界乳光，还有热膨胀系数"发散"（即趋向无穷）、压缩率"发散"、比热曲线出现尖峰等奇异性。这与铁磁-顺磁相变、液氦 λ 相变等等一类相变的特征相同。例如，拿铁磁-顺磁系统与气-液系统类比，顺磁状态就好比是气液不分的状态，而磁化强度朝上或朝下的状态，一个对应着气态，另一个就对应着液态。实验及理论都表明，如果把液-气密度之差比作磁化强度，压强比作磁场强度，气液系统的等温压缩系数比作磁化率，则上述两个系统在临界点邻域的行为有极大的相似性。气液临界点应归为连续相变点；反之，连续相变点也可以称为临界点。临界现象便泛指在连续相变点邻域的热力学行为。

2. 连续相变中的序参量

在所有相变过程中,都发生了有序情况的变化。通常,低温相有序程度较高,而高温相有序程度则较低甚至根本无序。朗道首先提出要定义一些参量,它们在无序相是零,而在有序相取有限的值,用以标志物质的有序程度,称这样的参量为序参量。它们实际上是某些物理量在系统中的平均值。对于不同的系统,其序参量具体的结构和含义可能很不相同。它们可以是标量、矢量、或是张量;一般是实数,但也可以是复数。例如,针对气液临界点、单轴铁磁体、超导、超流体系的序参量就分别是液体与气体密度之差、磁化强度、超导体能隙、宏观波函数(复数)。另外还有控制参量,譬如温度 T。当控制参量达到某个临界值(譬如 T_c)时,就发生相变。

根据序参量随控制参量的变化方式,可以把连续相变区分出来。连续相变中,在控制参量达到临界值时,其序参量一定是连续地从非零值变到零值,如图 8.4.6(a)所示。对某些一级相变也可以定义序参量,但它在临界控制参量处是发生跃变的,如图 8.4.6(b)所示。

3. 连续相变中状态和对称性的变化

以气体液化为例,若在临界温度以下,可以采用等温压缩之法,那经历的是一级相变。气体液化也可通过连续相变实现。图 8.4.7 中绘出某物质的临界等温线。设想该物质原处图上 L 点所代表的气态,通过定容加热到 M 点,仍是气态,再定压冷却到液态 N。在这个过程中,除经临界等温线上一气液不分的状态 Q 之外,整个系统始终是以宏观均匀的单相存在,任何时候都没有出现气、液共存的界面。因此

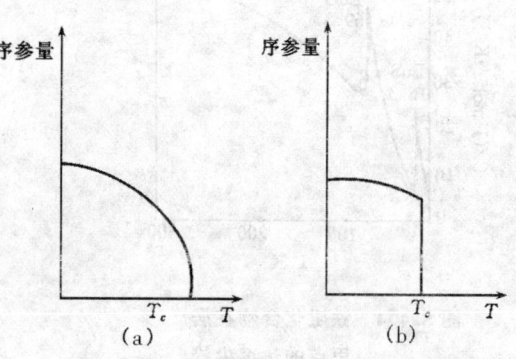

图 8.4.6　序参量随控制参量的变化

不可能在某一确定时刻指出"物质状态发生了由气相到液相的突变"。所以说,系统状态的变化是连续的。这一特点是所有连续相变的共性。

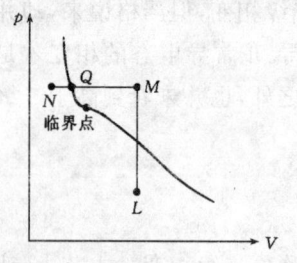

图 8.4.7　气液连续相变

但相变毕竟是一种突变,在连续相变中发生突变的是对称性。就是说,当结构参数(即系统状态)连续变化时,对称性却要发生突变。这可以举一简单例子来说明。图 8.4.8 中的正方形和长方形有不同的对称性。如果在相变点附近,二维晶格从平方对称跃变到长方对称,且 $a \neq b \neq c$,那么这种相变在系统状态及对称性上都发生了突变,应属于一级相变。但如果在相变点邻域有 $b \approx a \approx c$,并随着向临界点的逼近,有 $b \to a, c \to a$,那么,系统状态的变化就是连续的;但平方对称还是长方对称,却不容模棱两可,所以对称性是突变的。

对称性质的突然降低,称之为对称的破缺(Symmetry breaking)。物理参数的无穷小变化引起对称的破缺,就是连续相变的本质。

4. 涨落和关联在连续相变中的作用

我们在讲气液临界点时,已经指出涨落对于出现临界乳光的关键作用。事实上,在所有连续相变中,涨落都扮演着极为重要的角色,而且涨落的长程关联也特别值得注意。

在连续相变中,没有两相共存,新相不可能从旧相中明显生长出来的。虽然相变前后整个系统在宏观上始终是均匀的,但在微观上,不均匀地存在着许多涨落花斑。这些花斑具有新相的特点,但不像一级相变中的晶核那样有确定的位置和边界。块块花斑若隐若现,此起彼伏,互相嵌套。花斑的形成,意味着邻近点之间的关联,例如在各向同性的铁磁体中,当温度远高于

居里温度时,相邻两点间磁矩的方向关联很弱。而温度降低时,磁相互作用逐渐能和热运动抗衡,体系中任何一个磁矩都对邻近磁矩有越来越大的影响,要求它们转到与自己平行的方向,温度继续降低,这种影响或关联的半径逐渐增大。逼近临界点时,有利于新相的关联长度越来越大,于是出现了上述花斑。到了临

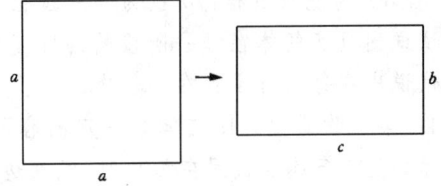

图 8.4.8 对称性的突变

界点,关联长度极大(趋于无穷),于是某一种磁矩取向的花斑连成一片,占有优势,便形成新相。至于新相的具体磁化方向,则是由涨落中的偶然因素决定的。

临界现象中出现的比热尖峰、压缩率发散等奇异性,也如同临界乳光那样,是来自涨落关联长度极大。可以说,关联长度趋于无穷是临界点最重要的特征。

既然在临界点上关联长度无穷大,那么不管用什么尺子来量,它都是无穷大。宛如用不同放大倍数的放大镜来看临界点上的图像,所看到的情形都是一样的,从所见图像也不能判断放大镜的倍数。卡丹诺夫(L.P. Kadanoff)根据临界点的这一特点,就提出系统在临界点应对于某种标度变换具有不变性。这里,拿来标度的"尺子"并不是普通的米尺,所标度的对象也不是空间长度,而所谓的"标度"是以适当的物理量去约化另外一些物理量。用标度过的物理量为变量,不同的一些物质竟会得出相同形式的状态方程。这称为临界现象的"标度律"。卡丹诺夫还提出了普适性假设:可以把各种物理体系分成若干普适类,每个普适类中各体系的临界特性完全相同。后来,为了论证标度律和普适性,在 20 世纪 70 年代初,威尔逊(K.G. Wilson)又首先把量子场论中的重正化群方法与连续相变结合起来,建立了相变的重正化群变换理论,开拓了连续相变研究工作的一条新路,他为此获得了 1982 年诺贝尔物理奖。

本章介绍的只是简单的相变现象和关于相变的基本概念。相变普遍存在于自然界之中,大到宇宙,小到原子核中的夸克,无生命的万物以及作为生命物质基础的蛋白质和核酸,都有着相变问题。相变可以表现为物质聚集态的变化,也可以指事物某种重要性质以"有或无"、"行或不行"、"通或不通"的状态在某种阈值条件下的突变(作为"几何相变"的逾渗(percolation)现象[①]便是如此)。相变一般是与长程序的有无相联系的,但在特殊的二维系统中也会有与破坏普通意义下的长程序无关的一类相变,这就是两位英国物理学家柯斯特尔列茨(Kosterlitz)和邵勒斯(Thouless)找到的 KT 相变。在远离平衡态的开放系统中也要发生相变,我们在§7.8 中讲的耗散结构就是非平衡相变的产物。

与相变理论发展的同时,各种实验技术,如高压技术、X 射线衍射、喇曼光谱、中子衍射和核磁共振等也都用于了相变研究。实验和理论的相互促进,再加上计算机技术的支持,会使相变中尚存的难题得以攻克。

思 考 题

8—1 什么叫做相?气态、液态、固态中的"态"与"相"有无区别?

8—2 在物质液化过程中,温度必须总是在临界温度以下吗?

8—3 一定量的真实气体经历如题图所示的循环过程 $abcdefa$,其中 ab 为等温过程,$bcde$

[①] 参见:赵凯华,罗蔚茵.新概念物理教程:热学.北京:高等教育出版社,1998. 五 3.4

为等压过程，ef 为绝热过程，fa 也为等压过程。

(1)试说出真实气体在每一阶段的温度变化；

(2)试说出在每一阶段存在的物态。

8-4 某一物质被封闭在体积一定的容器内，该物质部分处于液态，部分处于气态。试问在加热时，气液边界面是向上移动还是向下移动？能否靠加热使整个物质液化或汽化？

8-5 大多数物质的固态密度近似等于其液态密度，而这两者都远大于其气态密度。根据这一事实，并利用克拉珀龙方程说明：在三相点附近，固气平衡曲线的斜率一定比气液平衡曲线的大。

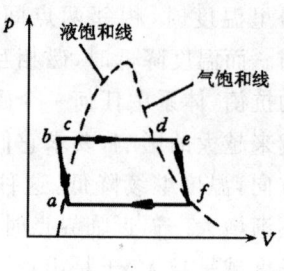

(思考题 8-3)

8-6 设在温度 $T(T<$ 临界温度 $T_C)$ 时将气体等温压缩，部分气体转变为液体，系统之状态处在 $p-V$ 图中的气液共存区域；然后升高温度，但仍保持系统之状态在气液共存区内，一直升高到 T_C；以后又继续升高温度，使物质处在气相。试将整个过程用 $p-T$ 图表示出来。

8-7 当水处在三相点时，在下列情形下物态将如何变化？

(1)增大压强；　　　(2)降低压强；

(3)升高温度；　　　(4)降低温度。

8-8 在水的三相共存的系统中，经过绝热压缩后，系统将发生怎样的变化？分别对冰很多及冰很少的情况进行讨论。如果原来的三相共存系统经历的是绝热膨胀，又会怎样？

8-9 在蒸气压缩式制冷机中，从冷凝器流出的液体经节流之后温度降低了，进入蒸发器，就有一部分液体变为同温的蒸气。试解释为何液体的温度降低了反而会易于蒸发。

8-10 在密闭容器中的液体不能沸腾，这是为什么？

8-11 将盛有液氮或液氦的杜瓦瓶与真空泵相连，抽除液氮或液氦上方的蒸气，便可以使瓶中液氮或液氦的温度降低。这就是抽气减压制冷。试解释其道理。

8-12 大气中的云有暖云、冷云和混合云之分。由水滴构成的云称为暖云；由冰晶构成的云称为冷云；水滴与冰晶共存的云称为混合云。不论是哪一种云，如果没有天然降水，都可以设法人工降水。请你设计一个人工降水的方案，并查一查书刊资料，作一比较。

8-13 坦桑尼亚一名叫姆佩姆巴的学生发现，放到冰箱速冻室的水温度高反而结冰快。人们称这一现象为"姆佩姆巴效应"。如果有条件，你可以亲自作实验，并考虑如何解释这一效应。

8-14 临界点和三相点各有何特点？

8-15 比较一级相变和连续相变的不同之处。

习　题

8-1 在大气压强 $p_0=1.013\times10^5$Pa 下，4.0×10^{-3}kg 酒精沸腾化为蒸气。已知酒精蒸气比容 $v_2=0.607$m$^3\cdot$kg^{-1}，酒精的汽化热为 $L=8.63\times10^5$J$\cdot$kg^{-1}，酒精的比容 v_1 与 v_2 相比可以忽略不计，求酒精内能的变化。

8-2 题图为实际气体的一段等温压缩曲线，现要确定曲线平直部分 BC 上任一点 G 所对应的液、气两相质量百分比及液相所占的体积。G 点所代表的液、气两相平衡共存状态的总体积为 V，并设液、气的质量百分比分别为 x 和 y。求证：

(1) $x\cdot\overline{CG}=y\cdot\overline{BG}$

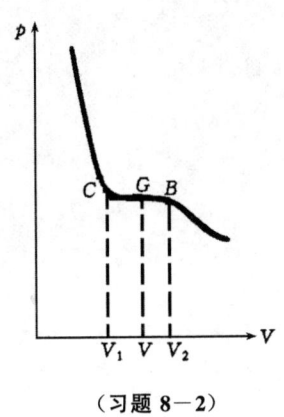

(习题 8—2)

此式称为液、气两相质量百分比的杠杆法则；

(2)液相所占体积为 $V_1(V_2-V)/(V_2-V_1)$

式中 V_1、V_2 所代表的物理意义如题图所示。

8—3 质量 $m=0.027$kg 的气体温度为 300K。已知在此温度下液体的密度 $\rho_1=1.8\times10^3$kg·m^{-3}，饱和蒸气的密度 $\rho_2=4.0$kg·m^{-3}。设用等温压缩的方法可将此气体全部压缩成液体，问：

(1)在什么体积时开始液化？

(2)在什么体积时液化终了？

(3)当体积为 1.0×10^{-3}m^3 时，液气各占多大体积？

(可利用习题 8—2 的结果)

8—4 已知乙醚的摩尔质量是 74×10^{-3}kg·mol^{-1}，临界温度及临界压强各为 193.4℃ 及 3.55MPa。把一装有乙醚的密封小管徐徐加热，如果我们希望在达到临界温度时，管中的乙醚正好处在临界状态，那么，在 20℃ 时，乙醚应占有管中容积的几分之几？取 20℃ 时的乙醚密度 $\rho=714$kg·m^{-3}。

8—5 压强为 0.1013MPa 时，水在 100.0℃ 沸腾，求压强为 0.1026MPa 时水的沸点。已知水的汽化热 λ 为 2.26×10^6J·kg^{-1}，饱和水蒸气比容为 1.671m^3·kg^{-1}。

8—6 用克拉珀龙方程说明：在临界状态时汽化热为零。

8—7 要使冰的熔点是 -1℃，需要加多大的压力？已知冰的熔解热为 $L=3.34\times10^5$J·kg^{-1}，冰的比容为 1.0905×10^{-3}m^3·kg^{-1}，水的比容为 1.000×10^{-3}m^3·kg^{-1}。

8—8 证明相变时内能的变化为

$$u_2-u_1=L\left[1-\frac{d(\ln T)}{d(\ln p)}\right]$$

式中 L 为相变潜热。

8—9 假定蒸气可以看作为理想气体，由下表所列数据计算 -20℃ 时冰的升华热。

温度/℃	-19.5	-20.0	-20.5
蒸气压/1.33×10^2Pa	0.808	0.770	0.734

8—10 固态氨的蒸气压方程和液态氨的蒸气压方程分别为

$$\ln p=23.03-\frac{3754}{T}$$

和

$$\ln p=19.49-\frac{3063}{T},$$

式中 p 是以 mmHg(即 1.33×10^2Pa)表示的蒸气压。求：

(1)三相点的压强和温度；

(2)三相点处汽化热、熔解热和升华热。

8—11 将饱和水蒸气近似看成理想气体，水的液相摩尔比容 v_1 比饱和水蒸气的摩尔比容 v_2 小得多。现把水的摩尔汽化热 L(J·mol^{-1})看作常数，又知地表面处大气压强为 1.01325×10^5Pa，求证水的沸点 T 随高度 h 的变化关系为：

$$1/T=\mu_0 gh/(LT_0)+1/373.15$$

式中 μ_0 为空气的平均摩尔质量，T_0 为大气温度，设它不随高度变化。

附 录

习题参考答案

第1章

1-1 1/3; 5/108。

1-2 99.5%; 1.39%; 2.78%; 34.7%; 42.1%。

1-3 1/17。

1-4 11/16; 3/8; 4/11。

1-5 2.8%; 32%。

1-6 0.8。

1-7 (1)1/5; 3/5。(2)3/10; 2/5。

1-8 (1)0.246; (2)0.044。

1-9 $0.0512\pi A e^{-64a}$。

1-10 分布函数表达式略。
  (1)$A=1/(2a); \bar{x}=0; \overline{x^2}=a^2/3; \overline{|x|}=a/2$。
  (2)$A=1/(2a); \bar{x}=a; \overline{x^2}=4a^2/3$。
  (3)$A=1/a; \bar{x}=0; \overline{x^2}=a^2/6$。
  (4)$A=1/a; \bar{x}=a; \overline{x^2}=7a^2/6$。

1-11 $c=1/v_0; \bar{v}=v_0/2$。

第2章

2-1 (1)$T_A=pV-nbp; T_B=p'V'(1-\frac{nB'}{V'})^{-1}; T_C=p''V''$。

  (2)$(pV-nbp)(1-\frac{nB'}{V'})-p'V'=0$。

2-2 $t_p=t_i+(t_s-t_i)\frac{t_p'-t_i'}{t_s'-t_i'}$。

2-3 11.8℃≤t≤23.5℃。

2-4 7.32kPa; 3.7×10^2K。

2-5 -205℃; 0.106MPa。

2-6 373.15K; 0.62124。

2-7 373.15K。

2-8 $A=0.3920\times 10^{-2}(1/℃)$;
  $B=-0.5922\times 10^{-6}(1/℃)$。

2-9 5.7mV; 6.2mV; 7.3mV; 9.5mV。图略。

2-10 96.8℉~98.6℉; 32℉; 212℉

附 录

2—11　$\tau = 100 \times (\ln \frac{373.15}{273.15})^{-1} \times \ln \frac{t+273.15}{273.15}$。

2—12　(1) $\lim\limits_{X_{tr} \to 0} t^* = 273.16 \times \ln \frac{T}{273.16}$。

(2) 273.16 度；273.47 度。

(3) 不。

2—13　3.89×10^2 kg。

2—14　1.66×10^5 Pa；1.20×10^{-4} m^3；1.20 K。

2—15　3.54 cm；$p_0 \leqslant 66.67$ kPa。

2—16　100 kPa。

2—17　168.2 kPa；66.7%。

2—18　$h' = \frac{1}{2}[h-a-p_0+\sqrt{(h-a-p_0)^2+4ah}]$。

2—19　456 K。

2—20　25 cm。

2—21　870 个；667.3 kg。

2—22　9.6 天。

2—23　2.98×10^4 Pa。

2—24　43.2 kg。

2—25　0.9 m·s^{-1}。

2—26　0.846 kg·m^{-3}。

2—27　0.549 m^3。

2—29　5.50×10^6 个。

2—30　3.2×10^3 cm^{-3}。

2—31　1.88×10^{18} 个。

2—32　2.33×10^{-2} Pa。

2—33　总压强 3.546×10^5 Pa；氮分压 2.533×10^5 Pa。

2—34　平均摩尔质量 28.9×10^{-3} kg·mol^{-1}；密度 1.29 kg·m^{-3}；$p_{N_2} = 0.790 \times 10^5$ Pa；$p_{O_2} = 0.213 \times 10^5$ Pa；$p_{Ar} = 0.010 \times 10^5$ Pa。

2—35　平均摩尔质量 30.1×10^{-3} kg·mol^{-1}；$p_{O_2} = 54.6$ kPa；$p_{N_2} = 46.7$ kPa。

2—36　137.9 cm^3。

2—37　43.2×10^{-3} kg·mol^{-1}。

2—38　$V_{H_2O} = 2.44 \times 10^{-4}$ m^3；$V_{N_2} = 13.87 \times 10^{-4}$ m^3；$V_{O_2} = 3.69 \times 10^{-4}$ m^3；$p_{N_2} = 7.03 \times 10^4$ Pa；$p_{O_2} = 1.87 \times 10^4$ Pa。

第 3 章

3—2　3.01×10^2 K。

3—3　5.44×10^{-21} J。

3—4　4.95×10^2 m·s^{-1}；28 g·mol^{-1}，可能是氮气，也可能是一氧化碳气。

3—5　0.180 kg·m^{-3}。

3—6 2.57×10^6Pa；用理想气体状态方程计算得 2.97×10^6Pa。

3—7 2.783×10^3K(用范氏方程)；2.791×10^3K(用理想气体状态方程)。
279.5K(用范氏方程)；279.1K(用理想气体状态方程)。
424.1K(用范氏方程和用理想气体状态方程)。

3—8 2.92×10^{-8}cm。

3—9 $\Delta t_i=2L/v_i$；$v_i/(2L)$，mv_i^2/L；略；$n\bar{v}/6$。

3—10 $2R\cos\theta_i$；$v_i/(2R\cos\theta_i)$；$2mv_i\cos\theta_i$；略。

3—12 $\varphi(\varepsilon_t)=f(\sqrt{2\varepsilon_t/m})/\sqrt{2m\varepsilon_t}$。

3—13 2.74×10^{-10}m。

3—14 5.81×10^{-8}m；1.28×10^{-10}s。

3—15 6.89Pa。

3—16 1.40；3.5×10^{-7}m；1.1×10^{-7}m。

3—17 $\pi d^2/4$；略。

3—18 应先求该分子平均速率 $\bar{v}_1$ 及该分子与其余分子的平均相对速率 $\bar{u}_{12}$；
$\bar{\lambda}=4\bar{v}_1/[\pi n_2(d_1+d_2)^2\bar{u}_{12}]$。

3—19 $L>\bar{\lambda}\ln2$。

3—20 3.1×10^{-2}Pa。

3—21 10.06cm；61μA。

第 4 章

4—1 $Nmg/(AkT)$。

4—2 1.96km。

4—3 2.3km。

4—4 39.5 次/分钟。

4—5 $r=r_0 e^{3.79\times10^{-5}h}$；1.20 倍。

4—7 $1.1\text{cm}\cdot\text{s}^{-1}$；不会不同。

4—8 6×10^{18}K。

4—9 $\Delta p=\dfrac{\rho}{2}\left[\dfrac{\omega^2 l^2}{1+\dfrac{\rho\omega^2 l^2}{6p}}\right]$。

4—10 $1.024p_0$。

4—12 $\dfrac{2RT\ln\alpha}{\omega^2(r_2^2-r_1^2)(1-\rho_0/\rho)}$。

4—13 0.108。

4—15 $3\pi/8$。

4—16 $3.95\times10^2\text{m}\cdot\text{s}^{-1}$；$4.46\times10^2\text{m}\cdot\text{s}^{-1}$；$4.83\times10^2\text{m}\cdot\text{s}^{-1}$。

4—17 $4/(\pi\bar{v})$。

4—19 $2.00\times10^{19}\text{cm}^{-3}$；$4.1\times10^{23}\text{cm}^{-2}$；$4.1\times10^{23}\text{cm}^{-2}$。

4—20 $6.35\times10^{13}\text{m}^{-3}$；$2.63\times10^{-7}$Pa。

4—22 $1.98\times10^2\text{m}\cdot\text{s}^{-1}$；$1.32\times10^{-2}$g。

附　录

4—23　$\dfrac{4V}{s}\sqrt{\dfrac{\pi\mu}{8RT}}\ln\eta$。

4—24　$\dfrac{dM}{dt}=A\mu\bar{v}(n_1-n_2)e^{-\alpha t}/4N_A$。

4—25　$\Delta t=\dfrac{8}{\sqrt{3}}\dfrac{kT}{d^2p}\sqrt{\dfrac{\pi\mu}{8RT}}=3.59\times10^{-2}$s。

4—26　$\Delta N=p\sqrt{\dfrac{1}{2\pi kT_0m}}\Delta A$；$t=\dfrac{4v\ln2}{\bar{v}\Delta A}$。

4—27　$n(\dfrac{kT}{2\pi m})^{1/2}e^{-mv_T^2/(2kT)}$。

4—28　$dn=\dfrac{p}{kT}\sqrt{\dfrac{2RT}{\pi\mu}}\cos\theta\cdot\sin\theta\dfrac{\pi d^2}{4}d\theta$；$1.12\times10^{11}$s^{-1}。

*4—29　0.83%。

4—31　0.429

*4—32　0.533。

*4—33　0.608。

*4—34　$\dfrac{1}{4}n\bar{v}(1+v_0^2/v_p^2)e^{-(v_0/v_p)^2}$。

*4—36　先求出气体分子数密度 n、及 $\bar{v}$、v_p。平均阻力为：
　　　　$mnu^2L^2[(2+v_p^2/u^2)\text{erf}(u/v_p)-(\bar{v}/u)e^{-(u/v_p)^2}]$。

4—37　ν_0；$I(\nu)=I_0\exp[-\dfrac{mc^2}{2kT}(\dfrac{\nu-\nu_0}{\nu_0})^2]$

　　　　$T=\dfrac{mc^2(\Delta\nu)^2}{(8\ln2)\nu_0^2k}$。

4—38　令 $\mu_{He}/\mu_{Ne}=\alpha$，$n_{He}/n_{Ne}=2^{\sqrt{\alpha}-1}\cdot\alpha$。

4—39　对铋原子，$s_1=0.922$cm；
　　　　对铋分子，$s_2=1.30$cm。

4—40　$f_B(v_x)=\dfrac{m}{kT}v_xe^{-mv_x^2/(2kT)}$；

　　　　$f_B(v_y)=(\dfrac{m}{2\pi kT})^{1/2}e^{-mv_y^2/(2kT)}$；

　　　　$f_B(v_z)=(\dfrac{m}{2\pi kT})^{1/2}e^{-mv_z^2/(2kT)}$；$f_B(v)=\dfrac{1}{2}(\dfrac{m}{kT})^2e^{-mv^2/2kT}v^3$。

4—41　$2kT$。

4—42　$f(v)=\dfrac{m}{kT}ve^{-mv^2/(2kT)}$；$v_p=\sqrt{kT/m}$；$\bar{v}=\sqrt{\dfrac{\pi kT}{2m}}$；$kT/2$。

4—43　$\varepsilon_p=kT/2$；$\bar{\varepsilon}=3kT/2$。

4—44　3.74×10^3J·mol^{-1}；2.49×10^3J·mol^{-1}。

4—45　6.23×10^3J·mol^{-1}；6.23×10^3J·mol^{-1}；
　　　　3.12×10^3J·g^{-1}；2.2×10^2J·g^{-1}。

4—46　25%。

4—47 $5.88 \text{J} \cdot \text{g}^{-1} \cdot \text{K}^{-1}$。

4—48 $1.30 \times 10^3 \text{m} \cdot \text{s}^{-1}; 5.65 \times 10^{-21}\text{J}; 9.42 \times 10^{-21}\text{J}; 37.5\%$。

4—49 $(t+r+2v)k/(2c_v); 6.6 \times 10^{-26}\text{kg}$。

4—50 3、3、6;9R。

4—51 $\sqrt{3kT/\overline{m}}, \overline{m}$ 为折合质量。

第5章

5—2 $r = \left[\dfrac{9\eta v}{2(\rho-\rho')g}\right]^{1/2}$。

5—5 $14 \times 10^{-6}\text{N} \cdot \text{S} \cdot \text{m}^{-2}$。

5—7 $2.37 \times 10^{-2}\text{W} \cdot \text{m}^{-1} \cdot \text{K}^{-1}$。

5—9 $3.09 \times 10^{-10}\text{m}$。

5—10 $9.52 \times 10^{-8}\text{m}$。

5—11 $2.23 \times 10^{-10}\text{m}$。

5—12 $1.31 \times 10^{-2}\text{W} \cdot \text{m}^{-1} \cdot \text{K}^{-1}$。

5—13 $1.3 \times 10^{-7}\text{m}$(与习题5—10比较)。

5—14 2.83;0.11;0.11。

5—15 $-1.35 \times 10^{25}\text{m}^{-4}$(分子数密度梯度);

$7.94 \times 10^{22} + 4.61 \times 10^{15}$个(按简化模型);

$7.94 \times 10^{22} - 4.61 \times 10^{15}$个;

$7.1 \times 10^{-10}\text{kg}$。

5—18 2.4Pa。

5—19 (1)先大致估算夹层中氮气的热传导系数,然后按习题5—6的证明结果计算之,得12.1W。

(2)0.31Pa。

第6章

6—2 $2.5 \times 10^5\text{J}; 2.5 \times 10^5\text{J}; 0$。

6—4 $\Delta U = 125\text{J}; Q = -84\text{J}; C = -8.4\text{J} \cdot \text{mol}^{-1} \cdot \text{K}^{-1}$。

6—5 $a^2\left(\dfrac{1}{V_1} - \dfrac{1}{V_2}\right)$;温度降低。

6—6 $RT\ln[(V_2-b)/(V_1-b)] + a/V_2 - a/V_1$

6—7 定容时:$\Delta U = Q = 623\text{J}, A = 0$;

定压时:$\Delta U = 623\text{J}, Q = 1.04 \times 10^3\text{J}, A = -0.42 \times 10^3\text{J}$;

绝热时:$\Delta U = A = 623\text{J}, Q = 0$。

6—8 $48.85 \times 10^4\text{J}; 68.88 \times 10^4\text{J}; 66.2 \times 10^4\text{J}$。

6—9 $12\text{K}; 5.0 \times 10^{-2}\text{m}^3, 90.8\text{kPa}; 8.6\text{℃}, 4.6 \times 10^{-2}\text{m}^3$。

6—10 $-46190.5\text{J} \cdot \text{mol}^{-1}$。

6—11 $C_{m,V} = n\left[R + (n-1)\dfrac{ap}{T^{n+1}} - \dfrac{na^2p^2}{RT^{2n+2}}\right]$;

$C_{m,p} = (n+1)\left(R + \dfrac{anp}{T^{n+1}}\right)$。

附　录

6—12　$2.47\times10^7\text{J}\cdot\text{mol}^{-1}$。

6—13　$h=\dfrac{V_0^2}{2b}+pV_0+\dfrac{bp^2}{2}+cT-\dfrac{a^2T^2}{2b}$；

　　　　$C_{m,p}=c-a^2T/b$；

　　　　$C_{m,V}=c$。

6—14　$\Delta U=0$；

　　　　$A=5.57\times10^2\text{J}$。

6—15　$Q=1.2\times10^4\text{J}$；$\Delta U=0$；$A=1.2\times10^4\text{J}$；$V=1.1\times10^{-1}\text{m}^3$。

6—16　$1.95\times10^{26}\text{m}^{-3}$。

6—17　$1.32\times10^3\text{J}$；80℃。

6—18　$\pi L_0\sqrt{\dfrac{2m}{\gamma RT_0}}$。

6—19　$\tau_1=2\pi\sqrt{L/(2g)}$；

　　　　$\tau_2=2\pi\sqrt{L/(2g+\gamma gh/L)}$。

6—21　$\dfrac{\ln(p_1/p_0)}{\ln(p_1/p_2)}$。

6—24　$-nRT_0$；$3T_0/2$；略；$21T_0/4$；$19nRT_0/2$。

6—25　$2.16\times10^7\text{J}$；$1.024\times10^3\text{m}\cdot\text{s}^{-1}$。

6—26　$Q_A=139.3\text{J}$，$Q_B=195.1\text{J}$，$\Delta T=6.7\text{K}$；$\Delta T=5.75\text{K}$；略。

6—28　1.2；-62.5J；62.5J；125J。

6—29　-1.57K。

*6—30　$T=2a(V-b)/(RbV)$。

*6—31　$2a/(bR)$。

6—40　46.6%。

6—43　吸、放热之差值相同；净功相同；效率不同。

第7章

7—1　93K；47K。

7—2　66.7W；$666.7\text{J}\cdot\text{s}^{-1}$。

7—3　41.23kJ；805.29kJ。

7—4　$A=A_1+A_2$。

7—5　$6.25\times10^4\text{kJ}$。

7—6　昼间10.9kW；夜间24.6kW。

7—10　$S-S_0=R\ln(V-b)+\displaystyle\int_{T_0}^{T}C_{m,V}\mathrm{d}T/T$。

7—11　$C_{m,V}\ln\left[1+\dfrac{a}{C_{m,V}T_1}(1/V_2-1/V_1)\right]+R\ln[(V_2-b)/(V_1-b)]$。

7—12　结果均为$R\ln2$。

7—14　$3.41\times10^3\text{J/K}$。

7—15　83%；1.23V。

7—16 $1.91pV/T$。

7—17 $2.13 \text{J/K}; e^{-1.54\times10^{23}}$。

7—18 $3R\ln 3$。

7—20 3.46 元。

第 8 章

8—1 $3.2\times10^3 \text{J}$。

8—3 $6.75\times10^{-3}\text{m}^3; 1.5\times10^{-5}\text{m}^3$;
$V_1=1.28\times10^{-5}\text{m}^3$(液), $V_2=9.87\times10^{-4}\text{m}^3$(气)。

8—4 25.3%。

8—5 373.51K。

8—7 $1.36\times10^7 \text{Pa}$。

8—9 $5.11\times10^4 \text{J}\cdot\text{mol}^{-1}$。

8—10 $T_{tr}=195.20\text{K}$, $p_{tr}=5.950\text{kPa}$;
汽化热 $2.55\times10^4 \text{J}\cdot\text{mol}^{-1}$;
升华热 $3.12\times10^4 \text{J}\cdot\text{mol}^{-1}$;
熔解热 $5.7\times10^3 \text{J}\cdot\text{mol}^{-1}$。

附表1 基本物理常量(1986年的推荐值)

物理量	符号	数值
真空中光速	c	$299\ 792\ 458\text{m}\cdot\text{s}^{-1}$
真空磁导率	μ_0	$12.566\ 370\ 614\times10^{-7}\text{N}\cdot\text{A}^{-2}$
真空电容率	ε_0	$8.854\ 187\ 817\times10^{-12}\text{F}\cdot\text{m}^{-1}$
万有引力常量	G	$6.672\ 59\times10^{-11}\text{m}^3\cdot\text{kg}^{-1}\cdot\text{s}^{-2}$
普朗克常量	h	$6.626\ 075\ 5\times10^{-34}\text{J}\cdot\text{s}$
元电荷	e	$1.602\ 177\ 33\times10^{-19}\text{C}$
磁通量子	Φ_0	$2.067\ 834\ 61\times10^{-15}\text{Wb}$
玻尔磁子	μ_B	$9.274\ 015\ 4\times10^{-24}\text{J}\cdot\text{T}^{-1}$
核磁子	μ_N	$5.050\ 786\ 6\times10^{-27}\text{J}\cdot\text{T}^{-1}$
里德伯常量	R_∞	$10\ 973\ 731.534\text{m}^{-1}$
玻尔半径	a_0	$0.529\ 177\ 249\times10^{-10}\text{m}$
电子质量	m_e	$9.109\ 389\ 7\times10^{-31}\text{kg}$
电子磁矩	μ_e	$9.284\ 770\ 1\times10^{-24}\text{J}\cdot\text{T}^{-1}$
质子质量	m_p	$1.672\ 623\ 1\times10^{-27}\text{kg}$
质子磁矩	μ_p	$1.410\ 607\ 61\times10^{-26}\text{J}\cdot\text{T}^{-1}$
中子质量	m_n	$1.674\ 928\ 6\times10^{-27}\text{kg}$
中子磁矩	μ_n	$0.966\ 237\ 07\times10^{-26}\text{J}\cdot\text{T}^{-1}$
阿伏伽德罗常量	N_A	$6.022\ 136\ 7\times10^{23}\text{mol}^{-1}$
摩尔气体常量	R	$8.314\ 510\text{J}\cdot\text{mol}^{-1}\cdot\text{K}^{-1}$
玻耳兹曼常量	k	$1.380\ 658\times10^{-23}\text{J}\cdot\text{K}^{-1}$
斯特藩常量	σ	$5.670\ 51\times10^{-8}\text{W}\cdot\text{m}^{-2}\cdot\text{K}^{-4}$

附表2 保留单位和标准值

物理量	符号	数值
电子伏特	eV	$1.602\ 177\ 33\times10^{-19}\text{J}$
原子质量单位	u	$1.660\ 540\ 2\times10^{-27}\text{kg}$
标准大气压	atm	$101\ 325\text{Pa}$
标准重力加速度	g_n	$9.806\ 65\text{m}\cdot\text{s}^{-2}$

索引[①]
（按汉语拼音字母顺序排列）

A

昂尼斯方程　2.4.4
奥托循环　6.8.5
奥伯斯之谜　7.8.7

B

贝纳德对流　7.8.5
比热　5.2.3
比热反常　8.4.1
比特　7.8.2
闭合系　2.1.1
标度律和普适性　8.4.2
玻耳兹曼常量　2.4.2
玻色子　2.5.1，8.4.1
玻意耳温度　3.6.2
勃莱敦循环　6.8.5
不可逆过程　6.3.2
不可逆性佯谬　7.8.3
B-Z 反应　7.8.5

C

策尔梅洛诘难　7.8.3
测温属性　2.3.1
测温物质　2.3.1
查理定律　2.4.1
场离子显微镜　附录3.1
超流（动性）　8.4.1
弛豫时间　2.1.3
臭氧洞　6.8.2

D

道尔顿分压定律　2.4.3
第一类永动机　6.2.1
第二类永动机　7.4.2
第三类永动机　7.8.1
狄塞尔循环　6.8.5
定容气体温度计　2.3.1
动力黏度　5.1.1
杜隆—珀替定律　4.4.5
对比状态参量　8.1.8
对称破缺　8.4.2
多方指数　6.7.5
多普勒谱线展宽　4.3.5

E

二次能源　6.9
二级相变　8.4.1
二流体模型　6.5.4
二项式分布　1.2.2，1.3.1，2.5.6，3.1.1

F

范德瓦尔斯力　3.2
方均根速率　4.3.3
非平衡相变　8.4.2
费米子　2.5.1，8.4.1
分岔现象　7.8.6
分数布朗运动　3.1.1
分形和分维　3.1.1
分子射线束　4.3.5
分子势能曲线　3.3
风能　6.9
负熵流　7.8.5

G

伽耳顿板　1.1.2

[①] 本书目录中出现的词或短语未收录在此索引之中。

干绝热递减率　第6章习题
杠杆定则　第8章习题
盖-吕萨克定律　2.4.1
高斯分布　1.2.2
孤立系　2.1.1
广延量　1.3.2，3.4.3
归一化条件　1.1.3
过冷蒸气　8.1.5

H

氦Ⅱ的爬膜效应　8.4.1
　　　热-力(热-机械)效应 8.4.1
　　　喷泉效应　8.4.1
　　　温差致压效应　8.4.1
　　　压差致热效应　8.4.1
核酸　7.8.5
核糖核酸(RNA)　7.8.5
核自旋系统　7.8.1
耗散不可逆因素　6.3.2
黑体辐射　5.1.3
华氏温标　2.3.1
化学振荡　7.8.5

J

基尔霍夫定律　5.1.3
激光　4.3.5，7.8.1
吉布斯佯谬　第7章习题
吉布斯自由能　7.7
节流过程　6.6.3
局域平衡　2.1.3
绝热指数　6.7.4

K

开系　2.1.1
可逆电池　6.4.2
可用能　6.9
可再生能源　6.9

L

朗肯循环　6.8.5

勒纳—琼斯势　3.3.1
理想气体温标　2.3.1
粒子数反转　7.8.1
临界等温线　8.1.6
临界乳光　8.1.6
临界压缩因子　8.1.7
零点运动　3.5，8.4.1
洛施密脱诘难　7.8.3
洛施密脱数　3.3
λ 点　8.4.1

M

马尔柯夫过程　3.1.1
麦克斯韦等面积法则　8.1.7
麦克斯韦妖　7.8.2
迈耶公式　6.6.4

N

内压强　3.6.2
能量贬值　7.7
能量的品质　7.7
黏度　5.1.1
牛顿型流体　5.1.1

P

平均速率　4.3.3
泊　5.1.1
泊松分布　1.2.2
普朗克黑体辐射公式　5.1.3
普适气体常量　2.4.2

Q

气泡室　8.1.5
汽化热　8.1.1
潜热　8.1.1
强度量　3.4.3
氢键　3.2

R

燃料电池　第7章习题

热动平衡 2.1.2
热分子压差 4.3.5
热辐射 5.1.3
热机效率 6.8.1
热接触 2.2.1
热力学第三定律 7.5.4
热平衡 2.2.1
热质说 6.2.1
熔解热 8.2.1

S

萨巴德循环 6.8.5
扫描隧道显微镜 附录3.1
扫描探针显微镜 附录3.1
扫描透射电子显微镜 附录3.1
三相点 2.3.1，8.1
色散力 3.2
熵产生 7.3.3
熵流 7.3.3
摄氏温标 2.3.1
生命过程的自组织 7.8.5
生物质能 6.9
斯蒂芬—玻耳兹曼定律 5.1.3
斯特令公式 2.5.6，7.3.2
斯特令循环 6.8.2
速度空间 3.1.3
苏则朗势 3.3.2
随机力 3.1.1

T

太阳能 6.9
铁磁-顺磁相变 8.4.1
同位素分离 4.3.5
湍流 5.1.3
脱氧核糖核酸(DNA) 7.8.5

W

微波背景辐射 5.1.3
维恩位移定律 5.1.3

温熵图 7.5.2
温室效应 5.1.3
炁 7.7

X

西利格之谜 7.8.7
相格 2.5.1
相空间 2.5.1
相平衡 8
泻流 4.3.5
信息量 7.8.2
信息熵 7.8.2
序参量 8.4.2

Y

亚稳态 8.1.5
一次能源 6.9
遗传密码 7.8.5
焗 7.7
有用能 6.9
诱导力 3.2
余热回收 6.9
宇宙膨胀 7.8.7
宇宙学原理 7.8.7
原子核能 6.9
原子力显微镜 附录3.1
云室 8.1.5

Z

涨落—耗散定理 3.1.1，4.4.5
蒸气压方程 8.3.2
终端能源 6.9
准电子 4.1
准各态历经 7.8.3
紫外灾难 5.1.3
自组织现象 7.8.5
最概然分布 2.5.6
最概然速率 4.3.3
最小熵产生原理 7.8.4

主要参考书目

[1] 李椿,章立源,钱尚武.热学.北京:人民教育出版社,1978
[2] 赵凯华,罗蔚茵.新概念物理教程:热学.北京:高等教育出版社,1998
[3] 秦允豪.普通物理学教程:热学.北京:高等教育出版社,1999
[4] 李洪芳.热学.上海:复旦大学出版社,1994
[5] 肖国屏.热学.北京:高等教育出版社,1991
[6] 张玉民,阮耀钟,热学.北京:高等教育出版社,1991
[7] 包科达.普通物理学:热学.北京:北京大学出版社,1990
[8] 王竹溪.统计物理学导论.北京:人民教育出版社,1956
[9] 王竹溪.热力学.北京:人民教育出版社,1955
[10] 陈仁烈.统计物理引论(修订本).北京:人民教育出版社,1979
[11] 龚昌德.热力学与统计物理学.北京:高等教育出版社,1982
[12] 汪志诚.热力学·统计物理(第二版).北京:高等教育出版社,1993
[13] 费曼等(美国).费曼物理学讲义(第一卷).上海:上海科技出版社,1983
[14] 冯端,冯步云.熵.北京:科学出版社,1992
[15] 于渌,郝柏林.相变和临界现象.北京:科学出版社,1984
[16] 赵凯华.定性与半定量物理学.北京:高等教育出版社,1991
[17] Zemansky M. W. and Dittman R. H. Heat and Thermody-namics, Sixth edition. McGraw—Hill Book Company,1981
[18] Sears F. W. Thermodynamics, Kinetic Theory, and Stati-stical Thermodynamics, Third edition. Reading, Mass., Addison Wesley Publishing Co. ,1975
[19] Savelyev I. V. Physics A General Course, Vol. 1. Moscow: Mir Publishers,1980